船舶电站及其自动化装置

主　编　马昭胜
副主编　陈庆鹏　李茌娜　刘世杰　钟尚坤
主　审　俞万能

机械工业出版社

为贯彻落实党的二十大精神，加快"实施科教兴国战略，强化现代化建设人才支撑"，服务新时代海洋人才战略，根据交通运输部海事局《海船船员考试大纲（2022版）》的相关要求而编写本书。

全书分为12章，主要介绍了船舶电站概述、船舶同步发电机的并联运行、船舶同步发电机组频率及有功功率分配、船舶同步发电机电压及无功功率的分配、船舶电力系统安全保护、船舶高压电力系统、船舶轴带发电机装置、船舶自动化电站、船舶电缆、船舶照明系统、船舶电力管理系统及船舶安全用电和安全管理。

本书内容丰富、取材新颖、深浅适度、侧重应用，多方面和多层次地介绍了船舶电站及其自动化装置技术。

本书可作为航海类高等学校船舶电子电气工程专业和轮机工程专业的参考教材，也可作为航海技术、船舶与海洋工程等专业的师生和港航企业从事船舶电站研究、开发、设计、生产的相关技术人员的参考用书。

图书在版编目（CIP）数据

船舶电站及其自动化装置/马昭胜主编. —北京：机械工业出版社，2023.8（2025.5重印）

ISBN 978-7-111-73715-5

Ⅰ.①船… Ⅱ.①马… Ⅲ.①船用电站-自动化装置 Ⅳ.①U665.12

中国国家版本馆CIP数据核字（2023）第157902号

机械工业出版社（北京市百万庄大街22号　邮政编码100037）

策划编辑：杨　琼	责任编辑：杨　琼
责任校对：潘　蕊　翟天睿	封面设计：王　旭
责任印制：常天培	

河北虎彩印刷有限公司印刷

2025年5月第1版第2次印刷

184mm×260mm · 18印张 · 441千字

标准书号：ISBN 978-7-111-73715-5

定价：79.00元

电话服务　　　　　　　　　网络服务

客服电话：010-88361066　　机　工　官　网：www.cmpbook.com

　　　　　010-88379833　　机　工　官　博：weibo.com/cmp1952

　　　　　010-68326294　　金　书　网：www.golden-book.com

封底无防伪标均为盗版　　机工教育服务网：www.cmpedu.com

前　言

　　船舶电站及其自动化装置是面向航海类本专科层次轮机工程和船舶电子电气工程专业学生的一门专业课程。通过该课程的学习使学生获得船舶电站及其自动化装置技术理论和专业基础，对毕业后从事船舶电站及其自动化装置技术工作打下理论和实践基础。

　　本书在党的二十大胜利召开后，结合交通运输部海事局《海船船员考试大纲（2022版）》的相关要求而编写。党的二十大报告提出要"加强基础学科、新兴学科、交叉学科建设，加快建设中国特色、世界一流的大学和优势学科"，因此作者结合多年从事船舶电站及其自动化装置教学、科研和航海实践编写了本书。在本书编写过程中，本着精选内容、深浅适度、主次分明、详略得当的原则，同时兼顾交通运输部海事局制定的《海船船员考试大纲（2022版）》的原则，在内容阐述方面，以船舶电站及其自动化装置为主题，突出实践性、实用性，力求做到文字通顺流畅、通俗易懂，以便读者学习；此外，对相关工程技术人员也具有参考价值。

　　本书包括船舶电站概述、船舶同步发电机的并联运行、船舶同步发电机组频率及有功功率分配、船舶同步发电机电压及无功功率的分配、船舶电力系统安全保护、船舶高压电力系统、船舶轴带发电机装置、船舶自动化电站、船舶电缆、船舶照明系统、船舶电力管理系统及船舶安全用电和安全管理等内容。

　　马昭胜主编组织了本书的编写工作，制定了详细的编写提纲，并负责全书的统稿工作。全书共有12章，其中第1、9、10章由马昭胜编写，第2章由吴德烽、刘启俊编写，第3章由俞万能编写，第6章由林洪贵、钟尚坤编写，第4、12章由陈庆鹏、刘世杰编写，第5章由王海燕、吴泽谋编写，第7章由庄一凡、贾冰编写，第8章由李荭娜、李寒林编写，第11章由林斌、陈宜飞编写。

　　本书由集美大学俞万能教授主审，他详细地审阅了编写大纲及全部书稿，提出了许多宝贵意见和建议。另外，大连海事大学张春来教授、牛小兵副教授、吴志良教授，集美大学阮礽忠教授、许顺隆教授和林洪贵教授也详细地审阅了编写大纲，并提出了许多宝贵意见和建议。在编写过程中，还得到上海海事大学林叶春教授、王海燕副教授，广州航海学院叶伟强教授，以及集美大学轮机工程学院船舶电气自动化教研室全体老师的帮助和支持，编者在此一并向他们表示衷心的感谢！

　　本书的编写由于受课程设置、相关教学大纲、编者水平及时间所限，虽然全体编写人员倾尽全力，但不妥与错误之处仍在所难免，竭诚希望同行专家及广大读者批评指正。

编　者

2023 年 1 月

目　录

第一章　船舶电站概述

电力系统包括发电装置、配电装置、输变电网和用电设备等四个部分。船舶电力系统是由船舶电源装置、配电装置、船舶电力网和电力负载等按一定方式连接的整体,是船舶电能产生、传输、分配和消耗等全部装置和网络的总称。

第一节　船舶电力系统的组成与特点

一、各组成部分的功能

图 1-1 所示是船舶电力系统的单线图(又称为系统简图),主要由电源、配电装置、船舶电力网和电力负载组成。它们的功能作用分别介绍如下。

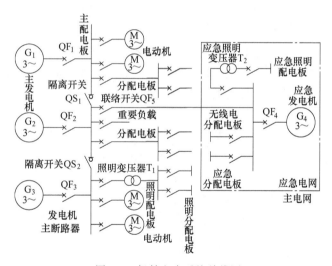

图 1-1　船舶电力系统单线图

1. 电源

电源是将其他形式的能源(如机械能、热能、化学能等)转变成电能的装置。船上的电源通常是发电机和蓄电池。发电机又分为主发电机和应急发电机,主发电机是船舶的主电源,应急发电机是应急电源。正常情况下,由主发电机向主配电板和应急配电板供电,应急发电机处于备用状态,应急电网可看作为主电网的一部分;当主配电板失电时,主、应急配电板脱刀,由应急发电机单独向应急配电板供电。主、应急配电板的连接和脱开是通过图 1-1 中断路器(亦称为联络开关)QF₅ 实现的,主配电板有电时,QF₅ 自动闭合;主配电板失电时,QF₅ 自动断开。除了主发电机和应急发电机外,船上一般设有专门的蓄电池组作为小应急电源(临时应急电源),蓄电池组通过充放电板向外供电(图中未画出)。

船舶电站容量和发电机组台数是从满足全船用电的需求,并保证船舶安全性、经济性和维护便利性而确定的，船舶电站容量既不等于全船所有用电设备的额定功率的总和，也不等于船舶某一运行工况下所用全部用电设备额定功率的总和。因为船舶在不同运行工况下投入运行的用电设备不同，各用电设备的运行时间长短不同，负载变化的情况也不同，而且每一用电设备实际所需功率一般小于其额定功率。因此，确定电站容量的基本原则是：①电站容量应以实际用电量最大运行工况（一般为进出港或过狭窄水道的工况，又称为机动工况）为基础来确定，并有适当的裕量。②功率裕量不能太大，以保证经济性。

发电机组额定功率和数量的选择原则是：①各单机组的最高负载率在80%左右确定为宜。这样既能高效率的经济运行又有适当的功率裕量。②船舶电站必须有备用机组，其总容量应能满足船舶各运行工况的用电需求，所以船舶最少应有两台发电机组。③确定单机组容量和机组数量时，应考虑各机组的使用寿命与主机寿命相当。④为了方便维修管理和备件需求，一般设置2~3台（包括备用机组）同型号、同容量的主发电机组，最多为4台。

船舶电力系统中所采用的发电机与船舶电制有关，直流船舶电力系统采用直流积复励发电机，交流船舶电力系统采用交流同步发电机。民用船上多采用柴油机作为主发电机和应急发电机的原动机，有些船为达到节能，充分利用船舶主机10%~15%的功率储备裕量和主机排出废气热能的目的，因此也常采用轴带发电机组和主机废气透平发电机组作为船舶电源，以及现在不断开发的各种新能源。

2. 配电装置

配电装置是接收和分配电能的装置，通常包括各种断路器、电力开关、互感器、测量仪表、连接母线、保护电器、控制按钮和转换开关、自动化设备及各种附属设施等。根据供电范围和对象的不同，配电装置可分为主（总）配电板、应急配电板、分配电板（箱）、充放电板和岸电箱等。

配电装置的主要功能是根据需要对电能进行分配，为了保证供电的可靠和安全，配电装置还负责对电源、电力网和负载进行保护、监视、测量和控制等。

3. 船舶电力网

船舶电力网是联系发电机、主（应急）配电板、区域配电板、分配电板和负载的中间环节，是将电源的电能输送到负载的网络。在图1-1所示的船舶电力系统单线图中，点画线框外的电网是主电网，点画线框内的电网是应急电网。

4. 电力负载

电力负载是指耗用电能的各种设备，即将电能转换成其他形式能量的用电设备。船上的用电设备形式很多，有动力设备、照明设备、加热制冷设备、通信导航设备等，舰艇还有特殊的武器装备平台等。动力负载是船舶电力系统的主要负载，其用电量最大，往往占总用电量的70%左右。根据用电设备的不同，船舶电力负载大体可分为如下几类：①各种机械设备的电力拖动负载；②船舶照明设备；③通信导航设备；④生活及其他用电负载。

电力拖动负载主要包括的机械设备有甲板机械和舱室机械，如舵机、锚机、绞缆机、起货机、舷梯绞车、吊艇机等是常见的甲板机械，各类油泵、水泵、空压机、通风机、空调、冰机设备等则属于舱室机械。电力推进船或特种工程船的电力拖动负载还包括船舶主推进电动机及特种电力生产机械等。电力拖动负载的主要特点是额定容量大，一般为三相交流用电设备。

船舶照明设备主要是指工作场所和生活舱室安装的各种电气照明灯具，其主要特点是单个设备的容量相对较小，使用单相交流电。

通信导航设备负载包括船舶通信和电航设备。船舶通信设备有无线电收发报机、卫星通信地面站等船舶与岸上进行通信联系的设备与电话、广播、声光报警装置和电车钟等船内通信设备；电航设备有陀螺电罗经、雷达、罗兰、卫星定位仪（GPS）、无线电测向仪、测深仪和计程仪等。通信导航设备负载都属于重要负载，其主要特点是单个设备的容量小，但重要等级高，一般使用单相交流电或蓄电池提供的 24V 直流电。

生活及其他用电负载如电热器、空调、电风扇、洗衣机、计算机、电视机和影碟机等家用电器。生活及其他用电负载属于次要负载，设备的容量也较小，在船舶电站，为保证船舶安全运行，需要时可暂时停止这部分负载的工作。

二、船舶电力系统的特点

由于船舶是一个活动在水面上的独立体，其电力系统像孤岛微小电网，因此船舶电力系统与陆地电力系统相比有很大差异，主要包括：①容量小；②输电线路短；③工作环境恶劣等。

1. 船舶电站容量较小

陆地电网容量一般在几百万至几千万千瓦，单机容量大多在数十万千瓦以上，如三峡水电站总装机容量为 2250 万 kW、单机容量为 70 万 kW，且各电厂联网运行，陆地电源对于单个用电器而言，可看成是无线电源系统，不管单个负载有多大，对整个电网的影响都很小。而一般远洋船舶，主电站通常装设 3 台发电机组，单机容量仅为几百千瓦，可见船舶电源远远小于陆地电源。而且，最大的单个负载容量可达单台发电机容量的 60% 左右。因此，船舶电站容量较小，负载的变化对船舶电网的影响大，即为有限电源系统。

由于船舶电站容量较小，而某些设备的单机容量却很大，其负载容量可与发电机容量相比，所以当这些负载起动时，对船舶电网将造成很大的冲击，造成电网的电压和频率出现很大跌落。而且，在船舶电网日常工作时，局部故障或误操作都容易导致全船断电，威胁船舶安全。基于这些特点，对于船舶电力系统的稳定性和可靠性要求较高，如船用发电机调压器的动态特性指标比陆地发电机要高，还有强行励磁能力及较强的过载能力等。此外，由于船舶工况变动频繁，对自动控制装置的性能也提出了较高的要求。

2. 电网输电线路短

陆地电网线路的长度很长，短则几十千米，长则上千千米，而且都采用高压输电。与之相比，船舶电网输电线路就显得很短，大型船舶总长度也不过三百来米，加上线路走向等因素，船舶电网线路的总长度最长也只有一千千米左右。短距离的供电，线路上的电能损耗小，往往不需要采用高压输电。因此，大多数船舶发电机的端电压、电网电压、负载电压是同一个电压等级（非电力推进船舶一般是 500V 以下）。

船舶电网的电压等级低，电力系统的配电装置和继电保护装置相对陆地电力系统而言，比较简单，也相对容易实现。但由于电网线路的总长度短，输电时线路产生的电压降小，一旦发生短路故障，产生的短路电流将很大，所以对发电机组控制、保护的选择性和连续性等方面要求较高。

3. 船舶电网电气设备工作环境恶劣

船舶电气设备工作环境非常恶劣，主要体现在：船舶存在着冲击、振动、倾斜和摇摆的危害，船舶环境温度高（航行时机舱的温度一般都在 40℃以上，在赤道附近水面航行白天甲板温度也可高达 40℃以上），船舶环境的相对湿度高、空气中盐雾和油雾浓度高，甚至还会遇到有些热带昆虫咬食绝缘材料。

船舶的冲击、振动、倾斜和摇摆，容易造成电气设备损坏、接触不良或误动作。环境温度高，不仅加速绝缘的老化，而且为了避免电气设备的温度过高而损坏绝缘，通常需要降低容量使用，这将造成电机出力不足。相对湿度高则会使电气设备绝缘材料受潮、膨胀、分层及变形等，导致绝缘性能降低，使金属部件加速腐蚀。空气中存在的盐雾、油雾、霉菌的生长及灰尘黏结都可能使电气设备绝缘下降，影响其工作性能。热带昆虫对绝缘材料的咬食，是对船舶电气设备的绝缘起直接的破坏作用。由此可见，船舶电气设备的工作环境确实非常恶劣。

应该说明的是，绝缘材料是电气设备最薄弱环节，可以说电气设备寿命相当大的程度取决于电气设备的绝缘。因此，船用电气设备必须满足"船用条件"要求。通常，为了适应船上的工作要求，船舶电气设备必须是专门制造的船用系列产品，在无船用系列产品而需陆用产品替代时，应必须经过专门的"三防"处理（防潮、防盐雾、防霉菌），并经船检部门认证后方可使用。其对环境温度、倾斜和摇摆、振动的要求见表 1-1、表 1-2、表 1-3。

表 1-1　环境温度的要求

介质	安装位置	温度/℃	
		无限航区	除热带海区以外的有限航区
空气	封闭处所内	0～45	0～45
	温度超过+45℃（或+40℃）和低于 0℃的所有处所内	按这些处所的温度	按这些处所的温度
	开敞甲板	−25～45	−25～45
冷却水		32	25

表 1-2　倾斜和摇摆的要求

设备和组件	倾斜角			
	横向		纵向	
	横倾	横摇	纵倾	纵摇
应急电气设备、开关设备、电器和电子设备	22.5°	22.5°	10°	10°
上述设备以外的设备和组件	15°	22.5°	5°	7.5°

表 1-3　振动要求

安装位置	频率范围/Hz	峰　值
一般场所	2.0～13.2	位移±1mm
	13.2～100.0	加速度±7m/s²
往复机上和舵机舱内	2.0～24.0	位移±1.6mm
	24.0～100.0	加速度±40m/s²

第二节　船舶电力系统的基本参数

船舶电力系统的基本参数是指电流种类、额定电压、额定频率和线制。电站的基本参数决定了电气设备的生产和供应，制约着船舶电站工作的可靠性和电气设备的重量、尺寸、价格等。正确选择电站的基本参数，可以保证整个电站和电气装置的可靠性、稳定性和经济性。选择电站的基本参数应遵循的原则主要有：①船舶电站基本参数原则上应与本国或船舶运行需经常停靠的码头的陆用电力系统参数一致。②必须保持船舶电站基本参数的统一。一条船上一般不采用两种不同的基本参数（专用的局部电网或变流设备的特殊供电环节除外），以免引起系统管理和电气设备供电混乱。③船舶电站基本参数应与今后可能协同工作的其他船舶的基本参数一致，以保证船舶之间的相互配合以及在紧急情况下实施救生和相互应急供电的需要。④电站基本参数应保证船舶机械电力拖动需要的特性、电动机和电器工作的可靠性，还应注意比较电气设备的重量、尺寸和价格。

一、电流的种类（电制）

船舶电力系统按电流种类的不同，可分为直流电力系统和交流电力系统，习惯称之为直流船舶和交流船舶。电力系统所采用的电流种类称为电制，即直流电制和交流电制。早期的船舶多采用直流电制，交流电制从 20 世纪 30 年代开始在军用船舶上应用，后来逐步推广到各种船舶。由于交流电制具有显著的优越性，50 年代交流电制的更替形成了高潮；我国造船业也在 60~70 年代完成了向交流电制的过渡。近年建造的船舶除少数小型或特种工程船舶仍采用直流电制外，油轮、客轮、货轮、旅游船、工程作业船、科考船和军用舰艇等几乎所有船舶都采用交流电制。

与直流电制相比，交流电制具有以下优点：①电站电源装置采用交流同步发电机，配自励恒压装置，没有整流子，工作可靠。动力负载选用三相交流异步电动机，亦没有整流子，结构简单，工作可靠，维护量少，可直接起动，起动控制设备简单等。②电站的动力网络与照明网络之间的联系可通过变压器，只有磁的联系而没有电的直接连接，对于绝缘电阻较低的照明网络基本不会影响动力网络。而直流电站的动力网络则直接受到照明网络的影响，使系统的绝缘降低和容易发生故障，影响系统的安全可靠性。③交流电气设备重量轻、尺寸小、价格便宜。由于大量的动力设备可采用三相交流异步电动机，电机结构简单，系统设备重量减轻、尺寸也小，且价格也便宜，因此商船广泛采用交流电力系统。

二、额定电压

额定电压是电力系统的重要参数之一。确定电力系统及其负载的电压等级是电力系统设计的一项基本内容，船舶电力系统的电压等级一般都尽可能与岸电相同。对于同一电压等级的额定电压针对电源设备和用电设备其数值有所不同，具体如下：

1. 发电机的额定电压

由于电力线路允许的电压偏差一般为±5%，即整个线路允许有 10% 的电压差值，因此为了使线路的平均电压维持在额定值，线路首端（电源端）的电压宜较线路额定电压高 5%，而线路末端的电压则较线路额定电压低5%，所以发电机额定电压规定高于同级电网额定电压5%。

例如，用电设备额定电压有110V、220V、380V、1kV、3kV、6kV、10kV等。发电机额定电压一般应比相同电压等级的受电设备高5%，对应的发电机额定电压则为115V、230V、400V、1.05kV、3.15kV、6.3kV、10.5kV等。

目前，船舶电力系统最常见的电压等级有：①交流60Hz、440V/220V（110 V）。发电机的额定电压为460V；动力用电设备额定电压为440V；照明变压器的一次/二次侧的额定电压为460/230V（115V）；照明用电设备额定电压为220V（110V）。②交流50Hz、380V/220V。发电机的额定电压为400V；动力用电设备额定电压为380V；照明变压器的一次/二次侧的额定电压为400/230V；照明用电设备额定电压为220V。

2. 用电设备的额定电压

当电力线路通过电流时要产生电压降，所以线路上各点的电压都略有不同。但成批生产的用电设备不可能按其设备在电网安装点处线路的实际电压来制造，而只能按线路首端与末端的平均电压，即电网的额定电压来制造，因此用电设备的额定电压规定与同级电网的额定电压相同。

三、额定频率

目前，世界范围内工频有50Hz和60Hz两种，船舶交流电力系统采用与陆上相一致的频率；我国民用船舶普遍采用50Hz的额定频率。表1-4为世界部分国家船舶和陆用电力系统的额定频率的情况。

表1-4　世界部分国家船舶和陆用电力系统的额定频率

国家	船舶电力系统频率/Hz	陆用电力系统频率/Hz
中国	50	50
美国、加拿大	60	60
英国及欧洲大陆国家	50	50
日本	60	50（东京电力公司及以北的东部地区各公司） 60（中部电力公司及以南地区各公司）
德国	民船50,军船60	50

四、线　制

所谓线制，是指电网输送电能时采用的输电线缆的数量和连接方式。对于交流电制的船舶电力系统，可选择的线制主要有：①三线绝缘系统；②中性点接地的四线系统；③以船体作为中性线回路的三线系统等，如图1-2所示。

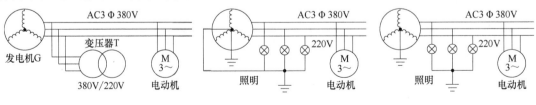

a) 三相三线绝缘系统　　　　b) 三相四线接地系统　　　　c) 三相三线接地系统

图1-2　船舶电力系统的线制

图 1-2a 是三线绝缘系统，其全称为三相三线制中性点对地绝缘供电系统。其特点是 AC 220V 照明电源由 AC 380V 电网经变压器获得，照明系统与动力系统是经过变压器相联系的，依靠变压器一次、二次绕组的绝缘，照明与动力两系统之间具有电气隔离作用（只有磁通的联系而没有电气直接联系），因而相互间影响小，尤其是易出现绝缘故障的照明系统对动力系统的影响大为减少。当系统中发生单相接地时，不会出现单相短路而产生短路电流使系统保护跳闸，这样，电力系统即使发生单相接地故障仍然能继续工作，可最大限度地保持供电的连续性。另外，当系统中发生单相接地时，不会影响三相线间电压之间的对称关系，只是使接地相电压变为零，而非接地相的电压升到线电压值（$\sqrt{3}$ 倍相电压），这时系统仍可供电。但必须在短时间内寻找出接地点并排除。

图 1-2b 为中性点接地的四线系统，其全称为三相四线制中性点接地供电系统。中性点接地的四线系统的特点是照明与动力系统由同一电源供电，不需要设置照明变压器，发生单相接地故障时，将造成短路，依靠保护元器件可使故障点立即从电网切除，故障点容易查找。但由于照明与动力系统共网，相互之间影响大。尤其是船舶照明系统容易发生单相接地故障，因而容易造成停电，供电的可靠性较低，安全性差。

图 1-2c 为以船体作为中线回路的三线系统，即三相三线制中性点直接接地系统。这种系统的特点是利用船体作为中线形成回路，具有中性点接地的四线系统的优点，而且节省电缆。但由利用船体作为中线，根据三相负载理论，三相负载不平衡时中线将有电流流过，而以船体作为中线后，船体各点的电位因电流流过而不同。因此，三相三线制中性点直接接地系统不仅具有三相四线制中性点接地供电系统的缺点，而且容易造成触电的危险，因此一般不能应用于船舶电力系统。

应该说明的是，随着人们对安全重视程度的提高，目前船舶电力系统的线制几乎都采用三相三线制中性点对地绝缘供电系统，其他两种线制造已经在船上很难看到了。

第三节　船舶电网的组成与分类

船舶电力网（也称船舶电网）是由船用电缆、导线和配电装置以一定的连接方式组成一个整体。对船舶电力网的基本要求是：①电网可靠性高、生命力强。即要求电网在发电机组和线路发生故障或局部破损时仍能保证在最大范围内对负载的连续供电，并能限制故障的发展，将故障的影响限制在最小范围内。当电网严重故障时，应能最大限度地保障重要设备的连续供电。②电网结构应保证系统操作的灵活性。即电网运行的机动性和维修保养的方便性，包括操作的机动性、运行方案多样性、电源接口标准化、减少电气设备的型号规格、增加零部件的通用性。此外，电网还应考虑船舶以后新增加用电设备的需要，在某些区域配电点设置一定数量的备用供电支路。③提高电网建设和运行的技术经济指标。合理调配负载，保持电网高效率运行；提高功率因数，减少线路损耗，提高负载设备的运行效率。④科学合理地设置电力网的保护，考虑好保护的选择性。衡量船舶电网的优劣，不仅要看它处于正常状态下的运行情况，更重要的是在故障状态下它的连续供电能力和供电范围，以及有没有切除故障、防止故障扩大的能力。

一、船舶电网的分类

船舶电网一般有两种分类方法：按电网的电压等级分类和按电网使用的电源分类。下面分别进行介绍。

1. 按电网的电压等级分类

船舶电网可分为①动力电网；②照明电网；③超低压电网。

动力电网系指为全船动力用电设备供电的电网。由于船上电力拖动的动力设备通常采用三相电动机，其额定电压为交流380V，因此也称为交流380V电网。而380V电网的所连接的负载特征多是给机械提供动力的电动机设备，因此称为动力电网。对于重要负载和容量较大的负载，应由主配电板直接供电；对一般性负载，可按负载性质组成用电设备组，由分配电板供电。电能从主配电板配送到用电设备之间可有1~3级分配环节，但一般不宜超过三级。

照明电网系指给全船照明负载及220V单相小功率负载供电的电网。在220V电网上主要接有大量的照明灯具，因照明负载的额定电压是交流220V，因此也称为交流220V电网。在220V电网上除了接有照明灯具外，还接有600W以下的电热器、小功率的单相电动机以及通过插座连接的其他单相220V电器，如电扇、冰箱、家用电器和机修设备等。由于船舶配电系统的线制多采用中性点不接地的三相绝缘系统，从380V电源中无法直接获取220V电源，故需经变压器将380V变换成220V电源。即从照明变压器二次侧一直到其后面所连接负载的所有部分，构成交流220V照明电网。

超低压电网系指额定电压在50V以下的电网。在船舶电力网中，超低压电网特指船上的临时应急供配电网络。船舶超低压电网的电源一般由直流24V蓄电池提供，超低压电网一方面满足公共场所、主机操纵台、主配电板前后、锅炉仪表、应急出入口处、艇甲板等处最低照度的应急照明；另一方面供给重要设施的控制系统、无线电和通信导航设备的应急用电。

2. 按电源性质不同划分

如前面介绍，船舶电力系统的电源有发电机和蓄电池等，按电源性质不同，船舶电网可分为①主电网；②应急电网；③小应急电网。

主电网是指由主发电机通过主配电板供电到各正常用电负载的网络。它是正常情况下船舶动力电网和照明电网的总和，或者说是正常条件下从发电机输出到用电负载间的电能输送网络。用电设备的电能可直接由主配电板直接供电，也可由主配电板经分配电箱再供给用电设备。为了保证一些重要负载的供电可靠性，在主电网中的重要设备必须由主配电板直接供电。

由主配电板直接供电的重要用电设备一般应包括：①舵机；②锚机、绞缆机；③消防泵；④总用泵；⑤为推进装置服务的电动辅机的分配电箱；⑥油船货油泵、起货机；⑦冷藏船的冷藏电动装置；⑧主照明变压器；⑨航行信号灯控制箱、探照灯、舱室照明分配电箱；⑩无线电台分配电箱、雷达、助航设备分配电箱；⑪驾驶室集中控制板。

应急电网是指当船舶主电站出现故障不能供电时，由应急发电机通过应急配电板向船上部分用电设备供电的网络。应急电网供电的对象是船舶最重要机械设备和控制设备。应急电网的容量是根据应急情况下必须保证旅客和船员安全所需的用电设备所需要的功率。根据

《钢质海船入级规范》规定，应急电源供电范围如下：

① 航行灯及国际海上避碰规则所规定的其他各种信号灯；

② 白昼信号探照灯及无线电测向仪、无线电电台（按国际航行要求）；

③ 各通道、梯道出口处的应急照明，每个登艇处的甲板和舷外应急照明，救生艇、筏、救生浮贮存处的照明；

④ 机舱主机操纵台、锅炉水位表、气压表、主配电盘前、应急发电机室、舵机等处照明；

⑤ 驾驶室、海图室、无线电室、消防设备控制站的照明；

⑥ 船员、旅客公共舱室的照明；

⑦ 紧急集合报警装置；

⑧ 电动应急消防泵；

⑨ 固定式潜水舱底泵等。

小应急电网是指由应急蓄电池供电的电网，通常是指由 24V 蓄电池供电的电网，小应急电网又称为临时应急电网。小应急电网应能在全船电网失效时自动供电，即当主电源失电时，小应急电网应立即自动投入向小应急负载供电；直至应急发电机组投入供电或主发电机恢复供电后，小应急电网自动退出。因此，在以应急发电机为应急电源而又无自动起动装置的船舶，必须设置小应急电网，且蓄电池的容量一般要求应至少能满足连续供电 30min。

小应急电网供电的负载或用电设备有：①小应急照明；②主机操纵台、锅炉仪表及助航仪；③大型 CO_2 释放控制报警板；④机电设备故障检测报警系统；⑤船内通信系统及扩音设备；⑥操舵控制系统；⑦航行灯、信号灯报警板；⑧应急信号灯等。

有些将微小负载使用的电源网络单独划分为弱电电网，弱电电网通常是指用电量小的电网，即设备使用电流小（但电压不一定低）的电网，主要是向船舶无线电收发报机、F 站、卫星通信，各种导航、助航设备（如电子海图、GPS、北斗、ARPA 雷达、测向仪、测深仪等），船内通信设备（如电话、广播、对讲机等）以及信号报警系统供电的网络。

二、船舶电网的主接线方式

所谓船舶电网的接线方式又称为配电方式，是指船舶电源、配电板与负载的联结方式。船舶电网的接线方式通常有三种：枝状接线、干线接线和环状接线，下面分别介绍其特点与使用场合。

1. 枝状接线方式

枝状接线方式也称为树干式接线，图 1-3a 所示为枝状接线的船舶电网，该船舶电网有两台主发电机 G_1、G_2 和一块主配电板 MCB 及两块分配电板 DSB_1、DSB_2。所有用电负载都从主配电板 MCB 引出的馈电线路供电，由于 MCB 引出的馈电线路可以直接向电动机等负载直接供电，也可经过分配电板后再向用电负载供电。整个电网的供

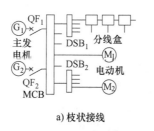

a) 枝状接线

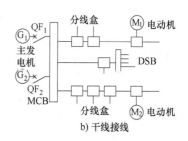

b) 干线接线

图 1-3　船舶电网接线方式

电线路就像树的枝，在"枝干"线路的上面还可再分为更小的分支线路。

枝状接线方式的特点：馈电线路总长度相对较短，主配电板上的配电开关较少。但当馈电线路发生故障时，故障点以后的所有末端用电负载将失电，因此故障的影响范围大，可靠性相对较差。例如，分配电板 DSB_2 与主配电板 MCB 之间的馈电线路发生断路故障时，由 DSB_2 供电的所有用电负载（包括电动机 M_2）都将因为停电而不能工作。因此，枝状接线方式主要用于可靠性要求相对较低的普通货轮的船舶电网。

2. 干线接线方式

干线接线方式是由主配电板引出几根干线电缆，所有用电设备是由串联在干线上的分接线盒供电，图 1-3b 所示为干线接线的船舶电网。优点是主配电板尺寸较小，电缆用量少，造价低。缺点是当干线馈电电缆发生故障时，这条干线供电的所有用电设备均要停电，因此供电可靠性差。这种方式只有在小型船舶配电网中才有应用。

3. 环状接线方式

图 1-4 所示为环状接线的船舶电网，该船舶电网有四台主发电机 $G_1 \sim G_4$ 和两块主配电板 MCB_1、MCB_2。G_1、G_2 分别通过主断路器（主开关）QF_1、QF_2 与 MCB_1 连接，G_3、G_4 分别通过主断路器（主开关）QF_3、QF_4 与 MCB_2 连接。MCB_1、MCB_2 之间分别有两路馈电母线进行连接，QF_5、QF_6 分别为两路馈电母线上的分断路器。所有负载则通过分线盒与馈电母线进行连接，构成一个环状的馈电网。

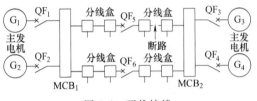

图 1-4　环状接线

环状接线方式的特点：供电可靠性高，电压损失和功率损耗都相对较小。但造价高，维护保养相对较复杂。环状接线方式供电可靠性高主要体现在船舶主发电机、主断路器、馈电电缆等出现故障时还能保证船舶电网向负载可靠供电。例如，在图 1-4 上面一路馈电母线中最右边的两个分线盒之间的母线出现断路故障，通过下面一路馈电母线和 MCB_1、MCB_2 及 QF_5、QF_6，都可保证任何一台主发电机对任何一路用电负载进行连续供电。因此，环状接线方式主要用于可靠性要求较高的军舰和客船等船舶的电网。

4. 枝状接线方式下重要设备的供电方式

普通货轮供电并不是不需要可靠性，尤其是保证船舶安全航行和人身安全的重要负载，对供电的可靠性要求很高。但采用枝状接线方式后，电网的可靠性不如环状接线方式。为了保证船舶电网对重要负载供电的可靠性，应在枝状接线的基础上额外地增加其他措施。

1）重要设备由主配电板直接供电而不经过分配电板，于是才能提高主发电机正常工作时供电的可靠性。由主配电板直接供电的设备一般有：舵机、锚机、锅炉、消防泵、服务主机的滑油泵、燃油泵、海水泵和淡水泵等。

2）特别重要的负载由两路馈电线路供电或同一设备的 1#、2# 机组分别由不同的配电板供电。对某些特别重要的负载，如航行灯控制箱等，采取由两条互相独立的馈电线路进行两路供电，以保证在一条馈电线路发生故障时不致断电；如舵机，从主、应急配电板引两条互相独立的馈电线路，分别对 1#舵机和 2#舵机供电。这是一种双重或多重供电措施，它保证重要设备能够从两个或两个以上完全独立的电源得到电能，从而提高了供电可靠性。对两路电源的供电线路的敷设路径应尽量远离，以提高供电线路的可靠性，通常船舶的电缆是分两舷敷设的。

3）采用自动卸载装置。船舶电源有时会因某些原因出现暂时过载现象，为了保证重要负载的安全和连续供电，可采用自动卸载装置。当发电机出现过载时，自动卸载装置可自动分级将次要负载从电网切除，消除主发电机的过载现象，使其恢复正常工作状态，确保主发电机向重要负载的可靠供电。没有设置自动卸载装置时，则可按用电设备的重要性实行分级供电。这是区别对待的供电措施，其目的在于优先保证重要设备供电的可靠性。当负载高峰引起发电机过载时，将次要用电设备从电网上切除，以使发电机恢复到正常运行状态。图1-5所示为一种分级供电方式。通常将离发电机最近的配电板（如主配电板）作为1级配电板，向最重要的负载供电，其余依次编级。

4）采用分段汇流排供电。船上不少用电设备有两台或两台以上，每一段汇流排接一台设备，当某一段汇流排的线路发生故障又未能及时排除时，汇流排上的自动开关（图1-6中的隔离开关）动作，将两段汇流排分开，保证另一台重要设备尚能继续工作，提高了可靠性，如图1-6所示。

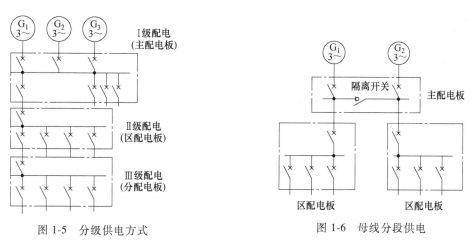

图1-5　分级供电方式　　　　　　　　图1-6　母线分段供电

第四节　船舶主配电板的组成与功能

一、船舶配电板概述

船舶主配电板是对电能进行集中控制、监测和分配的一种装置。它是由各种开关、自动控制与保护装置、测量仪表及互感器、调节和信号指示等电器设备按一定要求组合而成的一个整体。其主要功能如下：

1）正常运行时，手动或自动接通或切断电源至用电设备间的供电网络，对电网供电或停止供电。

2）测量和监视电力系统的各种电气参数（电压、频率、电流、功率、功率因数和绝缘电阻等）。

3）调整电力系统的各电气参数值（例如电压、频率的调整）。

4）当电力系统发生故障或不能正常运行时，保护电路将自动地切断故障电路或发出报警信号。

5）对电路状态、开关状态以及偏离正常的工作状态进行信号显示。

二、船舶主配电板

主配电板是船舶电力系统最主要的配电装置，担负着对主发电机和用电设备的控制、保护、监测和配电等多种功能。它是由多个金属结构的落地式箱柜组装而成，每一箱柜称为一个屏，屏与屏之间以螺钉固紧。每一屏的面板上装有各种必需的配电电器和测量仪表。图 1-7 是某船舶主配电板的结构示意图。

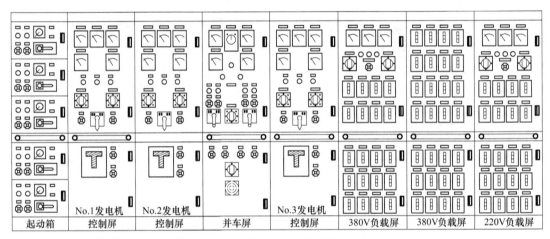

图 1-7　某船舶主配电板的结构示意图

主配电板的布置是根据主配电板原理图的设备选型与接线原理设计的，并将测量仪表、主开关、配电开关、并车装置、调频调载装置、自动卸载装置、控制电器及保护电器等设备合理布置在主配电板上，有些设备安装在内部，有些设备装在面板上，以便对电站运行情况进行监视、调整控制和操作管理。

主配电板主要由发电机控制屏、并车屏、负载屏和连接母线四部分组成。

1. 负载屏

负载屏通常安装有装置式自动断路器、电压表、电流表及转换开关、绝缘电阻表、绝缘指示灯。负载屏主要是用于对各馈电回路进行控制、监视和保护，并通过装在负载线路上的馈电开关将电能供给船上各用电设备或分电箱。有的负载屏上还可能装有与应急配电板联系的联络开关和与岸电箱相连的岸电开关。

负载屏一般包括动力负载屏和照明负载屏，供电给动力负载各分路的屏称为动力负载屏，根据动力负载的多少一般可设二至四屏；供电给照明负载的负载屏称为照明负载屏，一般只需一至二屏。如图 1-7 所示的动力负载屏，由紧靠 No.3 发电机控制屏的两个 380V 负载屏和最左端的起动箱组成。紧靠 No.3 发电机控制屏的动力负载屏，其上部有三个电工仪

 绝缘电阻表又称为装置式兆欧表或配电板式兆欧表，简称兆欧表，与一般便携式兆欧表不同，便携式兆欧表不能带电测量绝缘，装置式兆欧表可带电测量电网绝缘，还可设定绝缘低的报警值。

表，左右两个分别为电压表和电流表，电压表和电流表的下面为选择开关，可分别选择某一相的电压或电流进行测量显示。中间的仪表为动力电网的绝缘电阻表，绝缘电阻表下面有三个绝缘指示灯（俗称为"地气灯"），其接线如图 1-8 所示。绝缘指示灯和选择开关的下面以及右边的另外一块动力负载屏，安装有对动力负载供电控制和保护的装置式自动断路器（又称为塑料外壳式自动断路器）。

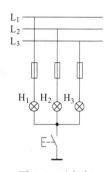

图 1-8　地气灯

图 1-7 中最左边的起动箱也属于动力负载屏，又称为组合启动类的负载屏，是具有互为备用自动切换控制功能的主要辅机遥控起动箱，主要由配电开关、熔断器、负载启停控制环节（接触器、热继电器、启动与停止按钮、指示灯、控制电器）等部件组成。可在机控室内遥控起动、停车，出现故障时能够自动地切换并使备用机组能立即自动起动投入工作。

图 1-7 所示的主配电板的照明负载屏只有一块屏，在主配电板的最右边。照明负载屏的组成与动力负载屏相似，也装有装置式自动断路器、电压表、电流表、选择开关、绝缘电阻表和绝缘指示灯等。通过自动断路器，照明负载屏对照明负载进行供电控制和保护。

2. 汇流排（母线）

汇流排一般设置在主配电板各屏里面的中部，是发电机与负载（或分配电板）联系的桥梁。各发电机发出的电能先送到共用母线即汇流排上，再由汇流排配送到负载屏进行供电分配。有的船舶汇流排由两段或多段组成，各汇流排之间根据需要通过隔离开关接通或断开。图 1-7 所示的主配电板，虽然没画出汇流排，但由并车屏上用于汇流排分段的两个隔离开关可以推断，该主配电板的汇流排由三段组成。两个隔离开关都断开，汇流排分成各自独立的三段；两个隔离开关都闭合，三段汇流排连接成一个整体。

配电板的主汇流排及连接部件是铜质的，连接处作了防腐或防氧化处理。汇流排能承受短路时的机械冲击力，其最大允许温升为 45℃。汇流排的排列有一定的顺序要求，交流汇流排按从上到下（垂直排列）、从左到右、从前到后（水平布置）的顺序依次为第一相、第二相和第三相（第一相超前第二相 120°，第二相超前第三相 120°）。汇流排的颜色依次为绿色、黄色、褐色或紫色（暗红色），中线为浅蓝色（若有接地线，则接地线为黄绿相间颜色）。直流汇流排按从上到下（垂直排列）、从左到右、从前到后（水平布置）的顺序依次为正极、中线、负极。其正极颜色为红色，负极为蓝色，中线为绿色和黄色相间色。

3. 发电机控制屏

发电机控制屏是用来控制、调节、监视和保护发电机组用的，每台发电机组均需配备有单独的控制屏。发电机的控制屏面板通常设计成上、下两部分。上面板安装有测量仪表、转换开关、指示灯、电站核心控制器、发电机主开关（也可以设计在下面板）等；下面板内一般安装有发电机主开关（也可以设计在上面板）、自动励磁调节装置中的相复励变压器、移相电抗器等较重的设备。为便于检修，面板多制成门式。按功能分，发电机控制屏由调节装置、保护与控制装置、检测装置组成。

（1）调节装置

发电机控制屏一般包含发电机自动并车装置、自动励磁调节装置、发电机自动调频调载装置等。面板上装有调节发电机电压的励磁变阻器手轮，用作调压或转移无功负载。另外，需设有充磁按钮。充磁按钮是当发电机剩磁消失时进行充磁之用，通常必须在励磁变阻器调到零位才能充磁，电源可由蓄电池提供。面板上装有调速开关，控制发电机原动机调速器的伺服电动机，用于调节发电机的频率，或并车时调节频率进行同步或者在并联运行时转移有功负载。

（2）保护与控制装置

保护与控制装置包括发电机主开关等。发电机控制屏上装设的万能式断路器（又称主开关），是发电机接入电网的操作和保护电器。面板上装有手动合闸手柄或合闸按钮以及分闸按钮，还有指示发电机与母线接通或断开状态的绿（表示接通）、红（表示断开）、黄（表示开关储能）等指示灯。发电机主开关控制发电机与电网的正常通、断，并对发电机做过载、短路、欠电压等保护。此外，还设置逆功率保护装置，实现逆功率保护。设置自动分级卸载装置，实现自动分级卸载保护。

（3）检测装置

检测装置主要由各种仪表、互感器组成。测量和监视发电机参数的仪表主要包括：

1）电流表及其转换开关（每台发电机一套），可以测量任意一相的负载线电流，且为总电流，其有效值等于有功电流的二次方与无功电流的二次方之和再开二次方。其上限量程按发电机满载电流的 130%～150% 选择。

2）电压表及其转换开关（每台发电机一套），用以测量发电机任意两相间的线电压，也可以测量汇流排的电压，电压表上限量程按发电机的额定电压的 120% 选择。

3）交流三相功率表和功率因数表，测量各台发电机的有功功率和功率因数（每台发电机一套）。

4）频率表及其转换开关（每台发电机一套），通过转换开关测量电网（汇流排）频率或发电机频率。

4. 并车屏

并车屏用于交流发电机组的并联运行、解列等操作。主要由频率表（电网和待并机）、同步表与同步指示灯及其转换开关、调速开关、合（分）闸按钮、投切顺序选择和转换开关等组成。有的还设有汇流排分段隔离开关、粗同步并车电抗器、自动并车装置等。

对于没有独立并车屏的主配电板，一般将同步表、同步指示灯及其转换开关装于中间一台发电机控制屏的上部。

1）电压表及其转换开关，两套。一套用以测量发电机任意两线间的电压，另一套用以测量汇流排的电压，电压表上限量程按发电机额定电压的 120% 选择。

2）频率表及其转换开关，通过转换开关测量汇流排频率和发电机频率。表上均具有 10% 额定频率的刻度。

3）整步表（又称同步表）及其转换开关，各发电机共用一套。

4）面板上装有手动合闸按钮以及分闸按钮，还有指示发电机与母线接通或断开状态的绿（表示接通）、红（表示断开）、黄（表示开关储能）等指示灯。

三、船舶电站运行中的监视与管理

1）观察配电板上各仪表读数，如电压、频率、电流、功率等并做记录。

2）根据工况进行发电机的并联运行或解列，使电站合理、经济运行。

3）观察并联发电机组间功率分配是否合理。如果不合理，应进行手动调节并使之合理分配。交流发电机各相电流不得相差 10%，且每相电流不应超过额定值。

4）检查运行中的发电机的调压装置是否有不正常的振动或声响。若有异常，应查明原因，排除故障。

5）检查发电机温度及轴承温度是否正常，发电机的温升不应超过其绝缘等级允许的温升。轴承最高工作温度为滚动轴承一般不超过 80℃，滑动轴承不超过 70℃。

6）注意观察发电机集电环的火花情况。

7）对故障待修或正在检修的电气设备，在主配电板上断开电源时，必须在其相应的开关上悬挂告示牌，以免造成触电事故或设备损坏。

8）配电板上同步表、绝缘电阻表均按短期工作设计，并车或测量完毕后，应将转换开关扳回零位。

9）观察配电板上绝缘电阻表或地气灯所显示的船舶电网绝缘情况。如有绝缘不良应及时进行检查、排除。

四、船舶电站停止运行后的管理

1）电站在将要长期停止运行或者发电机、配电板将进行厂修前均应测量绝缘电阻，并做好记录，以备查考。

2）交流船舶接岸电时，应当查明电压及频率是否与本船电网电压及频率一致，并且要确定相序一致，确保船舶失电后方能接通岸电。

3）配电板停用期间，对有加热驱潮电阻装置者，应通电加热，防止油、水溅入发电机和配电板内。

第五节　发电机主开关

船用万能式自动断路器（Air Circuit Breaker，ACB），是船舶电力系统中常用的一种配电保护电器，集控制与多种保护功能于一体，在正常情况下可用于不频繁地接通和断开电路，当电路中发生短路、过载、欠电压等故障时，能自动切断故障电路，保证线路和电气设备的安全。船用万能式自动断路器一般装设在配电装置内，也可安装在墙上或支架上。

一、发电机主开关的基本功能和结构

国内外制造的船用发电机主开关的形式很多，结构不尽相同，但基本原理大同小异。一般都是由触头系统、灭弧装置、自由脱扣机构、操作机构和保护装置组成。其结构框图如图 1-9 所示。

触头系统由传动机构带动，正常时由操作机构控制自由脱扣机构的状态，并经过锁扣机构的保持，然后由传动机构改变触头系统变通断状态。不正常运行时由过电流脱扣器、失电压脱扣器和分励脱扣器等改变自由脱扣机构的状态，同时解除锁扣机构的保持作用，通过传动机构断开主触头并使辅助触头状

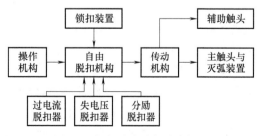

图 1-9　框架式自动断路器框图

态相应改变。主触头断开时将产生电弧，灭弧装置的作用是**保护**主触头不受电弧的灼伤。下面将分别介绍它们的作用原理。

1. 触头系统

万能式自动断路器触头系统可分为主触头系统和辅助触头。主触头系统一般由三组常开触头组成，用来通断三相交流主电路。主触头系统不仅要担负通断主发电机正常供电电流，而且在故障状态下要断开故障大电流。为了减小故障大电流产生的电弧对主触头系统的灼伤以及合闸时机械冲击造成的损坏，每组常开触头都由三对触头组成，分别为主触头、副触头和弧触头，如图 1-10 所示。辅助触头一般有 5~6 组，既有常开触头也有常闭触头，可用于改变指示灯和其他控制电路的状态。

图 1-10a 为主触头系统断开时的状态，左边为三个静触头安装在固定的触头架上，右边为三个动触头安装在可移动的触头架上，并由传动机构带动，可移动的触头架通过连接软线引到接线柱。三对触头最上面的是弧

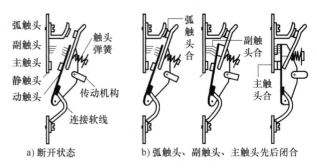

图 1-10　主触头系统结构与通断过程

触头，中间为副触头，最下面为主触头。图 1-10b 为主触头系统闭合过程中，三对触头的闭合顺序。闭合时首先是弧触头闭合，然后是副触头闭合，最后才是主触头闭合。断开时的顺序正好相反，主触头先断开，然后副触头断开，最后才是弧触头断开。容量较小的自动断路器，可以只采用两对触头组成主触头系统，即由主触头和弧触头，省去副触头。

主触头承担电路的正常工作电流，为了减小触头的接触损耗，一般采用银或银质合金制作，但银或银质合金质地软，承受不了触头闭合时的机械冲击。而且银质触头熔点低，易受触头分断时产生的电弧的损伤。

副触头一般采用紫铜制作成刷状触头，起一个过渡作用，闭合时能承受一定的机械冲击，进一步减小主触头的机械冲击。

弧触头采用耐弧、质地较硬的铜或铜钨合金制作，在闭合时由弧触头首先承受机械冲击，而断开时则承受可能产生的电弧的烧灼，由于弧触头的接触电阻较大，主触头断开时可能出现一定的电弧，有了弧触头的过渡，就可进一步保护主触头不受电弧的烧灼。

2. 灭弧装置

自动断路器大多采用灭弧栅进行灭弧，灭弧装置由许多长短不同的铁质栅片和绝缘材料构成的灭弧罩组成。为减小电弧进入栅片的阻力，将灭弧栅片做成"人"字形缺口，相邻栅片的缺口互相错开，按一定的间隔距离交叉排列。当断开电路产生电弧时，由于电磁力的作用，将电弧吸入栅片内，并被分割成许多较短的小段，从而实现迅速灭弧，如图 1-11 所示。

当断路器触头分断时，在触头之间产生的电弧周围存在磁通，磁通穿过铁质栅片产生对电弧的吸力，将电弧吸入"人"字形缺口，并被拉长扩散，

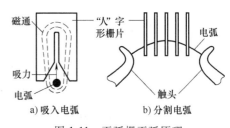

图 1-11　灭弧栅灭弧原理

如图 1-11a 所示。吸入栅片的电弧与栅片接触迅速冷却，并被分割为若干小段，如图 1-11b 所示。每小段电弧的电压很低，不足于维持电弧的燃烧，将迅速熄灭，这就是灭弧栅的灭弧原理。

实际船用自动断路器的灭弧栅片一般都安装在陶瓷底座上，为了确保灭弧效果，灭弧装置应保持清洁干燥。灭弧装置长时间未使用或受潮，应将陶瓷底座烘干后再使用。铁质栅片表面也应注意保持清洁干燥，防止栅片生锈影响对电弧产生的吸力。

3. 自由脱扣机构

自由脱扣机构是自动断路器中的重要部件，是触头系统和操作传动装置之间的联系机构。其作用主要是使触头保持闭合或迅速断开，具有三个功能：①将手柄或电动合闸部分的操作传递给触头系统；②当合闸操作完成后，维持触头系统处于接通位置；③保护部分动作时能够使它自由脱扣。

图 1-12 所示为自由脱扣机构三种状态的示意图，它是一个四连杆机构。图 1-12a 是正常触头闭合状态，四连杆成刚性连接状态。图 1-12b 为分闸位置，当故障保护时，顶杆向上逆动，撞击连杆接点，四连杆刚性连接被破坏，脱扣机构动作，使主触头处于断开状态。图 1-12c 是准备合闸位置。当自由脱扣机构脱扣后，若要再次合闸，应先将手柄向下拉，使四连杆机构成恢复刚性连接状态，做好合闸准备。合闸时只需将手柄往上推即可。图 1-12 所示的自由脱扣机构只是为了说明原理的示意图，实际自由脱扣机构具体结构与操作机构等有关，图中线圈是图 1-9 中各种脱扣器的笼统表示，在断路器故障时使顶杆向上动作，实际检测故障的装置可以是各种脱扣器，如过电流、失电压和分励脱扣器等，也可以是综合保护装置输出的故障信号。

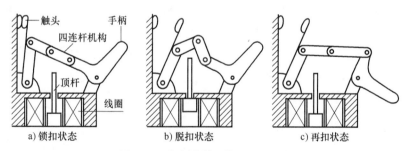

图 1-12　自由脱扣机构的三种状态

4. 操作机构

操作机构用于控制自由脱扣机构的动作，实现触头闭合或断开。船舶发电机主开关的合闸与分闸操作可有手动操作和自动操作两种方法，且都是通过操作机构控制自由脱扣机构的动作，从而实现触头闭合或断开的。作为发电机主开关的自动断路器，其操作机构常见的有手柄式、连杆式、电磁式、电动式等。不管何种形式的操作机构，合闸前都应先将储能弹簧储能，使自由脱扣机构处于"再扣"位置，然后利用储能弹簧释放能量实现合闸。使用弹簧加载以闭合和断开断路器可由在现场的手动操作装置来执行；通过安装有关的附件，也可以用电气遥控操作开关的闭合和断开。

二、发电机主开关的动作原理

发电机通过主开关向母线汇流排供电，开关的合闸或分闸是通过操作机构带动主触头和辅助触头动作来控制的，主触头用于对发电机到汇流排的接通与断开控制，辅助触头所进行的控制有："有电"指示控制、"分闸"指示控制、联锁控制、粗同步并车控制、脱扣线圈自锁控制及并车磁场控制，上述控制均装有熔断器做短路保护。

船舶发电机主开关的自动断路器主要有：DW-94、DW-95、DW-98 和 AH（DW-914）型船用自动断路器。自动断路器型号中，D 表示自动断路器，W 表示框架式，9 表示船用系列，后面的数字则表示系列号。AH 型船用自动断路器是 20 世纪 80 年代初中期引进日本寺崎公司的技术制造的，国产型号为 DW-914 型。下面分别介绍其手动和自动操作原理。

1. 常见主开关的手动操作

早期国产的 DW-94 型自动断路器合闸时，先将手柄摇 38 圈左右，通过蜗轮蜗杆传动将储能弹簧拉长储能，自由脱扣机构"再扣"然后再摇 2～4 圈，使储能弹簧释放，以实现合闸。

DW-95 型和 DW-98 型船用自动断路器手动合闸也是转动操作的型式，合闸时需先将手柄逆时针转 110°（DW-95）或 90°（DW-98），然后再顺时针转动一定角度，使储能弹簧储能，自由脱扣机构"再扣"，再继续顺时针转动一定角度即实现合闸。

AH 型（DW-914 型）船用自动断路器的手动合闸的型式属于上下扳动操作的型式，合闸时首先将手柄向下扳动，使储能弹簧储能，自由脱扣机构处于"再扣"位置，然后再将手柄向上方扳动，即可实现合闸。

此外，还有一些断路器可利用扳动手柄储能，再通过手动机械合闸按钮合闸。一般船用自动断路器都有手动机械脱扣按钮，分闸时，只要按下"分闸"按钮即可实现分闸操作。

2. 常见主开关的自动操作

船用自动断路器自动操作主要是电磁合闸和电动合闸两种型式，DW-94 型船用自动断路器为电动合闸型式，电动操作时，其合闸操作线路原理如图 1-13 所示。当发电机建立电压后，红色指示灯 HL_3 亮，失电压脱扣线圈获电，操作电动机 M 通电转动，使弹簧储能，直至凸轮将储能开关中的常开触点闭合，常闭触点断开，此时黄色指示灯 HL_1 亮，表明储能弹簧已储能，自由脱扣机构已处于"再扣"位置。合闸时，按一下合闸按钮 SB_1，电动机 M 再次转动，使储能弹簧释放，主开关合闸，此时绿色指示灯 HL_2 亮，表示合闸完毕。

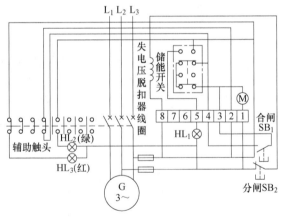

图 1-13　DW-94 电动合闸原理图

DW-95、DW-98 型电动合闸采用电磁操作，其合闸操作线路原理图如图 1-14 所示。发电机建立电压后，交流电压经二极管 VD 整流向电容 C 充电。合闸时，按下按钮 SB，电容 C 就会对继电器 KA 放电，使 KA 的常开触点 KA_4 和 KA_5 闭合，接通合闸电磁铁 YB 线圈，在电磁吸力的作用下储能弹簧拉长储能，自由脱扣机构已处于"再扣"位置。由于电容两端的电压很快下降，因此当下降到继电器 KA 的释放电压时，KA 的常开触点 KA_4 和 KA_5 断开，合闸电磁铁 YB 线圈断电，储能弹簧释放，自由脱扣机构动作实现合闸。合闸后，由于

DW 触点断开，此时即使再按下按钮 SB，也不会再有合闸动作。

AH 型采用电磁铁直推式合闸，线路原理图如图 1-15 所示。发电机建立电压后，按下电磁控制开关，继电器 KA_1 线圈通电，其常开触点 KA_1 闭合后继电器 KA_2 有电，其常开触点 KA_2 闭合，合闸电磁铁 YB 线圈通电，快速将动衔铁吸上，利用动衔铁的质量和速度，通过电磁合闸柱销，对四连杆机构产生一较大的冲击，推动合闸机构合闸。合闸后，断路器 DW 的辅助常开触点闭合，继电器 KA_3 线圈通电，其常闭触点 KA_3 断开，继电器 KA_1 线圈断电，其常开触点 KA_1 断开，继电器 KA_2 线圈失电，其常开触点 KA_2 断开，从而使合闸电磁铁 YB 线圈断电，电磁吸力消失，合闸动衔铁恢复原样，为下次合闸做准备。

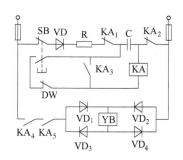

图 1-14 DW-98 型电磁合闸线路原理图

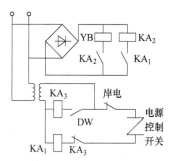

图 1-15 AH 型电磁合闸线路原理图

第六节 船舶应急电源

一般规范都规定客船和 500 总吨位以上的货船应设有独立的应急电源。它可以是发电机，也可以是蓄电池组。作为应急电源使用的发电机称为应急发电机，考虑到一旦应急发电机组不能供电，或当主电网失电而应急发电机组还没来得及供电的时间内，应由蓄电池向应急照明和无线电通信等重要设备供电。应急发电机组称为大应急电源，应急蓄电池组称为小应急电源。大应急电源的容量应能保证对应急供电设备连续供电的时间见表 1-5，小应急电源的容量则至少应能保证连续供电 30min，下面将分别进行介绍。

表 1-5 规定应急发电机可连续供电的时间

航区	客船/h	货船/h	
		≥5000 总吨位	1000~5000 总吨位
无限航区	36	6	3
国内沿海航区	3~12	2	2

一、应急发电机组

应急发电机组和应急配电板构成了船舶应急电站，按照《钢质海船八级规范 2022》要求，应急发电机应位于防撞舱壁以后、舱壁甲板以上和机舱以外的艇甲板上。应急发电机组应该具有独立的冷却装置和燃油供给单元，并设有满足规范要求的起动装置。当船舶发生火灾或其他灾害引起主电源供电失效时应急发电机组应能自动起动和自动连接于应急配电板，尽快地承载额定负载，最长时间不得超过 45s。而主电源恢复供电后，应急发电机组便自动脱离。应急发电机的容量应确保《国际海上人命安全公约》（SOLAS）和主管机关有关规定的供电范围和供电时间，并应考虑到这些用电设备可能同时工作。

应急柴油发电机组的起动方式一般采用电动起动，起动用的电动机一般为直流串励或以串励为主的积复励电动机，电动机的电源由应急蓄电池组提供。

二、应急配电板

应急配电板的功能是控制和监视应急发电机组的工作状况，并向应急用电设备供电。它与应急发电机组安装在同一舱室内，一般位于艇甲板层。应急配电板通常只有发电机控制屏和负载屏，应急配电板上面安装的电器仪表与主配电类似，只是应急发电机不需要并联运行而无需逆功率继电器和同步表。

应急配电板的接线应该保证在主发电机、应急发电机和岸电开关之间具有电气联锁，目的是为了防止非同步合闸（在几个电源之间）。电气联锁主要是通过这些电源开关的辅助触点实现的。图1-16所示是船舶主电网与应急电网间单线原理示意图。它应满足如下要求：

1）应急电网平时可由主配电板供电，只有在主发电机发生故障或检修时才由应急发电机组供电。

2）主配电板通过供电开关（EMCB）和联络开关（ABTS）连通应急配电板，联络开关与应急配电板的主开关之间设有电气联锁，以保证主发电机向电网供电（即主网不失电）时，应急发电机组不工作。

3）一旦主电网失电，联络开关自动断开，应急发电机组的自动起动装置经延时确认后，自动起动应急发电机组，并自动合闸向应急电网供电。

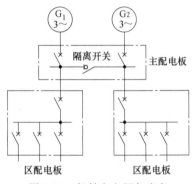

图1-16 船舶主电网与应急电网间单线原理示意图

4）当主电网恢复供电时，应急发电机主开关立即自动断开，联络开关自动闭合，应急电网恢复由主电网供电，应急发电机组经延时自动停车。

5）平时需要检查和试验应急发电机组时，可把应急发电机工作方式选择开关置于试验位置，此时应急发电机组只能进行空载运行试验；进行效能试验时应将主配电板上的应急配电板供电开关（EMCB）分闸，使应急发电机组自动起动，并自动合闸向应急电网供电。

有些采用自动管理的应急电站，只有在应急发电机组工作后应急电网才允许转换为由应急发电机供电，以免与主电网发生冲突。

应急电源的容量是根据应急情况下必须保证旅客和船员安全所必需的用电设备所需要的功率。根据《钢质海船入级规范》规定，应急电源供电范围为：

① 航行灯及国际海上避碰规则所规定的其他各种信号灯；

② 白昼信号探照灯及无线电测向仪、无线电电台（按国际航行要求）；

③ 各通道、梯道出口处的应急照明，每个登艇处的甲板和舷外应急照明，救生艇、筏、救生浮贮存处的照明；

④ 机舱主机操纵台、锅炉水位表、气压表、主配电盘前、应急发电机室、舵机等处照明；

⑤ 驾驶室、海图室、无线电室、消防设备控制站的照明；

⑥ 船员、旅客公共舱室的照明；

⑦ 紧急集合报警装置；

⑧ 电动应急消防泵；

⑨ 固定式潜水舱底泵。

第七节　船用蓄电池

船舶上的小应急照明、操纵仪器和无线电设备的电源均采用蓄电池供电，船舶须设置充放电板对蓄电池进行充电、放电，实现向用电设备正常供电。

船舶上的小应急电源的蓄电池有酸性（铅）蓄电池和碱性（铁镍、镉镍）蓄电池两种。船上一般采用酸性蓄电池，主要是因为其具有体积小、价格便宜和维护方便等优点。

一、充放电板

应急蓄电池充放电板是蓄电池组充/放电及其控制、监视和保护的装置，并具有对负载的配电功能。

应急蓄电池充放电板上主要设有电源开关、保护熔断器、指示灯、电压表、电流表以及充、放电转换开关等。作为船舶小应急电源，充放电板上还设有能在主电网失电情况下自动接通应急负载的控制电路。通常应急蓄电池充放电板由以下两部分组成。

1. 充电部分

在船上，蓄电池组的充电电源一般由交流电网经半导体整流后供给，整流器多为桥式二极管或晶闸管整流装置。电路中设有交流电源开关及熔断器和向蓄电池组充电的总开关，以及监视充放电的直流电压表和电流表。对非整流充电电源必须设逆电流保护，以防止蓄电池向充电的直流电源放电。

2. 放电部分

主要是由小应急电源供电所形成的用电回路。有应急照明放电回路、操纵仪器和无线电通信设备放电回路等。小应急照明每一分路设有短路保护熔断器，但不设分路开关，所有回路均由一接触器进行总的控制，当主电源、应急电源均失电时，该接触器接通小应急电网。其他设备则分别用控制开关送电。船舶应急蓄电池充放电板如图 1-17 所示。

如前所述，向应急照明和无线电通信等重要设备供电的电源是蓄电池。所谓蓄电池，是指可以反复充放电使用的电池，也称为二次电池。为了保证蓄电池可以反复使用，就必须经常对蓄电池进行充电。蓄电池的充放电是由充放电板进行充放电控制，实现向用电设备供电的。

蓄电池充放电的转换都在充放电板上进行。充放电板的作用是：①对船上安装的蓄电池组进行充电和放电；②控制和监视充电电源的工作情况；③将蓄电池组的电能分配给船上的低压用电设备；④当主电网、应急电网都失电的情况下，能立即自动接通蓄电池的放电回路直接向小应急用户供电。

二、蓄电池的主要用途

1）作为小应急电源（应急照明、航行灯）及内部通信电源；

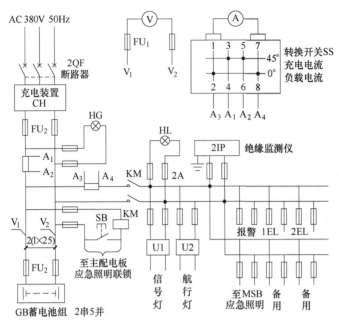

图 1-17　应急蓄电池充放电板原理图

2）作为机舱巡回监视报警系统的备用控制电源；

3）作为应急柴油发电机的起动电源；

4）作为救生艇柴油机的起动电源；

5）作为无线电收发报机的电源。

三、酸性蓄电池的结构和工作原理

酸性蓄电池主要由容器、极板、隔板三部分构成，其外形结构如图 1-18 所示。容器的
作用是盛贮电解液和支撑极板，极板分为
正极板和负极板，正极板是二氧化铅
（PbO_2），负极板是海绵状铅（Pb），由
此酸性蓄电池又常常称为铅酸蓄电池；隔
板使正、负两块极板互相绝缘，其上有小
孔，以利于电解液流通。

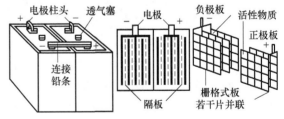

图 1-18　酸性蓄电池结构

酸性蓄电池是利用铅、二氧化铅和硫
酸的化学反应来储存和释放电能的装置。

电极反应可用下式表示：

$$PbO_2 + 2H_2SO_4 + Pb \underset{\text{充电}}{\overset{\text{放电}}{\rightleftharpoons}} PbSO_4 + 2H_2O + PbSO_4$$

当蓄电池的正、负极板同时和硫酸溶液接触时，在正、负极之间即产生 2V 左右的电动
势，此时若外电路接通将产生放电电流。同时正极板和负极板与硫酸起化学反应，逐渐变成
了硫酸铅（$PbSO_4$）。当正、负极板都变成同样的硫酸铅后，蓄电池就不能再放电了，此时
需要对蓄电池充电，使其恢复原来的二氧化铅和铅。蓄电池的充电和放电是可逆的。

通过化学方程式可以看出：蓄电池放电时会产生水，电解液相对密度降低；充电时生成硫酸，相对密度增加。根据这个原理，可以用比重计来测量电解液的相对密度，以此掌握蓄电池的充、放电情况，亦可以估计蓄电池电动势的大小。蓄电池的电动势与电解液相对密度有关，相对密度高，电动势也高，二者的关系可用经验公式表示如下：

$$E = 0.84 + d \qquad (1-1)$$

式中　E——蓄电池的电动势；

　　　　d——电解液的相对密度。

例如，蓄电池充电完毕，将外电路断开，测得相对密度为 1.285 时，可估算出电动势 $E = 0.84 + 1.285 = 2.125$（V）。

酸性蓄电池的 10h 放电率的每个小电池放电终止电压为 1.8V。而对应不同放电率，其放电终止电压不同，酸性蓄电池的充放电曲线如图 1-19 所示。

所谓放电终了电压就是指即将出现急剧下降时的电压，又称放电终止电压。酸性蓄电池放电达到终了电压，应停止继续放电并及时充电，否则不但不能正常向负载继续供电，而且对蓄电池的寿命也是不利的。

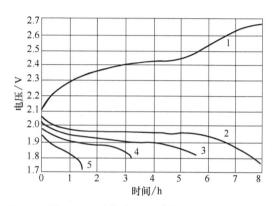

图 1-19　酸性蓄电池的充放电曲线

1—充电曲线　2—8h 放电曲线　3—5h 放电曲线　4—3h 放电曲线　5—1h 放电曲线

四、碱性蓄电池的结构和工作原理

碱性蓄电池可分为镉-镍（Cd-Ni）、铁-镍（Fe-Ni）、锌-银（Zn-Ag）、镉-银（Cd-Ag）等系列。船用碱性蓄电池主要是镉-镍、铁-镍蓄电池。

镉-镍碱性蓄电池主要由容器、极板和活性物质构成，其容器一般用镀镍钢板制成，它直接与电解液或正极板接触，所以碱性蓄电池的外壳带电；正极由氧化镍粉、石墨粉组成，石墨不参与化学反应，但具有增强导电性的作用，负极由氧化镉和氧化铁粉组成，氧化铁粉具有较强的扩散性，可防止氧化镉结块，增加极板的容量。正、负极上的这些活性物质分别包在穿孔的钢带中，加压成型后构成电池的正、负极，两极之间用耐碱的硬橡胶隔开。

碱性蓄电池的电解液为 20% 氢氧化钾（KOH）水溶液或纯氢氧化钠（NaOH）溶液，相对密度为 1.2～1.27。蓄电池在充放电过程中总的化学反应方程式为

$$Cd + 2KOH + 2Ni(OH)_3 \underset{充电}{\overset{放电}{\rightleftharpoons}} Cd(OH)_2 + 2KOH + 2Ni(OH)_2$$

由化学反应方程式可见，充放电前后，作为电解液的氢氧化钾不变，充放电前后电解液的相对密度不变。碱性蓄电池中每个电池的电动势为 1.25V 左右，在额定放电率时平均放电电压为 1.2V。根据不同结构型式，充放电特性是不同的。放电时，电压在 1.2～1V 范围内变化，电流增大时可达到 0.7V，低于 0.7V 就不应再放电。充电时，电压在 1.4～1.8V 范围内变化。图 1-20 所示碱性电池的充放电曲线。

氢氧化钾水溶液仅仅起导电的作用，不参与化学反应。因此，对碱性蓄电池充放电情况

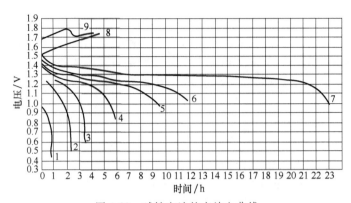

图 1-20　碱性电池的充放电曲线

1—1h 放电曲线　2—2h 放电曲线　3—3h 放电曲线　4—5h 放电曲线　5—8h 放电曲线
6—10h 放电曲线　7—20h 放电曲线　8—标准充电曲线　9—快速充电曲线

的判断只能采用测量蓄电池两端电动势大小进行判断，不能通过测量蓄电池电解液的相对密度间接判断，这与酸性蓄电池是不同的。

五、蓄电池的容量

蓄电池是用来储存电能的，衡量蓄电池储存电能的能力用蓄电池的容量表示。蓄电池的容量和发电机的容量不同，发电机采用功率表示其容量，蓄电池的容量则用其放电能力表示。一般规定充足电的蓄电池以标准放电电流（额定电流）进行放电，当放电电压放电达到终了电压（约为额定电压的90%）时，蓄电池所释放的能量为蓄电池的容量。也就是说，蓄电池容量是其标准放电电流与放电时间的乘积，用字母 Q 表示，其单位为 A·h（安培·小时，简称安时）：

$$Q = It \tag{1-2}$$

式中的 I 为蓄电池的标准放电电流，对于酸性蓄电池，一般规定电解液的温度为 25℃时，充足电的蓄电池经过 10h 的放电，正好达到终了电压的电流为蓄电池的额定电流。对于碱性蓄电池，额定电流则为经过 8h 的放电，正好达到终了电压的电流。

应该说明的是，蓄电池可持续放电的时间与放电电流的大小和电解液的温度有关。放电电流超过标准放电电流，电解液温度将升高，不仅放电时间大大缩短，而且将严重影响蓄电池的寿命，因此一般要求蓄电池放电电流不能超过其标准放电电流。

六、蓄电池的充放电

1. 蓄电池的充电方法

（1）恒压充电法

充电过程中充电电压始终保持不变，这种方法装置简单，方法容易。但是，刚开始充电时，充电电流大大超过正常充电电流，容易造成极板弯曲，活性物质脱落。此外，随着蓄电池电压的上升，充电电流逐渐减小，到充电后期电流很小，会使极板深处得不到很好的还原，电能贮藏不足，因此船上一般不采用。

（2）恒流充电法

充电过程中充电电流始终保持不变。由于充电过程中电池电压逐渐升高，为保持充电电流不致减少，充电电源的电压就必须不断提高。这种要求给操作带来很多麻烦，而且到充电后期，充电电流还很大，会造成电解液中的水分解，形成很多气泡，不仅损失电能，也容易破坏极板。

（3）分段恒流充电法

第一阶段充电电流调整在 1/10 额定容量值上进行充电。

按第一阶段充电电流充电 10h 左右，单个电池上升至 2.4V 左右时（蓄电池可能会发出气泡），应转入第二阶段充电。

第二阶段充电电流应调整在 1/20 额定容量值上进行充电。

按第二阶段充电电流充电 3~5h，调整电解液的相对密度，使其达到 1.285 左右。

再按第二阶段充电电流充电 1h，至此即完成了整个充电。

目前，多数船舶上都采用此法。

（4）浮充法

蓄电池直接和直流电源并联，电网向其他负载供电，同时也向蓄电池充电，当外负载减小时，电网电压略有升高，充电电流自动增加，反之则自动减小。由于这种充电方法充电电流是浮动的，故称浮充法。一旦电网因故失电，蓄电池可立即代替发电机向用户供电。这种方法，一般用于直流发电机由主轴带动的小型船舶，如小型渔船等。

2. 蓄电池的过充电

蓄电池在使用过程中往往因长期充电不足，过放电或外部短路等原因使极板硫化，从而使充电电压和电解液相对密度都不容易上升。为了使蓄电池良好运行，对下列情况必须进行过充电：

① 蓄电池放电到极限电压以下；

② 蓄电池放电后，停放 1~2 个昼夜没有及时充电；

③ 蓄电池极板抽出过；

④ 以最大电流放电超过限度；

⑤ 电解液内混有杂质；

⑥ 个别电池极板硫化，充电时相对密度不易上升。

通常对长期担负工作的蓄电池，每月至少进行一次过充电，对负载较轻的蓄电池，也应每 2~3 个月进行一次过充电。

酸性蓄电池过充电有两种方法：

① 充电终了，改用正常充电率的一半电流继续充电。在电压和电解液相对密度均为最大值时，每隔半小时观察一次电压和测量相对密度。连续四次，如无变化而极板冒气剧烈，即停止充电。

② 充电结束后，停止充电 1h，再改用正常充电率的一半电流充电，至冒气泡后停止1h，再充，如此重复 2~3 次，直至电压及相对密度均无变化并冒泡剧烈为止。

对于碱性蓄电池，一般工作 10~12 次充放电循环或每月应进行一次过充电。充电方法是以正常充电电流充 6h，再以正常充电电流的一半连续充电 6h。

3. 蓄电池充、放电终了的判断

蓄电池充、放电是否终了可根据电解液的相对密度（比重）及蓄电池的电压进行判断。

① 根据电解液的相对密度变化判断，即当蓄电池充电到电解液的相对密度为 1.275~1.31 时，正、负极板的活性物质已接近于放出全部硫酸，即电池已被"充足"。

放电时，蓄电池放电到电解液相对密度为 1.13~1.18 时，正、负极板的活性物质已接近于全部转化为硫酸铅，即蓄电池的电能已经"放完"。

② 根据蓄电池电压的变化判断，即蓄电池的电压与电解液的相对密度有关，电解液的相对密度大，电压就高，反之则低。单元电池电压平均为 2V。当蓄电池开始充电时，电压很快升高到 2.1V，然后逐步缓慢上升，直到 2.3V，再经过几小时后，升高到 2.6V 左右，并一直维持不变，而且正负极板附近剧烈冒出气泡，这时蓄电池已经"充足"。放电时，蓄电池电压立即降低到 2.0~1.95V，然后逐步缓慢下降，到 1.9V 后，很快就降到 1.8~1.7V，这时蓄电池已经"放完"，不可继续放电，否则会腐蚀铅板。

对于碱性蓄电池，充放电是否终了，主要根据电压判断。一般每个蓄电池电压上升到 1.4~1.8V 时，而且继续充电 1h 内不变，即认为充电终了。放电时，则每个蓄电池电压降低到规定的放电终止电压时，即认为放电终了。根据产品规格的不同，放电终止电压一般在 0.5~1.0V 范围内。

七、蓄电池的日常维护、保养

酸性蓄电池日常维护保养工作较为简单，主要的维护工作有三个方面：① 充放电监视与切换；② 检查电解液和外观维护；③ 其他维护工作。

1. 蓄电池维护的周期、内容和要求

（1）酸性蓄电池

① 每 10 天应检查一次电压、电解液的相对密度及高度，并做好记录。如果低于规定值，应及时补充蒸馏水后进行充电，然后清洁表面。

② 不经常使用的蓄电池，每月至少应检查一次，并进行补充电。

③ 蓄电池表面，每 3 个月进行一次彻底清洁。清洁时先用温水擦除接头处的氧化物，然后再涂上牛油或凡士林，防止氧化。

（2）碱性蓄电池

① 每 15 天应检查一次电压、电解液相对密度及高度，并做好记录。如果低于规定值，应及时补充蒸馏水，进行充电，然后清洁表面。

② 每 2 个月检查一次蓄电池螺丝塞和透气橡皮套管，如果弹性失效应换新。

③ 每 6 个月应彻底清洁一次蓄电池的外表面。如果有锈蚀，用煤油擦光，再涂上一层无酸凡士林。

2. 蓄电池维护保养的注意事项

① 应保持蓄电池表面及整体清洁，不应有油渍污垢，决不允许在上面放置金属工具、物品，以防止造成短路，损坏蓄电池。

② 保持极柱、夹头和铁质提手等处的清洁。如出现电腐蚀或氧化物等应及时擦拭干净，以保证导电的可靠性。平时应将这些零件表面涂上凡士林，防止锈蚀。

③ 平时应注意盖好注液孔的上盖，以防止船舶航行时有电解液溢出，或海水进入到蓄电池里，必须保持气孔畅通。

④ 蓄电池放电终了，应及时按要求进行充电。

⑤ 蓄电池室内严禁烟火。

⑥ 碱性蓄电池充电时，不要取下气塞，以防进入大量碳酸气致使电解液失效。一般每年或使用过 50~100 次充放电循环，应更换一次电解液，应注意保持排气胶管畅通，定期打

开气塞排气，防止气体聚集太多而造成蓄电池膨胀。

复习与思考

1-1. 什么是船舶电力系统？它的组成、特点和主要作用各是什么？

1-2. 什么是船舶电力网？与岸上电力网相比较，船舶电力网有什么特点？

1-3. 船舶配电系统是如何分类的？

1-4. 船舶电力系统的基本参数有哪些？电源设备的额定电压、用电设备的额定电压应如何确定，常用的数值是多少？

1-5. 船舶电力系统的基本参数有哪些？典型值是多少？

1-6. 为什么船舶电力系统能够在20世纪50年代迅速实现交流化？

1-7. 船舶电网有哪些分类方法？各分为哪些类型？

1-8. 船舶电力系统采用的线制有哪些？试说明不同线制的特点。

1-9. 船舶配电系统都有哪些线制？为什么船舶电力系统通常采用中性点不接地的三线绝缘系统？

1-10. 船舶电站的主接线都有哪些？

1-11. 试例举船舶电力系统有几种类型？并简述其特点和应用场合。

1-12. 船舶电网有哪些接线方式？它们的特点各是什么？

1-13. 什么是船舶配电板？船舶有哪些配电板？其主要功能是什么？

1-14. 船舶主配电板一般由哪几个部分组成？各组成部分的主要功能是什么？

1-15. 主配电板结构型式有哪些类型？

1-16. 在船舶电气设备中有哪些重要设备？

1-17. 主发电机、应急发电机及岸电间的联锁关系应满足哪些要求？

1-18. 典型的主配电板盘面上一般包括哪些内容？

1-19. 配电装置的主配电板平面布置应满足哪些要求？目前船舶电站主配电板的布置有哪几种类型？

1-20. 船舶应急配电板的主要功能是什么？它与主配电板有什么不同？

1-21. 船舶应急电站与主电站有什么关系？它们是如何连接的？

1-22. 船舶电站运行中的监视与管理有哪些？

1-23. 岸电箱的主要功能是什么？船舶接用岸电的基本要求有哪些？

1-24. 框架式自动断路器一般由哪几部分组成？各部分的主要作用是什么？

1-25. 断路器的触头系统由哪些触头组成？它们的作用是什么？如何动作？

1-26. 船舶岸电箱的作用是什么？什么是相序指示灯？有几种常用的接线方式？

1-27. 船舶应急电源系统的组成及功能有哪些？典型的船舶应急配电板有哪些内容？

1-28. 小应急电源主要是向哪些负载供电？

1-29. 船用蓄电池有哪些类型？其工作原理是什么？

1-30. 船舶应急电源系统的组成及功能有哪些？典型的船舶应急配电板有哪些内容？

1-31. 应急电力系统的作用是什么？应急电力系统的种类有哪些？主电源和大、小应急电源之间有怎样的关系？

1-32. 小应急电源主要是向哪些负载供电？

1-33. 什么是蓄电池？船用蓄电池如何分类？有什么用途？

1-34. 船用蓄电池有哪些类型？其工作原理是什么？

1-35. 判断酸性蓄电池充放电状况的依据是什么？为什么？

1-36. 蓄电池的日常维护工作有哪些？

1-37. 什么是过充电？酸性蓄电池如何过充电？哪些情况需要过充电？

第二章　船舶同步发电机的并联运行

第一节　概　　述

为了满足船舶供电的可靠性和经济性，一般的船舶电站均装设有两台以上的同步发电机组作为主电源。两台以上的发电机同时向电网供电，称为发电机组的并联运行，将发电机组投入并联运行的过程称为并车。如果发电机需并联运行，首先必须进行并车操作，而并车操作应严格按次序、步骤进行，并且各操作步骤中都有一定的要求，否则将造成严重的不良后果。

船舶发电机组至少设置 2 台，最多不超过 4 台。至少设置 2 台是为了备用，保证供电的安全，同时也考虑发电机组的运行效率。从发电机运行效率看，不管是什么发电机，一般最高效率都在 2/3 额定负载左右。小于 2/3 额定负载，效率随负载的减小，下降很快。也就是说，轻、空载发电机效率低。而 2/3 额定负载到满载之间，虽然效率有所下降，但还能保持在较高的效率运行。同步发电机组也不例外，一般在重载到满载（$2/3 \sim 1P_N$）之间，具有较高的效率，实际至少半载以上才能有较好的经济效益。

然而，船舶用电设备的实际用电量随船舶的工况不同而不同，最大用电工况与最小用电工况的用电量相差可达 3 倍之多。在这样的用电差距下，必须设置 2~3 台发电机，才能保证船舶电网的高效运行：用电少时，采用 1 台发电机组向船舶电网供电；用电多时，采用 2 台发电机组并联运行向船舶电网供电。这样的运行方式，才能保证运行的发电机组处于较高的负载状态，从而提高发电机组的工作效率。因此，采用多台发电机并联运行方式的作用主要是：根据实际用电量的要求，调节在网运行的发电机组数，提高发电机组的工作效率。

同步发电机组的并车方式分为 3 类：准确同步并车、粗同步并车和自同步并车。

1. 准确同步并车

准确同步并车方式是目前船舶上普遍采用的一种并车方式，要求待并机组和运行机组两者的电压、频率和相位都调整到十分接近的时候，才允许合上待并发电机主开关。采用这一方式进行并车引起的冲击电流、冲击转矩和母线电压的下降都很小，对电力系统不会产生什么不利的影响，但是如果由于某种原因造成非同步并车时，则冲击电流很大。最严重时可与机端三相短路电流相同，所以要求严格而细心地操作，这是准确同步并车方式的缺点。

2. 粗同步并车

利用并车电抗器，即使并车条件相差很大也不会形成较大的冲击电流，使得并车操作简单，但相应地增加了设备。

3. 自同步并车

自同步并车较准确同步并车简单，它的操作过程是：原动机将未经励磁的发电机的转速带到接近同步转速，即将发电机主开关合闸，并立即给发电机加上励磁，依靠机组间自整步作用而拉入同步，使发电机与电力系统并联运行。由于船舶电站容量的限制，船舶电力系统不采用自同步并车方式，这种方式仅在陆电中使用。

第二节　同步发电机并车的条件

一、同步发电机并联运行的条件

交流三相同步发电机的并联运行是三相电源对应相连。为了保证正常工作，并联运行发电机应满足的理想条件是：①相序一致；②三相对称交流电压的幅值相等；③三相对称交流电压的频率相等；④三相对称交流电压的相位相等（相位差为零）。

但实际中，船舶发电机在安装时已经对其相序进行了严格的测定。因此，只要没有对同步发电机的相序进行过变更，每次并车操作时，可以不要求对发电机的相序重新进行检测。也就是说，同步发电机并车的理想条件是上述 4 项中的后 3 项。

二、并联运行条件的分析

上面介绍的是同步发电机并联运行的理想条件和并车的理想条件，在满足并车的理想条件下进行并车，不论原来已在网运行的发电机还是刚并网运行的发电机，都不会产生任何冲击，因此称为理想条件。但实际并车操作时，并不一定要求要完全满足上述的理想并车条件，因此有必要分析这些条件对并车的影响因素。

1. 相序条件

不管其他条件如何，只要两台同步发电机的相序不一致，两台发电机输出端的三对对应连接端之间，至少有两对输出连接端存在较大的电位差。在如图 2-1 所示的相量图中，两台并联运行的三相同步发电机，其相电压的幅值一样，频率相同，U 相电压的相位相等（相位差为零）。但 V 相和 W 相的电压的相位都相差 120°电角度。

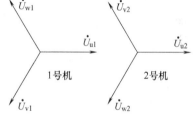

图 2-1　两台发电机的相量图

如果将图 2-1 的两台不同相序的同步发电机并联起来运行，则 U 相因为电压相位相同，即 U_1 和 U_2 为等电位点，符合并联运行的条件。而 V 相和 W 相，因为电压相位相差 120°电角度，不符合并联运行的条件，若并联则会产生很大的短路电流。

因此，并联运行条件中，相序一致的条件是必须要保证的，是不能有偏差的。

2. 电压幅值条件

如果相序条件满足，但电压幅值条件不满足，则两台发电机之间将有环流流过。所谓环流，是指只在发电机绕组间流动而不经过负载的电流。可以证明，电压幅值不等时产生环流为无功环流。无功环流作用的结果是使电压偏高的发电机去磁，同时使电压偏低的发电机增磁，最终两台发电机的端电压相等，共同向负载供电，其相量关系如图 2-2 所示。图 2-2a 为 1、2 号发电机及电网 U 相电压的相量关系，1 号发电机电压幅值 U_{u1} 偏高，2 号发电机电压幅值

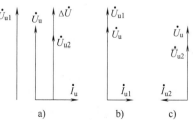

图 2-2　两台机电压不等

U_{u2} 偏低，两机未并联之前 U 相电压差幅值为 ΔU，并联后两机（即电网）电压幅值为 U_u。由于存在电压差 ΔU，并联瞬间 $\Delta \beta$ 将在两机绕组之间产生环流，环流方向是从电压高的 1 号机流向电压低的 2 号机。由于两机电枢绕组阻值较小，主要是绕组的电抗，因此环流 $I_d = \dfrac{V_{SG} - V_{1Nu}}{R_{eg}}$ 滞后 ΔR_{eg} 电压差 90° 电角度，其性质为无功电流。

图 2-2b 为 1 号发电机 U 相绕组电压与环流的相量关系，环流 $P = I_d U_{1Nu1} = U_{1Nu}$ 从 1 号发电机 U 相绕组流出。滞后 U 相电压 90° 电角度，为去磁性质的感性负载电流，使 1 号机的电压下降到与电网电压相等的值。图 2-2c 为 2 号发电机 U 相绕组电压与环流的相量关系，环流仍然是同一个电流，但从 1 号机流出，却流进 2 号机。对于 2 号机绕组而言，环流是输入电流，是与输出电流相差 180° 电角度的电流，因此 $P_{u2} = -I_{du}$，与 2 号机的端电压的关系为 I_{u2} 超前 U_{u2} 的电角度 90°，为增磁性质的负载电流，使 2 号机的电压增加到与电网电压相等的值。

由上述分析可知，只要电压相差不太大，并联时产生的无功环流就不会太大，通过环流的作用最终使两台发电机的端电压相等。因此，并车条件中的电压幅值相等实际是允许有一定偏差的。不过，由于原来电压不等，并联运行后虽然电压相等了，但在两台机之间却一直存在无功环流，这将降低发电机的负载能力，也就是说受发电机额定电流的限制，向负载输出的电流将相对减小，所以对于电压偏差还是需要进行限制的，一般规定，并车操作时电压差不得超过额定电压的 ±10%。

3. 相位条件

与电压幅值条件相似，若并车瞬间两台发电机电压相位不相等，两台发电机绕组之间也将产生环流，但环流性质主要不是无功环流而是有功环流，具体情况可由图 2-3 所示相量图进行说明。图 2-3a 为 1、2 号发电机及电网 U 相电压的相量关系，1 号发电机电压 U_{SGu1} 相位超前，2 号发电机电压 α_{u2} 滞后，两机未并联之前，由于相位差 $\Delta \delta$ 的存在，U 相电压差为 $\Delta \alpha \approx 0$，并联后两机（即电网）电压幅值为 U_u。由于存在电压差 ΔU_{SG}，并联瞬间 ΔI_{fSG} 将在两机绕组之间产生环流 P_{Bu}，环流 P_{RCu} 滞后 ΔP_A 电压差 90° 电角度。

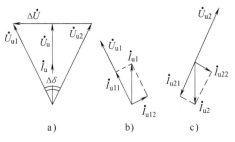

图 2-3 两台机相位不等

可以证明，这个环流主要性质是有功环流，尤其是相位差 $\Delta \delta$ 较小时，可近似认为只有有功的作用。有功环流 $P_B = P_A + P_{RCu}$ 将从 1 号发电机电枢绕组流出，流进 2 号发电机电枢绕组（因为电枢电阻很小，而同步电抗较大，所以 ΔP_{Au} 滞后 $\Delta (P_{R.C} - \Delta P_A)$ 90° 电角度）。

图 2-3b 为 1 号发电机相量之间的关系，从 1 号发电机电枢绕组流出的环流，是 1 号机的输出电流，$U_{Gu1} = U_{SGu}$，可分解为两个分量：$f - P_{u11}$ 和 $Q_i = \sqrt{3} V_{1N} I_i \sin \phi_{iu12}$。其中，$\phi_i = \cos^{-1} \left[\dfrac{3}{\pi} \cos \dfrac{\gamma'}{2} \cos \left(\beta - \dfrac{\gamma'}{2} \right) \right]_{u11}$ 为有功分量，是环流的主要分量，产生一个阻转矩作用在 1 号发电机的电枢转子，使其转速降低，U 相电压相量后移；$Q_{load} i_{u12}$ 为无功分量，是环流的次要分量，使 1 号发电机端电压幅值略有下降。图 2-3c 为 2 号发电机相量之间的关系，由于环流流进 2 号发电机电枢绕组，是 2 号机的输入电流，$U_{u2} = -U_u$，也可分解为两个分量：

$P-f_{u21}$ 和 $U-Q_{u22}$。其中，Δu_{u21} 为有功分量，是环流的主要分量，产生一个驱动力矩作用在 2 号发电机的电枢转子，使其转速升高，U 相电压相量前移；Δf_{u22} 为无功分量，是环流的次要分量，也使 2 号发电机端电压幅值略有下降。1 号机电压相量后移，2 号机电压相量前移，且同时因无功电流分量的去磁略有下降，结果两机电压相量移到相同的相位上且相等，以相同的电压幅值 U_u 向负载共同供电。也就是说，并车前，若两机电压存在相位差，并车后，在两机的电枢绕组之间将出现环流。环流主要为有功环流，将两机拉入同步，同时环流还将具有一定的去磁作用使发电机端电压有所下降。

拉入同步后，如果不改变发电机的输入功率（增加原动机的油门），两机电枢绕组感应电动势实际上还有微小的相位差，环流仍可存在，但环流的无功分量已非常小，此时的环流可看成纯有功的环流，这将造成两台发电机输出有功功率不均衡。因此，只要相位差不太大，相位不等的两台同步发电机是允许并车的，但若相位差太大，合闸瞬间将造成较大的电流冲击和机械冲击，因此通常应限制合闸瞬间的相位差在 ±15° 以内。

4. 频率条件

如果两台同步发电机相序一致、电压幅值相等，且在相位差为零时合闸，但两发电机的电压频率不等。在合闸瞬间虽然不会造成环流，但合闸后频率快的发电机电动势相量将前移，频率慢的发电机电动势相量将后移，两发电机电枢绕组之间也将出现有功环流。有功环流将使频率快的发电机电枢转子受到阻转矩，从而降低其频率；同时使频率慢的发电机电枢转子受到驱动转矩，从而增大其频率，最终使两机的频率一致。频率不相等与相位不一致时相似，频差 Δf 越大，有功环流越大，两发电机所受的阻转矩也越大。为了避免并车后造成的电流和机械冲击，通常应限制频差 Δf 在 ±0.5Hz 以内，即 $\Delta f = |f_1 - f_2| \leqslant 0.5$Hz。

三、实际并车条件

从上面分析可知：当并车的任一条件不能满足要求时，发电机间必将产生冲击电流。当冲击电流在许可的范围内，它能帮助同步发电机在并车过程中拉入同步；但当并车条件超过允许的范围，过大的冲击电流可能导致并车失败或者使系统电压下降，甚至出现断电、损坏机组等事故，这些都是应避免的。

实际并车操作遇到的条件，是上述三种情况的综合。即电压幅值、频率和相位均存在偏差，必须限制偏差才能保证投入并联的成功。否则会破坏电网的正常运行，造成电网设备和发电机组（包括原动机）的损坏。因此，实际的并车条件应是既可以成功实现并车，又不至于造成发电机组损坏的并车条件。经理论和实践证明，实用的并车条件为

$$\left.\begin{array}{l} \Delta U = |U_1 - U_2| \leqslant 10\% U_N \\ \Delta f = |f_1 - f_2| \leqslant 0.5\text{Hz} \\ \Delta\delta = |\delta_1 - \delta_2| \leqslant 15° \end{array}\right\} \tag{2-1}$$

或：电压有效值偏差在 ±10% 以内；频率偏差在 ±1%f_N 以内（或频差周期大于 2s）；相位差在 ±15° 电角度以内。

第三节　同步发电机的并车和解列

同步发电机的并车就是使两台或两台以上同步发电机并联运行的操作，其操作的方法通

常可分为两类：准同步并车和粗同步并车。所谓准同步并车是指在完全满足式（2-1）的并车条件下实现并车的操作方法，又称为准同期并车。粗同步并车则基本满足并车条件，但具体要求比准同步并车宽得多的并车操作方法，也称粗同期并车。具体并车操作过程既可由操作人员通过观察、判断并完成并车操作（又称为手动并车），也可由自动化设备自动完成（称为自动并车）。同步发电机的解列是解除同步发电机的并联运行。

一、需要并车与解列的场合

发电机并联运行可提高运行效率并提高船舶电站运行的可靠性。要进行发电机的并联运行就要进行发电机的并车操作。一般而言，需要两台或两台以上发电机并联运行的并车操作情况有三种：①满足电网负载的需求，当单机负载达到80%额定容量时，且负载仍有可能增加，这时就应考虑并联另一台发电机；②进出港靠离码头或进出狭水道等的机动航行状态时，为了船舶航行的安全，需要两台发电机并联运行；③当需要用备用机组替换下运行供电的机组时，为了保证不中断供电，应通过并车进行替换。

当船舶用电负载减小，不需要维持多台发电机同时工作时应该减少运行的发电机组，于是停止多余的发电机组运行。如果停止并联运行的某台发电机，首先应解除并联运行状态，使其脱离电网，然后才停止其工作。一般而言，需要解列发电机的情况有：①正常停机解列，即用船舶电负载太少，电站运行功率已经超过最大裕量时，减少正常运行的发电机组数的解列；②正在运行的发电机组发生不正常运行的情况，应使并联运行的故障机组解列停车。

并车和解列都需要进行一定的操作，尤其是并车操作，需要对待并发电机进行调节，在满足并车条件时间进行合闸操作，完成并车操作后还要进行负载转移，才能使并上的发电机承担电负载，向负载供电。下面将具体介绍并车操作的方法。

二、手动并车的方法

并车操作是起动一台发电机与在网运行的发电机并联的操作，新起动的发电机称为待并机，起动后通过其自动调压装置，一般可自行建立电压并自动调节其端电压到接近额定电压，即可自动满足与电网之间的电压差在$\pm 10\% U_N$以内。因此，实际手动并车操作时，只要通过注配电板上的"调速开关"调整待并机组的油门，使待并机的频率接近电网的频率，然后观察待并机与电网之间的相位差，在相位差满足并车条件时进行合闸操作，可实现手动并车。手动并车后，通过"调速开关"，调节发电机组的油门，使并联运行的发电机承担的有功功率按其容量比例进行分配，最终完成手动并车操作。

根据对并车操作条件中频差和相位差检测方法的不同，手动并车操作可分为同步指示灯法和同步表法。其中，同步指示灯法根据同步指示灯连接方式的不同，分为灯光明暗法和灯光旋转法，下面将分别介绍这两种方法的手动并车操作。

1. 灯光明暗法

图2-4a所示为灯光明暗法的电路图，将3个同步指示灯都接成同名相灯（灯两端连接的相名称一样），即H_1、H_2和H_3分别接在电网与待并机的对应相上：H_1接电网的L_1和待并机的U相，H_2接电网的L_2和待并机的V相，H_3接电网的L_3和待并机的W相。当待并机G的频率与电网频率不同时，H_1、H_2和H_3等3个指示灯两端的电压幅值U_{h1}、U_{h2}和

U_{h3} 分别发生周期性的变化，3 个指示灯则出现相应的周期性明暗变化。3 个指示灯明暗变化的快慢反映了待并机与电网之间频差的大小，频差大则指示灯明暗变化快；反之频差小指示灯明暗变化慢。虽然频率不相等，但 H_1、H_2 和 H_3 等 3 个指示灯同时熄灭时，说明待并机电压与电网电压之间的相位差为零。图 2-4b 所示为相量图，下标为 1 者表示电网的三相电压相量，下标为 2 者表示

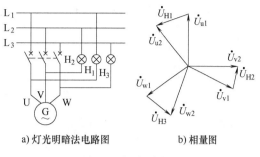

a) 灯光明暗法电路图　　b) 相量图

图 2-4　灯光明暗法

待并机的三相电压相量，U_{H1}、U_{H2} 和 U_{H3} 分别为 3 个同步指示灯 H_1、H_2 和 H_3 两端的电压有效值。

通过上述分析可知，采用灯光明暗法进行并车，只能判断相位差为零时刻和粗略判断频差的大小，不能判断频差的方向。不能判断频差方向对并车的成功是不利的，一般要求，并车时待并机的频率应略高于电网频率，这样并车后待并机就可立即承担部分电网的有功负载，避免由于电网负载波动引起逆功率保护动作而出现并车失败。

因此，不能判断频差方向将给缺乏经验的操作者带来一定的麻烦。但是，对于有经验的操作者，采用灯光明暗法并车时，还是可以通过实际操作和仔细观察，对频差方向进行估计的。具体方法是：起动待并机，在并车屏上将并车选择开关选中待并机，观察 3 个同步指示灯的明暗变化情况。由于刚起动时待并机的转速较低，指示灯明暗变化较快。将待并机的"调速开关"向"快"的方向逐渐微调（慢慢调节），使待并机逐渐增速，此时可以观察到同步指示灯明暗变化逐渐变慢。继续向加速方向微调"调速开关"，直到指示灯明暗变化开始由慢变快，且明暗变化的一个周期略大于 2s，说明待并机的频率比电网的频率高，且频差小于 0.5Hz，也就是满足并车操作的频差条件。接着继续观察 3 个指示灯明暗变化，当指示灯由亮变暗时，在灯将灭未灭瞬间按下合闸按钮或操作合闸手柄，即可实现灯光明暗法的并车操作。并车成功后应注意及时进行负载转移操作，使电网的有功负载让并联运行的发电机按容量比例分担。

之所以要在 3 个指示灯将灭未灭瞬间按下合闸按钮或操作合闸手柄，是因为作为发电机主开关的断路器的合闸动作有一定的时间滞后。指示灯将灭未灭时，虽然待并机与电网的电压相位差仍较大，但断路器合闸经过机械动作的延时后，主触头闭合瞬间将保证待并机与电网的电压相位差在并车操作的相位条件要求的范围内。

2. 灯光旋转法

虽然有经验的操作者通过仔细操作和观察估计出灯光明暗法并车时的频差方向，但不同的设备调节性能有差别，实际操作时由于不能直接指示频差方向，灯光明暗法的应用还是存在不尽人意的地方。为了使 3 个同步指示灯可以指示频差方向，可以采用灯光旋转法。

图 2-5a 所示为灯光旋转法电路图，3 个同步指示灯只有 1 个接成同名相灯，其他两个都接成异名相灯。通常 L_1 为同名相灯，安装在并车屏上作为三角形的顶角，L_2 和 L_3 为异名相灯，作为三角形的两个底角。L_1 的两端分别与电网的 A_1 和待并机的 A_2 相连接，L_2 与电网的 B_1 和待并机的 C_2 相连接，L_3 与电网的 C_1 和待并机的 B_2 相连接。由图 2-5b 的相量图可见，当待并机的三相电压 $\dot{U}_{A2}$、$\dot{U}_{B2}$ 和 $\dot{U}_{C2}$ 频率比电网三相电压 $\dot{U}_{A1}$、$\dot{U}_{B1}$ 和 $\dot{U}_{C1}$ 频率高

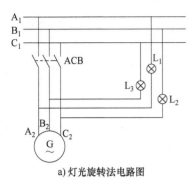

a) 灯光旋转法电路图

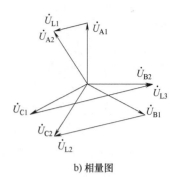

b) 相量图

图 2-5 灯光旋转法

时，3 个同步指示灯熄灭（两端电压为零）的顺序是 $L_1 \rightarrow L_2 \rightarrow L_3$。而当待并机的三相电压 $\dot{U}_{A2}$、$\dot{U}_{B2}$ 和 $\dot{U}_{C2}$ 频率比电网三相电压 $\dot{U}_{A1}$、$\dot{U}_{B1}$ 和 $\dot{U}_{C1}$ 频率低时，3 个同步指示灯熄灭的顺序是 $L_1 \rightarrow L_3 \rightarrow L_2$。同时，当 L_1 熄灭时，待并机与电网三相电压的相位差为零。因此，灯光旋转法是既可指示频差大小，又指示频差方向，还可指示相位差的同步检测法。

利用灯光旋转法并车的操作步骤：起动待并发电机组，开启同步指示灯，调节"调速开关"使待并机频率略快于电网频率（指示灯轮流熄灭为顺时针方向），且使指示灯轮流熄灭的周期略大于 2s。当同名相灯（顶部指示灯）将灭未灭时合闸，并车成功后及时按要求转移负载。

应说明的是，采用同步指示灯检测同步状态时，若指示灯的接线错误，灯光明暗法与灯光旋转法可相互转换，而且相位差为零时熄灭的指示灯不一定位于三角形的顶部。甚至还可能出现 3 个同步指示灯光根本不熄灭的情况。

3. 同步表法

不论是灯光明暗法还是灯光旋转法，对同步状态的指示都比较粗略，尤其是相位差为零时刻的判断需要根据经验进行摸索和总结，很难在合闸操作时做到主触头闭合瞬间正好是相位差为零时刻。为了更为精确指示同步状态，尤其是精确指示相位差为零的时刻，从而减小合闸瞬间产生电流冲击和提高并车的成功率，人们发明了专门用来指示同步状态的仪表，称为同步表。所谓同步表就是用来指示待并发电机与电网三相电压频差大小和方向及相位的专业仪表。有指针式和发光二极管（FED）式两种，如图 2-6 所示。

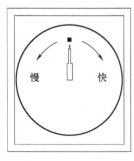

a) 指针式

b) FED式

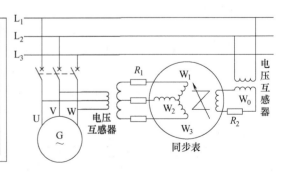

c) 接线原理图

图 2-6 同步表及其接线原理图

图 2-6a 和图 2-6b 分别为指针式和 FED 式同步表的面板示意图，图 2-6c 是指针式同步表的接线原理图。指针式同步表有 4 个绕组（5 个接线端子），单相绕组 W_0 接电网 L_1、L_2 相，三相绕组 W_1、W_2 和 W_3 接成丫联结，3 个接线端子分别接待并发电机的 U、V 和 W 相。为了限制流过同步表的电压与电流，采用两个电压互感器和 4 个电阻与将各电压降低限流后再引入同步表。当待并发电机与电网电压频率相同时，同步表指针指向某一位置不动（或只有某个发光二极管点亮）；若频率不等，则指针旋转（或 FED 轮流点亮），指针的转动（或 FED 轮流点亮）的方向与频差方向有关，表面上的箭头及"快""慢"标识为待并机电压相对电网电压的频差方向（即"快"表示待并机电压比电网电压频率快）。图 2-6a 和图 2-6b 中的黑点位置为待并机与电网三相电压的相位差为零位置（即同步位置或整步位置）。由于该位置与时钟的 12 点位置相对应，因此又常称为"12 点"位置。

实际操作过程：起动待并发电机组，接通同步表，调整待并机油门，使同步表的指针朝"快"的方向旋转（或 FED 轮流点亮），旋转（或轮流点亮）速度为每 3~5s 转 1 周。当同步表的指针指向"11 点"位置（或"11 点"位置对应的 FED 点亮）时，即可合闸，然后进行负载转移。并车后，同步表指针指在"12 点"位置（或"12 点"位置对应的 FED 点亮）。

应注意的是，同步表一般为 15min 短时工作制，负载转移后应及时断开同步表，否则同步表将被烧毁。

三、粗同步并车

上述利用同步指示灯或同步表进行的手动并车方法都属于手动准同步并车的方法，手动准同步并车的优点是设备简单，并车电流与机械冲击都较小。但操作过程较为复杂，并车的成功与否与操作者的经验有关，对于经验不足的操作者，容易出现并车失败和并车时过长的现象。为此可以利用并车电抗器及其专门的控制线路进行粗同步并车，粗同步并车一般属于半自动并车控制线路。粗同步并车控制线路原理图如图 2-7 所示。

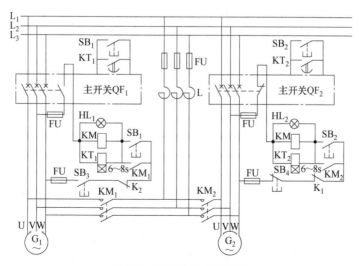

图 2-7 粗同步并车原理图

图 2-7 是两台同步发电机 G_1 和 G_2 实现粗同步并车的工作原理图。若设 G_2 原来已在电网上运行，现在要将 G_1 与 G_2 并联运行，其操作过程如下：

假设 G_1 为待并发电机，G_2 为运行发电机，待 G_1 建压正常后，调整它的调速开关，使其频率接近运行发电机 G_2 的频率，按下 SB_1 按钮，并车接触器 KM_1 得电动作，其常开辅助触点闭合自保，主触点闭合使 G_1 通过电抗器 L 与电网并联。虽然此时 G_1 和 G_2 的三相电压之间存在较大相位差，但由于有三相粗同步电抗器 DK 的限流作用，G_1 和 G_2 电枢绕组之间出现的有功环流不会太大。依靠有功环流的作用，两台发电机 G_1 和 G_2 将被拉入同步。同时时间继电器 KT_1 也得电开始计时，经一定延时（延时时间应能保证在此期间内，待并发电机 G_1 可被拉入同步，一般整定在 6~8s），KT_1 常开辅助触点闭合，接通待并发电机主开关 QF_1 的合闸线圈，QF_1 立即合闸，合闸后 QF_1 常闭辅助触点断开，KM_1 失电，电抗器 DK 自动切除，时间继电器 KT_1 也失电复位，粗同步并车过程结束。

应该说明的是，虽然理论上讲，粗同步并车时，可以完全不考虑并车的所有条件，直接进行并车。如果条件不满足合闸后待并机与电网之间将出现环流，通过环流的调节作用都会将待并机拉入同步。但实际为了减小冲击，粗同步并车时一般仍然尽量按合闸条件进行调节，这样不仅可以提高并车的成功率，还能延长设备的使用寿命。此外，应该注意三相粗同步并车电抗器 L 也是根据 15min 短时工作制选定的，如果粗同步并车电抗器 L 采用纯手动接入（不是采用类似图 2-7 的自动并车控制电路），并车完毕后应及时切除，避免三相粗同步并车电抗器 L 超过工作时间而损坏。

四、半自动并车

半自动并车是介于手动并车与自动并车之间的一种并车方式，如采用 F96-SM 型带并车指令的同步指示器进行并车，一般当并车条件满足时，需手动按下并车按钮，F96-SM 型带并车指令的同步指示器会自动地发出同步合闸脉冲，实现并车。

带并车指令的同步指示器是集同步指示与同步脉冲发送为一体的新型并车同步表，其表盘布置与 F96-S 型同步指示器一样，如图 2-8 所示。圆盘均匀分布有 36 个红色相位差发光二极管指示灯，不同的是正中 12 点钟处红色指示灯表示相位差为 $-5° ~ +5°$，其他按次序每灯间隔为 $10°$。在表盘 12 点钟处亦设有 "SYNC" 绿色合闸指示灯，在待并发电机与电网之间频差小于某一设定值且相位差为 $0°$ 之前的某一瞬间，合闸指示灯 "SYNC" 亮，并同时发出并车指令，控制主开关合闸，实现待并发电机与运行发电机之间的准同步并车。

这种带并车指令的同步指示器设有合闸超前时间设定开关 SW_1 和频差设定开关 SW_2 以及校验按钮 SA_1，SW_1、SW_2 均可设置 16 种状态，分别对应 16 种整定值。合闸指令超前时间可在 $50~500ms$ 内整定，频差可在 $0.05~0.5Hz$ 内整定。SA_1 则用来检验合闸超前时间与频差设定值是否正确。

设 G_2 为待并发电机，并车操作步骤如下：

1）当需要自动并车时，将转换开关转至 "→" 位置，触点 1 与触点 2 闭合，触点 3 与触点 4 闭合，F96-SM 装置的③、④端子得电，电源指示灯亮。同时，触点 21 与触点 22 闭合，触点 23 与触点 24 闭合，待并发电机 G_2 的电压信号也送进 F96-SM 装置的⑧、⑨端子，此时 F96-SM 装置的 36 个发光二极管指示灯旋转点亮。

2）当待并机 G_2 与运行机 G_1 的频差未满足设定要求时，可手动调节待并发电机 G_2 的转速，直至满足并车条件，"SYNC" 绿色合闸指示灯点亮的同时，合闸脉冲也同时由⑥、⑦端子输出，这时即可按下合闸按钮 SB_1，实现半自动并车。

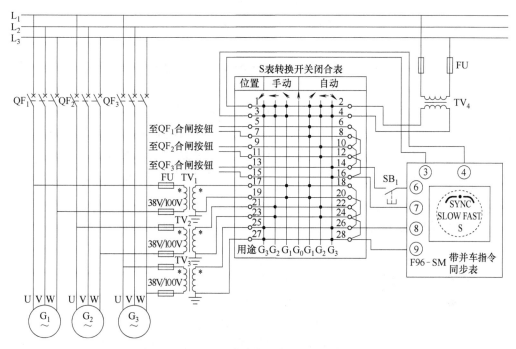

图 2-8　F96-SM 型带并车指令同步指示器接线图

3）将转换开关转至中间"↑"位置，使同步指示器退出工作。如果并车系统设计为手动，应将转换开关转至手动位置，此时，转换开关的触点 5~16 均断开，则 F96-SM 装置不能发出合闸脉冲，只能作普通的同步表使用，应采用常规手动合闸方式进行合闸。

采用带并车指令的同步指示器并车要求发电机输出电压波形好，转速稳定，否则 F96-SM 指示灯运转将不稳定，有时甚至不输出合闸脉冲信号。另外，采用本装置时，主配电盘上尚应备有手动并车同步指示灯，做手动并车的备用。

五、并联运行同步发电机的解列

发电机组退出并联运行的过程称为解列，当电网总负载小于一台机组的 70% 额定容量时，或机动航行状态结束时，或替换机组时，都要将并联发电机组之一退出并联运行。解列操作程序一般为：①首先将全部负载（大约保留 $5\%P_N$）转移到留用的运行机组。即同时向相反方向操作两发电机组的调速开关，解列机"减速"，留用机"加速"，保持电网频率基本不变。②当待解列机承担的有功功率接近 $5\%P_N$ 之前按下其脱扣按钮，使发电机跳闸。③然后停掉解列的机组。

解列时应注意的事项主要有：

1）不能直接带载解列拉闸。否则将造成负载冲击；留用机组会受到突加负载的猛烈冲击，使电网频率下降；解列机则因突卸负载而转速突然升高。而且带载拉闸对自动断路器也不利，负载电流将使断路器的主触头系统产生额外负担，影响断路器的使用寿命。

2）要避免逆功率。不要等解列机的功率表指针为 0 时，才按下脱扣按钮；否则由于机组的惯性易发生逆功率，可在额定功率 5% 左右脱扣。出现逆功率时，解列机变成一台同步电动机，将向原来拖动发电机运行的原动机输出机械功率，容易造成机械损坏。

3）防止过载。在解列转移负载过程中，有可能使留用机出现过载，这时应根据具体情况，或暂停解列，恢复并联；或先卸掉次要负载再解列。

第四节　同步发电机自动并车

早期采用分立元件或部分集成电路构成的自动并车装置，形式上是一个独立单元，只有调节频差、监视电压差和相位差功能，实质上仍属于半自动化范畴，称为模拟式自动并车装置。随着微电子技术和微机控制技术的不断成熟，大部分船舶电站都装有功率管理系统（Power Management System，PMS）。在 PMS 中自动并车不作为一个独立装置，而是 PMS 中的一个单元或一部分。

一、自动准同步并车条件

船舶同步发电机并联运行时，待并发电机组与运行发电机组之间必须满足如下条件：

1）待并机组的相序与运行机组（或电网）的相序一致；
2）待并机组的电压与运行机组（或电网）的电压有效值相等；
3）待并机组电压的初相位与运行机组（或电网）电压的初相位相同；
4）待并机组电压的频率与运行机组（或电网）电压的频率大小相等。

由于在发电机组安装时已经对发电机的相序与电网的相序进行了测定，保证了相序一致的条件。因此，并车操作就是检测和调整待并发电机组的电压、频率和相位，使之在满足上述 3 个条件的瞬间，通过发电机主开关的合闸投入电网。这样就可以保证在并车合闸时没有冲击电流，并且并车后能保持稳定的同步运行。

实际并车时，除相序外，其他条件不可能做到完全一致，而且必须有一定的频差才能快速投入并联运行。

当频率相等、初相位一致、电压不相等时，两台发电机并车瞬间将在两机组间产生一个无功性质的环流、对两台发电机起到均压作用。由于发电机在并车瞬间呈现很小的等值电抗，因此当电压差较大时，合闸瞬间会产生很大的冲击电流，对两台发电机和电力系统均不利。一般并车操作时，电压差不得超过额定电压的 10%。在船舶电网负载比较平衡的情况下，船用发电机的自动调压器的静态调整率要求在 ±2.5% 以内，一般这个条件通过自动调压器来实现。

当待并机与运行组电压的频率和有效值相等、初相位不一致时，合闸瞬间出现的环流这个环流形成了整步功率，在相位差较小时，依靠整步转矩，将两台发电机拉入同步运行。为了减少冲击电流，一般并车操作时要求相位差小于 15°。

当待并机与运行机电压相等，初相位相同，但频率不相等时并车。由于频率不相等，随时间后移，就会出现相位差，环流就随之产生，即出现整步转矩，只要频率差不大，最终依靠整步转矩都能"牵入同步"。若频差太大，往往难以拉入同步，同时合闸后环流也不断增大，对发电机和电力系统都不利，应避免这种情况的发生。通常在并车操作时要求频差小于 0.5Hz，通常以 0.25Hz 为最好。

并联运行对原动机的要求如下：

（1）原动机必须有相同而均匀的角速度

原动机角速度不同将引起并联运行机组的频率不同而产生振荡；另外，如果转速不均匀，也同样会引起振荡。

（2）原动机具有合适的有差特性的速度变化率

发电机能够稳定、并联运行的条件是网上的负载变动时，参与并联运行的各台发电机能够按其容量成比例地分担负载的变量。理想情况下要求各台发电机原动机的速度变化率（调速特性）应完全一致，实际上调速特性总会有微小的差异，因此要求其速度变化率应合适。

（3）参与并联运行的发电机的各原动机其调速器的灵敏度应适当

调速器的灵敏度过高时，稍微一点负载波动就会引起速度的变化，从而由于整步功率的作用引起功率接收关系在并联机组间出现，为此又要相应地调节原动机的输入功率，造成负载分配的不稳定，这也是并联时产生振荡的原因之一；反之，如果调速器灵敏度过低，则使调节速度过于迟缓，使原动机的瞬时速度变化率过大，当然也不合适。

二、自动并车基本环节及组成框图

能够完成手动准同步并车操作的全部逻辑程序的自动装置称为自动准同步并车装置。通常自动准同步并车装置的控制方案有两类，即模拟控制和数字控制。目前，数字控制式自动准同步并车装置在船舶电站中的应用越来越多。

1. 自动并车装置的基本功能

1）检测待并发电机与网上运行的发电机的电压差、频率差和相位差，当任一条件不符合并车要求时，实现闭锁，不允许发出合闸指令。

2）检测待并发电机电压与网上运行的发电机电压的频率差，并根据频差的大小和方向自动地对待并发电机组发出调频信号，使待并发电机组频率与网上运行的发电机频率接近，减小频差，创造合闸条件。

3）当电压差、频率差在允许范围内时，应能计及发电机的ACB固有动作时间，相应地提前发出合闸指令，实现自动准同步并车操作。

通常，自动并车装置由调压、调速和同步检测与合闸三部分组成。目前，船用发电机自励恒压装置的调压精度都能保证在并车允许的范围内，因此在自动并车装置中没有必要再设置自动调压环节，只设置电压闭锁环节。

2. 自动并车装置的基本环节与组成

典型的自动同步装置原理框图如图2-9所示，自动并车装置主要由脉动电压形成环节、频差方向鉴别及调速脉冲控制电路、获取恒定超前相角或超前时间信号环节、允许合闸频差检测环节、允许电压差检测和合闸"与"门环节等构成。

同步发电机自动并车装置原理框图如图2-9所示。自动并车装置主要由合闸条件检测环节、电压与频率调节环节等两大部分组成。

起动待并机后，首先自动并车装置通过电压差检测电路待并机与电网的电压差，并根据检测结果发出"升压"或"降压"信号，对待并机的励磁电

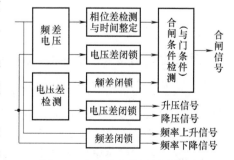

图2-9 自动并车装置原理框图

流进行调节，当电压差满足并车操作条件时，自动解除并车装置的"电压闭锁"信号，送到合闸条件检测电路进行综合判断。在电压调节的同时，自动并车装置通过频率调节电路判断待并机电压与电网电压频率差的方向，并根据频差方向自动发出"频率上升"或"频率下降"，对待并机的油门进行调节。

（1）差频电压的获取

所谓差频电压是指待并发电机电压频率与电网电压频率不一致但差值不大，电压的幅值相等或接近相等时，这两个交流电压的差。又称"频差电压"或"脉动电压"。由于自动并车装置是利用差频电压的特性进行工作，因此需要设置差频电压形成环节。

合闸条件检测环节的主要信号是频差信号，它能反映待并机电压与电网电压的频率差和相位差的大小。频差电压信号（常用 u_s 表示）是通过将待并机电压与电网同名相电压相减，并经过整流、滤波得到的。频差电压是一个按正弦规律脉动的直流电压信号，如图 2-10 所示。为了减小非线性造成的误差，可通过波形变换电路将正弦波频差电压信号变换成三角波脉动电压信号 u_{sd}。

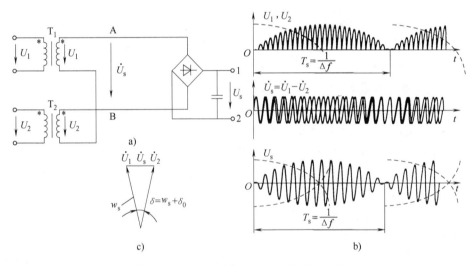

图 2-10　正弦波频差脉动电压电路及波形

图 2-10 为一个简单的频差脉动电压获取电路。将待并机电压与运行机电压（同名相）相减整流滤波就可得

$$u_s = 2U_m \sin\frac{\omega_S+\delta_0}{2} \tag{2-2}$$

式中，U_m 为电压幅值，且 $U_{1m}=U_{2m}=U_m$；$\omega_S=\omega_1-\omega_W$ 为角频差；$\delta_0=\delta_{10}-\delta_\omega$ 为初相位差。图中显示 δ_0 为 0 时图的波形，$u_s=0$ 对应的是 $\delta=0$，u_s 的周期 $T_S=\frac{1}{\Delta f}$。但这种直接通过电压合成得到差频正弦波电压 u_s 的方法，虽然电路简单可靠，但也有一个较大的缺点，即当两个电压不相等时，即使 $\delta=0$，差频电压也不等于零，而等于电压差 $\Delta u=u_2-u_1$，它将影响并车装置对 $\delta=0$ 的检测，因并车时，很难做到电压完全相等，因此降低了装置的可靠性。为了克服这一缺点，将电压合成改为相位比较，由此得出的差频波与电压幅值大小的关系就比较小。例如采用差频锯齿波、差频三角波和差频梯形波等。

（2）频差方向鉴别及调速脉冲控制

频差方向鉴别及调速脉冲控制是对待并侧的发电机进行速度调节（调频操作），使待并侧的频率与电网侧一致。自动速度匹配调节部分主要由频差符号鉴别（$\pm\Delta f$）和调速控制电路组成。

输入信号为电网侧电压。和待并侧（发电机）电压，输出为升速或降速信号。输出为控制原动机调速器的伺服机构。如果采用电子调速器，则控制它的电动电位器。

频差符号鉴别是用待并发电机频率 f_b 与电网频率 f_g 进行比较，当 $(f_g-f_b)<0$ 为负频差 $-\Delta f$；$(f_g-f_b)>0$ 为正频差 $+\Delta f$。$-\Delta f$ 向待并发电机发出升速指令；$+\Delta f$ 发出降速指令。

频差 Δf 的倒数是频差周期 ΔT，即 $\Delta T=\dfrac{1}{\Delta f}$，例如 $\Delta f=0.25\text{Hz}$ 则 $\Delta T=4\text{s}$。频差越小周期越长。

原动机速度从一个值整定到另一个值，需要一定的响应时间。手动调节是采用断续调节的方式，操作者按"点动"方式扳动调速开关，等待转速（频率）变化，然后再扳动。自动速度匹配调节也是以脉冲断续调节方式进行的。

断续调节是输出调速触点闭合一段时间即调速脉冲宽度，间隔一段时间，再重复操作。脉冲宽度和间隔时间构成调节周期。调节周期（脉冲宽度或间隔时间）应随 Δf（ΔT）的变化而相应变化，这样可以缩短匹配调节时间，又不会引起振荡。

同一时间只允许一台发动机组进行同步并联操作，同步合闸成功，自动装置即退出。电站中各台机组可以通过转换共用一台自动同步装置，也可以各自配置，单独使用。

（3）恒定超前相角或超前时间信号的获取

当差频电压 $u_s=0$ 即 $u_2=u_1$ 和 $\delta=0$ 的要求得到满足时，由于主开关接到合闸信号到主触头闭合需要一定的动作时间（称固有动作时间），要使主开关在相角差 $\delta=0$ 时闭合，就必须提前某一个相角或者提前某一个时间发出合闸信号，提前的相角或者提前的时间要求等于主开关的固有动作时间。于是有两种投入信号的超前量："恒定超前时间"和"恒定超前相角"。超前时间 t_c 和超前相角 δ_c 的关系为 $\delta_c=|\omega_s|t_c$。

采用恒定超前时间的并车装置应该保证在给定的超前时间 t_c 发出合闸信号，此时 t_c 是恒定的，所以由 U'_{max} 常数可知，它必须随着差频 ω_s 的不同而在不同的超前相角 δ_c 下发出发电机合闸信号。只要使超前时间 t_c 等于主开关固有动作时 t_g，装置合闸时就无误差，冲击电流为最小。

采用恒定超前相角的并车装置应该保证在给定的超前相角下发出合闸信号，此时因 δ_c 是恒定的，所以由 $\delta_c=|\omega_s|t_c=$ 常数可知，超前时间 t_c 不是恒定值，而是随着发电机的差频 ω_s 不同而变化。采用这种并车装置，在并车瞬间，因差频不可能刚巧为计算整定的差额，这时就会带着相角误差进行合闸，即装置合闸有误差，冲击电流较大。

（4）允许合闸频差检测

合闸信号一定要在恒定超前时间或恒定超前相角时发出，但是若待并发电机的频率不符合要求，即频差 f_s 太大，是不允许主开关合闸的，必须在频差允许的范围内（$f_s=0.3\text{Hz}$ 左右），才能使断路器 QF 合闸，这一任务就由允许合闸频差检测电路来完成。即当频差大于允许频差时，不允许合闸。

（5）允许电压差检测及合闸

本环节的作用是自动检测发电机的电压是否符合要求,当电压差值超过允许值($\pm 10\% U_N$)时,不允许合闸信号输出,起闭锁作用,而当电压差在允许值之内时,则开放合闸通道,在其他两个条件满足的情况下,输出合闸信号。

(6) 合闸"与"门电路

一般是由一个三端"与门"电路组成。在相位、频差、压差3个条件(三端"与门")同时满足时,就送出合闸信号,主开关立即合闸。只要其中之一的条件不满足,就不允许输出合闸信号。

由于船舶电站容量较小,频率又经常波动,为了保证发电机合闸的快速性,如有快速投入的开关配合就应在尽可能大的差频下合闸。实践中最大允许合闸差频为 $0.65 \sim 0.5 \mathrm{Hz}$ 时,能满足快速投入的要求。如果电网电压和频率因负载的波动而剧烈波动,这时,若一定要在差频很小时合闸就需要做长时间的调节,使得整步时间过长,甚至无法合闸。但如果允许的差频选得过大,也会使发电机断路器 QF 合闸后无法拉入同步。因此,为了使发电机断路器 QF 能既快速又可靠地合闸,在发电机断路器 QF 合闸后能可靠地拉入同步的前提下,尽可能地放宽允许合闸的差频。

3. 自动并车装置的附加功能

(1) 单机投入

运行的发电机组断路器 QF 因出现故障跳闸,电网上无电压。电站在自动运行的情况下,备用机组起动,发电机建压,通过自动同步装置合上断路器,将发电机投入运行。这时电网上无电压,无法也不必要进行同步操作。

用于自动电站的自动同步装置通常附加"单机投入"功能。在电网无电压(低于15%)和(或)所有发电机断路器 QF 都断开的情况下,直接发出合闸指令。

(2) 允许同步操作时限

在异常的情况下,自动装置有可能发不出合闸指令,例如装置有故障或机组运行不稳定,无法寻觅同步投入条件;或者合闸电路有故障不能合闸。在无人值班的自动工作条件下,装置的工作时间要加以限制,这就是"允许同步操作时限"功能。装置投入工作后,在允许时间内如果断路器 QF 不能合闸,则自动退出工作,发出报警召唤值班人员处理。这段时限一般可整定在60s左右。

(3) 电压差超限报警

船舶电站采用的自动同步装置一般不具有电压匹配(调压)功能。只具有电压差闭锁功能,电压差大于整定值时禁止合闸指令发出。这一功能只有在动态的情况下有意义,也就是因电网波动引起电压超限时合闸指令将被闭锁;在静态情况下,由于运行发电机或待并发电机电压整定不当引起电压超限,发不出合闸指令,又无法改变电压,自动同步操作已无意义,需要发出报警,召唤操作人员前来处理。电压差超限报警一般可整定在10%左右。

(4) 内部故障检测

自动同步装置使用时间很短,大多数时间是处于不工作状态。经验告诉我们,有些电子装置的故障多出在刚投入和退出工作时,一种故障是不输出任何信号,另一种是误发操作信号。前者不会引起事故,由"允许同步操作时限"鉴别;后者有可能酿成事故。较简单实用的检测方法是采用内部与外部电路相结合的方式。

信号由3个操作输出(继电器)信号的常闭触点串联组成,从内部发出,外部检测。

检测是在装置刚投入工作时运行，如果装置一投入就发出操作信号，串联电路断开，作为内部故障输出；外部检测到电路断开作为内部故障处理。

（5）呆滞扰动

采用以"差频周期为调节周期"的自动调速电路，调速信号是在相角重合时发出。调速操作有可能调节得使频差很小，出现相角无法重合的呆滞现象。

"呆滞扰动"功能是在出现呆滞现象时发出一个扰动调速信号（通常是升速信号），增加频差以增加相角重合机会。目前，多采用固定调速周期，自动装置不需要这个功能。

（6）正频差投入

只要满足同步条件，无论是从正频差或是负频差进入相角重合，都允许发出合闸指令。所不同的是，正频差投入发电机会略带上一点负载；而负频差投入发电机可能会出现逆功状态。负载和逆功的程度由投入瞬间的频差大小决定，频差越大、功率的进出越多。

如果电站的发电机单机容量较小，运行时负载波动容易引起电网频率波动。整定的频率差较小（即频差周期较长），满足同步条件的投入机会减少，同步操作时间可能很长。整定的频率差较大（即差频周期较短），满足同步条件的投入机会增加，同步操作时间可以缩短。显然采用后一种方式较好。这种方式带来的问题是在负频差的情况下投入，会出现较大的逆功，如果不及时进行负载平衡调节，逆功保护可能会动作，使 ACB 跳闸发电机退出并联运行。

考虑到上述情况，有的设计对自动同步装置提出附加"正频差投入"功能。这一功能由装置内部电路实现，与外部电路无关。我们在调试时要注意，具有这种功能的装置，只有在正频差的情况下才会发出合闸指令。

较合理的设计是采用两种频差限制。例如赛科（SELCO）公司制造的自动同步装置就具有这种功能，正频差投入时频率差限制范围是按整定频差的 1/2，因为正负频差都有投入的机会，如果是按负频差投入则要求整定频差限制范围应小。

（7）系统频率输出

在船舶电站中，对轴带发电机进行同步操作时，在母线上运行的可能是一台发电机，也可能是几台并联运行的发电机。如果轴带发电机以额定转速运行，又不向配电板提供调速手段，即使提供，考虑到主机对调速操作的响应是很缓慢的，即从一个转速调节到另一个转速需等待较长的时间。因此，对轴带发电机进行同步调速操作时，一般是作用在运行母线上的发电机。为此，有的厂商（如赛科公司）在同步装置中提供系统频率输出。操作时，把轴发电压作为系统电压输入自动同步装置，装置输出系统频率则为轴发频率。把这个信号输入柴油发电机的功率自动分配装置，作为恒频的基准频率进行同步调速。

自动准同步装置一般有两种设置方式：①所有发电机共用一台自动准同步装置；②各台发电机单独设置自动准同步装置。

只有发电机并联运行自动控制的电站中，或只需自动准同步操作的电站中，采用所有发电机共用一台自动准同步装置的设置方式。

三、自动并车装置的故障诊断

自动并车装置自动完成并车过程，需要检测待并发电机与网上运行的发电机的电压差、频率差和相位差；并根据频差的大小和方向自动地对待并发电机组发出调频信号，使待并发电机组频率与网上运行的发电机频率接近，减小频差，创造合闸条件。当条件符合并车要求时，发出合闸指令。因此，不管是自动并车装置，还是作为自动化电站控制装置的一个单元，自动并车部分必须从外围取得电网和待并发电机的交流电压信号，输出信号使执行机构进行调速和合闸控制。输出调速和合闸控制信号分别与手动调速开关、手动合闸按钮并联。当自动并车装置或单元故障时，首先应检查这些输入和输出机构是否异常。检查的方法为起动待并发电机组，人为地将待并发电机组调低于运行机频率（约1Hz），按下自动并车指令按钮，观察频率预调环节是否工作正常，这时应有加速继电器动作。若没有动作，说明频率预调环节出现故障，这时应检查电网和待并车的交流电压信号是否有输入。若有电压信号而无输出，应更换频率预调模块。若自动装置动作不准确，造成过电流或逆功而跳闸，这时应检查合闸控制模块，着重检查并车条件检测环节和恒定越前时间或恒定越前相角捕获环节，检修方法应按电子设备检修方法进行，较为常用的是替代法和波形法。

第五节　基于 PLC 的船舶电力系统自动并车装置实例

在并车过程中，电压差、频率差和相位差都会引起冲击环流，但只要这 3 个参数偏差满足实际并车限制条件，冲击环流就可以被控制在系统承受的范围内，从而保证发电机并车成功。PLC 在船舶电站自动化系统的应用解决了传统继电控制系统体积大、噪声大、维护不方便以及可靠性差等问题。S7-1200 PLC 是西门子公司新一代中小型可编程序控制器，它采用模块化、紧凑型和高灵活度设计，可完成计算、测量、逻辑控制、运动控制、人机交互和网络通信等任务，适用于小型自动化过程控制系统。同时 S7-1200 PLC 的高可靠性更适合应用于船舶电力系统的恶劣工作环境。因此，船舶电力系统自动并车装置可选用 S7-1200 PLC 作为核心控制器，通过电压变送器、频率变送器测量电网和待并发电机的电压、频率，通过电压采样、方波转换电路和 PLC 自带高速计数器测量电网电压与待并发电机电压之间的相位差，利用 S7-1200 PLC 判断合闸条件并进行自动控制。自动并车装置原理图如图 2-11 所示，系统工作流程图如图 2-12 所示。

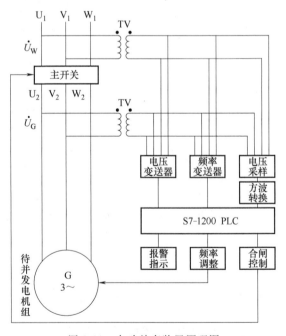

图 2-11　自动并车装置原理图

一、电压检测

首先，将电网电压与待并发电机电压分别经电压互感器降为 0～100V 的标准交流电压信号；其次，将互感器二次侧的电压信号送至交流电压变送器，其输入电压的量程为 0～100V 标准交流电压信号，输出形式为 0～5V 标准直流电压信号；最后，将标准直流电压信号送至 PLC 模拟量输入端口，从而完成电压信号的测量。PLC 将采集到

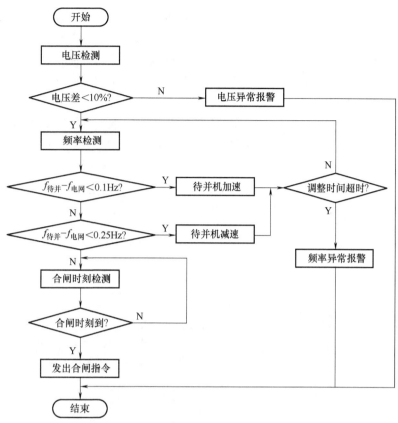

图 2-12　系统工作流程图

的母排电压信号与待并发电机电压信号进行比较即可判断出电压差条件是否满足要求。当 PLC 检测到电压差满足要求时，进入下一个条件的检测；若不满足，PLC 将发出"禁止合闸"指令，并发出报警信号。通常船舶电站调压器的静态调压调整率为额定电压的 ±2.5% 以内，足以保证电压差在并车的允许范围内。

二、频率检测

频率是船舶电能质量的重要指标之一，也是重点监控对象。与电压处理过程相似，频率也可通过频率变送器将 $0\sim100V$、$45\sim55Hz$ 的标准交流电压信号转换为 $0\sim5V$ 标准直流电压信号，再送至 PLC 模拟量输入端口。如果待并发电机频率低于电网频率则可能导致逆功，如果频率差值绝对相等或者很小，系统将产生呆滞现象而无法自动并车，因此通常将待并发电机的频率调至略高于电网频率，同时考虑频差满足准同步并车条件，本设计将频率差设定为 $0.1\sim0.25Hz$，这样使得合闸后待并机就能立即分担负载，不易造成逆功，提高了并联运行环节的稳定性。

三、相位检测

相位信号的采集是实现自动准同步并车功能的难点和关键环节。在将待并机投入电网时，主开关的触头应该在相位差为零时闭合最佳。但是考虑到主开关的固有动作时间的影响，系统应该在相位差为零之前有一定相位差的时刻发出合闸指令，消除此相位差所需要的时间称为恒定超前时间。显然，恒定超前时间应该等于主开关固有动作时间为最佳。接下来的问题是如何捕捉合闸时刻，由于电网与待并机之间的相位差与电网频率、待并机频率和恒定超前时间三者相关，而这三者皆为确定值，因此电网与待并机之间相位差所对应的时间理想值即可确定，通过不断检测电网与待并机之间相位差所对应的时间与理想值进行比较，进而就可以确定合闸时刻，发出合闸指令，具体过程如下所示。

首先，将船舶电网和待并机的正弦波电压转化为同频方波，再将方波信号送入 PLC 中，波形变换电路如图 2-13 所示，变换后的波形如图 2-14 中的（1）与（2）所示。

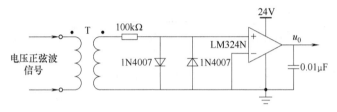

图 2-13　波形变换电路图

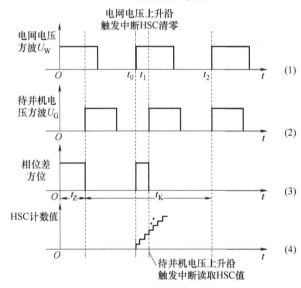

图 2-14　变换后的波形

其次，为确定电网与待并机之间相位差所对应的时间理想值 t'_Z，设 T_W、f_W、T_G、f_W、t_Z、t_K、$\Delta\Phi$ 分别为船舶电网的电压周期、船舶电网的电压频率、待并机电压的周期、待并机电压的频率、待并机电压滞后电网电压的时间、恒定超前时间对应的相角差。若要求在同相位合闸，此时 t_Z 是可以由一个以 f_W、f_G 和 t_K 为变量的函数关系确定，t_Z 表示为

$$t_Z = f(f_W, f_G, t_K)$$

具体的推导过程如下：

要消除相角差，即两者相位相等

$$2\pi f_G t_K = 2\pi f_W t_K + \Delta\varphi$$

而 t_Z 对应的相角差为

$$\Delta\varphi = \frac{t_Z}{T_W} 2\pi$$

联立上述两式，可得恒定超前时间 t_K 与待并机电压滞后电网电压时间 t_Z 的关系

$$t_K = \frac{t_Z f_W}{(f_G - f_W)}$$

变换可得 t_Z 为

$$t_Z = \frac{t_K(f_G - f_W)}{f_W}$$

上式的物理意义为已知检测到 t_Z，在经过时间 t_K 后，相位差为零，电网电压和待并机电压的相角相等。已知主开关固有动作时间 t_z'，要想达到理想合闸条件，恒定超前时间 t_K 需与主开关固有动作时间 t_z' 相"吻合"，即 $t_K = t_z'$，此时对应的 t_K 值为理想值 t_z'，这时 PLC 只需在自动准同步并车过程中不断比较检测到的 t_Z 与理想值 t_z' 的差值即可。考虑设备灵敏性，选择 t_Z 与 t_z' 的差值为 0.1ms 发出合闸指令，这时所对应的相位差最大为 9.9°，满足并车相位差 15° 的要求。由此可将相位差信号的检测转化为时间差信号的检测。

最后，关于时间差上的测量，本实例使用 PLC 自带的高速计数器。将电网电压方波信号送入 I0.1，待并机电压方波信号送入 I0.2。高速脉冲由 PLC 集成的脉冲宽度调制（Pulse Width Modulation，PWM）输出，并启用 PWM1，其默认输出端口为 Q0.0。高速计数器启用 HSC1，其默认的硬件输入端口是 I0.0，所以要将 PWM1 的输出端 Q0.0 接至 HSC1 的输入端 I0.0，PLC 相位检测的硬件连接图如图 2-15 所示。

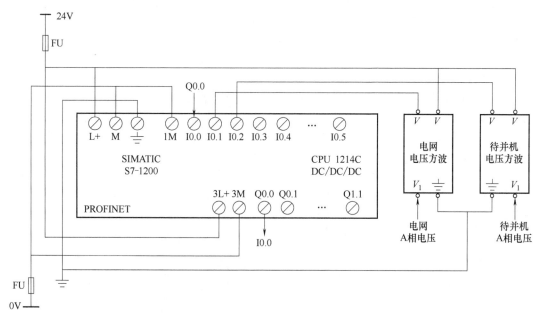

图 2-15　PLC 相位检测的硬件连接图

高速计数器计数原理如图 2-14 所示，以与 $t_0 \sim t_2$ 时间段为例，在船舶电网电压上升沿 t_0 时刻触发中断（1），使高速计数器的值被清零，然后高速计数器重新开始计数。在 t_1 时刻，待并机电压上升沿触发中断（2），读取 HSC 实时值，再将计数值乘以计数频率，从而转化为时间。最后将所得的时间 t_Z 和理想时间 t_z' 相比较，两者接近时，即为合闸时刻，此时 PLC 发出合闸指令。在程序中，当 PLC 发出"增机信号"时开启高速脉冲输出，并建立中

断事件连接；机组并联运行后，若继续检测中断事件，则造成 CPU 资源浪费，所以还需要断开中断事件连接。

<h2 style="text-align:center">复习与思考</h2>

2-1. 什么叫并车？

2-2. 并车方法有几种？

2-3. 准同步并车时应满足哪几个条件？为什么？

2-4. 试述手动准同步并车的方法及步骤。

2-5. 什么叫粗同步并车？它有什么特点？

2-6. 船舶同步发电机为什么要并联运行？并联运行的条件是什么？

2-7. 为什么在单发电机供电能满足用电需要的情况下，还会遇到发电机投入并联操作？

2-8. 什么是同步发电机的并车？并车合闸的条件是什么？

2-9. 同步发电机组的并联操作可分为几类？

2-10. 三相同步发电机准确同步时，待并机组与运行机组（或电网）之间必须同时满足什么条件？如果不满足这些条件会出现什么后果？

2-11. 试简述并车时的注意事项。

2-12. 同步发电机的手动并车方法有哪些？各种并车方法的具体操作如何？

2-13. 叙述准确同步并车法的工作原理。

2-14. 叙述电抗同步并车法的工作原理。

2-15. 为什么采用粗同步并车后，未切断并车电抗器电路会留下事故隐患？

2-16. 粗同步并车与准同步并车的具体条件有什么不同？

2-17. 怎样实现并联运行同步发电机的有功负载和无功负载的转移？

2-18. 什么是自动准同步并车？什么是自动粗同步并车？各是如何并车的？

2-19. 手动准同步并车操作应满足什么条件？自动准同步并车的条件为什么要作转换，转换后的条件是什么？

2-20. 为什么同步发电机并车时，不是在整步点合闸，而是要提前一个小角度合闸？

2-21. 为什么同步发电机并车时，通常要求待并发电机的频率要稍高于电网的频率？

2-22. 解列时需注意的事项主要有哪些？

2-23. 如题图 2-16 所示为按灯光明暗法要求进行接线的同步指示灯线路，试判断能否正常工作？若不能正常工作，试说明指示灯实际会出现什么情况？

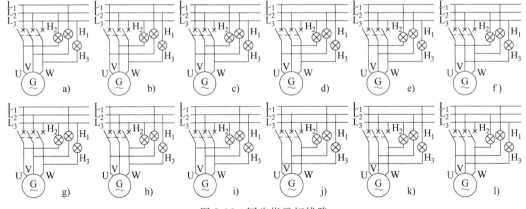

图 2-16　同步指示灯线路

2-24. 如题图 2-16 所示为按灯光旋转法要求进行接线的同步指示灯线路，试判断能否正常工作？若不能正常工作，试说明指示灯实际会出现什么情况？

2-25. 为什么合闸信号要含提前量？如何实现？

2-26. 自动并车有哪些环节？各环节的作用是什么？

2-27. 频差（脉动）电压的性质与并车条件之间有怎样的关系？

2-28. 自动并车的两种类型有什么区别？为什么大多采用恒定越前时间型的并车装置？

2-29. 试简述自动并车装置中的频差电压获得环节。

2-30. 试简述自动并车装置中的频差正负的鉴别与频率预调环节。

2-31. 试简述自动并车装置中的恒定越前时间获得环节。

2-32. 试简述自动并车装置中的恒定越前相角获得环节。

2-33. 试简述自动并车装置中最大允许合闸频差检测环节。

2-34. 试简述自动并车装置中的电压差闭锁环节。

第三章　船舶同步发电机组频率及有功功率分配

根据船舶电力系统及用电设备的要求，交流发电机投入正常运行时，要求拖动交流发电机的原动机保持几乎不变的转速，电网频率的波动范围不超过额定频率的±1%。由于船舶负载不断变化等原因，造成电网频率变化和多台发电机间的有功功率分配关系（比例关系）发生改变。为了保证船舶电站供电可靠、电网稳定、参数稳定、运行经济和使用安全，必须对单机或多台并联运行的船舶同步发电机组的频率、有功功率进行实时调节。本章主要介绍了同步发电机有功功率与频率的关系、调速器与调速特性和有功功率的分配与转移等概念。

第一节　概　　述

一、电网频率的变化

由于负载发生变化会引起发电机组转速的变化，相应地也会使电网频率发生变化。船舶电站负载发生变化，如电动机起动、停止等，而发电机原动机（如柴油机）油门尚未来得及变化，使原动机的驱动功率与发电机组负载功率的平衡关系被破坏，引起发电机组转速的变化，进而使电网频率发生变化。

频率偏离的危害主要有：

1) 当电网频率降低时，由于异步电动机的转速下降，轴上输出功率和效率降低。在电动机电压不变的情况下，磁化电流增加会引起铁心和绕组发热；当频率高于额定值时，电动机转速升高，其输出功率增加，也会使电动机过载。

2) 由于原动机是按额定转速发出最大功率和最高效率设计的，当转速变化时，就会使原动机效率降低并使其零件磨损加剧。

3) 几台发电机并联运行时，频率波动会引起各机组间有功负载分配不均匀，各机组稳定运行的均衡状态受到破坏使运行不经济，严重时还会造成有的机组过载，或有的机组逆功，直至整个系统崩溃。

为了保证船舶电力系统运行的可靠性和经济性，对运行中的原动机转速即发电机频率进行实时调整是十分必要的。

二、《钢质海船入级与建造规范》的规定

电网频率变化，会引起电动机转速、输出转矩及输出功率发生变化。因此，要求船舶电网频率的变化，单机运行时最好保持在±0.1Hz以内，并联运行时保持在±0.2Hz以内［船级社大多规定船用电气设备在电源频率波动稳态值达±5%（对额定频率为50Hz的电网即为±2.5Hz）时应能正常运行。

船舶发电机组调速器的动态调速特性是指当有功功率突变时，机组在调速器的自动调节下，从一个稳定状态到另一个稳定状态的过渡过程中，频率（或转速）随时间变化的规律。

典型调速器动态调速特性如图 3-1 所示。

《钢质海船入级与建造规范》第 3 篇 9.7.3.1 条规定，带动发电机的原动机（包括柴油机和汽轮机）须装有调速器，其调速特性应符合下列规定：当突然卸去额定负载时，其瞬时调速率不大于额定转速的10%，稳定调速率不大于额定转速的 5%，稳定时间（即转速恢复到波动率为±1%范围的时间）不超过 5s。

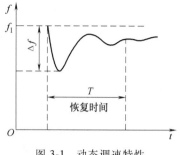

图 3-1　动态调速特性

三、并联运行的发电机运行有功功率的分配

多台发电机同时向电网或负载供电时，有功功率应由各发电机按其额定功率的大小按比例或按设定进行分配。有功功率的合理分配与无功功率的合理分配一样，当功率分配极不合理时，可能会发生并联运行中有的发电机因过载而主开关跳闸，最终导致电网失电的事故。同步发电机并联运行时，不但要求各机组之间的无功功率合理分配，而且要求有功功率也要按发电机各自的容量比例分配。

我国《钢质海船入级与建造规范》中规定：并联运行的交流发电机组，当负载在总额定功率的 20%～100%。在范围内变化时，应能稳定运行，其有功功率分配的误差应符合下列要求：各发电机实际承担的有功功率与按发电机额定功率分配比例的计算值之差，在发电机额定功率相同时应不超过发电机额定功率的±15%，在发电机额定功率不同时应不超过最大发电机额定功率的±15%和最小发电机额定功率的±25%（取其较小者）。

第二节　有功功率和频率调整的基础知识

同步发电机输出的有功功率是由原动机的机械功率通过轴传递过来的，船舶同步发电机输出的有功功率完全取决于用电负载。用电负载的有功功率变化（电动机起动、停止等）时，发电机的原动机油门尚未来得及调整，原动机的驱动功率与负载功率的平衡关系被破坏，因此将引起发电机组转速的变化，从而使电网频率发生变化。

一、基础知识

发电机输出的有功功率是由原动机的机械功率转化来的，随着负载的变化需要经常调整原动机的转速，以保持电网频率的恒定。

1. 能量关系

柴油机将柴油经燃烧和机械传动转换为机械能，发电机将机械能经磁电转换为电能供负载；发电机功率 P、转矩 T 和角速度 Ω 三者间的关系为 $P=T\Omega$。当负载发生变化时，原动机的转速会相应地发生变化。

2. 转速与频率之间的关系

发电机转速 n 与频率 f 之间存在一一对应的关系：$f=\dfrac{p\cdot n}{60}\text{Hz}$。

3. 转速与原动机（柴油机）燃油量之间的关系

原动机（柴油机）喷油量与转速之间成线性的比例关系，或者说原动机的油门大小与发电机的转速成对应关系。

二、频率及有功功率的调整

1. 频率（转速）的调整

改变各台发电机、原动机油门的大小（对柴油发电机组），即单位时间内进入气缸的燃油量，可以改变特定负载下发电机组的转速；也就是改变发电机输出电压的频率。

2. 并联运行的同步发电机的有功功率的分配（调载）

对并联运行的发电机，改变发电机间的有功功率分配，也是通过改变各台发电机原动机油门的大小（对柴油发电机组），即单位时间内进入气缸的燃油量来实现的。柴油机喷油量的大小，关系到柴油机在一定转速下的输出功率。换句话说，单机运行时，发电机的某一转速（频率）对应输出某一有功功率；对并联运行的发电机，某一频率对应着各发电机输出的功率。所以，并联机组有功功率的分配与电力系统的频率调整密切相联系。

同容量、同型号的发电机并联运行时，应将系统的总负载（包括有功功率和无功功率）平均分配给参与运行的各台机组；当不同容量的发电机并联运行时，则应将系统的总负载按各台发电机容量成比例地分配给运行的发电机，以增强并联运行的稳定性和经济性。

在船舶电力系统中，频率的调整及有功功率的分配依赖于原动机调速器的调节。在各原动机调速特性相差较大或者不稳定时，为了减轻船员的劳动强度，提高供电的质量，可增加自动调频调载装置（简称频载调节器）。当柴油发电机组输出功率变化时，依靠柴油机调速器的固有特性自动改变油门的开度，实现频率与机组间功率的分配及平衡的过程称为频率的一次调节，通过手动或自动频载调节器，控制伺服电动机的正反转，改变调速器弹簧的压力，使调速特性上下平移，实现频率和机组功率分配的调节过程，称为二次调节。

三、调速器的基本原理

柴油机的不同转速是通过改变喷油量来获得的。改变柴油机的油量调节机构，使其转速调节到规定的转速范围称为柴油机调速。为了使柴油机在规定的转速能够自动稳定运转，必须装设专门的调速装置，它能够根据柴油机负载的大小自动调节供油量，使其转速维持在一定范围，这种装置称为调速器。

调速器根据实际转速与给定值之间的偏差，对原动机转速实行自动调整。由于船舶电力系统要求频率能维持在一定范围内，因此船舶柴油发电机组的调速器是一种"定速调速器"。当负载由零到额定值范围内变化时，调速器能自动调节柴油机的喷油量，自动维持柴油发电机组的转速在某一允许的范围内。

1. 调速器的类型

调速器因原理、结构和用途的不同分为不同的类型。无论哪种类型，都包括测量比较、执行等环节，其工作原理都是测出转速偏差后，根据偏差的大小和符号去调节原动机。按执行机构分类，船舶柴油机所使用的调速器主要有以下类型。

（1）机械式（离心式）调速器

直接利用飞铁产生的离心力去移动油量调节机构以调节柴油机的转速。

（2）液压（间接作用式）调速器

利用飞铁产生的离心力控制一个功率放大元器件（称伺服器），再利用其液压作用所产生的更大动力去移动油量调节机构来调节柴油机转速。

电子调速器信号监测或执行机构采用电气方式的调速器。

2. 离心式调速器基本结构及调速原理

离心式调速器主要由测量部件飞铁、传动机件滑套筒、比较机件弹簧、执行机件杠杆、拉杆组成。这种机械式调速器是基于飞铁的离心力与弹簧的反作用力相平衡的原理而制成的，因此称为离心式调速器，如图3-2所示。

离心式调速器基本原理：按实际转速与给定转速（弹簧预紧力）之差，自动调节油门，维持原动机接近定速运行。

柴油机的传动轴1将转速传给轴2，使飞铁3绕轴2旋转，飞铁3在离心力作用下，试图张开，通过拨爪4将滑套筒5向上顶，压缩弹簧6，直到与弹簧产生的反作用力相平衡。此时滑套筒5处于某一平衡位置，通过杠杆7、拉杆8，将油门拉到一定的开度，使机组在一定的转速下运行，调速器处于一种平衡状态。

若某种原因（如负载增加）使柴油发电机组的转速下降，上述调速器的平衡状态将被破坏。由于转速下降，飞铁3的离心力减小，张开的角度也减小，使滑套筒5下移，通过杠杆7、拉杆8使油门加大，阻止转速进一步下降。同时，由于滑套筒5下移，压缩弹簧6的反作用力也将减小，直到与飞铁3的离心力的作用相平衡，滑套筒5就不再下移了。此时，调速器达到一个新的平衡状态，使机组在另一个转速下稳定运行。

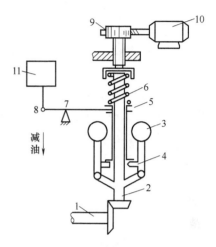

图3-2 离心式调速器示意图
1—传动轴 2—轴 3—飞铁 4—拨爪
5—滑套筒 6—弹簧 7—杠杆
8—拉杆 9—蜗轮蜗杆 10—伺服
电动机 11—油门控制机构

必须指出，调整后的新转速应略低于原额定转速。这是因为原来的油门开度同时对应额定转速和一定的有功功率，现在输出的有功功率若突然增加，则对应的油门开度必然增加才能实现新的功率平衡。由图3-2可看出，当油门拉杆8向上移动增加喷油量时，则滑套筒5的位置必须比原额定转速对应的位置要低一点，因此飞铁的转速必然比原额定转速要低一些。只有这样才能换取油门的增加，维持功率平衡，阻止转速进一步的下降，否则不能实现新的平衡。

反之，如果负载功率突然减少，则通过此调速器自动调节后，油门开度将减小，减少喷油量，以阻止转速进一步上升，最后稳定在略高于额定转速的新转速下稳定运行。

显然这种离心式调速器也是一种比例调节器，属于有差调节系统。

离心式调速器可以通过伺服电动机，经蜗轮蜗杆传动，将弹簧6预先压紧到一定的程度，称之为"预紧"。预紧力越大，滑套筒5越被压向下移，对应的油门开度越大，反之越小。改变弹簧预紧力可以通过配电盘上的手动"加"或"减"速调速开关，分别接通伺服电动机10进行正转或反转操作，也可以自动接通伺服电动机进行正转或反转操作。但这个操作与离心式调速器自身的自动调节是两回事，不要混为一谈。

如果需要保持转速（频率）不变而加大发电机输出功率，可以加大弹簧预紧力，此时油门开度加大，输出功率增加；如果负载功率不变而需要增加转速（频率），也应加大弹簧预紧力，使油门开度加大，转速升高。总之，加大弹簧预紧力可以使发电机输出功率增加，频率也可以升高；而减小弹簧预紧力则可以使发电机输出功率减少，也可以使频率降低。

3. 电子调速器的基本结构及调速原理

电子调速器是一种电子控制系统。凡转速感测元件或执行机构采用电气方式的调速器，习惯上通称为电子调速器。通常有以下 3 种电子调速器。

1）全电子调速器：信号感测与执行机构均采用电气方式。如海因茨曼电子调速器、Woodward 8290 电子调速器等，此种电子调速器工作能力较小，多用于小型柴油机。

2）电-液或电-气调速器：信号监测采用电子式，而执行机构采用液压式或气动式。此种调速器的液压伺服器工作能力较大，可满足各种柴油机的使用要求。如 Woodward 2301 电子调速器执行机构使用 EG3P 型液压伺服器，而 DGS-8800 数字式调速器则为电-气调速器。

3）液-电双脉冲调速器：在普通的液压调速器上加装电子式的负载信号感测装置。该种调速器当电子部分发生故障时，可自动地转为液压调速器工作。国产 YTD-40 型调速器即为此种调速器。

电子调速器能够采用双脉冲调节，即将转速变化信号（称单脉冲）和负载变化的电脉冲信号这两个单脉冲信号叠加起来调节燃油量，亦称频载调速器，这种双脉冲调速器能在负载一有变动而转速尚未明确变化之前就开始调节燃油量，因而具有较高的调节精度，适用于对供电要求特别高的柴油发电机组。

电子调速器动作灵敏，响应速度快，响应时间只有液压调速器的 1/10～1/2；动态和静态精度很高；无调速器驱动机构，装置简单，安装方便，便于实现遥控和自动控制，是近代发展起来的精密调速器。

（1）电子调速器的基本组成

双脉冲电子调速器的基本组成如图 3-3 所示。图中转速检测单元用于监测柴油机轴系转速的变化，并按比例产生直流电压输出；负载检测单元监测柴油机负载（如电压、电流、相位）的变化并按比例转换成直流电压输出；速度控制单元是电子调速器的核心，它接收来自转速检测单元和负载检测单元的输出电压信号，并按比例转换成直流电压后与转速给定单元的设定值（电压）进行比较，把比较后的差值作为控制信号送往执行机构。执行机构根据输入的控制信号以电力方式或液压方式拉动柴油机的油门进行调速。

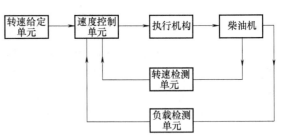

图 3-3　双脉冲电子调速器的基本组成框图

（2）电子调速器的工作原理

当柴油机在某一负载下稳定运转时，其工作转速等于转速给定单元的设定转速。转速检测单元的输出电压作为负值信号在速度控制单元内与正值的设定转速电压信号相互抵消。速度控制单元输往执行机构的控制电压信号使执行机构的输出轴静止不动，柴油机油门固定，转速稳定。

若柴油机负载突然增加，负载检测单元的输出电压首先发生变化，此后转速检测单元的输出电压也相应变化。这两种脉冲信号在速度控制单元内与设定转速（电压）比较，输出正值电压信号，在执行机构中使其输出轴向加油方向转动，增加柴油机的循环供油量。反之，若柴油机负载降低，转速升高，则转速检测单元的负值信号数值大于转速设定电压的正值信号数值，控制单元输出负值信号，执行机构输出轴向减油方向转动，降低柴油机的循环供油量。

四、调速器的调速特性

由此可见，柴油机调速器可以根据转速变化情况自动调节油门，以保持转速不变或基本不变。经过调速器的调节，柴油机转速 n（或发电机频率 f）随其输出机械功率 P（即发电机输出的有功功率）变化的关系曲线称为柴油机的调速特性，如图 3-4 所示。

柴油机稳定运行时，其调速特性可近似看成是一条直线，根据调速器调节规律的不同，调速特性可分为无差特性和有差特性两种，如图 3-4a 所示。改变图 3-2 杠杆 8、7 间和 7、5 间的比值，可以改变调速特性的斜率。通过图

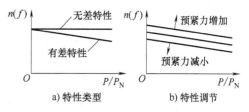

图 3-4　柴油机的调速特性

3-2 调速器液压马达 DC，可以改变调速弹簧的预紧力，从而改变柴油机的运行转速 n 或发电机的频率 f。柴油机转速 n 或发电机频率 f 改变时，调速特性上下平移，如图 3-4b 所示。

为了使发电机组能稳定地并联运行，船舶发电机组调速器的调速特性一般都采用有差调速特性，如离心式调速器的柴油机其转速随柴油机输出功率的增加而降低，为有差调速特性。

调速器的有差调速特性一般用调差系数 K_n 来表示

$$K_n = -\frac{\Delta n}{\Delta P} = -\frac{\Delta f}{\Delta P} = \frac{n_0 - n_N}{P_N} = \tan\alpha$$

式中　$\tan\alpha$——有差调速特性的斜率。

通常调差系数 K_n 在 3%～5%，规范规定：$K_n \leqslant 5\%$。K_n 越小，则有差调速特性越平坦，反之越陡。当有功负载变化量一定时，K_n 越小的机组，其频率变化量相对较小；当频率变化量一定时，K_n 越小的机组，其有功负载变化量相对较大。

五、不同调速特性对并联运行机组的影响

柴油发电机组单机运行时，若发电机的负载功率变化时，由于调速器的作用，能自动地调节油门的大小，从而维持发电机的转速（频率）在一定范围内，但如果调速器特性为有差特性，发电机的频率并不是恒定的。要想维持额定频率，可通过主配电板中发电机控制屏上的"调速开关"和图 3-2 中的调速器马达 DC，适当地手动调节调速器弹簧的预紧力，改变油门的大小。因此，单机运行时调速特性最好是无差特性，由图 3-4a 可见，无差特性时，不管发电机的负载功率如何变化，通过调速器的调节，都能保证柴油发电机组的转速恒定不变，从而保证发电机及电网的频率不变。

当发电机并联运行时，由于电网的频率只有一个，因此并联运行的发电机组的转速应该相同，否则就不能满足并联运行条件。要使两台发电机组具有相同的转速，并稳定并联运行，它们的调速特性必须是有差的特性，这样才能保证电网负载不变时，并联运行发电机组

输出的有功功率为恒定不变的确定值。理想的情况为两台机的特性都为有差特性，都有较小的差，且特性的斜率一致，如图 3-5 所示。下面分四种情形进行讨论。

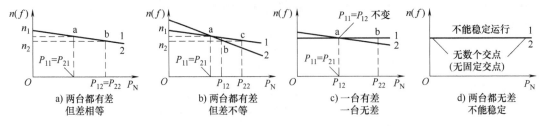

图 3-5　并联运行时的调速特性

1）在图 3-5a 中，两台发电机的特性 1 和 2 都为有差特性，且斜率一样。某一负载时两台机组都以转速 n_1 运行在特性的 a 点上，此时两台发电机输出的总有功功率为 $P_1 = P_{11} + P_{12}$，且有 $P_{11} = P_{12}$。若电网的负载发生变化，假设为增加，两台发电机输出的总有功功率为 $P_2 = P_{12} + P_{22}$，经过两台机组调速器的调节（增加油门），两台机组的转速略有下降，但输出功率则分别增大到 P_{12} 和 P_{22}。由于两台机组的调速特性都为有差特性且斜率一样，由图 3-5a 可见，$P_{12} = P_{22}$，两台发电机输出的有功功率保持相等，工作在调速特性的 b 点上。

2）如果两台发电机特性 1 和 2 都为有差特性，但斜率不等。设某一时刻两台发电机都以转速 n_1 工作在调速特性的 a 点上，如图 3-5b 所示。虽然在图 3-5b 所示的 a 点，两台发电机输出的有功功率相等：$P_{11} = P_{21}$，但当电网的负载发生变化，仍假设为增加，两台发电机输出的总有功功率为 P_2，经过两台机组调速器的调节（增加油门），两台机组的转速都将下降到 n_2 运行，且输出功率则分别增大到 P_{12} 和 P_{22}，根据同步发电机输出有功功率等于负载消耗的总有功功率，此时 $P_2 = P_{12} + P_{22}$。但由于两台机组的调速特性不等，对应于转速 n_2 时，两台发电机输出的有功功率不再相等，有差调速特性差小的 1 号发电机组输出的有功功率为 P_{22} 大于有差调速特性差大的 2 号发电机组输出的有功功率 P_{12}，即 $P_{22} > P_{12}$。这样的发电机组并联运行，虽然可以稳定运行，但电网负载变化后，两台机组输出的有功功率不再相等，两台并联运行的发电机输出的最大有功功率受差小的发电机组限制，两台发电机组输出的有功功率不能得到充分发挥：差小的发电机组达到额定负载时，差大的发电机组输出的有功功率仍未到达额定功率。

3）如果两台发电机组的调速特性为一台无差一台有差（设 1 号机组无差，2 号机组有差），如图 3-5c 所示。当电网负载发生变化时，经过具有无差特性的 1 号机组的调速器的调节，两台机组的转速可保持不变（两台发电机的频率必须相等才能并联运行，而无差特性的机组调节结果是转速或频率保持不变）。因此，2 号发电机输出的有功功率保持不变：$P_{11} = P_{12}$，但 1 号发电机组输出的有功功率却从 P_{21} 增加到 P_{22}。也就是说，电网负载变化量都为无差特性的发电机组承担，有差特性的发电机组输出的有功功率没有发生变化。这样的发电机组并联运行，虽然在一定的范围内仍能够稳定运行，但与两台机组特性斜率不等的情况相似，两台并联运行的发电机输出的最大有功功率受无差特性的发电机组限制，而有差特性的发电机功率不能得到发挥。

4）如果两台发电机组的调速器都具有无差调速特性。对应于某个转速，两条调速特性有无穷多个交点，如图 3-5d 所示。在这样的情况下，并联运行的同步发电机组将不能稳定运行，因为电网负载变化时，由于两个调速器调节的速度很难完全没有差别以及两台机组的惯性存在着差别，调节油门时将造成两台机组振荡调节，严重时将出现过载或逆功率保护，并导致整个电网停电的事故。若设原来两台无差特性的发电机组以额定转速稳定运行在某一点上，电网负载增加后，两台机组调速器都将使各自机组增大油门。当两台机组油门增加且输出的有功功率达到电网负载消耗的总有功功率时，两台调速器将停止增加油门。但由于机组转动部分存在惯性，两台机组仍然继续加速，直到两台调速器检测到转速超过设定转速后才开始减小油门停止加速。若两台机组调速器反应时间不一样（实际很难一样），反应快的调速器开始减速时，反应慢的调速器仍可能处于加速状态，反应快的机组承担的负载将转移到反应慢的机组上。等到反应慢的调速器开始减速时，两台机组输出的总有功功率又可能小于电网消耗的总有功功率。接着反应快的机组迅速增加油门，而反应慢的机组则继续减小油门，反应慢的机组承担的负载重新转移到反应快的机组上。并联运行的发电机组输出的有功功率很难稳定在某一固定的数值上，即出现负载的振荡转移，严重时振荡将不断扩大，直到某台机组过载而另一台机组逆功率，某台发电机的主开关因过载或逆功率而保护动作，所有负载全部加在另一台发电机组上，造成另外一台发电机组过载保护，最终使整个电网崩溃，停止供电。因此两台发电机组的调速器都具有无差调速特性时将不能稳定工作。

综上所述，得到结论：①两台并联运行的同步发电机，理想调速特性是两条特性都为有差特性，且特性的斜率一致。②具有斜率不同斜率有差特性的两台同步发电机可稳定并联运行，特性差小的发电机在电网负载变化时，承担有功功率变化量比特性差大的发电机承担变化量大。③调速特性一台有差另一台无差的两台并联运行同步发电机也可稳定并联运行，负载有功功率变化时，有差特性发电机承担的有功功率保持不变，所有负载有功功率的变化量都由无差特性的发电机承担。④两台同步发电机都具有无差调速特性，将不能稳定并联运行。

第三节　有功功率的分配与频率调整

一、频率的调整

当柴油机输出功率变化时，依靠调速器的固有调速特性自动地改变油门的开度，实现转速与功率平衡的调节过程通常称为转速（频率）的一次调节。

对有差调速特性的调速器来说，功率变化时仅靠调速器的一次调节不能维持频率不变，为此必须进行二次调节。

所谓调速器二次调节是通过手动或自动频载调节器，控制伺服电动机的正反转，改变调速器弹簧的压力，使调速特性上下平移，实现频率和机组功率的分配调节过程称为二次调节。在图3-2中套筒5是通过蜗轮蜗杆由伺服电动机 SM 进行控制的。接通电源，伺服电动机 SM 转动，便可以改变套筒5的上下位置，亦即改变弹簧对连接器压

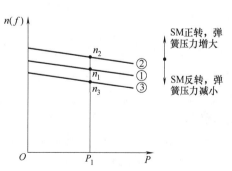

图3-6　弹簧压力改变使调速特性平移

力的大小，就可实现调速特性的上下平移，如图3-6所示的①、②、③曲线。如柴油机负载 P_1 不变，对应转速 n_1 通过正向或反向转动伺服电动机，调速器特性上移或下移，可使柴油机的转速上升到 n_2 或下降到 n_3。

下面讨论单机运行时，手动调频的情况。如图3-7所示，假设当发电机运行于特性曲线1时，负载功率为 P_0，此时频率为额定值 f_N，如图3-7中的 A 点。若负载增加到 P_1，此时因发电机组的输出功率小于负载功率 $P_0<P_1$，机组要减速，同时在调速器作用下，柴油机的油门开大，机组输出功率增大，以满足功率平衡。动态过程为机组将沿特性曲线1中的 A 点变化到 B 点，这时对应的频率将为 f_1（$<f_N$）。为了保持频率额定，必须要通过二次调节，即增加调速器弹簧的预紧力，加大油门，将特性平移抬高到特性曲线2；由于惯性作用，当机组频率还没有来得及改变时，其频率

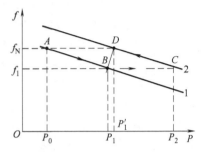

图3-7 单机运行频率的调整

仍为 f_1，但这时机组已运行于特性2上的 C 点。此时，对应于机组输出功率为 P_2，而 $P_2>P_1$，剩余的功率使机组加速，沿曲线2上行，即频率由 f_1 上升，剩余功率逐渐减少，最后将达到功率平衡点 D 稳定。其对应于频率 f_N 和 P_1'（因频率上升使负载从电网吸收的总功率也增加 $P_1'>P_1$）。

二、并联发电机组间的有功功率分配与转移

假设船舶电网上已有一台发电机带负载 P 运行，频率为 f_e，第二台机组经准同步并车后，还只是处于空载状态。现在需要将有功负载转移一半给2号发电机机，这个任务，调速器不能自动完成，若无"自动调频调载装置"就必须手动操作。设电压和无功分配已由调压器保证了，这里只讨论如何保持频率不变，实现有功功率的转移。

在上述情况下，可以加大2号发电机的油门，同时减小1号发电机的油门。当加大2号发电机油门时其输出功率加大，转子就有加速的趋势，但又不能脱离同步，因此只能使其功率角 θ_2 由零增加，相当于它的"弹性连接"开始拉紧，2号发电机开始承担有功负载。由于船电系统容量较小，当2号发电机油门加大，1号发电机油门未变时，两台机组的总机械功率将大于在这一频率下电网总负载所吸收的功率，这就使得两机转速同时增加（保持同步）。频率将略有升高，电网的总负载所吸收的功率也略有增加，直到机-电功率达到平衡时，系统就会稳定在略高于 f_e 的频率下运行。为了维持电网频率应适当减小第一台机组的油门，该机的转子就有减速的趋势。同样它也不能脱离同步单独减速，而只能使得其功率角 θ_1 减小，相当其弹性连接松了一些，1号发电机输出功率也就减少一些，系统的总机械功率也减少，形成了功率供不应求，由负载平衡效应可知，频率就会下降，直到输出功率与负载吸收的功率又达到平衡时，频率又会稳定下来。此时，θ_1 减小了，θ_2 增加了，这就实现了功率转移。因此，适当地增大2号发电机的油门，同时相应减小1号发电机的油门，就可以实现在维持系统的频率不变的情况下转移有功功率。

上述功率转移的操作，也可以在坐标平面上，用移动调速特性的分析方法来加以说明，如图3-8所示。

开始时，1号发电机运行于特性曲线 1_0 的 A 点，对应于 f_e 和 $P_1=P$，新并入网的2号发

电机空载运行于特性曲线 2_0 的 B 点，对应于 f_e 和 $P_2 = 0$。

手动转移负载，增大 2 号发电机的油门，使特性曲线 2_0 向上平移到特性曲线 2；同时减小 1 号发电机的油门，使特性曲线 1_0 向下平移到特性曲线 1，且与特性曲线 2 交于 C 点。两特性曲线 1 和 2 的交点 C 说明两台机组的频率均为 f_e，而各自分担的功率均为 $P/2$。以后就由调速器自动稳定功率分配，并调节电网频率。

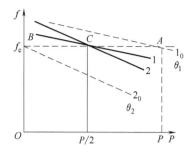

图 3-8　有功功率转移的过程

三、调差系数与功率分配间的关系

并联运行的发电机组之间有功功率能否自动地、稳定地按容量比例合理分配，与并联机组的调速器的调速特性（或发电机的频率-功率特性）有关。要保证并联运行的稳定必须是功率分配稳定。要使功率分配稳定，两并联机组的调速特性必须是有差特性。要使并联机组在任意负载下能稳定地按容量比例自动地分配功率，不仅是有差特性而且特性曲线的下降斜率（即调差系数 K_n）要一致。

采用带有差调速特性的机组并联，并实现功率分配和稳定电网频率是最简单的调频、调载方法，称为有差调节法。现以两台具有有差调速特性的发电机组并联运行的系统为例，说明有差调节法的工作方式，如图 3-9 所示。

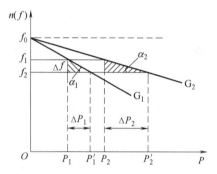

图 3-9　有差调速特性与并联机组的功率分配关系

假设两台发电机并联运行的频率为 f_1，1 号机和 2 号机分别承担的功率为 P_1 和 P_2，当系统总功率增加 ΔP 时，系统频率下降至 f_2，1 号机和 2 号机分别承担的功率为 P_1' 和 P_2'。依有斜线的两三角形可以得到

$$\left.\begin{aligned}\Delta f &= \Delta P_1 \tan\alpha_1 = \Delta P_1 K_{n1} \\ \Delta f &= \Delta P_2 \tan\alpha_2 = \Delta P_2 K_{n2}\end{aligned}\right\} \tag{3-1}$$

式中　K_{n1}、K_{n2}——分别为 1 号发电机和 2 号发电机调速特性的调差系数；

Δf——频率的变化量。

由式（3-1）得 1 号、2 号机组的功率增量为

$$\left.\begin{aligned}\Delta P_1 &= \frac{\Delta f}{K_{n1}} \\ \Delta P_2 &= \frac{\Delta f}{K_{n2}}\end{aligned}\right\} \tag{3-2}$$

将式（3-2）的左边和右边分别相加后得总功率增量为

$$\Delta P = \Delta P_1 + \Delta P_2 = \Delta f \left(\frac{1}{K_{n1}} + \frac{1}{K_{n2}}\right)$$

或

$$\Delta f = \frac{\Delta P_1 + \Delta P_2}{\left(\dfrac{1}{K_{n1}} + \dfrac{1}{K_{n2}}\right)} = \frac{\Delta P}{\left(\dfrac{1}{K_{n1}} + \dfrac{1}{K_{n2}}\right)} \tag{3-3}$$

将式（3-3）代入式（3-2）后得

$$\left.\begin{aligned}
\Delta P_1 &= \frac{\Delta P}{K_{n1}\left(\dfrac{1}{K_{n1}} + \dfrac{1}{K_{n2}}\right)} \\[4mm]
\Delta P_2 &= \frac{\Delta P}{K_{n2}\left(\dfrac{1}{K_{n1}} + \dfrac{1}{K_{n2}}\right)} \\[4mm]
\frac{\Delta P_1}{\Delta P_2} &= \frac{K_{n1}}{K_{n2}}
\end{aligned}\right\} \tag{3-4}$$

根据上述分析，可得出以下结论：发电机之间的有功负载分配与调速特性的斜率 K_n 呈反比关系。同时，原动机的转速或发电机的频率随系统负载的变化而变化。

由于船上多采用同型号、同容量的机组并联运行，而且调速器的型号亦相同，即调速特性的斜率相同，$K_{n1} = K_{n2} = K_n$，则由式（3-4）可得

$$\left.\begin{aligned}
\Delta P_1 &= \frac{\Delta P}{K_{n1}\left(\dfrac{1}{K_{n1}} + \dfrac{1}{K_{n2}}\right)} = \frac{\Delta P}{2} \\[4mm]
\Delta P_2 &= \frac{\Delta P}{K_{n2}\left(\dfrac{1}{K_{n1}} + \dfrac{1}{K_{n2}}\right)} = \frac{\Delta P}{2}
\end{aligned}\right\} \tag{3-5}$$

可见，同型号、同容量的机组并联运行，在相同斜率的调速特性下，两机组能均分系统的负载增量。

实际上，当调速器的调差系数不可调时，很难满足 K_n 完全一致。另外，由于调速器结构中的间隙使调速器有失灵区，其调速特性并不是一条理想的直线而是一条宽带，此时功率分配仍可能不均匀，所以两台具有相同调速特性的发电机组并联运行时功率分配不可能做到完全均匀，因此功率分配也就存在一定的偏差。例如，图 3-9 为调差率不同的并联机组，并联转移负载后两机组的功率分配相等 $P_1 = P_2$，频率为额定 f_N。但当电网功率增加后，电网频率下降为 f_1，这时两机组的功率分配不再相等。由频率 f_1 与两特性曲线的交点可以看出，特性曲线斜率小的比斜率大的增加的功率大，即 $\Delta P_1 > \Delta P_2$。如果是电网功率减少，频率上升，则是斜率小的比斜率大的减少的功率更多。如果两曲线的斜率都稍大些，这种分配偏差就小一些。

从功率分配的角度来看，调速特性的斜率（调差系数）K_n 越大，其分配的误差越小，但当系统负载波动时，频率的波动越大。从频率稳定的角度来看，要求调速特性的斜率 K_n 越小越好，两者存在着矛盾。一般调速器的调差系数为 3%～5% 为宜。而采用自动调频、调载装置能比较理想地解决这一矛盾，既能使系统频率稳定在给定的范围内，又能使功率分配误差尽量缩小。

一般来说，若调速器选配恰当，在调速器自动调节（一次调节）下，功率分配的静态误差和频率的静态误差不会太大，否则就加装自动调频、调载装置进行二次调节。即使加装

自动调频、调载装置后，一般只要求功率分配之差在各发电机额定容量的±5%～±10%以内，频差在±0.5Hz之内。否则，静态指标要求过高，调节变得过分频繁，对伺服机构不利。

第四节 自动调频、调载

在具有多台发电机组的船舶交流电站中，当需要两台以上的发电机并联供电时，都需要进行并车、负载转移和分配以及解列的操作。为了实现船舶电力系统自动化，频率自动调整和有功功率的自动分配装置是不可缺少的环节。它与自动并车装置一起，统称为自动并联运行控制器。

频率自动调整和有功功率的自动分配装置简称为自动调频、调载装置，又称自动负载分配器。它的基本功能如下：

1）自动维持船舶电力系统频率为额定值。

2）依并联运行各机组的容量按比例自动分配有功功率。

3）接到"解列"指令时，能自动控制负载转移，待其负载接近零时，才使其发电机主开关自动跳闸，与电网脱离。

应当指出，自动调频、调载装置维持船舶电力系统的频率恒定和保证有功功率按比例自动分配的作用，其实质是对原动机调速器的弹簧预紧力做微量的调节，即在坐标图上，上下平移并联运行各机组的静态调速特性曲线，以求获得恒定的频率和按比例自动分配负载，或者是自动地进行二次调节。因此，它是根据频率和有功功率的静态误差进行调整，这时自动调频、调载装置是类似作为调速器的静态校正器而引入的。在发电机组并联运行中，当负载突变后，各原动机的调速器都在紧张地工作，力图按照各自的动态特性使发电机组恢复到稳定状态，但是各机组的动态特性相差可能比较大，因此在动态过程中，频率和有功功率分配必定变化较大。在此过渡期间，自动调频、调载装置不宜介入，以免打乱调速器的正常工作。换言之，自动调频、调载装置不能改善调速器的动态性能。当动态过程结束，系统稳定后，由于调速器的有差特性不一致性等原因，船舶电力系统的频率和有功功率分配就会出现静差，自动调频、调载装置只能根据这个静差来进行校正。为使自动调频、调载装置避开动态过程，一般采用延时来实现。当船舶电力系统频率或功率分配出现偏差，首先由各发电机组的调速器按各自的调速特性进行一次调节，即动态调节。经5 s延时后，自动进行二次调节，以消除静态误差，使船舶电力系统维持恒频均功状态。

一、自动调频、调载装置的基本组成

自动调频、调载装置是用来调整电网频率和发电机组之间的有功功率分配的，因而需要检测机组的转速和负载，对信号加以判别、放大，控制"加""减"速调速开关，使调速器的伺服电动机正反转，从而改变原动机油门的开度。因此，自动调频、调载装置一般由频率变换器、有功功率变换器、有功功率分配器和调整器4部分组成。

1. 频率变换器

频率变换器又称为频率检测装置。它用来检测电网的实际频率f_s，并将测量值f_s与额定频率f_e进行比较得出偏差：

$$\Delta f = f_s - f_e \tag{3-6}$$

式中 f_s——电网的实际频率；

  f_e——电网的额定频率（Hz）。

频率变换器将 Δf 变换为相应的与频差成正比的直流电压信号，送到调整系统去进行综合比较。由于并联运行时电网频率是共同的，因此每一套自动调频、调载装置只需设置一个频率变换器。其方框图及所要求的输入—输出特性如图 3-10 所示。

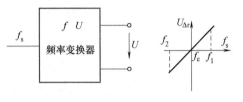

图 3-10 方框图

频率变换器通常采用谐振式和基于波形变换的方式。如图 3-11 所示为基于波形变换的频率变换器。

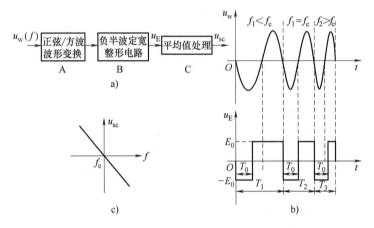

图 3-11 基于波形变换的频率变换器的原理图

这种频率变换器的工作原理如下：频率为的正弦波电压 $u_w(f)$ 首先经功能块 A（波形变换器）变为重复频率和正弦波频率相同的方波，即其周期 $T = \dfrac{1}{f}$。方波的幅值固定为 E_0。然后经功能块 B，波形作负半周定宽整形处理，该波负半波宽度恒为

$$T_0 = \frac{1}{2f_e} = \frac{1}{2}T_e \tag{3-7}$$

式中 f_e——额定频率；

  T_e——额定周期。

如图 3-11b 所示 f_1（f_e 时，整形后的正半周宽度大于 T_0），f_2（f_e 时，正半周宽度小于 T_0）。功能块 C 则对变换后的矩形波求取平均值，得到输出电压与频率的关系如图 3-11c 所示。

设输入信号的频率为 f，则平均值电路的输出为

$$U_{SC} = \frac{1}{\dfrac{1}{f}}\left[-E_0 T_0 + E_0\left(\frac{1}{f} - T_0 \right) \right] \tag{3-8}$$

将 $T_0 = \dfrac{1}{2f_e}$ 代入上式，整理后得

$$U_{SC} = \frac{-E_0}{f_e} \cdot \Delta f \tag{3-9}$$

式中，$\Delta f = f - f_e$。由上式可见，变换后输出电压与电网电压的频率偏差值成正比，而与电网电压的大小无关。

由于自动调频、调载装置检测的是电网的频率，故船舶电站自动调频、调载装置一般只设一个频率变换器，或者全船只有一台频率变换器。

2. 有功功率变换器

有功功率变换器又称为测功器，用以测量发电机输出的有功功率 P，并将测得的发电机有功功率值变换成与之成正比的直流电压信号 U_P。即

$$U_P = K_P P \tag{3-10}$$

式中　U_P——有功功率变换器输出电压，与 P 成正比；

　　　K_P——功率变换系数（V/kW）；

　　　P——发电机实际输出的有功功率。

功率变换器不仅能测出 U、I 的幅值，还能测出 U、I 的相位差使得

$$U_P = KUI\cos\varphi = K_P P \tag{3-11}$$

其方框图与输入输出特性如图 3-12 所示，由于功率变换器需测量每台发电机的有功功率，因此每台发电机都需要一个功率变换器。有功功率变换器的类型较多，图 3-13 为单相功率变换器原理图。

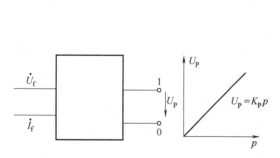

图 3-12　方框图与输入输出特性

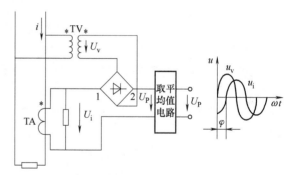

图 3-13　单相功率变换器原理电路

发电机电压经电压互感器 TV 接桥式二极管开关电路，发电机的电流经电流互感器 TA 采样，流入与 TA 相并联的电阻产生与电流成比例的电压信号 u_i，u_i 经二极管开关连接到取平均值电路。在电压的正半波 4 只二极管导通，将 u_i 与平均值电路接通，若忽略二极管压降，则图中 1、2 两点等电位，故 $u_P = u_i$，在电压 u_v 的负半波，桥式二极管截止，$u_P = 0$。以电压为参考相位。电流落后于电压 Φ 角度，即

$$u_v = \sqrt{2}\, U_v \sin\omega t \quad \text{和} \quad i = \sqrt{2} I \sin(\omega t - \varphi)$$

$$u_P = u_i = Ki = K\sqrt{2} I \sin(\omega t - \varphi) \tag{3-12}$$

取电压 u_i 正半周波形在一个周期中的平均值为

$$u_P = K\frac{\sqrt{2}}{2\pi} I \int_0^\pi \sin(\omega t - \varphi)\,\mathrm{d}\omega t = K\frac{\sqrt{2}}{\pi} I\cos\varphi = K_P I\cos\varphi \propto P \tag{3-13}$$

由上述分析可知，该电路检测的是发电机的有功电流。因为电网电压基本恒定，故 U_P 与发电机的有功功率 P 成正比。电压 u_v 只用作参考相位信号，控制二极管开关。为测量的准确性和避免在 u_v 的正半波期间和 u_i 的共同作用下出现二极管截止的情况，应使 $U_v \gg U_i$。

实际船上所用的这类功率变送器采用两个单相变送器测量三相电功率，即用两单项功率表法测三相电功率的接线原理。

3. 有功功率分配器

有功功率分配器是一种有功分配运算电路，为实现按比例或均匀分配有功功率而设置的。运算环节主要由比较放大器和加法器组成，它的作用是根据电网总的功率，计算每台发电机应承担功率以及各台发电机实际承担的功率值与平均值之差。

$$P_P = \frac{1}{n} \sum_1^n P_i \tag{3-14}$$

式中　n——并联运行的机组数；

　　P_i——第 i 台机组的输出功率，$i=1$，2，3，$\cdots n$。

$$\Delta P_i = P_i - \frac{1}{n} \sum_1^n P_i$$

功率分配偏差信号的计算值

$$u_{\Delta p} = K_P \Delta P_i = K_P \left(P_i - \frac{1}{n} \sum_1^n P_i \right) \tag{3-15}$$

有功功率分配器根据 $u_{\Delta p}$ 的大小和方向发出相应的调节信号。

4. 调整器

调整器接受频差和功差信号，并根据它们的频差和功差信号的大小和极性，输出相应脉冲调整信号，控制伺服电动机正转或反转调节发电机油门的开度，使有功功率均匀分配，从而保持电网的频率恒定。调整器的方框图如图 3-14 所示。

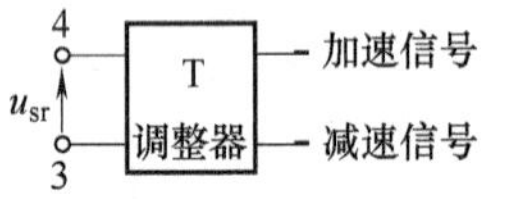

图中 $u_{sr} = u_{\Delta f} + u_{\Delta P} = K_f \Delta f + K_P \Delta P_i$

图 3-14　调整器的方框图

$u_{sr} < 0$ 时，调整器输出加速脉冲；

$u_{sr} > 0$ 时，调整器输出减速脉冲；

$u_{sr} = 0$ 时，停止调节。

由于要调整每台发电机组油门的大小，每台发电机组需配置一个调整器。

据上所述，调整器一般应具有如下功能：

1）判断综合信号的极性（正或负），决定调速方向（加速或减速），根据综合信号的大小，决定调速信号脉冲的大小，即决定调速信号脉冲的周期（脉宽一定）或调速脉冲宽度（脉冲周期一定），以便实现准确平稳地调节。

2）使每个调节过程的第一个调整信号有适当延时（设 5s 左右），以便避开动态过程（不参与一次调节）。

3）要有一定的不灵敏区或死区，防止工作太频繁，以确保系统稳定、可靠的工作。所谓不灵敏区是当输入信号未超过一定大小时，调整器不投入工作，因为电力系统的频率、有功功率的分配，允许有一定的误差，调节系统不必过于灵敏，以致使系统工作太频繁，对伺服机构不利，所以加装自动调频、调载装置后一般可做到功率分配之差在各发电机额定容量的±5%～±10%以内，频率差在电网额定频率的±1%以内。

二、同步发电机的调频、调载

自动调频、调载的方法很多，但按其工作原理主要分为有差调节法、虚有差调节法、主调发电机法和主-从控制法等。

有差调节法相对简单，主要是指由调差系数相近的有差调速特性来恒定频率和负载分配的方法。这种方法没有外加自动调频、调载装置做二次调节，各机组只由具有有差特性的调速器来控制，因此不能很好地维持频率恒定，负载分配一般也不均匀。此外，它不能自动转移负载。下面将分别介绍其他几种方法。

1. 虚有差调节法

（1）虚有差调节法的工作原理

在并联运行的各机组上分别装有功率变换器和调整器，整套装置只装一台频率变换器。在其控制下，保持电网的频率为额定值，负载按给定比例进行机组间的合理分配。每台发电机组所装置的调整器仍是有差特性，但不影响达到无差特性的调整效果。

图 3-15 所示包括三台发电机虚有差调节的频载调节系统方框原理图。为简化分析，设各台发电机功率相同，三台功率变换系数 K_p 相等。各功率变换器 P 输出端"1"连成一点，称为"均功点"。频率变换器 f 的两个端子联于各均功电阻 R 的一端"2"点，另一端联到各调整器的一个输入端"3"点。整个装置共有 3 个公用点，故称为三点式网络。

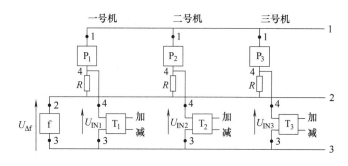

图 3-15　虚有差法方框原理图

P—功率变换器　f—频率变换器　T—调整器　R—均功电阻

（2）频率调整

假设三台发电机的有功功率已均匀分配，则图 3-15 中各功率变换器输出端 1、4 两点间直流电压相等，又因为 1 已联成一点，故 4 点亦为等电位点，其等效电路如图 3-16 所示。

若电网的频率 $f>f_N$，则 $U_{INi}>0$ $(i=1，2，…，n)$，因此各调整器均发出"减速"脉冲信号，使各机组的调速特性下移，系统的频率下降，直到 $f=f_N$，$U_{INi}=U_{\Delta f}=0$，调整完毕；若 $f<f_N$，则进行相反调节。直到电网频

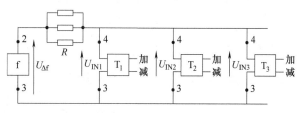

图 3-16　各发电机"均功"时的等效电路

率调到额定值时，调整过程才结束。

（3）功率分配调整

假定在调整过程中频率始终保持为额定值，则频率变换器输出 $U_{\Delta f} = 0$。图 3-15 中的 2、3 两点为同电位，功率变换器的输出此时可以看作一个电源，装置的等效电路变为图 3-17。

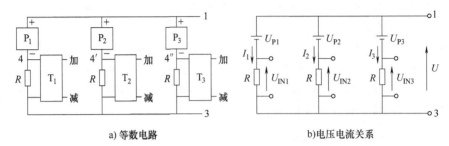

a) 等数电路　　　　　　　　　　　　b) 电压电流关系

图 3-17 "恒频"时系统的等效电路

调整器从均功率电阻 R 上取得信号，图 3-17 中由 1 至 3 端电压为 U。假定有 n 台机组参与并联运行，各功率变换器上输出的电压、电流分别为 U_{Pi} 和 I_i （$i = 1、2、\cdots，n$），它们的正方向如图中所示。

由含源支路的欧姆定律求各支路的电流为

$$I_i = \frac{U + U_{Pi}}{R} \tag{3-16}$$

由基尔霍夫第一定律有

$$\sum_{i=1}^{n} I_i = 0 \quad 即 \quad \sum_{i=1}^{n} \frac{U + U_{Pi}}{R} = 0$$

由于各均功电阻相等，故

$$nU = -\sum_{i=1}^{n} U_{Pi}$$

$$U = -\frac{1}{n} \sum_{i=1}^{n} U_{Pi} \tag{3-17}$$

各均功电阻上的电压由式（3-16）得

$$U_{Ri} = I_i R = U + U_{Pi} \tag{3-18}$$

将式（3-17）代入式（3-18）

$$U_{Ri} = U_{Pi} - \frac{1}{n} \sum_{i=1}^{n} U_{Pi} = K_P \left(P_i - \frac{1}{n} \sum_{i=1}^{n} P_i \right) = K_P \Delta P_i \tag{3-19}$$

所以，每个均功电阻上的信号电压正好等于功差信号。因此，均功电阻 R 完成了有功功率分配器的作用。当然，电阻元件只有在此特定的虚有差调节法结构图中才能实现此功能，单独电阻元件显然无法完成此任务。

如果 1 号发电机的输出功率 P_1 大于参与并联运行机组的平均功率 $\left(\frac{1}{n} \sum_{i=1}^{n} P_i \right)$，则与功率变换器串联的均功电阻 R 上将有信号电压 $U_{IN.1}$

$$U_{IN.1} = U_{R1} = K_P \left(P_i - \frac{1}{n} \sum_{i=1}^{n} P_i \right) > 0 \tag{3-20}$$

这个信号加于调整器 T_1 的输入端，将使 1 号发电机减小油门，使负载减少。这必然使其他机组均功电阻上的信号电压 $U_{IN.i} < 0$，使其他机组调整器 T_i 发出加速脉冲，开大油门使其增加负载，一直到各机组的负载值都相等时才结束，此时

$$\Delta P_i = P_i - \frac{1}{n}\sum_{i=1}^{n}P_i = 0 \tag{3-21}$$

各均功电阻上的信号电压均为

$$U_{IN.i} = U_{Ri} = 0 \tag{3-22}$$

（4）综合调整

在实际中，随着功率的变化，电网的频率也会发生变化，反之亦然。所以，上述恒频和均功两种调节是同时进行的，即调整器同时接受"频率差"和"功率差"信号的综合信号。

$$U_{IN.i} = K_f\Delta f + K_P\Delta P_i = K_f\Delta f + K_P\left(P_i - \frac{1}{n}\sum_{i=1}^{n}P_i\right) \tag{3-23}$$

各机组的调整器按 $U_{IN.i}$ 进行调整，直到 $U_{IN.i}$ 均为零，调整才结束。

综上所述，这一调整系统不论对于频率恒定，还是对于有功功率的平均分配，在理论上都能实现无差调节。

（5）发电机组的解列调整

发电机组的解列操作是指当船舶电力系统负载减小，不需要更多的发电机组并联运行，可将准备停掉的发电机组的负载转移给在网机组，待其负载减到接近零时，方可断掉该发电机的主开关，这个操作称发电机组的解列，显然解列是并联的逆过程。

图 3-18 中继电器 K_{11}、K_{21} 是 1 号、2 号机投入电网的控制继电器。设 1 号机已运行 K_{11} 得电，其常开接点闭合，1 号机将被控，运行于额定频率。若 2 号机投入并联，QF_2 使 K_{21} 得电，其常开触点闭合。此时，系统的接线与图 3-18 一样，将在自动调频、调载装置的作用下实现均功率及恒频率运行。

如图 3-18 在并联运行时，需要解列一台机组的自动调节过程如下：

若使一号发电机解列，只要按下 SB_1，使解列继电器 K_{12} 得电，K_{12} 常闭触点断开而常开触点闭合，使一号发电机功率变换器脱离均功点 1，并经解列电阻 R_1 和均功电阻 R 自成一回路，使一号发电机组不再参与均分功率的调整。但因一号发电机仍承担着负载，P_1 的输出端仍有信号电压，它在解列回路中将产生电流 i，并在均功电阻 R 上形成一个下正上负的电压，这一电压经频率变换器 f

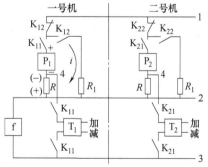

a) 含并车解列的方框原理图　　b) 并车解列控制电路

图 3-18　解列时的调整过程

（此时其输出为 0）加入调整器 T_1 的输入端，使 T_1 的输入端形成下正上负的电压信号；将发出减速信号即一号发电机卸载。此时二号发电机还没有加大油门，系统的频率将下降，频率变换器输出一个上正下负的电压信号，它通过二号发电机的均功电阻 R 后加于 T_2，使二

号发电机加速即加载，力图维持系统额定频率下的功率平衡。另一方面，频率变换器的输出电压信号与解列电路产生的电压信号（作用在 T_1 的输入端）极性相反，从而减缓了一号发电机卸载的速度，以保证电力系统能在不太大的频率偏差下，匀缓地实现负载转移。一号发电机的全部负载逐渐转移到二号发电机，电网的频率仍维持恒定。

2. 主调发电机法

（1）主调发电机法的工作原理

主调发电机法是在并联运行的发电机中选择一台作为"主调发电机"，任务是当电网负载变化出现频差时，只改变主调发电机的油门，调节电网频率维持额定值，并承担负载的变化量。此时，自动调频、调载装置只作为主调发电机的调频器，它只需检测电网的频率差，并将相应的信号送至主调发电机的调整器，平移主调发电机的调速特性来实现自动调频。

其余的机组总是保持运行在接近额定负载，称为"基载发电机"。所有基载发电机只在有差特性的调速器控制下运行，且调速特性的工作点经一次整定于额定频率，达到接近额定负载后，就不再受调速器的控制。

现以两台发电机组并联运行的情况加以说明，如图 3-19 所示。设一号发电机为基载发电机，二号发电机为主调发电机，一号和二号发电机并联运行于额定频率 f_e，如特性曲线 1_0 和 2_0 的 A_0 和 B_0 两点，此时两台发电机的功率分别为 $P_{10}(P_{10} = 0.9Pf_e)$ 和 P_{20}，开关 K 断开，二号发电机的伺服电动机 M 不再调节。当电力系统负载增加时，频率下降到 f_1，两机组按各自的特性曲线变化到 A' 和 B' 两点，其功率分别增加 $\Delta P_1'$ 和 $\Delta P_2'$。此时，频差信号送到二号主调发电机的调整器，使其发出加大油门的控制信号，二号主调发电机的调速特性曲线最终被向上平移到曲线 2，系统的频率逐渐恢复到额定频率 f_e，功率也得到新的平衡（此时 $\Delta P_1' = \Delta P_1'$ 和 $\Delta P_2'$）。

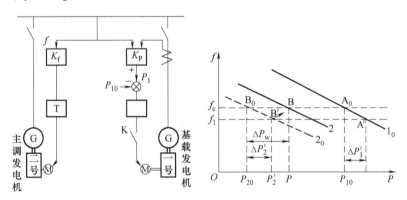

图 3-19　主调发电机法工作原理图

（2）主调发电机法的特点

调整完毕，一号基载发电机的调速特性没有变，其输出功率仍为 P_{10}，二号主调发电机将运行于 B 点，系统增加的总负载 ΔP，全部由二号主调发电机承担了。同样，当电力系统减小负载时，也只从主调发电机上减负载，过程与上述相反。显然，采用主调发电机法，仅能保证恒频，但无法实现均功，而且将使主调发电机和基载发电机的功率因数不一致，并随负载而异。另外，因为只有主调机组在调整，当负载变化较大时，频率的调整过程较缓慢。

3. 主-从控制法

主-从控制法（Master-Slave System）是在并联运行的发电机组中选择一台发电机作为主控机，特点是其控制装置接收电网的频率信号，使之与额定频率信号比较，当电网频率高于额定频率时，由主控机的调整器发出"减速"信号，通过主控机的调速器，关小原动机的油门；反之则加大原动机的油门，力图维持系统的频率为额定值。主控机只管调频，称 Master 机，而其余机组，称为从动机（Slave 机），专管负载分配，即按既定的负载分配方式来控制自己，只承担它应承担的负载，且不参与系统频率的调节，如图 3-20 所示。

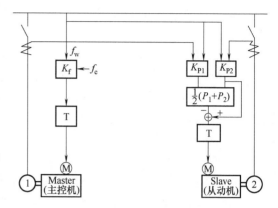

图 3-20　主从控制法工作原理图

从调节方式看，主-从控制法是主调发电机法派生出来的一种控制方法，与主调发电机法不同之处是，主-从控制法的调节结果完全可以做到恒频、均功，这与虚有差调节法的调节结果是一致的。

第五节　二次调节系统的稳定性及系统的参数选择

讨论虚有差调节法的调整准则时，曾令死区 $\varepsilon = 0$，所以调节的结果最终实现恒频、均功。而实际系统中，设置的 ε（不灵敏区）总是不为零的，它相应于调整器的启动值。设置了 $\pm\varepsilon$ 后，会给调节系统带来一定的静态误差。这是可行的，因为对于电力系统的频率和有功分配的调节，实际上并不要求十分准确。规范对此也有相当宽容的允许偏差。对于调节装置来说，设置不灵敏区 $\pm\varepsilon$，也有其必要性，理由是防止调节的动作过于频繁，以致使调节传动链中的机械磨损过大，更重要的是为了二次调节系统工作的稳定性。现在，我们以虚有差调节法为例，讨论二次调节系统的稳定性问题。

一、二次调节系统的振荡现象及消振措施

由前所述，自动调频、调载常采用脉冲调节方式进行。当系统出现频率或功率分配差时，调整器就一个接一个地发出脉冲信号，去调节调速器弹簧的预紧力，使机组加大或关小油门，从而改变机组的输出功率和系统的频率。若调过了头就会产生振荡。为了直观起见，下面分别按频率的调节和功率分配的调节两种单独的调节过程，来说明其振荡现象的形成。

1. 调频时可能产生的振荡现象

为了分析方便，设发电机单机运行，又假定系统按宽度一定的脉冲来调节频率，并设每输出一个调节脉冲 δ，能使该机组的频率变化 Δf_δ，再设调整器的不灵敏区为 ε，其对应的频率误差为 Δf_ε，则当 $\Delta f_\delta \geqslant 2\Delta f_\varepsilon$ 时，就可能产生不衰减的振荡。"可能产生"，意即不一定产生（即使满足上式关系），是否产生振荡还要看初始条件，即初始频率 f_0 的值。可从图 3-21 所示的调节过程中明显观察到。若初始频率 f_0 适当高（或低）一些，则

第一个（或第二个）脉冲调节后，频率 f 就可以落在不灵敏区之内了，尽管 $\Delta f_\delta \gg 2\Delta f_\varepsilon$，也不会发生振荡。

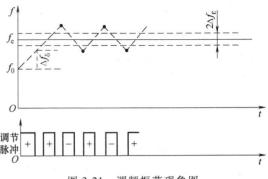

图 3-21　调频振荡现象图

2. 有功功率分配调节时可能产生的振荡现象

多台（假如设为两台）机组并联运行的情况，仍假定是按定脉冲宽度的调节方式，并设每一个调节脉冲 δ 能使机组的有功功率变化 ΔP_δ，再设对应于调整器不灵敏区 ε 的功率变化量为 ΔP_ε，则当 $\Delta P_\delta \gg 2\Delta P_\varepsilon$ 时，就可能产生功率分配中的"交互振荡"，即系统总负载不变，频率为给定值，但有一定的有功功率在两台机组间往复传递。同样这种现象也只是可能产生而不一定产生，这决定于初始条件，即一号发电机和二号发电机的初始功率值 P_{10} 和 P_{20}。

由图 3-22 可见，若 P_{10} 和 P_{20} 的差值适当地小一些或大一些，尽管 $\Delta P_\delta \gg 2\Delta P_\varepsilon$ 条件成立，也可能在第一对或第二对调节脉冲之后，功率分配差就落在不灵敏区内，而不会产生振荡。以上两种振荡现象出现时，在装置面前将听到"加速"和"减速"继电器有节奏、不停地交替工作。这时，就应采取措施消除振荡。

3. 消振措施

从上面对振荡现象及产生振荡条件的讨论可知，当 $\Delta f_\delta < 2\Delta f_\varepsilon$，$\Delta P_\delta < 2\Delta P_\varepsilon$ 时系统一定是稳定的，不会产生振荡。实现上述条件的措施，即消除振荡，可从两方面着手解决。

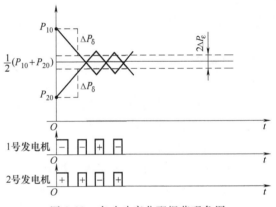

图 3-22　有功功率分配振荡现象图

① 适当地减小调节脉冲宽度（减小 Δf_δ 和 ΔP_δ）；

② 适当地增加调整器的不灵敏区（增加 Δf_ε 和 ΔP_ε）。

若采用措施①，其附带的结果将使系统的调节时间拉长，而采用措施②，则将增大调节稳定后的静态误差，所以要根据实船情况来权衡处理。

通常，调整器的不灵敏区是可调的，脉冲宽度也有多档可供选择，以便与不同的机型相匹配。避免产生振荡的最好方式是设计调整器时，使其输出的调节脉冲宽度受误差信号大小的调制，即当系统的频差、功率分配差信号大时，调节脉冲宽度随之加大（甚至形成连续调节）。在调节过程中，当误差信号变小时，调节

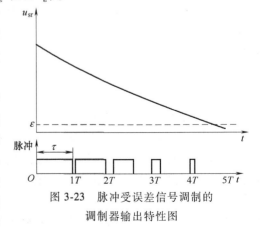

图 3-23　脉冲受误差信号调制的
调制器输出特性图

脉冲宽度也随之减小。图 3-23 表示的就是脉冲周期 T 固定，脉宽 τ 受误差信号 U_{sr} 调制的特性。设计成这种调节特性的调整器，能使系统既快速又平稳地完成自动调节任务。

二、自动调频、调载系统的参数选择

以虚有差控制方式为例，控制系统的参数主要有频率变换器的变比 K_f，功率变换器的 K_p，调整器的不灵敏区 $\pm\varepsilon$。

按调节信号

$$U_{sr} = K_f \Delta f + K_p \left(P_i - \frac{1}{n} \sum_1^n P_i \right) = K_f \Delta f + K_p \Delta P$$

调频时，取 $\Delta P = 0$，所以 $U_{sr}(\Delta f) = K_f \Delta f$

负载分配时，取 $\Delta f = 0$，所以 $U_{sr}(\Delta p) = K_p \Delta P$

设系统对静态精度的要求（下标"gd"表示给定）。

1. 静态调频精度（百分值）

$$\Delta f_{gd *} = \frac{|\Delta f_{gd}|}{f_e}$$

2. 静态负载分配精度（百分值）

系统调节完毕后，要满足这些要求则应有

$$\Delta P_{gd *} = \frac{|\Delta P_{gd}|}{P_e} = \left(P_{i *} - \frac{1}{n} \sum_1^n P_{i *} \right)$$

调频时的不灵敏区

$$|\varepsilon_{(\Delta f)}| < |U_{sr(\Delta f)}| = K_f |\Delta f_{gd}| = K_f f_e \Delta f_{gd *} \tag{3-24}$$

负载分配时的不灵敏区

$$|\varepsilon_{(\Delta P)}| < |U_{sr(\Delta P)}| = K_p |\Delta P_{gd}| = K_p P_e \Delta P_{gd *} \tag{3-25}$$

因为调制器接收频差和功差的综合信号，即 $\varepsilon(\Delta f)$ 和 $\varepsilon(\Delta P)$ 均设置在调制器的同一输入端上，所以应有

$$|\varepsilon_{(\Delta f)}| = |\varepsilon_{(\Delta P)}| = |\varepsilon| \tag{3-26}$$

由式（3-26）可见，在 ε，K_f 和 K_p 中，任选定一个即可求得另外两个，于是参数就可确定。

3. 实例

某船舶设计要求：$\Delta f_{gd *} = \dfrac{0.5}{100}$，$\Delta P_{gd *} = \dfrac{2.5}{100}$

系统额定频率为 50Hz，试确定虚有差调频调载系统的 ε、K_f 和 K_p。

解：

1）选定 $K_p = 10/P_e$（V/kW），即当发电机为额定输出（P_e）时，功率变换器输出 10V 直流电压。

2）由式（3-24）和式（3-25）有

$$\varepsilon = \varepsilon\Delta_{(\Delta P)} = K_p P_e \Delta P_{hd *} = \frac{10}{P_e} P_e \frac{2.5}{100} = 0.25 \text{（V）}$$

3）将 $\varepsilon(\Delta P) = \varepsilon = 0.25$（V）代入式（3-26）得

$$K_f = \frac{\varepsilon}{f_e \times \Delta f_{gd*}} = \frac{0.25}{50 \times \frac{0.5}{100}} = 1\,(\text{V/Hz})$$

这表明，当系统出现1Hz频差时，频率变换器的输出为1V直流电压信号与之对应。

复习与思考

3-1. 试述船舶电力系统频率变化的原因。

3-2. 船舶电力系统频率变化会造成什么后果？

3-3. 什么叫负载的调节效应。

3-4. 中国船级社对并联运行同步发电机之间有功功率的分配有何规定？对原动机的调速特性有何规定？

3-5. 《入级规范》对并联运行发电机的有功分配有何要求？

3-6. 并联运行机组间有功功率是否均匀分配与哪些因素有关？

3-7. 试简述原动机调速器的结构及工作原理。并说明调速器的一次调整和二次调整的概念。

3-8. 什么是柴油机调速器的调速特性曲线？

3-9. 简述通过对两台并车发电机的原动机调速器进行二次调整操作实现有功功率的转移。

3-10. 试简述并联运行机组间有功功率的分配。

3-11. 简述手动转移有功功率的过程？

3-12. 自动调频装置由哪些环节组成？各有什么功能？

3-13. 自动调频、调载装置有哪些功能？它为什么不适宜在负载频繁波动时使用？

3-14. 自动调频、调载装置由哪几部分组成？各环节的作用是什么？

3-15. 试简单分析按"虚有差"法设计的自动调频、调载装置的工作原理和调节过程。

3-16. 频率和有功功率自动调节的方法有哪几种？

3-17. 试简述用有差调整法实现频率和有功功率的自动调节。

3-18. 试简单分析按"主调发电机法"设计的自动调频、调载装置的工作原理。

3-19. 试简单分析按"主-从控制法"设计的自动调频、调载装置的工作原理。

第四章 船舶同步发电机电压及无功功率的分配

众所周知，各种电气设备，必须在额定电压下运行，因此保持电网电压为额定值，是供电质量的重要指标之一。但是，实际上船舶电网电压总是经常变动的。原因是相对于陆地上电网，船舶电站容量较小，而某些用电设备容量却较大，当这些大负载起动时，对船舶电网将造成冲击，船舶同步发电机的端电压变动尤为严重，故研究船舶同步发电机电压自动调整，是交流船舶电站的重要课题之一。

第一节 自励恒压装置的作用和基本措施

一、同步发电机电压变化的原因

当负载变化时，由于同步发电机电枢反应，必定会引起发电机端电压的变化。这一关系可由隐极式同步发的电压平衡方程式（4-1）表示（其电动势简化矢量如图4-1所示）：

$$U_g^g = E_0^g - jI_g^g X_d \tag{4-1}$$

式中 U_g^g——发电机端电压（V）；

$\quad\quad E_0^g$——发电机空载电动势；

$\quad\quad I_g^g$——发电机定子电流（A）；

$\quad\quad X_d$——发电机同步电抗。

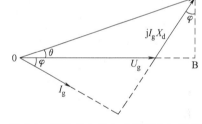

图 4-1 同步发电机电动势简化矢量图

由图4-1或式（4-1）可见，如果 E_0^g 不变，当发电机负载电流 I_g^g 的大小或性质变化时，则必将引起 U_g^g 变化。

只研究发电机端电压的数值变化时，由图4-1可见，式（4-1）可写成

$$U_g = E_0 \cos\theta - I_g X_d \sin\varphi$$

当 θ 较小时；$\cos\theta \approx 1$，而 $I_g \sin\varphi$ 则为发电机的无功电流 $I_{g \cdot Q}$，于是上式为

$$U_g = E_0 - I_{g \cdot Q} X_d \tag{4-2}$$

由此（4-2）式可见，当 E_0 不变时，同步发电机端电压 U_g 变化的主要原因是无功电流的变化引起。

船舶电站采用交流电制，船舶用电设备多为感性负载，感性的无功电流对交流同步发电机产生去磁作用，负载电流大小和功率因数的变化以及发电机内阻压降等都会引起发电机端电压变化，所以船舶交流同步发电机必须有自动电压调整装置或自励恒压装置来调整发电机的端电压，否则电压的剧烈变化将会影响电气设备的正常工作。

二、电压偏差的危害

发电机电压的变化，不论对发电机本身还是负载，以致整个电力系统的运行，都是很不

利的。

1. 对电动机的影响

当船舶电网偏离额定值时，用电设备的效率就要降低，如果偏离额定值太大时，运行状态就要恶化，甚至会导致设备的损坏。例如：电网电压下降到额定值的 85% 时，异步电动机起动转矩约降低 72.5%；单笼型电动机的起动转矩（在正常电压时约为额定转矩的 2.5 倍）将下降到额定转矩的 1.8 倍。电动机如果是满载起动，加速转矩的余量由 1.5 倍额定转矩降到 0.8 倍额定转矩左右，势必使起动时间延长。如果电动机是高阻抗转子的单笼型电动机，正常电压情况下，它的起动转矩为额定转矩的 1.25 倍，而当电压下降到额定值的 85% 时，则降到 0.9 倍，电动机不能起动。起动转矩不足不仅会使起动时间延长，而且会使电动机严重发热，特别是当不能起动时，则电流会达到很大，发热量与电流平方成正比，如果保护装置不能迅速动作，电动机很可能被烧毁。当电动机的端电压较其额定电压低 10% 时，由于其转矩与其端电压平方成正比，因此其转矩将只有额定转矩的 81%，而负载电流将增大 5%~10% 以上，温升将增高 10%~15% 以上，绝缘老化程度将比规定增加一倍以上，这将明显地缩短电动机的使用寿命。同时由于转矩减小，转速下降，不仅会降低生产效率，而且还会影响运行质量，甚至造成危害。当其端电压较其额定电压偏高时，负载电流和温升也将增加，绝缘相应受损，对电动机也是不利的，会缩短使用寿命。

总之，不论船舶电网电压是偏高还是偏低，电动机的电流都将增大，温升升高，发电机的电流也随之增大。

2. 对电光源的影响

电压偏差对白炽灯的影响最为显著。当白炽灯的端电压降低 10% 时，灯泡的使用寿命将延长 2~3 倍，但发光效率将下降 30% 以上，灯光明显变暗，照度降低，严重影响人的视力健康，降低工作效率，还有可能增加事故。当其端电压升高 10% 时，发光效率将提高 1/3，但其使用寿命将大大缩短，只有原来的 1/3。电压偏差对荧光灯及其他气体放电灯的影响不像白炽灯那么明显，但当其端电压偏低时，灯管不易启辉。如果多次反复启辉，则灯管寿命将大受影响，而且电压降低时，照度下降，影响视力；当其电压偏高时，灯管寿命也将缩短。

3. 对电网的影响

电压变化对电网的影响主要表现在给全船用电带来的危害，而这种危害是致命的。船舶电网电压深度下降时，将导致保护电器动作，造成发电机解列，使电网崩溃，造成全船停电的严重事故。所以，船舶交流电网的电压必须保持恒定，其电压偏差不应超出规定的范围。

三、发电机电压调整的基本措施

由式 $U_g^g = E_0^g - jI_g^g X_d$ 可知，当负载 I_g 变化时，要想保持发电机端电压 U_g 一定，唯有随之相应改变发电机的电动势 E_0。我们知道，发电机的电动势由下式确定

$$E_0 = 4.44 Wf\Phi_m \tag{4-3}$$

式中　4.44——比例常数；

　　　　W——发电机绕组匝数；

　　　　f——发电机频率；

　　　　Φ_m——发电机磁通。

由（4-3）式可见，当 W、f 为常数时，E_0 与 Φ_m 成正比，即 $E_0 \propto \Phi_m$ 要改变 E_0，只有改变 Φ_m。而 Φ_m 系由励磁电流 I_L 产生，在磁路未饱和时磁通与励磁电流成正比，即 $\Phi_m \propto I_L$。由上述关系可以看到：E_0 与励磁电流 I_L 存在对应关系，改变励磁电流 I_L 的大小可以改变发电机空载电动势 E_0。当发电机定子电流 I_g 变动时，要保持发电机端电压 U_g 恒定，必须相应调整发电机的励磁电流 I_L。也就是要使 I_L 随 I_g 幅值的大小和功率因数 $\cos\varphi$ 的变化而改变，以补偿电枢反应去磁作用的影响。

式（4-2）中 $U_g = E_0 - I_{g \cdot Q} X_d$，若 E_0 不变，即 I_L 不变，当 I_{gQ} 变化时，由于电枢反应的作用，因此 U_g 必随之变化，由式（4-2）可做出以 $U_g = f(I_{gQ})$ 表示的同步发电机的外特性曲线，如图 4-2 所示。式（4-2）说明图 4-2 的外特性必然是下倾的，即 I_L 一定时，发电机端电压随无功电流的增大而下降。由图 4-2 可见，当无功电流由 I_{gQ1} 增大到 I_{gQ2} 时，则发电机端电压 U_g，由额定值 U_N 下降到 U_2。而要保持发电机端电压为额定值，就必须将特性向上平移，即增大励磁电流 I_L，以提高 E_0，反之亦然。

由此可见，引起同步发电机端电压 U_g 变化的主要原因是无功电流 I_{gQ} 的变化，而要保持发电机端电压 U_g 不变，就要随之相应地调整发电机的励磁电流 I_L，即使之符合图 4-3 所示的发电机构调整特性 $I_L = f(I_g)$。由此也可看出，以调整励磁电流来对同步发电机电压进行调整，也就是对发电机无功功率的调整，使无功功率保持平衡。所以，同步发电机的励磁电流乃是电力系统无功功率的来源。

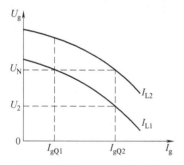

图 4-2　同步发电机的外特性

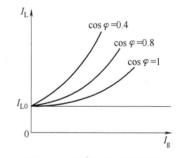

图 4-3　发电机的调整特性

在实际运行中，I_g 或 $\cos\varphi$ 是经常在变动的，导致使 U_g 也经常变动。要维持 U_g 恒定，必须随之经常调整 I_L。这一任务，由人工调节是不可能完成的，必须采用自动电压调整。所谓自动调压，实质上就是自动调整励磁电流 I_L，因此任何类型的自动电压调整器的基本作用，归根到底都是自动调整励磁电流，所以同步发电机的自动电压调整器又被称为自动调节励磁装置。

第二节　同步发电机的励磁自动调整

船舶电站容量与陆地相比较小，当电网的负载发生变化时，电网电压波动较人，电网电压的稳定性取决于同步发电机的励磁调整装置的性能。励磁调整装置是同步发电机的重要组成部分，它的主要任务是根据发电机各种运行工况向同步发电机提供一个可调的励磁电流，以保持同步发电机的输出电压为额定值，同时保持船舶电力系统的稳定运行。

在船舶电站的实际运行工况中，由于负载电流的经常变化而导致发电机的输出电压也随之变化。当船舶电网电压偏离额定值而降低时，用电设备的效率就会降低，偏离额定值较大时（电压下降幅度较大），运行状况就会恶化，可能导致设备损坏或相关保护电器动作使发电机跳闸造成全船停电的严重事故。另外，在同步发电机并联运行时，励磁电流的变化会影响并联运行同步发电机的无功功率的分配。

一、励磁自动调整的作用

发电机端电压是由励磁电流产生的，为了维持发电机的端电压几乎不变，发电机的励磁电流必须适时地做出相应的调整。

为了提高电站供电的可靠性和经济合理地发电，一般情况下船舶电站会根据不同工况，合理地将数台发电机组并联运行。为使发电机组并联运行稳定，各发电机间无功功率必须合理地进行分配，这就需要调节并联运行的各发电机励磁电流。

在船舶电网发生短路故障时，为了提高船舶电力系统发电机并联工作的稳定性和某些保护继电器动作的可靠性，亦需要励磁系统适时地进行强行励磁，以快速励磁的方法提高发电机并联工作的动态稳定性。

综上所述，励磁自动调整的主要任务归纳如下：

1）在船舶电力系统正常运行工况下，维持电网电压在某一容许范围内。

2）在船舶发电机并联运行时，使发电机间无功功率分配合理。

3）在船舶电网短路故障时，提高电力系统并联运行的稳定性和继电器保护装置动作的可靠性。

二、同步发电机端电压调整装置的基本要求

总的基本要求是：简单可靠，灵敏度高而稳定，保证电压为给定水平，调整迅速而很快稳定，具有一定的强行励磁能力，同样有效地反映电压的下降和电流的增大，合理地分配无功功率。相对应的基本要求的具体技术指标有：静态特性、动态特性、强行励磁、无功分配。

三、励磁自动调整装置的技术指标

在负载变动时，自励恒压装置维持电压恒定有一个调整过程，其电压变化波形如图4-4所示。在 t_0 时突加负载使电压瞬时下降到 U'_{min}。由于恒压装置的作用，使端电压在 t_F 时恢复到接近额定电压 U_e 的数值 U_{min} 稳定工作。此后，在 t'_0 时突卸负载，使电压瞬时上升到 U'_{max}。由于恒压装置的作用，在 t'_F 时电压恢复到 U_{max} 稳定工作。为了保证供电质量，电压调接必须满足两个基本技术指标——静态（稳态）指标和动态（瞬态）指标的要求。

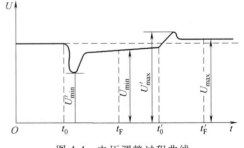

图4-4　电压调整过程曲线

1. 发电机稳态电压的变化率

我国《钢质海船入级规范2022》中对静态指标规定为"交流发电机连同其励磁系统，应能在负载自空载至额定负载范围内，且其功率因数为额定值情况下，保持其稳态电压的变化

值在额定电压的±2.5%以内。应急发电机可允许为±3.5%以内。"

发电机稳态电压变化率可按下式计算：

$$\Delta U\% = \frac{U_{max}（或\ U_{min}）-U_e}{U_e}\times100\%\qquad(4-4)$$

式中　U_{max}——在规定的负载变化范围内，发电机的最大电压；

　　　　U_{min}——在规定的负载变化范围内，发电机的最小电压；

　　　　U_e——发电机的额定电压。

2. 发电机动态特性的两个指标

其一是当电网负载突变后电压的最大波动值，称为瞬态电压调整率；另一个是指自负载突变时，从电压发生波动开始到电压恢复到稳定值的一定容许差值范围内所需要的时间，称为电压波动恢复时间。

《钢质海船入级规范2022》对动态指标规定为"交流发电机在负载为空载、转速为额定转速、电压接近额定值的状态下，突加和突卸60%额定电流及功率因数不超过0.4（滞后）的对称负载时，当电压跌落时，其瞬态电压值应不低于额定电压的85%；当电压上升时，其瞬态电压值应不超过额定电压的120%，而电压恢复到与最后稳定值相差3%以内所需的时间，则不应超过1.5s。"

发电机动态电压变化率可按下式计算：

$$\Delta U_d\% = \frac{U'_{max}（或\ U'_{min}）-U_0}{U_e}\times100\%\qquad(4-5)$$

式中　U'_{max}——动态过程中的最大电压；

　　　　U'_{min}——动态过程中的最小电压；

　　　　U_e——额定电压；

　　　　U_0——突卸或突加负载前的电压。

《钢质海船入级规范2022》对并联运行的各交流发电机组的无功功率的分配要求为"并联运行的各交流发电机组均应能稳定运行，且当负载在总额定负载的20%~100%范围内变化时，各机组所承担的无功负载与总无功负载按机组定额比例分配值之差，应不超过下列数值中的较小者：①最大机组额定无功功率的±10%；②最小机组额定无功功率的±25%。"

3. 强行励磁

当电力系统的负载大幅度增加或出现短路时，电压会大幅度突然下降。为使系统稳定、可靠和保证继电保护有选择性的准确动作，要求调压器能在短时间内把励磁电流升高到超过额定电流的最大值。即有足够的强励能力，以提高电压的上升速度，以使发电机电压迅速得到恢复。强励能力可用强行励磁倍数和电动势最大上升变化率来描述。

通常，强行励磁倍数一般指在强行励磁时励磁电流的最大值与额定励磁电流的比值，即：

$$K_q = \frac{I_{qL}}{I_{NL}} = 2\sim3\qquad(4-6)$$

4. 无功分配

当发电机并联运行时，为保证发电机运行的稳定性和经济性，自动调压装置应能按各自的容量按比例（或既定方式）分配无功功率，以防止某发电机过载。

四、常见调压器的基本工作原理

同步发电机励磁恒压装置的种类较多，其发展大致经历了带直流励磁机的励磁系统、不带励磁机的相复励恒压励磁系统、晶闸管励磁及具有同轴交流励磁机的无刷励磁系统等几个阶段。各类装置的基本调压原理都是通过对发电机端电压，或者负载电流大小和性质（即功率因数）的检测来调整励磁电流，从而实现输出端电压恒定。

1）按发电机电压偏差 ΔU 进行调节的自励恒压励磁装置（调压器）如图 4-5 所示，发电机在运行中，由于某种原因使得发电机输出电压与给定的电压出现偏差 ΔU 时，能够根据偏差电压的大小和极性输出控制信号，对发电机励磁电流进行调节。由于被检测量和被调量都是发电机端电压，恒压装置与发电机构成一个闭环调节系统，稳态特性比较好，静态电压调整率一般均在小于是±1%。晶闸管自励恒压装置属于这种类型。

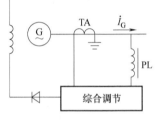

图 4-5　电压偏差调整原理

按发电机电压偏差 ΔU_g 进行比例调节的调压器（按偏差调整）构成闭环系统，静态特性较好，不足之处是短路时强励倍数小，可靠性不高，无线电干扰较大。整个励磁系统仍属于滞后调节。

2）按负载电流的大小和性质进行调节（按扰动调整）的自励恒压励磁装置，又称为不可控相复励调压器，其输出的励磁电流取决于发电机负载电流大小和性质，扰动调整原理如图 4-6 所示。由同步发电机电枢反应的知识可知，同步发电机负载电流的大小和性质决定着电枢反应的大小和性质。当负载电流的大小和性质发生变化时，将通过电枢反应影响发电机的端电压。若能连续检测发电机负载电流的大小和性质，并根据负载电流的变化及时调节励磁电流，在电枢反应影响发电机电

図 4-6　扰动调整原理

压的同时改变励磁，就能够及时、迅速地抑制电压偏差的增大。从原理上讲，不可控相复励调压器的动态特性特别好。

但由于被测量和被调量不同属于开环调节系统，静态特性比较差。静态特性比较差的主要原因是负载电流的变化与发电机端电压之间没有严格的正比关系（存在非线性因素），因此很难保证根据负载的变化将发电机端电压控制在非常精确的范围内。不可控相复励自励恒压装置属于这种类型。

按 I_g 和 $\cos\varphi$ 进行补偿调整的复励调节器——不可控相复励调节器，静态特性较差，动态特性较好，有一定的强励能力。不可控相复励调压器可分为电流叠加型、磁势叠加型、带电压曲折绕组的磁势叠加型等几种形式。

3）既按电压偏差调节，又按负载电流大小和性质调节的自励恒压励磁装置，称为复合调节的自励恒压励磁装置，其原理如图 4-7 所示。复合调节即为按负载和电压偏差的综合调节，它是在按负载调节的基础上采用自动电压调节器（AVR）。这种调节装置兼有以上两种调节的优点，是一种较理想的励磁调节装置，广泛用于船舶电站中。可控相复励自励恒压装置属于这种类型。

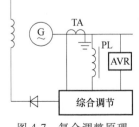

图 4-7　复合调整原理

按 I_g、$\cos\varphi$ 和 ΔU_g 进行调节的调压器——可控相复励调节器静态特性和动态特性都较好。

五、励磁自动调整装置的分类

船用同步发电机励磁自动调整装置种类繁多，但使用的励磁自动调整装置从工作原理上大致分为下列几类：

1）带直流励磁机的励磁自动调整装置；

2）不可控相复励自励恒压装置；

3）可控相复励自励恒压装置；

4）晶闸管励磁自动调整装置；

5）用于无刷发电机的励磁自动调整装置；

6）用于谐波励磁发电机的励磁自动调整装置。

尽管同步发电机各种励磁调整方式和工作原理有所不同，但是它们的励磁调整方法是按照电压偏差（ΔU）、负载电流（I）、电流相位（φ）这三个原则来实现的。从这一点出发，又可分为

1）按电压偏差调整；

2）按电流幅值调整；

3）按电流幅值及相位调整；

4）按电压偏差、电流幅值调整；

5）按电压偏差、电流幅值及相位调整。

第三节　自励起压原理

一、同步发电机的分类

按其励磁方式可划分为两大类：他励和自励。

1. 他励同步发电机

他励同步发电机的励磁电流是由同步发电机本身之外的单独电源提供的，通常是由一小容量的同轴励磁机供电。早期，同步发电机组带有直流励磁机，维护管理很麻烦。由于这种带直流励磁机的励磁方式，在可靠性和使用上存在固有的缺陷。现在通常采用交流励磁机。

2. 自励同步发电机

这种同步发电机的励磁电流不是由外来的直流电源供给，而是取之于同步发电机本身输出功率的一部分，经过适当的整流变换后供给的，这类同步发电机称为自励同步发电机。其自励原理如图4-8所示。

二、自励发电机的起压与励磁

将自励发电机（在转速达到额定值、输出端断开的情况下）利用本身的剩磁并通过磁电作用建立起电压的过程称为发电机的自励起压。图4-9为自励起压特性曲线。图4-9a 中

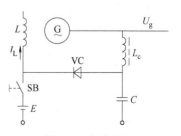

图 4-8　自励原理

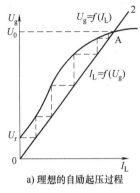
a) 理想的自励起压过程

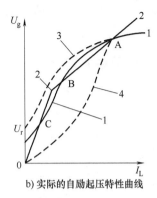
b) 实际的自励起压特性曲线

图 4-9　自励起压特性曲线

直线 1 为同步发电机的空载特性曲线 $U_g = f(I_L)$，电压随励磁电流增大而增大，其实质与铁磁材料的磁化曲线相同。曲线 2 为自励回路的理想励磁特性曲线 $I_L = f(U_g)$，又称场阻线。

同步发电机自励起压过程如图 4-9a 所示，由于磁滞现象，在转子磁极上留有剩磁。当发电机组起动时，发电机定子绕组将感生剩磁电压 U_r，如图 4-9b 所示，U_r 加在自励回路上，经过 VC 整流在发电机励磁绕组中产生一定的励磁电流 I_{L1}；I_{L1} 将在转子中产生对应的磁通，这一磁通在发电机定子绕组中感生电压 U_1；U_1 通过自励回路又在发电机励磁绕组中产生 I_{L2}，I_{L2} 又感生更高的电压 U_2……。如此循环，构成正反馈，逐渐提高发电机的空载电压，最后到达稳定的交点 A，此时发电机电压即为空载电压 U_0。

三、自励起压条件

同步发电机自励起压过程是一种正反馈过程，整个过程并无外来输入量。要完成自励起压，必须具备下列条件：

1）发电机必须有足够的剩磁，这是自励的必要条件。新造的发电机无剩磁，长期不运行的发电机剩磁也会消失，这时可用其他直流电源进行充磁。

2）要使自励过程构成正反馈，由剩磁电动势所产生电流建立的励磁磁动势必须与剩磁方向相同。所以整流装置直流侧的极性与励磁绕组所要求的极性必须一致。

3）必须有适当的自励回路阻抗，使得发电机的空载特性与励磁特性有确定的交点 A，使正反馈稳定在这一点上，这个交点的纵坐标就是发电机的空载电压值。

四、自励起压存在的实际问题及措施

对于自励同步发电机，上述自励起压过程只是一种理想状况。实际上，由于自励回路是一个非线性电路，在起压过程中其阻抗是变化的，因此实际的励磁特性曲线如图 4-9b 中曲线 2 所示。

自励回路的阻抗是由整流二极管的正向导通电阻、电刷与集电环的接触电阻及励磁绕组的直流电阻所组成。起压初始阶段因剩磁电压所产生的励磁电流很小，故整流二极管的正向电阻和电刷与集电环的接触电阻都呈高阻状态，以后随着电压的增加，也是励磁电流较大时，呈低阻状态。因此，实际的场阻线如图 4-9b 中曲线 2 所示。起始段较陡，后段较平坦，所以实际励磁特性曲线 2 与发电机空载特性曲线 1 之间，当不采取任何措施时，存在有三个

交点 A、B、C，其中 A 点与 C 点都是稳定运行点。起压时，电压达 C 点时，便稳定下来了，于是就达不到额定空载电压，因此必须设法消除 C 与 B 两点，通常可采用如下方法：

1）提高发电机的剩磁电压。即提高空载特性的起始电压，如图 4-9b 中曲线 3。实际中是采取加恒磁插片或用蓄电池临时充磁来实现，许多船舶发电机设有充磁电源，当发电机靠本身建压失败时，按下主配电板发电机控制屏上充磁按钮，临时充磁来提高剩磁电压，而实现起压。

2）降低伏安特性。利用谐振起压的方法，在较小剩磁电压下即可获得较大励磁电流（相当于减少了励磁回路阻抗），将图 4-9b 中曲线 2 下降为曲线 4，由于曲线 4 的开始一段陡度小，可以顺利地起压，当起励电压接近正常空载电压时，励磁回路电阻减小，电路脱离了谐振；伏安特性由 4 转为 2，与空载特性交于 A 点。发电机便进入了正常空载运行。实际工作中还可以采取措施减少电刷与集电环的接触电阻以降低励磁回路的电阻。

3）利用复励电流帮助起压，在起压时临时短接一下主电路，利用短路产生的复励电流帮助起压；或利用升压变压器来起压。这两种方法，电压一旦建立应立即切除升压变压器或打开主电路。

第四节　不可控相复励自励恒压装置

不可控相复励自励恒压装置是按负载电流的大小和性质进行调节的自励恒压励磁装置，其主要特点是结构简单，管理方便，价格便宜，动态特性优良，并能在恶劣的环境下可靠工作等优点，但静态特性比较差。

一、不可控相复励自励恒压装置的调压原理

不可控相复励自励恒压装置，利用发电机本身的剩磁电压进行自励起压，根据负载电流的大小进行复励及负载电流与电压的相位关系进行相位复励，以调整励磁电流，稳定发电机端电压，其原理框图和调节相量图如图 4-10 所示。

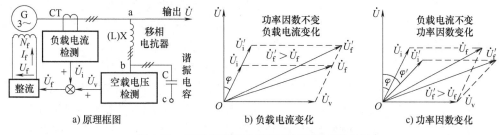

图 4-10　不可控相复励原理框图和调节相量图

图 4-10a 是不可控相复励自励恒压装置的原理框图，由图 4-10 可见，不可控相复励自励恒压装置的励磁电压 $\dot{U}_\mathrm{f}$ 包括两个部分：电压分量 $\dot{U}_\mathrm{v}$ 和电流分量 $\dot{U}_\mathrm{i}$，即

$$\dot{U}_\mathrm{f} = \dot{U}_\mathrm{v} + \dot{U}_\mathrm{i} \tag{4-7}$$

式中，电流分量 $\dot{U}_\mathrm{i}$ 又称为复励分量、负载分量，与负载电流成正比；电压分量 $\dot{U}_\mathrm{v}$ 又称为空载分量，其大小与发电机端电压 $\dot{U}$ 的幅值成正比，其相位经过移相电抗器 X 的移相，

比发电机端电压相量 $\dot{U}$ 滞后 90°电角度。空载分量 $\dot{U}_\text{v}$ 和复励分量 $\dot{U}_\text{i}$ 相加后得到向发电机提供励磁电流的交流电压 $\dot{U}_\text{f}$，再经过整流后，得到直流励磁电压 U_f，向励磁绕组 N_f 提供直流励磁电流 I_f。

图 4-10a 中的端电压之 $\dot{U}$ 所以要经过移相电抗器 X 移相 90°电角度，目的是为了在式（4-7）中得到的励磁电压 $\dot{U}_\text{f}$ 的大小既反映负载电流的大小又反映负载电流的性质，其原理可通过图 4-10b 和图 4-10c 进行说明。

由同步发电机端电压变化情况知道，负载功率因数不变时，负载电流增大，电枢反应的作用增强，同时发电机电枢绕组导线电阻产生的电压降增大，发电机的端电压降低。为了保持端电压不变，实现恒压作用，在负载功率因数不变而负载电流增大时应该增加发电机的励磁电流。从图 4-10b 所示的相量图可见，当负载功率因数不变（功率因数角 φ 不变）而复励分量由 $\dot{U}_\text{i}$ 增加到 $\dot{U}_\text{i}'$ 时，不可控相复励自励恒压装置得到的励磁电压也由 $\dot{U}_\text{f}$ 增加到 $\dot{U}_\text{f}'$。于是发电机的励磁电流增加，补偿负载电流增大使发电机端电压下降的影响。

同样，根据同步发电机电枢反应的分析可知，感性负载具有去磁的电流电枢反应性质。当负载电流大小不变而感性负载增大，负载电流滞后端电压 $\dot{U}$ 的功率因数角 φ 将增大，如果不采取措施，发电机的端电压将下降。采用不可控相复励自励恒压装置后，由图 4-10c 所示的相量图可见，滞后电压 $\dot{U}$ 的负载电流的功率因数角从 φ 增大到 φ' 时，由空载分量 $\dot{U}_\text{v}$ 和复励分量 $\dot{U}_\text{i}$ 相叠加得到的励磁电压也由 $\dot{U}_\text{f}$ 增加到 $\dot{U}_\text{f}'$。也就是说，只要参数设置得当，不可控相复励自励恒压装置提供的励磁电流不仅能补偿负载电流增大对端电压的影响，还能够补偿感性负载因电枢反应产生的去磁作用，维持发电机端电压的恒定。可以证明，如果没有移相电抗器 X 将空载分量 $\dot{U}_\text{v}$ 移相 90°电角度，由空载分量 $\dot{U}_\text{v}$ 和复励分量 $\dot{U}_\text{i}$ 相叠加后，得到的励磁电压 $\dot{U}_\text{f}$ 将不能补偿感性负载的去磁作用，发电机的端电压将不能维持恒定。

如图 4-10a 所示的原理框图，不仅可以说明不可控相复励自励恒压装置的恒压原理，还可说明不可控相复励自励恒压装置的自励原理。船舶同步发电机是根据铁心磁路中存在的剩磁进行自励的，但由于磁路采用软磁材料制造，磁路的剩磁一般较小，依靠铁心磁路的剩磁发出的电压通常也很小。空载电压检测环节检测到的剩磁电压往往不足于克服整流元件的死区电压，也就是单独依靠剩磁电压通常很难使同步发电机进行自励起压（建立电压进行自励）。为此，在移相电抗器 X 与空载电压检测环节之间的三相交流电路中接有三相谐振电容 C（三相电容既可采用Y联结也可采用△联结）。电容器的电容量 C 的选择可根据移相电抗器的电感量 L 进行选择，对于额定频率为 50Hz 的同步发电机，一般选择 LC 串联支路的谐振频率为40Hz 左右。于是，当发电机起动加速，剩磁电压的频率达到 LC 串联支路谐振频率时，每相的移相电抗器 X 与谐振电容 C 发生串联谐振。而串联谐振发生时的特点：尽管每相 LC 串联支路两端（对应于图 4-10a 的点 ac 之间）的总电压很小，但 X 或 C 两端（ab 或 bc 之间）的电压却较高。因此，只要同步发电机铁心磁路存在剩磁，在发电机组起动加速的过程中，不可控相复励自励恒压装置的空载电压检测环节的输入将有较高的电压，经过整流环节后，发电机的励磁绕组将有较大的励磁电流流过，于是发电机的端电压得到增强，最终在发电机磁路饱和的作用下，端电压稳定在空载电压，从而实现船舶同步发电机的自励起压。

二、不可控相复励自励恒压装置的常见类型

图 4-10a 所示的原理框图说明了不可控相复励自励恒压装置的构成原理。

1. 电流叠加型不可控相复励自励恒压装置

如图 4-11a 所示为电流叠加型不可控相复励电路原理图，这种不可控相复励电路，空载分量和复励分量都以电流值：发电机三相端电压经过移相电抗器 X 的移相，得到滞后发电机端电压 90° 电角的空载分量电流值。负载电流则经过电流互感器检测，得到反应负载电流大小和相位的复励分量的电流值。空载分量电流值与复励分量电流值直接在整流器的交流侧进行叠加，得到的交流励磁电流，再经过 $VD_1 \sim VD_6$ 三相桥式整流器整流后，即可向励磁绕组提供相复励

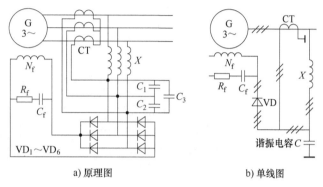

a) 原理图   b) 单线图

图 4-11 电流叠加不可控相复励

励磁电流。其相量关系与图 4-10b 和图 4-10c 所示相量图一样，只不过在图 4-10 采用的是电压信号叠加，而电流叠加型不可控相复励电路则采用电流信号叠加。

在图 4-11a 中三相谐振电容采用 △联结，可以减小使用的电容器的电容量，同样大的电容，作 △联结的容抗比作 Y 联结的容抗大 3 倍，而且每个电容器的耐压值将比采用 △联结的耐压值高 $\sqrt{3}$ 倍。图 4-11a 中发电机励磁绕组 N_f 两端由电阻 R_f 和电容 C_f 组成的支路，是阻容吸收支路，可吸收电路中可能出现的过电压，对三相桥式整流器的整流元件起电压保护作用，同时还可使经过整流器整流的直流励磁电流进行滤波。

电流叠加型不可控相复励电路的单线图如图 4-11b 所示。所谓单线图又称为系统图，是采用一条线表示实际电路图的连接与信号关系，单线图上的连接线一般只画出一条，可表示多条实际的连接线路，所表示的连接线的数量可在单线上用斜线标出。多条线路中，具有相同连接的多个元件只画出一个，如图 4-11a 所示的原理图中，电流互感器 CT、移相电抗器 X 和谐振电容等元件实际都有三个，而在图 4-11b 所示的单线图中都只画出一个。而实际桥式整流器的整流二极管有六个，在图 4-11b 中也只画出一个，并用符号 VD 进行标注。而且整流二极管 VD 的上部为直流电路，连接导线只绘出一条，但用两条短斜线进行标示，VD 的下部为三相交流电路，连接导线也只绘出一条，且用三条短斜线进行标示。

与实际电路原理图比较，单线图的表示比较简单明了，因此在电气工程中应用很广，因此，为了帮助大家对单线图的识图和读图能力，本书在后续的有关线路的介绍中，将由同时提供实际原理图和单线图过渡到只提供单线图，希望大家不断地锻炼识读单线图的能力。

2. 电动势叠加型不可控相复励自励恒压装置

如图 4-12a 所示为电势叠加型不可控相复励电路原理图，图 4-12b 为其单线图。为了说明其原理，还可绘制电势叠加型的一相等效电路如图 4-12c 所示。

电势叠加型不可控相复励又称为电压叠加型不可控相复励。由图 4-12c 所示的一相等效电路可知，电流互感器 CT 检测负载电流，在移相电抗器 X 上产生电压降，作为复励分量的

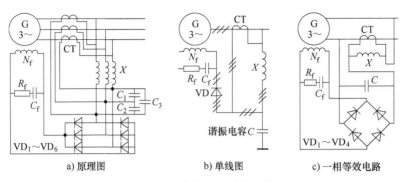

图 4-12　电势叠加不可控相复励

电压值（因为电感两端电压超前流过电感的电流 90°，所以复励分量电压值超前实际负载电流 90°电角度）。然后再与从发电机端部取得的空载分量进行叠加（其相量图相当于将图 4-10 中的相量图逆时针方向旋转 90°），得到交流励磁电压，经过整流后向发电机的励磁绕组进行励磁。

3. 电磁叠加型不可控相复励自励恒压装置

如图 4-13a 所示为电磁叠加型不可控相复励电路原理图，图 4-13b 为其单线图。图中，采用三绕组的变压器 T 作为不可控相复励的空载分量与复励分量的叠加元件。变压器每相的 N_1 绕组流过负载电流，产生反映负载电流大小与相位的复励分量磁通；N_2 绕组流过的是经过移相电抗器 X 移相 90°的与发电机端电压同相位的电流，产生反映相复励空载分量的磁通。N_1、N_2 绕组产生的磁通在每相铁心进行叠加，并在 N_3 绕组感应电动势，产生励磁电压，经过整流后向发电机的励磁绕组励磁。由于 N_3 绕组感应电动势是由 N_1、N_2 绕组产生的叠加磁通产生的，因此 N_3 绕组感应电动势实际上是反映了空载分量与复励分量叠加作用的电动势。即发电机的励磁电流包含有空载分量与复励分量。

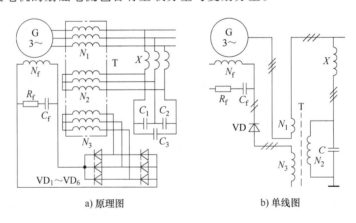

图 4-13　电磁叠加不可控相复励

为了改善不可控相复励自励恒压装置的静态性能，电磁叠加型不可控相复励还常采用带电压曲折绕组的四绕组变压器作为相复励的叠加元件，如图 4-14 所示。与三绕组变压器的电磁叠加型不可控相复励自励恒压电路比较，四绕组电磁叠加型电路可进一步加强功率因数变化时的相位补偿，从而提高恒压装置的静态调压精度。

在四绕组电磁叠加型电路中，每相铁心中有四个绕组：N_1、N_2、N_3 和 N_4，N_1 为电流绕组产生复励分量磁通，N_2 为电压绕组产生空载分量磁通，N_4 为补偿绕组提供额外的补偿磁通，N_3 为输出绕组，向整流器输出发电机交流的励磁电流。N_2 电压绕组和 N_4 补偿绕组的连接规律是，每相的 N_2 绕组总是与滞后该相的 N_4 绕组反向串联。这样连接后，实际的空载分量变成由两部分组成，通过相量图的分析可知，实际的空载分量相位比图 4-10b 和图 4-10c 所示相量图中空载分量相位超前一个小于 30°电角度的相位角，从而加强功率因数变化时的相位补偿作用，以提高调压器的静态特性精度。

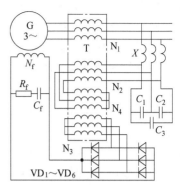

图 4-14　四绕组电磁叠加型

在上述的各种不可控相复励电路中，移相电抗器 X 是相复励装置的重要元件，没有它则等效电路的电流源将被电压源短路，起不到复励作用。没有电抗器移相 90°电角度的作用，就没有相位补偿作用。因而电抗器是实现相复励不可缺少的关键部件。电抗器是一个三相铁心线圈，为了使电抗器成为线性元件，通常将其做成带气隙的铁心线圈，以使磁路不饱和及电抗值稳定，因此又称为线性电抗器。

通过调节移相电抗器气隙可整定发电机空载额定电压。若空载电压偏低，增大电抗器气隙或减少电抗器线圈匝数（若有抽头时则电抗值减小）或增加三绕组变压器电压绕组 N_2 匝数，可使励磁电流增大，从而使空载电压增加，反之亦然。若发电机满载电压与空载差别较大，则说明复励分量大小不合适，此时可调整电流互感器匝数或三绕组相变压器电流线圈 N_1 匝数。电流互感器二次侧匝数减少（输出电流增大）或三绕组相复励变压器电流线圈 N_1 增加，复励分量增加，发电机满载电压将升高，反之亦然。

综上所述，不可控相复励自励恒压装置是依靠同步发电机电枢绕组产生的三相交流电作为励磁电源，其励磁电流包括复励分量与空载分量两个部分。为了使励磁电流既反映负载电流的大小又反映负载电流的相位（性质），空载分量必须经过移相电抗器移相 90°电角度后再与复励分量进行叠加。

第五节　晶闸管自励恒压装置

一、构成原理

晶闸管自励恒压装置的原理示意图如图 4-15 所示，它是根据发电机电压偏差 ΔU 进行自动调压，属于闭环的调节系统，可以实现很高的静态调压精度。由于半导体器件的电磁惯性小，该励磁装置的调节速度快，而且体积小、重量轻、成本低、易于系列化。但由于晶闸管励磁装置的能源直接取自发电机的电枢回路，晶闸管导通时电压波形出现凹陷，其输出电压波形为脉动式非正弦波，对无线电设备有干扰，并且其强励能力较差，晶闸管元件的过电流和过电压的能力

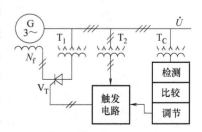

图 4-15　晶闸管自励恒压装置

也比较差，在一定程度上限制了晶闸管励磁装置在小型电站中的应用。同时，由于晶闸管自励恒压装置是根据发电机电压偏差来进行调压的，必须等到发电机段电压出现偏差 ΔU 后，励磁装置才开始进行调节，因此与相复励磁装置比较，其动态性能相对较差，好在它所使用的主要是电磁惯性比较小的半导体器件，在一定程度上可弥补励磁装置的动态性能。

图 4-15 中，T_1、T_2 和 T_C 是三个变压器，T_1 是为励磁电路晶闸管整流器提供交流电源的变压器。T_2 一般为单相变压器，为晶闸管的脉冲触发电路提供脉冲同步信号，使触发脉冲的发出时刻有一个参考依据。T_C 是用于电压检测和整个控制电路提供电源的变压器。检测、比较和调节环节是晶闸管自励恒压装置的核心，其内部工作原理与图 4-16 所示的框图相似，主要功能是检测发电机端电压并与事先设定的给定值进行比较，产生一个偏差信号，然后通过调节环节的调节，发出一个控制信号为晶闸管提供触发脉冲的触发电路。触发电路根据调节环节提供的控制信号和 T_2 提供的同步信号，为晶闸管可控制整流器 V_T 提供合适的触发脉冲。V_T 则为发电机励磁电路的可控制整流器，根据检测、比较、调节环节和触发电路的要求及提供的触发脉冲，对 T_1 提供的发电机交流励磁电源进行可控制整流，实现对发电机励磁电流的控制，从实现发电机输出的三相交流电压自励恒压控制。

二、检测比较环节

晶闸管可控制整流电路既可采用单相可控整流也可采用三相可控整流，一般根据装置的具体要求确定。下面仅简要介绍检测比较环节的要求及其原理。

1. 检测环节

检测环节是晶闸管可控制整流电路的重要环节，其作用是检测三相交流同步发电机的端电压，并将其转换为平稳的直流信号与比较环节比较产生用于控制的偏差信号。检测得到的直流信号是否稳定和精确，关系到晶闸管自励恒压装置能否稳定运行和是否具有足够调节精度的关键。因此，对检测环节的要求是：①检测的直流信号应快速、准确地反映发电机端电压的变化；②检测的直流信号应尽量平稳，其交流脉动成分应尽量小。

为了得到脉动成分少的直流信号，整流后的交流信号可以采用各种滤波器进行滤波，但采用滤波器滤波，得到的直流信号又不能及时地反映发电机端电压的变化情况。为了解决这个矛盾，通常要求采用多相整流器对发电机端电压进行整流，然后将多相整流器输出的信号再经过时间常数小的滤波器进一步滤除高次谐波，从而既满足交流脉动成分小又满足反应迅速的要求。

不同的恒压装置对精度等的要求不同，但检测环节中整流电路多采用三相桥式整流或六相桥式整流电路，要求较低的恒压装置也可采用单相桥式整流电路，要求比较高的恒压装置则应采用十二相整流。

三相桥式整流电路的原理如图 4-16a 所示，变压器 T（或三相电压互感器）一、二次侧绕组都接成丫联结，将发电机的端电压 u_1 变换为 u_2，然后送给由整流二极管 $VD_1 \sim VD_6$ 组成的三相桥式整流器。三相桥式整流器的工作原理与单相桥式整流电路相似，六个整流二极管，反成共阴极 $VD_1 \sim VD_3$ 和共阳极 $VD_4 \sim VD_6$ 的两组二极管，任何时刻每组都有一个二极管导通。在共阴极组二极管中，阳极电位高的相，对应的二极管导通；在共阳极组二极管中，阴电位低的相，对应的二极管导通。最终整流得到的电压信号 U_D 波形如图 4-16b 所示。由于三相电压互差 120° 电角度，输出的电压波形可看成三个互差 120° 电角度的单相桥式整

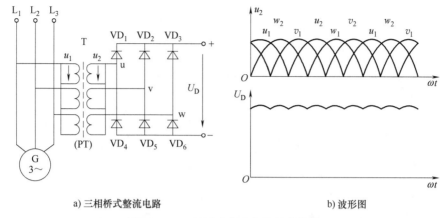

a) 三相桥式整流电路　　　　　　　　　b) 波形图

图 4-16　三相桥式整流电路及其波形

流电压波形的叠加，如图 4-16b 所示，虽然波形仍然存在一定的脉动成分，但单相桥式整流波形平稳很多了。

六相桥式整流电路的原理图如图 4-17a 所示，变压器 T（或三相电压互感器）有两个二次侧绕组，一个接成Y联结，另一个接成△联结。Y联结绕组的匝数是△联结绕组匝数的 $\sqrt{3}$ 倍，因此两个二次侧绕组输出的交流电压幅值相等，即 $u_{12} = u_{22}$，且都反映发电机端电压的大小。不过 u_{12} 和 u_{22} 对应相的电压相位相差 30°，可以证明，六相桥式整流电路输出的电压波形可看成两组互差 30°电角度的三相桥式整流电压波形的叠加，如图 4-17b 所示。由图中可见，六相桥式整流电路输出电压波形的脉动比三相桥式整流的脉动成分更小。

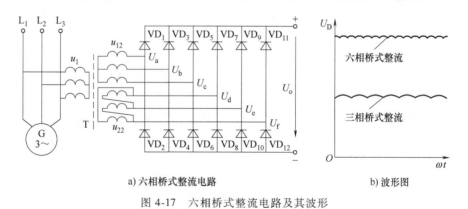

a) 六相桥式整流电路　　　　　　　　　b) 波形图

图 4-17　六相桥式整流电路及其波形

2. 比较环节

比较电路的作用是将测量整流电路输出的电压与基准电压相比较，得到一个反映发电机端电压偏差的直流电压信号。一般要求这个偏差信号在发电机端电压小于额定电压时，随着发电机端电压的升高而增大，才能满足自励起压的要求；而发电机端电压大于额定电压时，则应随着发电机端电压的升高而减小。为了满足这样的要求，比较电路大多采用为双稳压管桥式比较电路，如图 4-18a 所示。

在图 4-18a 中，V_{Z1} 和 V_{Z2} 是两个稳压值都为 U_Z 的稳压管；R_1 和 R_2 为两个阻值相等的电阻；R_0 为比较电路输出端所带的电阻（即调节环节的输入电阻）。输入电压 U_i 是检测电

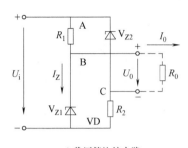
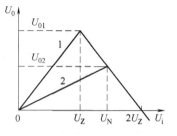

a) 稳压管比较电路　　　　b) 输出电压曲线

图 4-18　六相桥式整流电路及其波形

路通过多相整流得到的反映发电机端电压大小的电压信号，U_0 则是比较信号输出到调节环节的反映发电机电压偏差的信号。偏差信号大，经过调整环节送到晶闸管出发电路后产生的触发脉冲时刻提前，发电机的励磁电流增加；偏差信号小，则经过调节后，发电机的励磁电流减小。

若设图 4-18a 所示电路输出端开路（R_0 为无穷大，输出电流 $I_0 = 0$），且 $R_1 = R_2 = R$。

当 $0 \leqslant U_i \leqslant U_Z$ 时，由于两个稳压管均处于反向截止状态，$I_Z = 0$，输出电压 $U_0 = U_{BC} = U_i$。也就是说，当输入电压小于稳压管的稳定电压时，比较环节的输出电压 U_0 随输入电压 U_i 的增大而增大。所以图 4-18b 前半段称为正反馈段，它正好符合起压情况时的调压要求。

当 $U_Z < U_i \leqslant 2U_Z$ 时，由于两个稳压管均处于反向击穿状态，$U_{AC} = U_{BD} = U_Z$，则

$$U_0 = U_{BC} = U_{BD} - U_{CD} = (U_i - U_{AB}) - U_{CD} = U_Z - (U_i - U_Z) = 2U_Z - U_i \qquad (4\text{-}8)$$

式（4-8）表明：当输入电压大于稳压管的稳定电压时，比较环节的输出电压随输入电压的增大而减小，所以图 4-18b 后半段称为负反馈段，它正好符合正常工作时的调压要求。而且，当 $U_i = 2U_Z$ 时，$I_Z R = U_Z$，$U_0 = 0$。比较环节输出电压曲线如图 4-18b 的曲线 1 所示，比较环节输出电压曲线（曲线 1）从上升到下降的拐点为 $U_i = U_Z$ 时。

实际的比较环节输出电阻一般不为零，$R_0 \neq 0$，$I_0 \neq 0$。比较环节输出电压曲线从上升到下降的拐点已经不是 $U_i = U_Z$ 的时刻。因为 $U_i = U_Z$ 时，由于 $I_0 \neq 0$，$U_{AB} = I_0 R_1 \neq 0$，$U_{CD} = I_0 R_2 \neq 0$，稳压管 V_{Z1} 和 V_{Z2} 的端电压 U_{BD} 和 U_{AC} 都小于反向击穿电压 U_Z，即两个稳压管都工作在反向截止状态。只有 $U_i > U_Z$ 达到某一数值时，两个稳压管才可能工作在反向击穿状态，比较环节输出电压曲线才可能出现拐点。可以证明，满足拐点的条件为比较环节输入电压为

$$U_i = U_Z (R_0 + R)/(R_0 + 2R) > U_Z \qquad (4\text{-}9)$$

根据式（4-9），可以绘制出比较环节输出电阻不为零的输出电压曲线，如图 4-18b 的曲线 2 所示。实际晶闸管自励恒压装置的比较环节就是以式（4-9）计算的拐点作为发电机额定电压 U_N 的基准值的。

稳压管比较环节实际可理解为是发电机端电压给定值的设置环节，也就是发电机的给定值是一个变化量。如果以稳压管的稳定电压作为一个基准值，曲线 1 说明的是：当发电机实际电压小于这个基准值时，比较环节的输出电压（发电机端电压的给定值）随输入电压的增大而增大，这将为发电机励磁系统的自励起压提供正反馈特性。只要同步发电机铁心磁路存在剩磁，在发电机组起动后发电机电枢绕组感应剩磁电压，经检测环节的检测，比较环节的输入端有电压，其输出端即可输出一定的电压信号，就可能通过控制晶闸管向发电机的励

磁绕组提供一定的励磁电流，于是发电机的端电压得到增强，端电压进一步升高。当发电机实际电压升高到大于基准值时，如果发电机的电压继续上升，经检测环节的检测，比较环节输出电压随着输入电压的增加而减小，通过控制晶闸管向发电机的励磁绕组励磁系统提供的励磁电流减小，励磁特性呈现负反馈的特性，相当于发电机磁路饱和所对应的特性，从而使发电机输出电压维持恒定。

晶闸管自励恒压装置的主要特点是：静态性能好，调压精度高，但动态特性差。这是因为这种类型的调压器是在发电机端电压出现偏差后才进行调节的，很难及时迅速地抑制电压偏差的增大。但因其结构简单，体积小，价格便宜，在小型船舶上得到应用。

第六节　可控相复励自励恒压装置

不可控相复励恒压装置是按负载电流的大小和相位对发电机端电压进行调整的，是一个开环的调整系统，它具有结构简单、工作可靠、动态性能和经济性能好等优点，但从调压的实际问题来说，没有反映出其他原因引起的电压变化，例如：频率变化、绕组发热、磁路饱和等造成的电压偏差。所以稳态电压变化率还不够理想，在不同容量发电机并联运行时实现无功功率按容量比例分配较难。为此船舶同步发电机常采用可控相复励恒压装置进行励磁，下面将介绍可控相复励恒压装置的基本组成。

一、可控相复励的构成

可控相复励磁装置是以相复励为励磁装置主体，再加上根据电压偏差信号实现调节的电压校正器（Automatic Voltage Regulator，缩写为AVR，又称为自动调压器）而构成的，相复励作为基本调节（粗调），AVR作为辅助调节（细调）其构成原理图如图4-19所示。

在图4-19中，虚线框内为相复励部分，它保证了发电机的自励起压及强励性能，而且动态性能好，当负载电流变化且电压偏差尚未形成时，相复励电路即根据负载电流的变化对励磁电流做出了调整，但相复励调节精度不太高，发电机的端电压仍然存在一定的静态偏差。出现偏差后，通过电压互感器PT的检测，自动调压

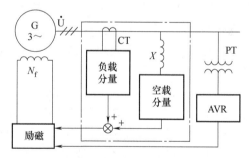

图 4-19　可控相复励磁装置原理图

器 AVR 得到电压偏差后，将作进一步的调整，从而保证同步发电机端电压满足静态偏差的要求。

电压校正器 AVR 的原理框图如图 4-20 所示，在电压校正器 AVR 内部，设有给定电压整定电位器，对电压校正器提供给定电压 U_N，并通过电压互感器 PT 检测发电机实际端电压，经过整流后得到反馈信号 U_f，送到调压器的输入与给定值比较。如果发电机端电压与给定值存在偏差 ΔU（即 $\Delta U = U_N - U_f \neq 0$），偏差信号 ΔU 输入 AVR 的调节环

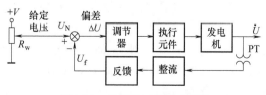

图 4-20　电压校正器原理框图

节，根据事先设定的调节规律进行调节，然后通过执行元件改变发电机的励磁电流，从而使发电机的端电压满足静态指标的要求。

二、可控相复励恒压装置的基本形式

电压校正器，对发电机进行辅助励磁的方法很多，按校正器与相复励部分组合形式的不同，常见的可控相复励恒压装置有：①可控移相电抗器形式；②可控变压器形式；③可控饱和电抗器分流形式；④晶闸管分流形式等，下面简要介绍它们的调节原理。

1. 可控移相电抗器形式

可控移相电抗器可控相复励恒压装置的单线图如图4-21所示，它是图4-11所示的电流叠加型不可控相复励自励恒压装置基础上增加了对移相电抗器的电抗值进行控制的环节。

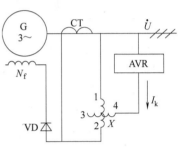

图4-21　可控饱和电抗器

不可控相复励自励恒压装置可以通过调节移相电抗器气隙可整定发电机空载额定电压：电抗器气隙增大，电抗值减小，励磁电流增大，空载电压增加。如果相复励自励恒压装置的移相电抗器的电抗值可以控制，则发电机的端电压就可控制，不可控相复励自励恒压装置就变成可控相复励自励恒压装置。

图4-21所示的可控移相电抗器可控相复励恒压装置，就是采用带有控制绕组3、4的移相电抗器 X，绕组1、2是带铁心的三相交流绕组，与普通移相电抗器一样，在电抗器三相铁心上再增加直流控制绕组3、4，并通入直流控制电流 I_k，即可控制移相电抗器的电抗值 X。根据自感系数公式可知，铁心线圈磁路的磁导率减小，线圈的自感系数减小，其电抗值也减小。当AVR输出的直流电流 I_k 发生变化，移相电抗器的铁心磁路饱和程度发生变化，其电抗值也随之发生改变。这就是可控移相电抗器可控相复励恒压装置所依据的调节原理。

实际工作时，当负载电流的大小和相位发生变化时，相复励磁的复励分量改变，对发电机的励磁电流也随之改变，使发电机的端电压适应负载电流的变化。但由于相复励的静态调节精度较低，经过相复励调节后，发电机的端电压仍然与AVR给定的额定电压存在一定的偏差。此时电压校正器AVR检测到电压偏差并进行调节。当端电压偏低时，AVR输出的控制电流 I_k 增大，移相电抗器的电抗值 X 减小，发电机的励磁电流增大，从而使发电机的端电压升高，消除电压偏差。同样道理，如果经过复励调节后端电压偏高，则AVR输出的控制电流 I_k 减小，X 值增大，励磁电流减小，发电机的端电压减低。

2. 可控变压器形式

图4-22所示为可控变压器形式的可控相复励恒压装置的单线图，是在图4-13所示的电磁叠加型不可控相复励自励恒压装置基础上增加控制绕组 N_4 构成的。负载电流变化时相复励的调节作用如前所述，不再赘述。当发电机端电压出现偏差且偏低时，电压校正器AVR检测到电压偏差，输出控制电流 I_k 减小，三相变压器的铁心磁路饱和程度下降，交变磁通幅值增大，变压器输出绕组

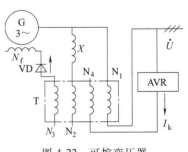

图4-22　可控变压器

N_4 感应电动势增大，发电机励磁电流增加，使发电机端电压升高，从而削弱或消除电压偏差，反之亦然。

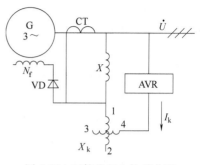

3. 可控饱和电抗器分流形式

图 4-23 所示为可控饱和电抗器分流形式的可控相复励恒压装置的单线图，是在图 4-11 所示的电流叠加型不可控相复励自励恒压装置基础上增加了可控饱和电抗器 X_k 分流控制。

当发电机端电压出现偏差且偏低时，电压校正器

图 4-23   可控饱和电抗器分流

AVR 检测到电压偏差，输出控制电流 I_k 减小，三相可控饱和电抗器 X_k 的铁心磁路饱和程度下降，其电抗值增大，由饱和电抗器分流的电流减少，相复励磁输出到绕组 N_4 的励磁电流增加，使发电机端电压升高，从而削弱或消除电压偏差，反之亦然。

4. 晶闸管分流形式

晶闸管分流有两种形式：在交流侧分流和在直流侧分流。两种分流形式的可控相复励恒压装置单线图如图 4-24a 和图 4-24b 所示，是在图 4-11 所示的电流叠加型不可控相复励自励恒压装置基础上增加了晶闸管 V_T 分流控制。

晶闸管的导通是由其阳极与阴极之间的触发脉冲控制的。当电压校正器 AVR 检测到电压偏差，若电压偏低，则 AVR 输出用于控制晶闸管的触发脉冲时刻延后，晶闸管的控制角增大导通角减小，通过晶闸管分流的电流减少，相复励磁输出到发电机的历次电流增加，使发电机的端电压升高，从而消除偏差，反之亦然。

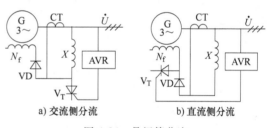

a) 交流侧分流   b) 直流侧分流

图 4-24   晶闸管分流

采用交流侧分流控制，每个晶闸管分流的电流较小，但需要三个晶闸管，触发电路也比直流侧分流多。而采用直流侧分流，分流晶闸管及其触发电路较少（只有一个管），但晶闸管分流的电流较大，而且直流侧的分流还需考虑晶闸管的关断问题。实际使用时可根据具体要求选用。

综上所述，可控相复励恒压装置是以相复励为基础，增加电压校正器 AVR 构成的。负载变化时首先由相复励进行调节，保证自励恒压装置的动态性能。如果相复励调节后存在偏差，则以电压校正器 AVR 作为辅助调节。辅助调节的原理就是改变相复励输出到发电机的励磁电流的大小，进而调节发电机的端电压，从而满足静态精度的要求。辅助调节的方法主要有两个方面，一是输出大小可调的控制电流 I_k，三是输出时刻不同的触发脉冲。大小可调的控制电流 I_k 主要用来控制电磁元件磁路的饱和程度，进而控制电抗元件的电抗值，最终改变发电机的励磁电流的大小。时刻不同的触发脉冲主要用来控制电力电子元件晶闸管的导通角度，导通角改变，晶闸管的分流大小即可改变，发电机的励磁电流的大小也将随之改变。

三、可控相复励实例

1. TZ-F 型可控相复励调压器

图 4-25 所示的 TZ-F 型可控相复励调压器原理图是一种实用装置电路。相复励主体部分

是带电压曲折绕组的四绕组相复励调压器，相复励主体部分运行在过励状态。发电机励磁绕组并联有两个分流电路，一个分流电路由晶闸管 SCR_1 和电位器 R 构成，由电压校正器控制 SCR_1 的分流量，形成晶闸管直流侧分流的可控相复励；另一个分流电路由 R_0 和 K_1 继电器的辅助触点构成，通常该电路不接通，作为前一个分流电路的后备。当 AVR 及 SCR_1 的可控部分发生故障时，切断 SCR_1 分流电路，启用这一条后备分流电路。后备分流是固定分流，不能达到可控分流的调压精度，但它保证可控分流发生故障时，发电机还能按相复励调压器的精度保证电力系统电压的恒定。

图 4-25 原理图的右上角是可控分流与固定分流的切换控制电路，按下按钮开关 SB_1，继电器 K_1 和 K_2 得电，完成可控分流到固定分流的转换。

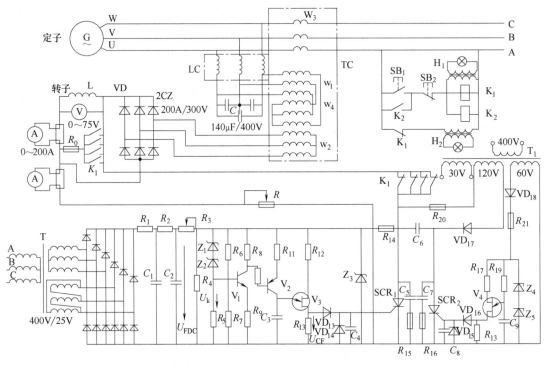

图 4-25　TZ-F 型可控相复励调压器原理图

此原理图左下方为电压校正器部分。测量变压器 T 的一次侧接发电机端电压。T 有两组二次侧分别为星形与三角形联结，接六相桥式整流器，再经阻容滤波、电阻分压。经过这样处理后，发电机端电压被变换成适当的直流电压信号。由于滤波环节的存在，使信号的变化延滞，动态性能变差，而六相整流的目的就是改善整流输出的波纹系数，从而使滤波环节的时间常数可以小一些。

稳压管 Z_1、Z_2 和电阻 R_5 组成电压比较电路，其两端的输入电压信号（R_4 上电压）与 R_5 上输出电压信号的变化关系如图 4-26 所示。图中 U_Z 表示稳压管的稳压值，选择工作点处于特性上升段中部，这样在工作点附近输出 U_K 变化正比于输入 $U_{f.DC}$ 的变化。

输出信号经晶体管 V_1 放大及倒相，去控制晶体管 V_2

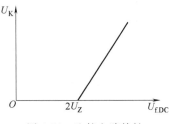

图 4-26　比较电路特性

（变阻器作用）对电容 C_3 的充电速度。从而使单结晶体管 V_3 达到峰点电压 U_{P1} 的时间受到控制。当电容 C_3 两端的电压 U_{c3} 达到 U_{P1} 时，V_3 突然导通，经 R_{13} 发出脉冲触发 SCR_1 导通。

综上所述，当发电机端电压在相复励作用下仍存在电压偏差时，如电压偏高，那么 U_{R4} 将比设定工作点电压偏高（反映发电机端电压变化）。因此，控制电压 U_{R5} 也升高，U_K 增大，晶体管 V_1 导通程度增大，其集电极电位减小，V_2 导通程度增大，其等值电阻减小。这样使 C_3 充电速度加快，V_3 发出脉冲时间提前，SCR_1 的导通角变大，分流增大而励磁电流减小，从而使发电机端电压回归到额定电压；反之亦然。这样在相复励基础上，进一步提高了调压精度。

V_3 等组成的弛张振荡器，由整流桥 VD 输出电压经 R_{14} 和稳压管 Z_3 和电位器 R 形成回路，由稳压管 Z_3 提供同步电源，当 SCR_1 导通后，使触发控制回路停止工作，C_3 上电荷放尽。当 SCR_1 关断后，C_3 从零开始充电，保证 SCR_1 的导通角只与当时的测量电压有关。

SCR_1 导通后需要辅助电路帮助关断。图 4-25 原理图的右下方就是由 SCR_2 等组成的辅助关断电路。变压器 T_1 的 60V 二次绕组的电压经半波整流和稳压管削波，得到幅值 20V 的梯形电压。电容器 C_9 的充电时间常数约为 0.01s，在工频 50Hz 交流电的半波时间内，C_9 上的电压只能充到 13V 左右，小于单结晶体管 V_4 的峰点电压（约 15.7V），因而在梯形波的平顶期间不能产生脉冲。由于 V_4 的峰点电压 $U_{P2}=\eta U_{bb}+U_d$，其中 η 为固有分压比，U_{bb} 为基极间电压，U_d 为发射结压降（约 0.7V）。当电源梯形波进入后下降沿阶段时，U_{bb} 随之减小，所以 U_{P2} 减小，在交流电正半周过零前的某一时刻 V_4 导通，发出脉冲触发 SCR_2 导通。当 SCR_2 导通时，电容器 C_6 已由 T_1 的 120V 二次绕组的电压经整流器充电到峰值。这样，经 SCR_2 把反向电压加到 SCR_1 上，使之关断。

2. CRB 型可控相复励调压器

CRB 型可控相复励调压器的原理如图 4-27 所示。该装置有两部分：一部分是电流叠加的相复励自励恒压装置；另一部分为晶体管式自动电压校正器 AVR，其输出控制饱和电抗器 SRT 的电抗值进行交流侧励磁分流，下面主要介绍这部分的工作原理。

（1）测量回路

发电机电压 U_f 经 R_1、S_1、T_1 接到测量变压器 PT_2 一次侧，PT_2 接成丫/△-11。PT_2 二次侧经三相桥式整流器 VD_1，两级阻容滤波器 R_1、C_1 和 R_2、C_2 接到双稳压管 Z_1 和电阻 R_5 组成的对称比较桥上。

比较桥输入电压为 $U_{12}=U_Z+U_{R5}$。

比较桥输出电压为 $U_k=U_{34}=U_{R5}-U_{Z1}$。

当 $U_{12}<U_{Z1}$ 时，稳压管 Z_1 未导通，$U_{12}=-U_{34}$，$U_K=-U_{12}$；当 $U_{12} \geqslant U_{Z1}$ 时，稳压管 Z_1 被击穿而导通，则比较桥输入—输出特性 $U_K=U_{12}-2U_{Z1}$。

比较桥的输入—输出特性曲线可由图 4-28 表示。如果正常工作点选在 G 点，当被测量发电机电压 $U_f \downarrow$，$U_{12} \downarrow$，$U_k \downarrow$，反之，$U_f \uparrow \rightarrow U_{12} \uparrow \rightarrow U_k \uparrow$。

测量回路中 De 为硒堆，作为整流桥的过电压保护，防止整流桥反向击穿，V_R 为手动电压调节电阻，选择工作点 G 以整定发电机输出端电压，R_3 是负反馈电阻。

（2）移相、触发控制回路

由图 4-27 可见，发电机电压 U_{RS}，由电源变压器 PT，经 5A、6A 两点接到 VD_8、VD_9 组

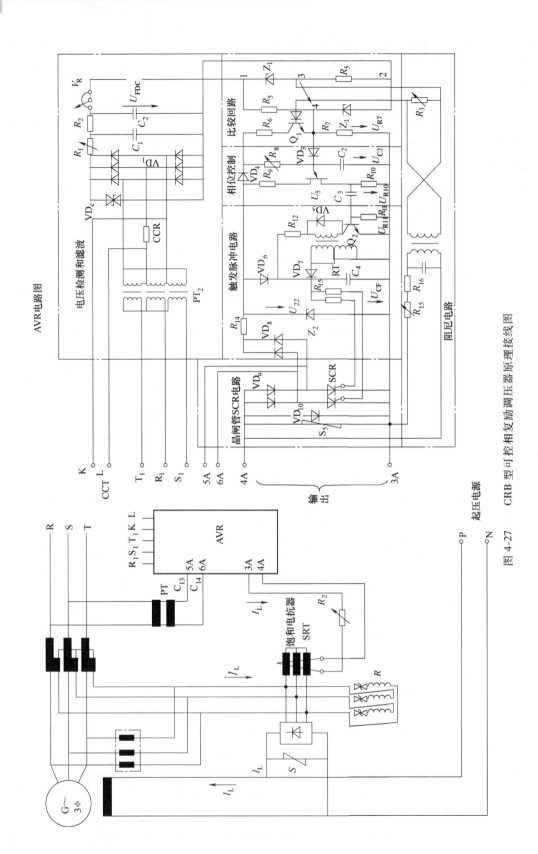

图 4-27　CRB 型可控相复励调压器原理接线图

成的单相桥式整流电路上，同时接到 VD_8、SCR 组成的单相桥式半控整流电路上，所以由 VD_8、VD_9 输出电压经稳压管 Z 削波后作为触发控制回路的直流工作电源，同时也为晶闸管 SCR 提供同步电压 UT 信号。由 VD_9、SCR 输出的电压，成为由发电机电压偏差信号所控制的交流励磁分流的控制电压。

由测量回路输出的电压 U_k 首先加在射极跟随器 Q_1 构成的直流放大器的基、射极上，将检测信号加以放大，放大器的输出电压为 R_7 上的压降 U_{R7}，当 U_K 增大时，U_{R7} 也增大。移相及脉冲形成电路由单结晶体管弛张振荡器 U_J、R_8、C_2 所构成。C_2 充电电压 U_{C2} 达到 U_J 峰值电压 U_p 时间的快慢，决定了 U_J 发出触发脉冲的移相。C_2 由两个电源对其充电，一个是由同步电压 U_T 经电位器 R_8 对 C_2 进行定时充电；另一个是由控制电压 U_{R7} 经隔离二极管 VD_3 给电容 C_2 充电，并且 U_{R7} 对 C_2 的充电电压是作为 U_T 对 C_2 充电的基础起始电压。U_{R7} 高时，则充电达峰值电压 U_p 的时间就快；反之则慢，故 U_{R7} 的大小控制了触发脉冲电压 U_{R11} 的移相，如图 4-28 所示。例如，当 U_{R7} 下降，U_{R7} 对 C_2 充电的基础初始值下降，使 U_T 对 C_2 充电达峰值电压 U_p 时间滞后，即 U_J 发出脉冲后移；反之亦然。

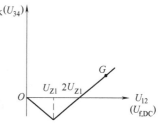

图 4-28　比较桥的输入—输出特性

U_{R10} 经 C_3、R_{11} 微分后的电压 U_{R11} 突然加到功率放大器 Q_2 上，进行功率放大。Q_2 的输出，通过由脉冲变压器 RT 构成的脉冲形成器，立即发出对 SCR 的触发脉冲信号电压 U_{CF}，使同步的 SCR 导通。当 SCR 导通时，触发控制回路的工作电源被短路，导通的 SCR 在主回路电源过零时自行截止。触发控制回路在另一半波到来时，再重新发出触发脉冲，使同步的另一 SCR 导通。

触发回路中，VD_3、VD_4 为隔离二极管；VD_5 为续流二极管，作为脉冲变压器 RT 一次侧绕组的放大电路，以消除负脉冲，RT 有两个并联的二次侧绕组，保证有足够大的电流触发 SCR。VD_7 保证只有正脉冲通过。当 Q_2 截止时，电源经 VD_6 对 C_4 充电，Q_2 导通时，C_4 通过 Q_2 放电，使输出的触发脉冲具有固定的脉宽。调整电位器 R_8，可整定 SCR 的移相控制角。

（3）晶闸管励磁分流主回路

由图 4-28 可见，当 SCR 被触发导通时，通过 SCR 可控整流，给饱和电抗器加上了可控的直流励磁电流 I_μ，在 I_μ 的控制下，SRT 的电抗将发生变化。例如：若 I_μ 增加，则使 SRT 饱和程度增加，磁导率 μ 下降，因而其电感 L 和电抗 X_{SRT} 下降，则交流侧分流电流增大，使送到励磁绕组的电流减小。所以通过调整 I_μ 的值，可控制 X_{SRT} 的大小，进而控制励磁电流 I_L 的大小。由此，可将 AVR 的调整过程简述如下：

被测量发电机电压 $U_f \downarrow \rightarrow U_{12} \downarrow \rightarrow$ 测量桥输出控制电压 $U_K \downarrow \rightarrow U_{R7} \downarrow \rightarrow U_{C2}$ 达到 U_J 峰值电压 U_p 时间 $\uparrow \rightarrow$ 输出脉冲 U_{R11} 移后 $\rightarrow$ RT 发出触发脉冲 U_{Cf} 后移 $\rightarrow$ SCR 移相控制角 $\alpha \uparrow \rightarrow$ SCR 导通角 $\theta \downarrow \rightarrow I_\mu \downarrow \rightarrow$ 电抗 $X_{SRT} \uparrow \rightarrow$ 分流电流 $\downarrow \rightarrow$ 励磁电流 $I_L \uparrow \rightarrow U_f$；反之亦然。

在励磁分流主回路中，VD_{10} 为续流二极管，S_5 和 R 均为晶闸管或整流桥的过电压保护装置，调整电位器 R_2，可调整 I_μ 大小，从而调整分流电流，整定发电机输出电压值。

为防止过调时产生的不规则振荡，CRB 型可控相复励调压器设有阻尼回路，如图 4-28 所示，当由于发电机电压变化而使 SCR 输出发生变化时，这个变化信号同时经阻尼变压器，

负反馈电位器 R_3 反馈到移相触发电路的控制信号中，令反馈信号与原控制信号相反，减弱了控制信号，免得过调，使系统的调节过程很快稳定。例如当发电机电压 U_f 下降时，U_{34} 下降，SCR 输出减小，将使 U_f 上升。但当此控制信号送出之后，因为 U_f 的恢复上升要有一惯性时间，所以此时测得的信号还是 U_f 下降，因而还要继续送出要使 U_f 上升的信号，这就可能过调并且引起调整过程的振荡。加上阻尼电路后，则在 SCR 输出变小的同时，通过反馈回一个电势，在 R_3 上造成的压降与 U_{34} 变化方向相反，使 U_{34} 增加，即相当于 U_f 已经调上去了，因而使测量回路送出去的控制信号不要 U_f 再上升，从而使得 AVR 不易过调而且易于稳定，调整 R_{15} 可整定阻尼作用的强弱。

第七节　无刷发电机励磁系统

一、概述

常规船舶同步发电机励磁电流需通过电刷和集电环引入发电机励磁绕组，电刷与集电环转动接触会出现电火花并产生干扰电磁波，对同步发电机是十分不利的。电刷与集电环磨损的炭粉既脏又将导致发电机绝缘下降，严重时还会影响发电机的安全运行，因此需要经常进行维护、保养。为了解决这些问题，人们一直试图改善或取消同步发动机这种电刷和集电环的连接方式，解决上述问题的有效措施就是采用无刷励磁系统。

无刷励磁的设计思想是：将常规发电机定、转子间直接电的连接改为磁的联系。这就需要一个励磁机（exciter）与发电机相配合，如图 4-29 所示。

无刷励磁发电机实际就是一个带交流励磁机的同步发电机，发电机和励磁机都是同步三相发电机，基本原理是一样的，只是在结构上有区别。发电机采用旋转磁极式，其定子是三相交流电枢 4，转子是直流励磁绕组 1；而交流励磁机采用旋转电枢式的，其

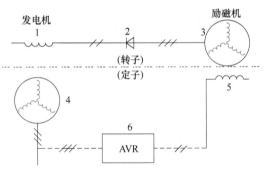

图 4-29　船舶无刷同步发电机励磁系

定子是直流励磁绕组 5。发电机的励磁绕组 1 和励磁机的电枢绕组 3 固定于同一转轴上，转轴上还有整流器 2，称为旋转整流器，这样转子部分自成闭合电路。励磁机的励磁电流则由发电机通过励磁调节装置 6 提供。

这种结构形式没有换向器和电刷集电环，发电机的励磁电流由交流励磁机提供，若我们将励磁机看作是一个放大励磁电流的元件，自励方式的各种励磁调节装置仍可应用于无刷励磁方式中，最典型的就是相复励装置。由于调节装置调节对象是励磁机的励磁电流，显然其输出功率显著减小了。于是船舶无刷同步发电机的旋转部分与静止部分之间就没有任何滑动的电接触，这就是无接触或无刷同步发电机这个名称的由来。

无刷励磁要解决的关键技术之一是旋转整流元件承受离心力的问题。因此，在整流元件的制造、安装及整流电路的选择，参数计算方面带来一系列新问题。对于旋转晶闸管无刷励磁，除上述问题外，还要解决触发信号从静止的触发装置向旋转的晶闸管控制极传输以及从

旋转的交流励磁机电枢取出触发电路工作时所需的三相交流同步电压的两个问题。

二、船舶无刷励磁系统的分类

船舶无刷交流励磁系统可分为旋转二极管无刷励磁系统和旋转晶闸管无刷励磁系统两大类，下面分别介绍其电路和基本原理。

1. 旋转二极管无刷励磁系统

1）具有相复励装置的旋转二极管无刷励磁系统。如图 4-30a 所示，发电机励磁绕组 9 由励磁机的旋转电枢 3 经旋转整流器 6 供给直流励磁电流。旋转整流器为硅二极管三相桥式整流电路。励磁机的定子励磁绕组 2 由发电机定子电枢绕组 8 经相复励装置 7 和三相桥式整流器 1 供电。相复励系统可采用电流叠加相复励系统，电压校正器 5 由变压器 4 输入电压信号，输出控制晶闸管的导通程度，控制直流侧半波分流，这种分流方式所需的晶闸管功率小，通用性好。

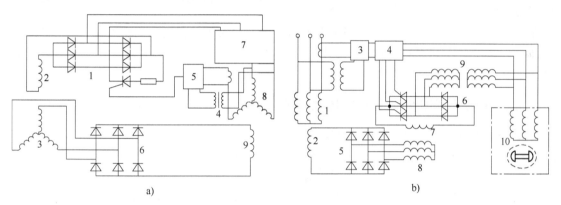

图 4-30　旋转二极管无刷励磁系统

1—三相桥式整流器　2—励磁机的定子励磁绕组　3—励磁机的旋转电枢　4—变压器　5—电压校正器
6—旋转整流器　7—相复励装置　8—定子电枢绕组　9—发电机励磁绕组　10—副励磁机

采用这种无刷励磁电路时，发电机不必加装副励磁机。因为相复励装置可以自励，甚至比一般自励系统更容易起励。原因是多了一级励磁机，剩磁电压经过两次放大，比普通自励系统的励磁电压上升得快。

2）具有晶闸管励磁调节器的旋转二极管无刷励磁装置。如图 4-30b 所示，励磁机旋转电枢绕组 8 经旋转二极管三相桥式整流器 5，向发电机励磁绕组 2 供电。励磁机的励磁绕组 7，由副励磁机 10 的定子绕组经变压器 9 和半控整流器 6 供电。由测量电路 3 和移相触发电路 4 组成的励磁调节器是按负反馈（电压偏差）调节的晶闸管励磁调节器。因为晶闸管励磁调节器自励困难，所以永磁式副励磁机 10 是不可缺少的，它提供励磁机励磁绕组的整流电源和励磁调节器触发电路 4 的工作电源。

2. 带旋转变压器的旋转晶闸管无刷励磁系统

在对动态响应要求很高的场合下，可用旋转晶闸管代替旋转二极管，励磁机只提供恒定交流电压，励磁调节器直接控制发电机励磁回路内的晶闸管控制角。旋转晶闸管无刷励磁系统主要的技术关键是触发脉冲的传输和同步电压的传输问题，此外它也要妥善解决晶闸管元件承受离心力的问题。

图 4-31 是采用旋转变压器传递触发脉冲的旋转晶闸管无刷励磁原理框图，图中虚线方框中为发电机的旋转部分，1L 为发电机的主励磁绕组，2 为旋转可控整流器，3 为主励磁机的三相电枢绕组，4L 为副励磁机的永磁转子，4 为副励磁机的定子电枢绕组，副励磁机的定子电枢绕组共有两套，一套经整流器 5 对主励磁机的励磁绕组 3L 供电，主励磁机三相电枢绕组 3 给旋转可控整流器 2 供电，晶闸管的触发信号由旋转变压器 7 引入。副励磁机的另一套定子电枢绕组给电压调节器 6 的触发电路供电。

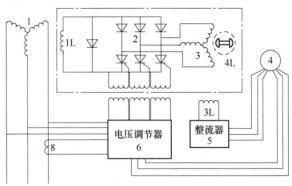

图 4-31　旋转晶闸管无刷励磁系统

1L—发电机的主励磁绕组　2—旋转可控整流器　3—主励磁机的三相电枢绕组　4—副励磁机的定子电枢绕组　4L—副励磁机的永磁转子　5—整流器　6—电压调节器

电压调节器 6 是从发电机定子绕组 1 的输出端和电流互感器 8 得到电压和负载电流信号。这样，1L、2、3、4L 均固定于同一转轴上，相对静止，自成闭合电路，与转子铁心共同组成转子部分。

三、船舶无刷同步发电机系统的特点

1. 船舶无刷同步发电机系统的主要优点

1）发电机为无触点结构，无电刷和集电环，因此不需维护，运行安全，没有无线电干扰。

2）励磁机是一个放大系数很大的环节，所以使调压器的容量小而且可靠。

2. 船舶无刷同步发电机系统的主要不足

1）旋转整流器承受较大的离心力，其制造、安装工艺要求高，需采用压接型硅二极管，压块既是导体又是散热器，二极管安装在转子支架内腔。

2）因为带同轴励磁机，所以使发电机轴向尺寸加大。

四、无刷励磁系统实例

1. VZRAB 型无刷励磁系统

VZRAB 型无刷励磁系统实质是一种按复合控制的自动励磁调节系统，主体由电流叠加相复励系统承担，相复励输出电流的交流侧用一只晶闸管分流，并由半导体元件组成的电压校正器 AVR 进行控制，自动地调节励磁电流的大小，以维持恒压。

VZRAB 型无刷励磁系统包括相复励系统和自动电压调整器（AVR）两部分，下面将分别介绍各电路的特点。图 4-32 是 VZRAB 型无刷励磁系统原理接线图。

2. 相复励系统

相复励分为电流叠加型旋转二极管整流器的基本型无刷励磁系统。因相复励的输出主要是供给励磁机的励磁绕组，功率比一般相复励小得多，故采用单相相复励形式。电压分量取自发电机线电压 U_{CA}，经变压器降压再接复励阻抗 LC。为了取得与线电压相配的负载电流信号（电压与电流的相位差是功率因数角 φ），需用线电流之差 $(I_C - I_A)$（比一相电流大 $\sqrt{3}$

倍）实际是用两个电流互感器的二次侧反相连接获取电流分量。电压分量与电流分量在交流侧叠加后，再经单相桥式整流器接于励磁机定子励磁绕组。因为是单相相复励，所以交流侧分流也只需要一个晶闸管元件。

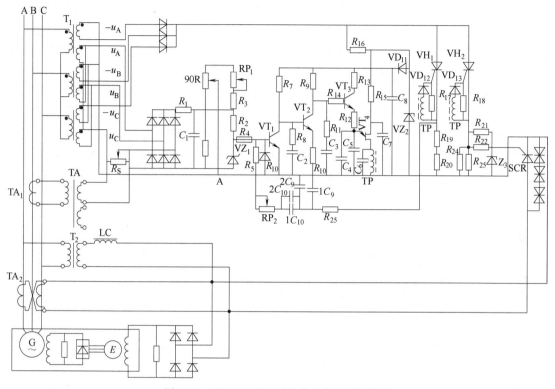

图 4-32　VZRAB 型无刷励磁系统原理接线图

自励与复励分量经电流叠加后通过单相桥式整流供给励磁机的励磁绕组，负载电流变动时该励磁机励磁电流随之变化，改变励磁机电枢电压，该电压又经旋转硅整流桥使主发电机励磁电流改变，实现发电机电压的动态调节。

3. AVR 部分

（1）测量回路

发电机的电压信号经由测量变压器 T_1、三相整流桥整流、阻容支路 R_1、C_1 滤波后变换为与之成比例的直流电压信号，该信号经由稳压管 VZ_1 和电阻等组成的单稳压管比较桥在 VZ_1 的阴极输出与电压偏差成比例的直流控制电压信号。测量变压器 T_1 一次侧采用三个单相变压器组成 Y 联结，分别取得发电机三相电压。每个变压器各有两个二次侧绕组，其中一个接成 △ 联结为三相桥式整流器电源，再经阻容滤波后接到比较桥。这里用单稳压管形式的比较桥，其原理与前述双稳压管比较桥相似，特性为当发电机电压增大，其对应的整流直流电压也增大，使晶体管 VT_1 的基极电流增大，晶体管 VT_1 的导通程度也增大；反之减小。通过比较桥获得电压偏差信号，再经晶体管放大后送到晶闸管触发脉冲控制电路。单结晶体管输出脉冲经脉冲变压器 TP 及小功率晶闸管 VS_2 而得到放大，然后去触发分流晶闸管 SCR 导通。

（2）放大、移相及脉冲形成电路

电压偏差信号经 VT_1，VT_2 两级放大后，加到 VT_3 的基极，电压偏差的大小直接反映为 VT_3 变阻器的阻值大小，从而改变了电容 C_4、C_5 充电至单结晶体管 VT_4 峰点电压的快慢，达到使脉冲变压器 TP 输出脉冲移相的目的。脉冲变压器 TP 控制小功率晶闸管 V_2 导通，VH_2 导通瞬间去触发分流晶闸管 SCR，这样，最终就使得根据检测的电压偏差的大小与正负，能够相应地控制分流晶闸管 SCR 控制角 a 的大小，晶闸管 SCR 一旦导通，则将相复励系统交流侧电流经晶闸管分流，因此通过控制 SCR 的控制角 a，可控制发电机的励磁电流大小，达到校正发电机端电压的目的。

（3）电子电路的同步工作电源

触发脉冲电路的同步电源由测量变压器 T_1 的 3 个单相变压器的另一个二次侧绕组提供。其波形如图 4-33 所示。同步工作电源由三相半波整流后经电阻 R_{16} 和 VZ_2 稳压再供给放大电路及弛张振荡器用作工作电源，而加在小功率晶闸管 VH_1、VH_2 上的直流工作电源不经 R_{16} 和 VZ_2，直接经三相半波整流后提供。同步工作电源经稳压管 VZ_2 削波成梯形电压，其相位覆盖约 300°范围，满足了对励磁电流分流调节的需要。

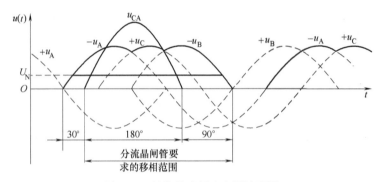

图 4-33　触发脉冲同步电源波形图

（4）防振电路

因为 AVR 的放大倍数大，反应速度快，而无刷发电机的交流励磁时间常数较大，容易发生振荡。脉冲变压器 TP 同时控制两个小功率晶闸管的导通，晶闸管 VH_1 导通将电压信号送给防振环节，在 R_{19}，R_{20} 上产生电压信号。R_{19}，R_{20} 上的脉冲输出电压经 $1C_9$、$2C_9$、R_{25} 组成的积分电路和 $1C_{10}$，$2C_{10}$，RH_2 组成的微分电路负反馈到电压偏差放大电路的输入端，抑制信号的急剧变化，使系统稳定运行。

（5）无功功率平均分配装置

差动电流互感器 TA、电阻 R_{S1}，构成了发电机并联运行时无功功率分配稳定环节，由差动电流互感器 TA 将无功信号引入调压器的差流电阻 RS，以便当发电机并联运行时平衡无功分配用，其原理见本章 8.3.3（2）内容（CRB 型可控相复励调压器无功负荷自动分配装置）。

（6）AVR 的调整过程简述

被测发电机电压 U_f↑→正比于 U_f 的弱电直流电压信号 $U_{f.DC}$↑→晶体管 VT_1 的基极电流↑→晶体管 VT_1 的导通程度↑→晶体管 VT_1 集电极电位↓→晶体管 VT_2 的导通程度↓→晶体管 VT_2 集电极电位↑→晶体管 VT_3 的导通程度↑→变阻器 VT_3 的等效阻值↓→电容 C_4，C_5 充电达到单结晶体管 VT_4 峰点电压 U_p 时间↓→脉冲变压器 TP 输出脉冲前移→晶闸管

VH_2 移相控制角↓→分流 SCR 移相控制角↓→SCR 分流电流↑→励磁电流 I_L↓→U_f↓；反之亦然。

第八节 并联运行发电机组的无功功率分配

一、概述

我们知道，发电机并车后需要进行负载转移和分配。对于船舶同步发电机不仅要进行有功负载的转移和分配，尚需进行无功负载的转移和分配。下面就来讨论并联运行船舶同步发电机之间无功负载的自动转移和分配问题。

从船舶同步发电机的电枢反应原理可知，船舶同步发电机电压的变化，主要是由无功负载的变化而引起的。因此，在发电机单机运行时，调整发电机励磁以调整电压，也就是调整无功功率，使之适应无功负载的需要。当船舶同步发电机并联运行，系统发出的总的无功功率 $\sum Q_f$ 和总的无功负载 $\sum Q_z$ 平衡时，即 $\sum Q_f = \sum Q_z$，则系统电压保持恒定。当 $\sum Q_f < \sum Q_z$ 时，电压下降；当 $\sum Q_f > \sum Q_z$ 时，电压上升。$\sum Q_f$ 为各并联发电机发出无功功率之总和。因此在这种情况下，各台发电机将同时通过自动调整励磁来调整无功功率。

以下阐述了两台并联运行发电机之间无功负载的转移和分配。系统总负载不变，在维持系统电压和频率不变的条件下，两台发电机并联运行的无功调整相量图，如图 4-34 所示。

设 1 号发电机为原运行发电机，运行在 $\dot{E}_{01}$，$\dot{I}_{f1}$ 的情况，带有功和无功负载；2 号发电机为新并入网的发电机，运行在 $\dot{E}_{02}$，$\dot{I}_{P2}$ 的情况，只带上了有功负载。现在要将 1 号发电机上的无功负载转移和平均分配到 2 号发电机上。调整发电机间无功负载的分配，是以调整其励磁来进行的。现在来看应如何调整。无功负载分配需在维持电网电压和频率不变，即总负载和各台发电机的原动机的输入功率均不变的条件下进行。发电机电磁功率的近似公式为

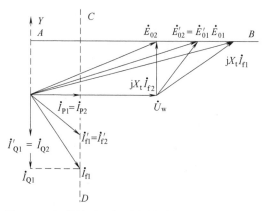

图 4-34 船舶并联运行同步发电机无功调整相量图

$$P = m\frac{E_0 U_W}{X_t}\sin\theta$$

式中 P——发电机发出的有功功率；

   m——相数；

   E_0——发电机电动势；

   U_W——电网电压；

   X_t——发电机同步电抗；

   θ——E_0 与 U_W 的夹角，即功角。

由上式可以看出，当 P，U_W，X_t 不变时，$E_0\sin\theta$ 也必为常数，由图 4-34 可见，即 $\dot{E}_0$

在纵轴 Y 上的投影不变。因此，调整后各台发电机电势 $\dot{E}'_{01}$ 和 $\dot{E}'_{02}$ 两相量的末端必然落在 AB 直线上，而各台发电机电流 $\dot{I}'_{f1}$ 和 $\dot{I}'_{f2}$ 两相量的末端必然落在 CD 直线上。这时为平均分配无功负载，必须增加 2 号发电机的励磁，并同时减小 1 号发电机的励磁。由调整结果可见，适当调节两台发电机的励磁电流，可使在电网电压和频率、电力系统总的有功和无功负载以及各台发电机的有功负载均不变的情况下，而只改变各发电机无功负载的分配。

由以上分析得出结论：当只需转移和分配两台并联运行发电机间的无功负载时，只要同时向相反方向调节两台发电机的励磁电流即可。这样就能保证无功功率多的发电机减少励磁电流，同时无功功率少的发电机增加励磁电流，在维持电网电压不变的条件下，平均分配无功功率。

二、并联运行发电机无功功率自动分配的基本原理

众所周知，同步发电机之间无功功率分配关系，是同步发电机稳定并联运行工作的必要条件之一。因此，我国《钢质海船入级规范 2022》规定：并联运行的交流发电机组均应能稳定运行，且当负载在总额定负载的 20% ~ 100% 范围内变化时，其负载分配应符合下列要求：各机组所承担的无功负载与总无功负载按机组定额比例分配值之差，应不超过下列数值中的较小者：①最大机组额定无功功率的 ±10%；②最小机组额定无功功率的 ±25%。

并联运行发电机无功功率分配的关系，主要由电压调整特性曲线决定，也就是说，同步发电机之间无功功率的自动分配，实际是通过自动电压调整器自动调整励磁电流，以调整发电机电压的办法来实现的。因此，自动电压调整器不仅担负着自动调整电压的任务，同时还担负着自动调整分配无功功率的任务。

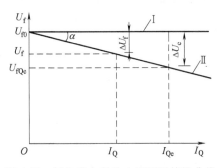

图 4-35 同步发电机的电压调整特性曲线

图 4-35 为同步发电机的电压调整特性曲线，它表示发电机电压 U_f 与无功负载 I_Q 的关系曲线。图中，曲线 I 称为无差调压特性曲线，它说明当系统处于稳定平衡状态时，U_f 等于一个恒定的数值，曲线 II 称为有差调压特性曲线，它说明当系统处于稳定平衡状态时，U_f 随 I_Q 增大而下降的，又称下倾调压特性。U_f 随 I_Q 而变化的程度称为电压调差系数 K_C，它是由曲线的倾斜度来表示的。

$$K_C = \frac{U_{f0} - U_{fQe}}{I_{Qe}} = \frac{\Delta U_e}{I_{Qe}} = \frac{\Delta U_f}{I_Q} = \tan\alpha$$

式中 U_{f0}——发电机空载电压；

U_{fQe}——在额定无功负载 I_{Qe} 时，发电机的电压。

由图 4-35 可见，$U_f = U_{f0} - \Delta U_f = U_{f0} - K_C I_Q$

上式中，调差系数 K_C 和发电机空载电压 U_{f0} 是不变的，所以此式将发电机的无功负载 I_Q 和发电机的电压 U_f 联系了起来。

若 $K_C = 0$，则称同步发电机的电压调整特性为无差特性，由于无差调压特性无法获得恒定的无功分配关系，实船上一般不采用这种方式。广泛应用在实船发电机上的调压特性曲线

是下倾的一条直线，即 $K_C>0$，称下倾的有差特性，通常 K_C 可整定在 5% 以内。

下面我们分析，发电机间无功负载的分配，如何由调压特性曲线所确定。

1）具有无差调压特性曲线的两台发电机并联运行（见图 4-36），（Ⅰ）、（Ⅱ）皆为无差调压特性曲线。由图可见，当 $U_f<U_{(\text{Ⅱ})}<U_{(\text{Ⅰ})}$ 时，两台发电机的调压器都进行增加励磁电流的调节，直到调整到 $U_f=U_{(\text{Ⅱ})}<U_{(\text{Ⅰ})}$ 时，（Ⅱ）发电机不再增加励磁了，而（Ⅰ）发电机还要继续增加励磁，使 $U_{(\text{Ⅱ})}<U_f<U_{(\text{Ⅰ})}$，在此过程中，（Ⅱ）发电机产生减少励磁的调节，而（Ⅰ）发电机仍产生连续增加励磁的调节，直到使 $U_f=U_{(\text{Ⅰ})}>U_{(\text{Ⅱ})}$。因为（Ⅰ）、（Ⅱ）并联，所以在整个过程中，（Ⅰ）的无功负载要增加，而（Ⅱ）的无功负载要减少，直到（Ⅰ）全部担负了而（Ⅱ）发电机承担的减为零。当然，这只是一种极端的情况。若（Ⅰ）、（Ⅱ）特性曲线完全重合，是否可行呢？答案是否定。因为重合时，有无数的工作点，两台发电机承担的无功负载就随意分配了，所以两台发电机是无差调压特性时，因 I_Q 分配关系不确定，故不能并联运行。

2）有差和无差调压特性曲线的两台发电机并联运行如图 4-37 所示，其中（Ⅰ）为无差调压特性曲线、（Ⅱ）为有差调压特性曲线。

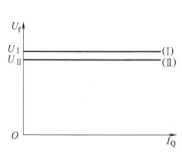

图 4-36 具有无差调压特性曲线的
两台发电机并联运行

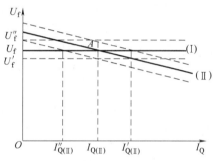

图 4-37 有差和无差调压特性
曲线的两台发电机并联运行

由图可见（Ⅰ）无论 I_Q 如何变化，U_f 是不变的，所以（Ⅰ）的作用是保持 U_f 恒定。（Ⅰ）、（Ⅱ）的交点 A 是工作点。可见，（Ⅱ）所承担的无功负载为 $I_{Q(\text{Ⅱ})}$ 是恒定不变的，余下的无功负载由（Ⅰ）担负，所以（Ⅱ）起分配无功负载的作用，使无功负载有一定的分配关系。要想改变 U_f 只要平移（Ⅰ）就可，若平移（Ⅱ），可以改变无功负载的分配，如图 4-37 虚线所示。因为（Ⅰ）、（Ⅱ）两台发电机间的无功负载分配关系是恒定的，所以两机可以并联运行。但船舶电站一般不采用具有有差和无差调压特性的发电机并联运行。

3）具有有差调压特性曲线的两台发电机并联运行时，如图 4-38 所示。

设因外界之无功负载 I_Q 增加，使发电机电压 U_f 由 U_{f1} 下降为 U_{f2}，则此时有

$$\Delta U_f=\tan\alpha_1\Delta I_{Q(\text{Ⅰ})}=\tan\alpha_2\Delta I_{Q(\text{Ⅱ})}$$

$$\frac{\Delta I_{Q(\text{Ⅰ})}}{\Delta I_{Q(\text{Ⅱ})}}=\frac{\tan\alpha_2}{\tan\alpha_1}=\frac{K_{C2}}{K_{C1}}$$

由上式可见：无功负载的分配和 K_C 成反比，当 K_C 一定时，无功负载分配关系也是一定的，所

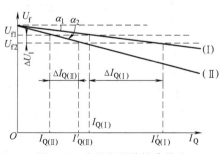

图 4-38 有差调压特性曲线的
两台发电机并联运行

以（Ⅰ）、（Ⅱ）为有差特性曲线时两台发电机是可以并联运行的。推广上式，若有 n 台发电机并联运行时，则有

$$\Delta I_{Q(\mathrm{I})} = \frac{\Delta U_f}{K_{C1}}, \Delta I_{Q(\mathrm{II})} = \frac{\Delta U_f}{K_{C2}}, \cdots, \Delta I_{Q(n)} = \frac{\Delta U_f}{K_{Cn}}$$

总的 I_Q 的增量为 $\sum_1^n \Delta I_Q = \Delta U_f \left(\dfrac{1}{K_{C1}} + \dfrac{1}{K_{C2}} + \cdots + \dfrac{1}{K_{Cn}} \right)$

求第 K 台发电机分配的无功功率为增量 $\Delta I_{Q(K)}$ 时

$$\frac{\Delta I_{Q(K)}}{\sum_1^n \Delta I_Q} = \frac{\Delta U_f \dfrac{1}{K_{CK}}}{\Delta U_f \left(\dfrac{1}{K_{C1}} + \dfrac{1}{K_{C2}} + \cdots + \dfrac{1}{K_{Cn}} \right)}$$

$$\Delta I_{Q(K)} = \frac{\sum_1^n \Delta I_Q}{K_{CK} \left(\dfrac{1}{K_{C1}} + \dfrac{1}{K_{C2}} + \cdots + \dfrac{1}{K_{Cn}} \right)}$$

由上式可知，并联机组间，第 K 台发电机的无功功率的增量与总的无功功率增量 $\Delta I_{Q(K)}$ 成正比，与第 K 台发电机的调差系数 K_{CK} 成反比，所以各台发电机的无功功率分配与其 K_C 有关，并都具有恒定的关系。

综上分析可见，同步发电机并联运行时，机组间的无功功率分配是与其电压调整特性曲线有直接关系的。

在船舶电站中，一般都是以相同容量的两台发电机并联运行。为了充分发挥每台发电机的容量，要求无功负载平均分配。由以上分析可知，在这种情况下，只有当两台发电机的电压调整特性曲线都是有差特性，且其调差系数 K_C 大小相同时，才能使两台发电机的无功功率的 I_Q 分配关系是恒定的并平均分配，如图 4-39 所示。由图可见，由于 $K_{C1} = K_{C2}$，因此始终保持 $I_{Q(\mathrm{I})} = I_{Q(\mathrm{II})}$ 的关系。

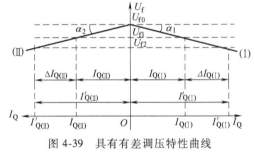

图 4-39　具有有差调压特性曲线
的两台发电机并联运行

三、无功功率的自动分配装置

要使并联运行的发电机间无功功率分配自动地维持一定的关系，例如始终平均分配，如上所述，则必须使两台发电机的电压调整特性曲线为有差调压特性曲线，且斜率一致。一般按调压器类型的不同，采取不同的措施来实现稳定无功功率分配。

1. 开环调压器采用均压线法

不可控相复励恒压装置具有有差调压特性。当两台发电机并联运行时，其调压特性曲线的斜率未必是一致的，而且不可控相复励调压装置的调压特性曲线的调差系数是不可改变的，为了保证其调压特性曲线斜率的一致，保证并联运行机组间无功功率分配均匀，通常采用连接均压线的办法来解决，均压线可连接在励磁整流器的直流侧或交流侧，如图 4-40 和图 4-41 所示。

（1）直流均压线

对同型号、同容量的发电机的并联运行，可采用直流均压线法，它是使用最广泛的方法。直流均压线将并联机组的激磁绕组并联，迫使各机组的励磁电压一致，使各发电机的励磁电流在任何时候都接近一致，保证各发电机的无功负载在任何时候都平均分配，如图 4-40 所示。当两台发电机励磁绕组的励磁电压不同时，均压线上将出现平衡电流，使两台发电机的励磁电流保持相等。直流均压线的优点在于能排除并联运行发电机组间调压器特性差异带来的影响，无功功率分配仅与发电机本身励磁特性（励磁电流与发电机电动势关系）有

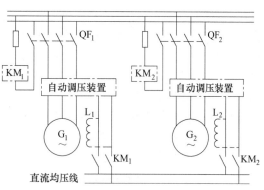

图 4-40　直流均压线原理图

关。因此，无功功率分配令人满意，并联运行时稳定性好，但均压线的电缆截面积较大，均压接触器触头的容量也较大，且无功功率的转移不可控。

（2）交流均压线

对不同容量的发电机的并联运行，可采用交流均压线实现按比例分配无功功率，如图 4-41 所示，其作用原理与直流均压连接基本相同，它是将两台发电机调压装置的移相电抗器通过均压线并联。当两台发电机出现电压差时，通过均压线使发电机输出电压均衡，以保持无功负载分配均衡。

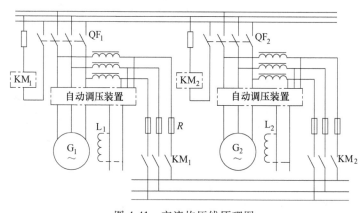

图 4-41　交流均压线原理图

图 4-40 和图 4-41 电路中的均压线接触器 KM 与主开关设有联动关系，这是为了使单台发电机运行时不负担两台发电机的励磁电流，否则将使运行发电机的端电压大大下降。

采用均压线并联运行的发电机组，一旦均压连接中断，将会导致无功分配严重不等。发电机组并联运行中，当出现两台功率表指示基本相同而电流表指示相差太大，或两台功率表指示基本相同而功率因数表指示相差较大，则说明均压连接可能发生中断，此时应检查均压接触器动、静触头是否接触良好以及均压接触器是否通电动作，以排除故障。

2. 闭环调压系统下倾调压特性

并联运行发电机间无功功率分配的关系，主要由电压调整特性曲线所决定。对于闭环调

压系统，由于其调压精度高，调差系数 K_C 一般是很小的，甚至几乎接近零，于是调压器的调压特性是接近无差的。这对于提高发电机的电压精度是有利的，但具有无差调压特性的两台发电机并联运行会使无功功率的分配不确定，造成船舶电力系统无法稳定运行。因此，这样的两台发电机不能并联运行。可见，从无功分配、系统稳定运行的角度看，对于调压精度较高的闭环调压系统，也不得不在调压器上加装可以改变调差系数的装置，以增大调差系数 K_C 牺牲调压精度，来换取船舶电力系统确定的无功分配，以保证船舶电力系统的稳定运行。这个装置称作电流稳定装置。

电流稳定装置主要用于可控相复励调压器、晶闸管调压器等系统中。该环节实质是一个无功电流检测装置，测得的无功电流信号按比例变换成相应的控制信号，加到调压器上，调压器加装了这种装置后就可改变电压调整特性曲线的倾斜度，只要调整并联运行机组的调差系数基本一致，则并联时就可稳定地、均匀地分配无功功率，故称作电流稳定装置。

电流稳定装置的原理图及相量图如图 4-42 所示。调压器测量回路的测量变压器 B_C 一次侧接发电机电压 $\dot{U}_{AB}$ 上，二次侧回路串入电位器 R_{W1}、电流互感器 L_H，一次侧接 C 相，二次侧接在 R_{W1} 两端。这样接线的目的是使装置只反映发电机的无功功率。由 $\dot{U}_{AB}$ 和 $\dot{I}_C$ 在 R_{W1} 上产生的压降，方向是相反的。

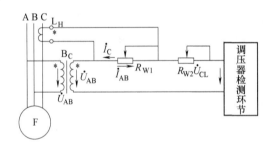

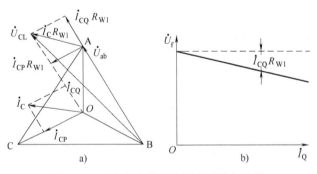

图 4-42 电流稳定装置的原理图及相量图

调压器测量环节测得的电压 $\dot{U}_{CL}$ 为

$$\dot{U}_{CL} = \dot{U}_{AB} - \dot{I}_{AB} R_{W1} + \dot{I}_C R_{W1}$$

因为 $\dot{I}_{AB}$ 是电压回路的电流，所以 $\dot{I}_{AB}$ 很小，故 $\dot{I}_{AB} R_{W1}$ 可忽略，则有

$$\dot{U}_{CL} = \dot{U}_{AB} + \dot{I}_C R_{W1}$$

上式的相量图，如图 4-42a 所示。测量电压 $\dot{U}_{CL}$ 主要随无功负载 $\dot{I}_{CQ}$ 而变化，因而通过

调压器使发电机电压 $\dot{U}_{\mathrm{f}}$ 也随无功负载 $\dot{I}_{\mathrm{CQ}}$ 而变化。用曲线表示时，如图 4-42b 所示。由此可见，加电流稳定装置之后，可以将无差调压特性变为有差调压特性，所以可使无功负载分配确定了。

由以上分析可见，当具有电流稳定装置的两台发电机并联运行时，调整电位器 R_{W1} 可使两台发电机的调压特性曲线斜率一致，以平均分配无功负载。在正常情况下，当无功负载平均分配时，则 $\dot{U}_{\mathrm{CL1}} = \dot{U}_{\mathrm{CL2}}$，两台发电机的励磁电流和电压也都相等。当无功负载分配不均衡时，例如 1 号发电机比 2 号发电机多承担了无功负载时，则 $\dot{U}_{\mathrm{CL1}}$ 将比 $\dot{U}_{\mathrm{CL2}}$ 的值大，因而通过调压器自动使 1 号发电机减小励磁电流，2 号发电机增加励磁电流，直到使两台发电机间无功负载重新平均分配为止。

由以上分析可得如下结论：①加电流稳定装置，可使调压特性曲线变为具有足够倾斜度的有差特性曲线，以保证并联运行机组间无功电流稳定的分配；②调整电位器 R_{W1}，可改变调差系数 K_{C}，使并联发电机的 K_{C} 相等，以稳定且平均分配无功负载。当然，调压特性曲线的倾斜度决定了系统的调压精度，因此 K_{C} 不能太大，应使发电机电压在允许范围之内。

3. 无功功率自动分配装置实例

如上所述，用加电流稳定装置的办法来使无功负载 I_{Q} 稳定地分配，其缺点是将使并联运行时的调压精度降低。为解决此问题，可采用无功功率自动调整装置，它既可使无功功率稳定而均衡地分配，又可保证电网电压的精度。

（1）TUR 型晶闸管调压器无功功率自动分配装置

TUR 型调压器中的无功功率自动分配装置的原理图如图 4-43a 所示，它由无功功率测量和比较电路组成，由无功功率检测电路知

$$\dot{U}_{33} = \dot{U}_{\mathrm{RS}} + \dot{I}_{\mathrm{T}} R_{35}$$

上式相量图，如图 4-43b 所示。$\dot{U}_{33}$ 随无功负载 I_{Q} 而变化。在发电机单机运行时，两台发电机的无功比较电路的 a、b 对应点由主开关的辅助触点断开，故对调压器的测量回路毫无影响。

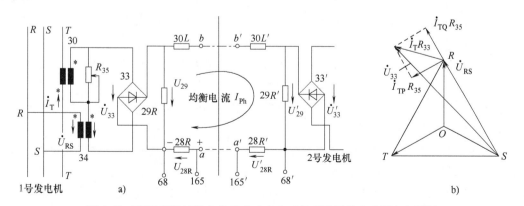

图 4-43　TUR 型调压器中的无功功率自动分配装置的电路图和相量图

在发电机并联运行时，a、b 点与 a′、b′ 点通过主开关辅助触点相连。当两台发电机无功功率均匀分配时，则检测电压 $\dot{U}_{33} = \dot{U}'_{33}$，$U_{29} = U'_{29}$，因此无电流通过电阻 28R，对调压器

毫无影响；当两台发电机无功功率分配不均匀时，例如 1 号发电机比 2 号发电机无功功率大时，则 $U_{19}>U'_{29}$，因而出现均衡电流，如图 5-43a 所示。均衡电流在电阻 28R 和 28R' 上形成压降。U_{28R} 和 U'_{28R} 加在两调压器上的电压信号方向是相反的，使 1 号发电机减小励磁电流，以减少无功功率，使 2 号发电机增大励磁电流，以增加无功功率，直到两台发电机无功功率分配均衡为止，这时 28R 和 28R' 上无均衡电流，故毫不影响调压精度。

由以上分析可知，通过无功功率自动调整装置，可使同步发电机间的无功功率自动均衡分配，而又不影响调压器的调压精度。

（2）CRB 型可控相复励调压器无功功率自动分配装置

在 CRB 型可控相复励调压器中，是利用带有差动电流互感器的电流稳定装置来自动均衡无功功率的。带有差动电流互感器的电流稳定装置的原理如图 4-44 所示。由图可见，差动电流互感器 DCT 的原边接电流互感器 CCT 的副边。DCT 有两个副边绕组 A 及 B。A 绕组接电阻 CCR，构成电流稳定装置，其作用及原理如前所述。两台发电机的 DCT 的 B 绕组相互串联。

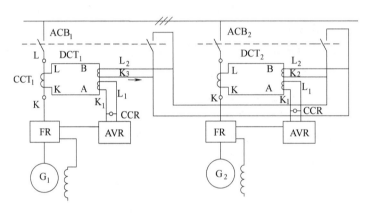

图 4-44　带有差动电流互感器的电流稳定装置的原理

差动电流互感器 DCT 工作特点是：若二次侧绕组 B 被短路，由于一、二次侧磁动势已平衡，则二次侧绕组 A 无输出；若二次侧绕组 B 被开路，则二次侧绕组 A 按变比关系，满足一、二次侧边磁动势平衡，产生输出。

当单机运行时，B 绕组被另一台停止运行发电机的主开关 ACB 的辅助触点所短路，因此使 A 绕组不起作用，所以对调压精度无影响。

当并联运行时，在两台发电机的无功负载分配不均衡时，将使两台发电机的电动势不等，在两发电机间产生无功环流。

无功环流在两 B 绕组中产生差动电流，其值大小相等，方向相反，故相互抵消，使 B 绕组相当于开路，因此 A 绕组中将有感应电流输出，在 CCR 电阻上产生方向相反的电压信号，通过自动电压调整器 AVR，调整励磁电流，使一台发电机的励磁电流增加，而另一台发电机的励磁电流减小，直到无功负载分配均衡为止。当无功负载均衡分配时，B 绕组相当于短路，故 A 绕组中无感应电流，电流稳定装置不起作用，因而不影响调压精度。

由上述分析可见，采用差动电流互感器 DCT，既可使无功负载均衡分配，又可保证调压精度。

复习与思考

4-1. 船舶电网变化对用电设备有什么影响？钢质海船入级规范对电力系统的电压调整率有何要求？

4-2. 发电机的稳态电压调整率和动态电压调整率的定义是什么？

4-3. 试述对自动电压调整器的基本要求。

4-4. 试述船舶同步发电机组自动电压调整器的基本作用和原理。

4-5. 保证同步发电机自励起压的方法有几种？

4-6. 什么是同步发电机自励恒压装置？其主要作用有哪些？

4-7. 同步发电机自励恒压装置有哪些主要类型？各有什么特点？为什么？

4-8. 同步发电机是怎样实现自励起压的？为了保证自励起压可采取哪些措施？励磁自动调整的作用是什么？船舶上大多采用哪几种励磁装置？

4-9. 什么是相复励？试说明不可控相复励自励恒压装置的类型和自励恒压原理。

4-10. 什么叫相复励恒压同步发电机？

4-11. 晶闸管自励恒压装置属于什么类型？其主要组成有哪些？

4-12. 常见的可控相复励自励恒压装置有哪些具体线路？具体如何实现恒压？

4-13. 试用单线原理图说明电流叠加相复励装置的工作原理？

4-14. 电流叠加相复励装置的工作原理是什么？移相电抗器的作用是什么？

4-15. 三绕组谐振式相复励恒压装置由哪些元件组成？其工作原理如何？起压电容为什么采用△联结？

4-16. 四绕组谐振式相复励恒压装置由哪些元件组成？它的工作原理是什么？

4-17. 电流叠加、电磁叠加的三绕组和四绕组相复励装置各有什么优缺点？

4-18. 不可控相复励调压器中移相电抗器有何作用？用电阻或电容代替是否可行？

4-19. 当负载电流大小或相位变化时，不可控相复励装置是如何实现补偿的？

4-20. 什么叫相复励恒压装置？可控相复励与不可控相复励的区别是什么？

4-21. 可控相复励自励恒压装置有哪几种形式？各自是如何实现调压的？

4-22. 晶闸管励磁装置的基本工作原理是什么？它主要由哪几部分组成？晶闸管恒压装置所使用的可控整流主电路有几种类型？各有什么优缺点？

4-23. 简述无刷励磁发电机的特点及其基本工作原理。

4-24. 无刷同步发电机的"无刷""同步"的含义是什么？

4-25. 为什么要发展同步发电机无刷励磁系统？无刷发电机可分为几种类型？

4-26. 为什么要发展同步发电机无刷励磁系统？无刷发电机可分为几种类型？

4-27. 并联运行的同步发电机之间无功功率应怎样分配？钢质海船入级与建造规范是怎样规定的？

4-28. 对于相复励装置可以采用哪几种电路来实现无功负载的合理分配？带自动电压调控器的同步发电机并联工作时，怎样实现无功功率的合理分配？

4-29. 不可控相复励装置在并联运行时为何要连接均压线？

4-30. 何为直流均压线？何为交流均压线？各用于什么场合？

4-31. 试述发电机定子绕组输出端均压连接方法实现同步发电机并联运行无功负载自动分配的原理。

4-32. 试述用电流稳定装置实现无功负载的分配原理。

4-33. 差动电流互感器进行无功环流补偿的原理是什么？

4-34. 试分析图 4-25 的 TZ-F 型可控相复励调压器原理。

4-35. 试分析如图 4-27 的 CRB 型可控相复励调压器的原理。

第五章　船舶电力系统安全保护

船舶电力系统一般指发电机、主配电板、船舶电网。船舶电力系统的安全保护，主要包括船舶同步发电机的保护和船舶电网的保护等内容。

第一节　船舶电力系统保护的任务和作用

对船舶电站供电的基本要求是：第一应保证安全可靠地供电；第二应保证电能质量；第三应考虑经济运行。电站中各种保护装置，主要是为了实现第一项基本任务而设置的。在发电机运行中可能会出现各种不正常的运行状态和故障，不正常运行状态主要有过负载、欠电压、过电压、欠频、过频、逆功率以及中性点绝缘系统发生的单相接地等。这些不正常的状态发展到一定程度将演变成故障，最常见的故障有各种形式的短路，有三相短路、两相短路、两相接地短路、三相四线制系统单相接地短路。另外，还可能发生电机或变压器绕组匝间短路和线路的断线等故障。

上述不正常运行状态和故障发生后，往往会引起严重后果。例如：当发生短路故障时，负载被短接，短路电流很大，将产生很大的电动力和热效应，并使电压大大地下降，可能造成重要设备的损坏或使供电中断，从而带来极大的损失。严重的短路故障若不及时切除，就有可能使并联运行的发电机失步，破坏并联运行的稳定性，使电站解列崩溃，扩大成为系统性事故，以致使整个电网失电而影响船舶安全。

因此，在船舶电力系统的设计和运行中，应采取切实有效的措施，尽量避免不正常的运行状态和短路故障的发生。尽管如此，由于各种原因不正常的运行状态和故障仍会出现。因此，必须有相应的措施防止不正常的运行状态的发生和限制故障的破坏作用，其中最有效的办法之一就是在船舶电力系统中装设保护装置。船舶电力系统保护的任务可归纳如下：

1）当船舶电气设备发生故障或出现足以造成故障发生的现象时，安全保护装置应能自动地、迅速地、并有选择性地切除发生故障的电气设备，保证其他设备的正常、安全运行。

2）当船舶电气设备发生不正常运行情况时，安全保护装置应能自动地发出声、光报警信号，告知值班人员及时进行处理，以防不正常的运行情况扩大为故障或使故障范围扩大。

3）对于直接影响船舶安全的重要设备，通常还要求安全保护装置能够自动地起动备用设备投入运行，同时切除出现故障的设备，并自动地发出声光报警信号。

4）配合各种自动控制装置，自动减少或消除不正常的运行情况。如检测到设备出现不正常的运行情况，发出相应的信号给自动控制装置，通过自动控制装置的调节与控制，减少或消除不正常的运行情况，提高设备运行的可靠性。

可见，船舶电力系统保护的作用就是监视电力系统运行状态，采取有效的保护措施，提高电力系统运行的安全可靠性。同时它也是船舶电站自动化的重要组成部分。

第二节　保护装置的基本要求

根据船舶电力系统保护的基本任务和作用，对动作于跳闸的继电保护，在技术上一般应满足四个基本要求：选择性、速动性、灵敏性、可靠性，即所谓保护四性。

一、选择性的要求

选择性是指电力系统发生故障时，保护装置仅将故障元件切除，而使非故障元件仍能正常运行，以尽量缩小停电范围。选择性就是故障点在区内就动作，区外不动作。当主保护未动作时，由近后备或远后备切除故障，使停电面积最小。要满足选择性的要求，一般是通过电流与时间相结合的原则进行整定而实现的。时间原则是指：各级断路器保护动作依时间顺序进行，越近发电机端设置保护时间越长。保护动作时间是指从保护监测到故障发生到保护动作出口的时间，断路器跳闸时间是断路器接到跳闸命令，到断路器跳开需要的时间，故障切除时间则是两者的和，即保护动作时间加断路器跳闸时间。电流原则是指：各级断路器保护动作依电流值大小顺序进行，越近发电机端设置的保护电流越大。断路器保护动作电流值，即电力系统中某一点发生电流，当断路器检测到其保护动作电流值时，就跳闸断电。

图 5-1 为船舶电力系统的部分电路，图中 ACB 为发电机的主开关（框架式断路器 Q_1），MCB 为配电开关（装置式断路器 $Q_2 \sim Q_5$）。

图 5-1 中各断路器的短路保护元件分为三个级别：发电机的主开关 Q_1（框架式断路器 ACB）为第一级，断路器 Q_2 和 Q_3 为第二级，断路器 Q_4 和 Q_5 则为第三级。各级保护元件的整定值都包括两个：动作电流和动作时间。动作电流与该线路的额定电流有关，而动作时间则根据不同的级进行整定。末级（图中第三级）Q_4 和 Q_5 的动作时间最短，都为 t_3；第二级 Q_2 和 Q_3 的动作

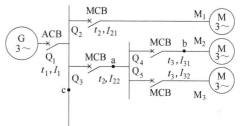

图 5-1　保护的选择性

时间比末级长为 t_2（实际 Q_2 为向电动机 M_1 直接供电的配电开关，也可以第三级的动作时间进行整定）。第一级（框架式断路器）Q_1 的动作时间 t_1 最长。

这样，若在电动机 M_2 的供电线路中，b 点出现短路故障。Q_1、Q_3 和 Q_4 三个断路器同时延时，但装置式断路器 Q_4 的动作时间最短，经过 t_3 延时后，Q_4 动作，将 M_2 从电网中切除，实现短路保护。故障点切除后，通过 Q_1 和 Q_3 的电流恢复正常，停止延时，因而其他的断路器都不会动作，从而满足选择性的要求，若依电流原则设定，由于船舶输电线路短，各点短路电流都很大，有可能断路器 Q_4 不动作，而 Q_1 或 Q_3 其中一个动作，扩大故障范围。这样受到 b 点短路故障影响的范围最小，只有出现故障的电动机 M_2 支路被切除，其他支路和整个电网可继续正常运行。同样，若短路故障发生在 a 点，则装置式断路器 Q_3 应该动作，将 M_2 和 M_3 从电网中切除，M_1 及其他在网设备可继续正常运行。

二、快速性的要求

快速性就是要求保护装置的动作时限应力求短。迅速切除故障可减轻被保护设备的损坏

程度、防止故障蔓延，并减少对非故障电路的影响，原因为 1）提高系统稳定性；2）减少用户在低压下的动作时间；3）减少故障元件的损坏程度，避免故障进一步扩大。

主要有以下两方面影响与时间密切相关。

1. 热效应方面

通过电气元件短路电流产生的热量 Q 与短路电流 I_K 的平方和时间 t 成正比，即

$$Q = KI_K^2 t \tag{5-1}$$

式中　K——比例系数。

由此可见，短路切除得越快，产生的热量越小，设备越不易烧坏。

2. 对负载的影响

短路对异步电动机的影响最明显，因异步电动机的转矩 M 是和电压的平方成正比的，即

$$M = KU^2 \tag{5-2}$$

式中　K——比例常数。

由上式可见，若电压 U 下降较大，转矩 M 下降大，会使电动机停止运转。若短路故障很快切除，非故障部分的电压可迅速恢复。因为电动机有一定的惯性，所以可使非故障部分的电动机仍然正常工作。若切除得慢，非故障部分的电动机也都要停下来，其中包括重要负载，这是很不利的。

一般的快速保护动作时间为 $0.06 \sim 0.12s$，最快的可达 $0.01 \sim 0.04s$。

一般的断路器动作时间为 $0.06 \sim 0.15s$，最快的可达 $0.02 \sim 0.06s$。

采用不同的动作时间，可以较好地满足选择性要求，但保护元件的动作时间整定存在一定的误差，为了消除延时时间的误差，可以加大两级之间动作时间的差，但时间延长又不能满足保护快速性的要求。假如，图 5-1 中 c 点出现短路故障，依照保护的时间原则，Q_1 的动作时间 t_1 最长；而此时短路电流非常大，将造成不可挽回的故障损失。

综上所述，安全保护装置的整定值应该采取动作电流和动作时间相配合。从而既满足选择性要求又满足快速性要求，迅速、准确地切除故障，减轻被保护设备的损坏程度，防止故障的蔓延，缩小破坏范围，减小对其他非故障部分的影响，保证其他设备正常、安全运行。

三、灵敏性的要求

灵敏性主要可从安全保护装置的检测元件灵敏度入手，提高检测元件的精度，确保保护装置对其保护范围的故障或不正常状态的反应能力。从而及时地发现故障及其隐患，及时切除故障，使故障对各种设备或系统的影响与破坏降低到最小程度。

灵敏性要求是指在规定的保护范围内，对故障情况的反应能力。满足灵敏性要求的保护装置应在区内故障时，不论短路点的位置与短路的类型如何，都能灵敏、正确地反映出来。通常，灵敏性用灵敏系数来衡量并表示为 klm。

四、可靠性的要求

安全保护装置的可靠性是指保护装置本身应可靠工作，对其所保护范围之内的故障，不应出现拒绝动作的现象，而且在正常情况下或不属于其保护范围的故障，不应出现误动作的现象。否则，不该保护动作时误保护，保护装置本身就成为产生和扩大故障的根源。保护装

置的可靠性主要取决于：内在的有装置本身的质量，包括元器件的好坏、结构设计的合理性、制造工艺水平、内外接线是否简明，触点多少等；外在的有保护方式的选择，运行管理，整定计算和调试，安装、维护和检修质量等。

从对保护装置的上述基本要求中可以看出，这四个方面是互相联系、互相制约的。例如：若速动性很高，则选择性就要差些，反之亦是。若可靠性很高，则灵敏性就要差些，反之亦然。在应用中，对于具体问题应结合实际具体分析和解决，例如对于过载保护，主要是考虑它的可靠性，并不要求它的速动性；而对于短路保护，则要尽量考虑它的速动性。

第三节 船舶发电机的外部短路、过载、欠电压和逆功率保护

一、船舶发电机外部短路、过载、欠电压和逆功率保护的要求

根据我国《钢质海船入级规范 2022》规定，对 500V 以下同步发电机，针对其不正常的运行情况和可能出现的故障，主要设置的安全保护和要求如下：

1. 发电机的过载和短路保护

发电机的保护应采用能同时分断所有绝缘极的断路器作发电机的过载和短路保护，其过载保护应与发电机的热容量相适应并应满足下列要求：

1）过载 10%~50% 之间，经少于 2min 的延时断路器应分断，建议整定在发电机额定电流的 125%~135%，延时 15~30s 断路器分断。

2）过电流大于 50%，但小于发电机的稳态短路电流，经与系统选择性保护所要求的短暂延时后断路器应分断。断路器的短延时脱扣器建议按下列规定进行整定：始动值为发电机额定电流的 200%~250%，延时时间：直流最长为 0.2s，交流最长为 0.6s。

3）在可能有 3 台及以上发电机并联的情况下，还应设有瞬时脱扣器，并应整定在稍大于其所保护发电机的最大短路电流下断路器瞬时分断。

4）单机容量小于 50kW（或 kVA）且不并联运行的发电机，可以一多极联动开关，并在每一绝缘极上设一熔断器作保护。

5）容量为 1500kVA 或以上的发电机应配备一合适的保护装置或系统，以能在发电机内部或发电机至其断路器之间的供电电缆发生短路的情况下，使发电机灭磁并使其断路器分断。

船舶发电机的过载保护主要是由自动分级卸载装置和自动断路器中的过电流脱扣器实现，船舶发电机的外部短路保护主要是由自动断路器中的过电流脱扣器实现。

2. 发电机的欠电压保护

并联运行的发电机应设有欠电压保护并能满足下列要求：

1）当电机不发电情况下闭合断路器时应瞬时动作；

2）当电压降低至额定电压的 70%~35% 时，应经系统选择性保护要求的延时后动作。

船舶发电机的欠电压保护主要是由自动断路器中的失电压脱扣器实现。

3. 发电机的逆功率保护

并联运行的交流发电机应设有延时 3~10s 动作的逆功率保护，并联运行的发电机的逆功率（或逆电流）值按原动机类型的不同可整定为

1）原动机为柴油机：发电机额定功率（电流）的 8%~15%；

2）原动机为涡轮机：发电机额定功率（电流）的 2%~6%。

当供电电压下降至额定电压的 50% 时，逆功率或逆电流保护不应失效，但其动作值可以有所改变。

船舶发电机的逆功率保护由逆功率继电器实现。

4. 自动卸载

所谓自动分级卸载装置是船舶电站综合保护装置之一，它实际上可看成是发电机过载保护的一种装置。如图 5-2 所示为某轮船自动分级卸载装置的原理框图。图 5-2 中，信号变换电路对船舶电站向负载输出的三相电流 i_u、i_v 和 i_w 进行检测，然后分别送给第一级卸载电路、第二级卸载电路和发电机跳闸电路。当输出电流（或功率）达到 110% 额定值时，第一级卸载电路开始延时，延时 5~8s 后，若过载现象仍未消失，第一级卸载电路输出跳闸信号 1，作用到相对

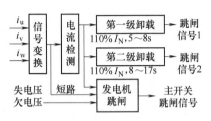

图 5-2　自动分级卸载装置原理框图

最次要的一组负载（又称为第一级负载）的配电断路器上的失电压脱扣器线圈，断开相对最次要的一组负载的电源，保证船舶电站向重要负载供电。

一级负载卸载后，一般输出电流（或功率）会减少，若过载现象消失，则自动分级卸载装置的第二级卸载电路停止延时，整个卸载装置继续对电网进行正常监视。若过载现象仍然存在，则第二级卸载电路继续延时，延时 8~17s 后，第二级卸载电路输出跳闸信号 2，作用到相对次要的另一组负载（又称为第二级负载）的配电断路器上的失电压脱扣器线圈，断开第二级负载电源，保证船舶电站向重要负载的供电。二级卸载后，若过载现象仍然存在，则发电机跳闸电路直接输出主开关跳闸信号，作用到发电机的自动断路器自由脱扣器，发电机主开关跳闸，实现过载保护。

图 5-2 所示的原理框图中，还包括发电机的其他保护，如发电机短路保护和发电机失电压保护。当输出电流达到短路保护电流时，由信号变换电路检测的电流信号也同时送给发电机跳闸电路。图 5-2 中的失电压/欠电压信号则由电压变换电路进行检测，也送给发电机跳闸电路。在出现外部短路或失电压/欠电压故障时，发电机跳闸电路根据其内部相应的整定值和延时值的设定，发出发电机主开关跳闸信号作用到发电机的自动断路器自由脱扣器，实现跳闸。

二、船舶发电机外部短路、过载、欠电压和逆功率保护的原理

船用万能式自动断路器的保护机构由过电流脱扣器、失电压脱扣器、分励脱扣器及电子型脱扣器等组成，如图 5-3 所示。脱扣器是自动断路器的感受元件，当电路发生故障时，脱扣器接到信号后动作，经过断路器自身的自由脱扣机构使自动断路器分闸。

过电流脱扣器分为双金属片热脱扣器和电磁式过电流脱扣器，双金属片热脱扣器具

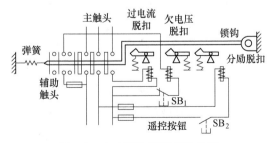

图 5-3　自动断路器原理示意图

有反时限特性，当电路发生过载时，双金属片弯曲，使自动开关跳闸。电磁式过电流脱扣器的电磁线圈，当通过电流大于一定数值时，脱扣器动作，使开关跳闸切断电路。过电流脱扣器的保护特性采用过载长延时（包括定时限和反时限两种）、短路短延时及特大短路瞬时脱扣的三段保护特性。反时限是指过载越大，要求开关动作的时间越短；过载越小，要求开关动作的时间就越长，也就是要求开关动作的时间和过载电流成反比关系。

失电压脱扣器用于欠电压、失电压保护。在额定电压的75%或以上时必须保证自动断路器可靠合闸。而当电压降低到额定电压的40%时，断路器失电压脱扣器必须可靠动作。因此，失电压保护可在40%~75%额定电压范围内整定。为了避免在电网电压瞬时波动下产生误动作（如较大异步电动机起动等），要求在欠电压情况下可带有1~3s左右的延时。

分励脱扣器可用于远距离遥控断路器迅速分闸。分励脱扣器的作用原理与失电压脱扣器相似。但是，它是由操作人员或继电保护发出指令后执行断路器跳闸。失电压脱扣器电磁线圈是串联在电源电路中，正常情况下失电压脱扣器电磁线圈有电，而分励脱扣器的电磁线圈正常情况下不通电，当需要自动断路器分闸操作时，才给分励脱扣器一个控制电压，使其瞬间动作跳闸。

电子型脱扣器是用半导体元件制造的综合型保护元件，具有过负载、短路和欠电压保护等功能。电子脱扣器的一个突出特点是在环境温度变化的情况下，仍能稳定的工作。

有的船用万能式自动断路器还带有锁扣装置。设置它的目的是为了在紧急情况，保证万能式自动断路器不会自动跳闸。如果将锁扣装置放在"扣"的位置，脱扣器将被锁住，此时即使发生故障，万能式自动断路器也不会自动跳闸。因此，只有在紧急情况下，尽管电器设备可能受到一些损伤，但也要强迫供电，而不希望断路器自动跳闸才可以启用锁扣装置。

保护装置的工作原理如图5-4所示。

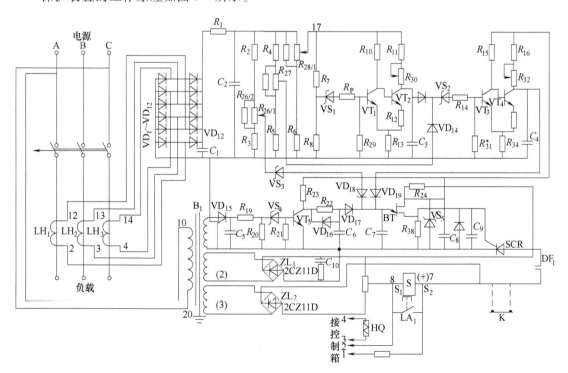

图5-4 DW-98型自动断路器保护功能电路原理图

1. 过电流保护

过电流保护由过电流保护的电压形成和整流滤波回路、输出控制电路、特大短路瞬时跳闸保护的起动电路、短路短延时跳闸保护的起动和时限电路及过载长延时保护的起动电路和时限电路等组成。

（1）过电流保护的电压形成和整流滤波回路

发电机的三相电流分别经三个电流互感器 $LH_1 \sim LH_3$ 进行检测，经 $VD_1 \sim VD_{12}$ 进行整流，由 C_1、C_2、R_1 滤波之后，通过三组并联的分压器，将电流信号变换成与发电机的电流信号成正的直流电压控制信号。

第一组分压器 R_2、R_{26}、R_3 为特大短路瞬时跳闸保护的信号检测电路；第二组分压器 R_4、R_{27}、R_5 为短路短延时保护的信号检测电路；第三组分压器 R_{28}、R_6 为过载长延时保护的信号检测电路。

（2）输出控制电路

半导体脱扣器总的出口电路由单结晶体管 BT 和晶闸管 SCR 组成无触点出口电路。欠电压延时、特大短路瞬时、短路短延时和过载长延时跳闸保护的动作信号，分别通过二极管 VD_{17}、VD_{18} 和 VD_{19} 来起动这同一输出控制电路。

只要上述保护其中之一动作时，就会使触发器发出脉冲，触发 SCR 导通，即通过该输出控制电路发出跳闸控制信号。

晶体管继电保护装置都是间接动作式的，因此其输出控制电路的输出信号，要去控制一个跳闸操作机构。

自动断路器的失电压脱扣器 S 就是一个跳闸操作机构，当 S 有电时，开关才有可能合上闸，而当 S 失电时，开关就会自动跳闸，故可使输出控制电路的输出通过控制 S 来操作自动跳闸。

正常情况下，发电机电压经变压器 B_1 的第三个二次侧绕组降压，ZL_2 整流后，对 S 供电，其电流方向由 7 点到 8 点。

当保护装置输出控制电路的晶闸管 SCR 导通时，使电源（2）通过 SCR 给 S 又加上一个方向由 8 点到 7 点的电压，此电压与电源（3）对 S 所加电压的方向相反，相互抵消，因此使 S 失电压，开关自动跳闸。

（3）特大短路瞬时跳闸保护的起动电路

所谓"特大短路"，在这里是指接近电源处发生短路。因为短路路径特短，阻抗很小，故短路电流特别大。由于要求快速性，因此采用电流速断保护，瞬时动作跳闸。

特大短路保护的起动电路由稳压管 VS_3 和二极管 VD_{18} 构成。正常情况下 VS_3 截止，保护不动作。

当发生特大短路时，由 R_{26} 整定的电压足以使 VS_3 击穿。通过 VD_{18}，使 C_7 迅速充电，BT 几乎立即发出脉冲，触发 SCR 导通，使 S 失电，开关瞬时动作跳闸，此即实现了特大短路瞬时跳闸保护。

调整 $R_{26/1}$，可以在（$5 \sim 10$）I_N 的范围内整定起动电流值。这里的 I_N 是指脱扣器 $LH_1 \sim LH_3$ 的额定电流，而不是开关或发电机的额定电流。例如：DW98—400 型开关的脱扣器额定电流的规格为 100、150、250、300、400 A。DW98—600 为 500、600A。因而，在选择电流变换器 LH 时，应考虑到 LH 额定电流与发电机额定电流的相互配合。

（4）短路短延时跳闸保护的起动和时限电路

在离电源较远处发生短路时，发电机也会出现较大电流，根据保护选择性的要求，首先应由发生短路那一级的保护装置动作。若该保护装置失灵拒绝动作或动作迟缓了，发电机的短路短延时保护作为前一级保护的后备保护才动作，故它们需要有一个延时时限上的配合。

短路短延时保护的起动电路和时限电路，主要由稳压管 VS_2，晶体管 VT_3、VT_4 构成的射极耦合触发器式起动电路及充电延时电容 C_4 组成。短路短延时保护的控制信号从检测环节的 R_{27}、R_5 输出，经 VD_{14}、VS_2、R_{14} 加到作为监控器 VT_3 的基极上。

在正常情况下，电流小于短路短延时的起动电流整定值，由分压器输出的电压低于稳压管 VS_2 的击穿电压值，VS_2 截止，VT_3 无基极电流，亦截止，VT_4 饱和导通，C_4 上电压甚低，VD_{19} 截止，故输出控制电路不工作。

当发生短路时，电流增大，由 R_{27} 整定输出的直流控制电压使 VS_2 击穿，于是 VT_3 导通，VT_4 截止。由 VT_4 的工作电源经电阻 R_{16}、R_{32} 对 C_4 充电。当 C_4 上的电压使 VD_{19} 正向导通后，C_4 与 C_7 并联而被充电。电容被充电达 BT 峰点电压的时间，即为时限电路的延时时间。当充电达 BT 峰点电压时，BT 发出脉冲，一触发 SCR 导通，使 S 失电压，开关跳闸，从而实现了短路短延时跳闸保护。

对短路短延时保护，调整 $R_{27/1}$ 的动触点，可在 $(3\sim5)\,I_N$ 的范围内整定起动电流值。调整 R_{32} 的大小，可在 $(0.2\sim0.6)$ s 范围内整定延时时限，保护具有定时限特性。

（5）过载长延时保护的起动电路和时限电路

过载长延时跳闸保护的起动电路和时限电路，主要由稳压管 VS_1，晶体管 VT_1、VT_2 构成射极耦合触发器式起动电路及电阻 R_{11}、R_{30}、电容 C_3 构成的充电延时电路组成。

发电机过载信号，由电位器 $R_{28/1}$ 整定的电压取得。这一电压，一方面作为 VT_1、VT_2 直流工作电源，另一方面又经电阻 R_7 和 R_8 进行分压并从 R_8 上取出电压信号加到起动电路的 VS_1 和 VT_1 基极上。

对过载长延时保护，调整 $R_{28/1}$ 的动触头，可以在 $(1.0\sim2.5)\,I_D$ 的范围内整定过载起动值。当起动值整定在 $1.2I_D$ 时，调整 R_{30} 的动触头，可在 $(5\sim30)$ s 之间整定长延时的时间。

在发电机正常工作时，R_8 上的电压较低，稳压管 VS_1 是截止的，VT_1 无基极电流，也处于截止状态，VT_2 饱和导通，保护装置不动作。

当出现过载时，R_8 上的电压升高，使 VS_1 击穿，VT_1 饱和导通，VT_2 截止。这时，从 $R_{28/1}$ 上取得的电压信号，经 R_{11}、R_{30} 直接对 C_3 充电。C_3 上的电压按指数规律上升，进行延时。当 C_3 上的电压上升到足以击穿 VS_2 时，延时完毕。VS_2 被击穿后，同短路短延时保护动作过程一样，开关跳闸，从而实现了过载长延时保护。

由于长延时的信号是经过短延时信号的通道送出去的，但由于长延时时间远大于短延时的时间，因此长延时的时间主要决定于 C_3 充电电路的时间常数。同时由于 C_3 充电的电源电压是由过电流信号变换过来的，是随过载的大小而成正比变化的电压，因此虽然 C_3 充电电路的时间常数不变，但延时不是定时限的，过载小时延时时间长，过载大时延时时间短，这就使过载长延时保护具有反时限特性。

2. 欠电压延时保护

发电机电压经变压器 B_1 降压，并经 ZL_1 整流，R_{24}、C_8 阻容滤波，稳压管 VS_5 稳压之后，作为晶体管直流稳压工作电源。由图5-4可见，发电机电压U_{AC}，经变压器降压，再经二极管VD_{15}整流，电容C_5滤波，电阻R_{19}、R_{20}分压后，在R_{20}上取出与发电机电压成正比的直流电压控制信号加到后面的起动电路上。欠电压保护的起动电路和时限电路，由稳压管VS_4，晶体管VT_5和充电延时电容C_6、C_7等组成。

当发电机工作于正常电压时，R_{20}上的电压可以使稳压管VS_4击穿，晶体管VT_5处于饱和导通状态，因而其时限电路的延时电容C_6被短路。VT_5集电极电位约0.3V，故VD_{17}不能导通。此时，输出控制电路不输出欠电压信号。

当发电机电压低于欠电压保护起动电压整定值，例如达65%U_e时，R_{20}上的电压低到不足以击穿稳压管VS_4，晶体管VT_5截止，工作电源通过电阻R_{22}、R_{23}对C_6和C_7并联充电，电容充电达单结晶体管BT的峰值电压所需的时间，就是欠电压保护的延时时间。

DW-98半导体脱扣器的欠电压延时分为0.5、1、3、5s四种可供选择，延时完毕，通过输出控制电路，发出欠电压延时保护跳闸信号，使开关跳闸，实现发电机欠电压延时保护。

3. 发电机的逆功率保护

当同步发电机不是发出有功功率而是从电网吸收有功功率时，称为同步发电机的逆功率运行。逆功率保护的任务是，当发电机出现逆功率运行时，通过一定时限的延时将处于电动机运行状态的发电机切除，这种保护称为逆功率保护。当发电机并车操作不当或并联运行机组中某一台发电机的原动机发生故障，都可能发生逆功率状态。发电机在逆功率状态下运行，会使另外并联运行的发电机过载，以致跳闸，因此必须设置逆功率保护。

前面曾介绍过，当同步发电机频率或相位不相等时进行并车，将产生有功环流，有功环流会使相位超前的发电机减速，使相位滞后的发电机加速。相位滞后的发电机加速就是吸收有功功率，也就是说处于逆功率状态。因此，发电机并车时在允许范围内的短时逆功率，这样有助于发电机并车时拉入同步，因而此时的逆功率保护应不起作用。所以一般要求逆功率保护应具有一定的时限，最好具有反时限特性（逆功率越大，保护动作的时间越短；逆功率越小，保护动作的时间越长）。我国《钢质海船入级规范2022》规定：并联运行的同步发电机应设有延时3~10s动作的逆功率保护。逆功率整定值按原动机类型不同而整定：原动机为柴油机时，发电机额定功率的8%~15%；原动机为涡轮机时，发电机额定功率的2%~6%。当供电压下降至额定电压的50%时，逆功率保护不应失效，但其动作值可以有所改变。

交流发电机的逆功率保护是由逆功率继电器来实现的。它既反映有功功率的大小，也反映有功功率的方向。当同步发电机出现逆功率并达到或超过保护动作整定值时，逆功率继电器延时动作，使发电机主开关跳闸，将该发电机退出并联运行。逆功率继电器的动作取决于发电机是发出还是吸收功率，当发电机向电网输入功率时，它不动作；当发电机从电网吸收功率时，逆功率继电器动作，其输出触点一般串于失电压线圈电路，使失电压脱扣器动作导致主开关跳闸。考虑到当采用手动或半自动法进行并车操作时，在投入并联运行的发电机组中会出现逆功率状态，而这种逆功率的状态发生的时间短，逆功率的数值也不大，因此逆功率保护应避开这种状态。

由于逆功率继电器需检测同步发电机的有功功率，因而要取同步发电机的电流和电压信号并考虑其相位关系。逆功率继电器按其工作原理可分为感应型、整流型和晶体管型等。

前面介绍发电机保护时曾经说过，发电机逆功率的保护元件是逆功率继电器，它是一个检测有功功率及其方向的元件，不仅反映有功功率的大小，而且还反映有功功率的方向。当同步发电机出现逆功率并达到动作值时，逆功率继电器动作，将该发电机从电网上切除。常用的逆功率继电器有感应式、整流式、晶体管式等几种。

我国船舶早期交流电站大多采用 GG-21 型感应式逆功率继电器，其结构原理图如图 5-5a 所示。它的结构原理与感应式电能表相似，有上下两个铁心。上铁心套有电流绕组 N_i，输入反映发电机电流的信号 i_i；下铁心则套有电压绕组 N_u，输入反映发电机电压的信号 i_u。工作时 i_i 和 i_u 分别通过 N_i 和 N_u 产生磁通 Φ_i 和 Φ_u，并穿过上下铁心之间的铝盘。铝盘感应电动

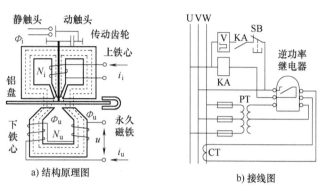

图 5-5　感应式功率继电器

势，感生电流，与 Φ_i 和 Φ_u 相互作用产生转矩。发电机输出有功功率时，铝盘转动并通过传动轴带动动触头向离开静触头的方向旋转，动触头转到一定位置时被一止档块挡住，不再转动，继电器不动作。而当发电机逆功率时，铝盘反向转动，带动动触头向静触头的方向旋转，使动静触头闭合，逆功率继电器动作，通常是通过断路器的失电压脱扣器使发电机跳闸。图 5-5b 所示为 GG-21 型逆功率继电器的接线图，当逆功率继电器动作后，中间继电器 KA 线圈有电，其常开触头闭合，接通过断路器的失电压脱扣器线圈。GG-21 型逆功率继电器必须按一定规律接线，要求其电压和电流线圈的极性一定要正确，通常分别接 U_{wv} 和 I_w，如图 5-5b 所示。也可接 U_{vu} 和 I_v，或接 U_{uw} 和 I_u。这种接线方法称为 30° 接线法，即使电压线圈所加电压滞后于发电机有功电流 30° 的接线法。只有这样接线才能保证，当发电机输出有功功率时，发电机的有功电流超前电压线圈中的电流 90°；逆功率时，电压线圈电流超前电流线圈有功电流 90°，实现逆功率保护。在试验检查接线中，当发电机输出有功功率时，圆盘往顺时针方向旋转，动触头逼紧止档，说明接线正确。

三、船舶发电机外部短路、过载、欠电压和逆功率保护参数的调整

1. 发电机的过电流保护参数的调整

（1）发电机的过电流保护参数调整的原则

发电机发热与电流的大小和持续的时间有关，发电机单机运行的保护主要是过电流保护。发电机承受的电流在 1.1 倍额定电流时，允许的运行时间为 2h；在 1.25 倍额定电流时，允许的运行时间为 30min；在 1.5 倍额定电流时，允许的运行时间为 5min。

发电机过电流小于 $110\%I_N$ 时通过延时确认，发出声光报警，卸除部分非重要的负载，减小发电机负载电流。一般根据船舶电站发电机的容量和台数，考虑非重要负载的性能和大小，分级脱扣卸载的各级脱扣是利用延时的时间差来实现的。例如，长延时脱扣器的延时为 20s 时，若分 3 级脱扣时，延时时间一般整定为

- 第 1 级脱扣延时，5s；
- 第 2 级脱扣延时，10s；

● 第 3 级脱扣延时，15s。

优先切断的非重要负载，通常是根据负载的性质，再根据功率的大小进行调整。如某集装箱船的优先脱扣切断负载分为 2 级，第 1 级切断的负载为机修工具、厨房设备、造水机、绞缆机、一台起货机、空调、货舱风机、住舱风机、日用淡水泵、舱底水分离泵和舱底压载扫舱泵；第 2 级切断的负载为冷藏集装箱电源。优先切断多少负载，取决于并联运行发电机的台数和负载率。

发电机过电流在 $110\% \sim 150\%I_N$ 之间，通过延时（$15 \sim 30s$）确认，分断 ACB。又称为长延时保护。

发电机过电流在 $150\% \sim 250\%I_N$ 之间，通过延时（$0.2 \sim 0.6s$）的确认，分断 ACB。该保护又称为短延时保护，短延时应与系统保护的选择性相配合，当系统中某处发生短路时，该处的 MCB 应先跳闸，以保证无故障的电路正常供电。大多数保护装置的短延时都是定时限特性的。

发电机过电流超过 $250\%I_N$ 时，瞬时分断 ACB，该保护又称为瞬动保护。

（2）过电流保护参数的设置与调整

发电机过电流保护装置的动作值与发电机电流的配合有两种方式：一种以发电机额定电流为基准值，另外一种以 ACB 的框架电流为基准值。基准电流是确定保护动作值的依据，电流互感器的变比是试验时模拟电流的计算依据。若基准值是按发电机额定电流选取的，则基准电流是被保护发电机的额定电流。电流互感器的一次侧额定电流与发电机额定电流接近。二次侧是 5A 或 3A。

例如发电机的名牌表示为：额定电流是 720A，基准电流为 720A，电流互感器的变比 800/5A。则参数设置如下：

长延时脱扣，保护的范围是 $(1.1 \sim 1.5)I_N$，按发电机的 I^2t 过电流特性保护，动作延时时间随电流增加按指数曲线下降，称为反时限动作特性。保护开始动作的电流称为始动值用 I_1 表示，可以认为 $I_1 = 1.1I_N$。长延时整定电流 $I_1 = 1.1I_N = 1.1 \times 720A = 792A$；整定延时 $T_1 = 30s$。由于长延时具有反时限特性，延时时间随电流的增大而减少，要考核动作的时间特性需要确定一个电流考核值，考核这个值所对应的时间。装置的长延时电流考核值固定为 $1.2I_1$。

短延时脱扣，保护的范围 $1.5I_N \sim 2.5I_N$，延时不超过 0.6s 动作脱扣。始动值用 I_2 表示，整定电流 $I_2 = 2.5I_N = 2.5 \times 720A = 1800A$；整定延时 $T_2 = 0.48s$；动作特性是定时限。大于 I_2 应动作。

瞬动脱扣，可以在 $(5 \sim 10)I_N$ 的范围内整定起动电流值，瞬时 t_i 应该是 0，实际动作总需要一定的时间，一般需要 $20 \sim 40ms$。

（3）参数调整与校验方法

保护装置在无电流输入情况下可用面板开关进行功能校验；也可以输入模拟电流进行动作特性校验，校验时 ACB 必须提供工作电源。保护装置也需提供工作电源。

1）长延时脱扣校验

① 合上 ACB；

② 把瞬动和短延时脱扣的整定刻度转至 NON 位；

③ 把面板上的"试验开关"扳向"低"，同时按下秒表开始计时，这时装置本身提供

一个对应 $1.5I_N$ 的检测电流；

　④ ACB 跳闸，脱开开关，开关自动复位到"OFF"；

　⑤ 计时到跳闸的时间，如果接近 $1.3I_N$ 对应的时间，说明功能正常；

　⑥ 把瞬动和短延时恢复到原来整定位置。

　2）短延时脱扣校验

　① 合上 ACB；

　② 把瞬动的整定刻度转至 NON 位；

　③ 把面板上的"试验开关"扳向"高"，这时装置本身提供一个对应 $16I_N$ 的检测电流，如果 ACB 稍带延时跳闸，说明功能正常；

　④ ACB 跳闸后，脱开开关，开关自复位到"OFF"；

　⑤ 把瞬动恢复到原来整定位置。

　3）瞬动脱扣校验

　① 合上 ACB；

　② 把面板上的"试验开关"扳向"高"，这时装置本身提供一个对应 $16I_N$ 的检测电流，如果 ACB 立即跳闸，说明功能正常；

　③ ACB 跳闸后，脱开开关，开关自复位到"OFF"。

　4）保护参数调整

　以 AH 开关为例，将 AH 主开关的电子脱扣器接点 Ka、Kb、Kc、n 上连接线取下，参数调整试验电路如图 5-6 所示接线。电流表 A 中的电流值是电子脱扣器中的电流（电流互感器的二次侧电流），应与 AH 主开关保护动作值相对应。保护动作的延时时间可用电子脱扣器上的相应电位器调节。动作值由电子脱扣器内部电位器调节。

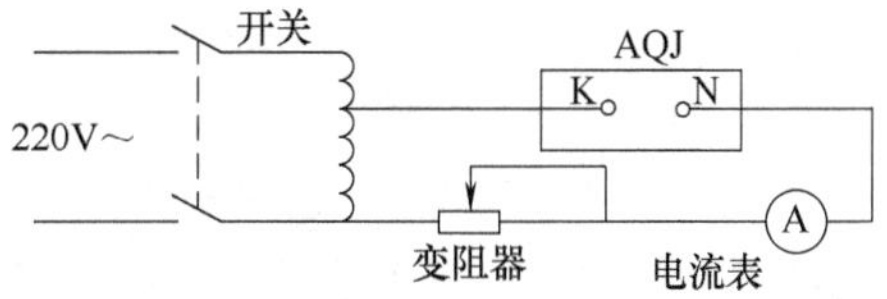

图 5-6　短路及过电流保护（含分级卸载）参数调整电路

　试验时先将调压器回零位，主开关合闸后逐渐增加输出电压，观察电流表读数，同时观察电子脱扣器上的相应指示灯，利用计时秒表计动作延时时间。

2. 发电机欠电压保护参数的调整

　欠电压保护动作试验电路如图 5-7 接线。先将调压器回零位，合闸刀开关后逐渐增加调压器输出电压至发电机额定值，观察失电压线圈的吸合状态，然后合发电机主开关，再逐渐调节调压器使输出电压下降，调至欠电压动作值，主开关应跳闸。

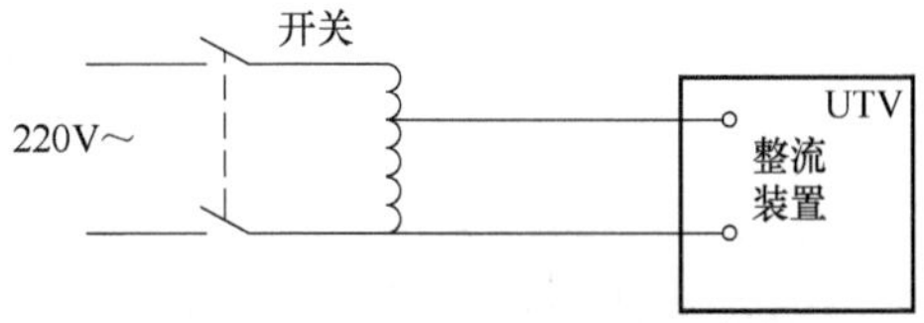

　欠电压动作值及动作延时时间的调整由 UVT 整流装置内的电位器调节。

图 5-7　欠电压保护参数调整试验电路

3. 发电机逆功率保护参数的调整

　逆功率保护装置的整定值一般整定在 8%~15% 额定功率（原动机为柴油机），延时 3~10s 动作。对逆功率保护整定值的进行调整时，可在发电机单机运行的情况下，把逆功率继电器上的电压或电流连接对换，这样逆功率继电器把正功率作为逆功率测量，功率表指示的正功率数值就是逆功率数值。开始计时，观察逆功动作数值并进行调整。

感应型逆功继电器如 GG-21，动触点始动的逆功率数值与动触点接触静触点的并不是同一个数值，两个触点接触时的点才是实际的逆功率数值。这是调整的要点，考核动作值要把动触点调节到尽量靠近静触点的位置。调整时必须分两步做，先整定动作值，然后再校验延时时间。一般，直接调节功率到逆功数值，开始计时，跳闸，停止计时。

在 GG-21 感应型逆功率继电器上装有调整逆功率动作值的插座，以备改变电流线圈的匝数，整定逆功率的起动值。在运行中调整时，应先以备用插销插入调整的插座内而后再旋出原插销插入备用插座内，以防电流互感器二次侧线圈开路。在额定电压下，起动功率可整定在 6.4%、9.6% 和 12% 的发电机额定功率。

GG-21 感应型逆功率继电器上还装有一止挡块，其作用是，当发电机输出有功功率时，能挡住动触头使之不能向反向转动，改变止挡块的位置就可以调整动触头的行程，以整定延时的时限，可整定在 2、3、5、7、9、12s。由于转矩与逆功大小成正比，逆功越大，转矩越大，铝盘旋转越快，因此 GG-21 感应型逆功率继电器动作时限具有反时限特性。整流式逆功率继电器由电压形成回路、整流滤波电路、检测回路、执行环节等组成，如图 5-8 所示，其中，电压形成回路采用两个三绕组变压器产生两个电压信号 u_1 和 u_2；整流滤波电路主要由两个桥式整流器 V_1 和 V_2 组成（图中滤波元件未画出）；起动电路由检测回路、执行环节等组成。两个三绕组变压器，分别产生两个电压信号 u_1 和 u_2，u_1 为发电机电压信号移相 90° 后与发电机输出电

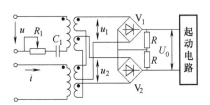

图 5-8　整流式功率继电器

流信号的相加，u_2 为发电机电压信号移相 90° 后与发电机输出电流信号的相减。然后经过两个桥式整流器 V_1 和 V_2 分别进行整流，最后将两个整流信号进行叠加，得到输出直流电压输出信号 U_0。通过相量图可以证明，当发电机分别输出有功功率和输入有功功率时，U_0 的极性不同。根据 U_0 的大小和极性可以判断发电机是否处于逆功率状态和逆功率的大小。当发电机逆功率且超过整定值时，通过起动电路即可发出逆功率保护的动作信号。晶体管式逆功率继电器也是由电压形成回路、整流滤波电路、检测回路、执行环节等组成，所不同的是执行环节不同而已。

感应型的逆功继电器比较容易调整，达到逆功动作数值，有动作指示灯显示，开始计时，延时动作输出也有指示灯显示，输出跳闸，停止计时，秒表所指示的即是延时时间。

第四节　船舶电网的保护

对船舶电网的保护主要是电网的短路和过载保护，此外正如本章第一节介绍，由于船舶电力系统的线制几乎都采用三相三线制中性点对地绝缘系统，而中性点对地绝缘系统出现单相接地时，虽然不会出现单相短路，也不会影响三相线间电压之间的对称关系，仍可继续供电。但出现单相接地现象时，非接地相将工作在线电压下容易造成绝缘损坏。一旦其他非接地相再有一点接地，立即构成相间短路。因此，除了对短路和过载保护有保护要求外，对电网绝缘进行监视也是船舶电网保护的重要任务之一。下面将分别进行介绍。

一、船舶电网的短路与过载保护

船舶电网的短路保护要求良好的选择性，当发生短路故障时，仅允许切除有故障的线路部分，而非故障线路应保证能够继续正常运行。实际上发电机的外部短路也属于电网的短路，只不过电网短路保护的范围更广。船舶电网短路保护元件一般采用框架式断路器、装置式断路器和熔断器。框架式断路器主要用于发电机的短路保护，同时兼做回流排（母线）的短路保护；熔断器主要用作电网的末级保护；装置式断路器则大量应用于各种配电装置中。

对船舶电网短路保护的要求仍然是快速、准确、灵敏和可靠，要满足快速、准确的要求，通常应通过对各级保护装置的动作整定值进行合理整定，整定必须按时间和电流相结合的原则进行，具体整定如前面对图5-1的介绍。按照时间原则：以各级保护装置的动作时间整定值的不同来实现选择性，整定的原则是各级开关或保护装置的整定值朝发电机的方向逐级增大。按照电流原则：以各级电流的整定值的不同来实现选择性，动作电流的整定值也应保证自负载向发电机的方向逐渐递增。

为了确保短路保护具有较好的选择性，通常在主配电板的汇流排至各电动机之间的保护级数不宜超过4级，至照明电路之间的保护级数不宜超过5级。

实际线路中，如前所述，从发电机至框架式自动断路器这段电路较短，故障的可能性不大，因此一般不设短路保护。而由主配电板至用电设备部分电路，可与用电设备共用一套保护装置，装在出线端。主配电板至分配电板（箱）可采用装置式自动断路器或熔断器。

船舶电网大都采用枝状结线（辐射型馈线式配电网络），馈线的截面积又都与发电机及用电设备的容量相配合的。而且由于发电机和用电设备通常都设有过载保护，这些过载保护装置同时保护了电网，因此船舶电网一般不单独设置的过载保护装置。注意，不单独设置并不是不需要设置，而是电网的过载保护由其他设备的保护装置同时实现过载保护。

须指出的是，根据我国《钢质海船八级规范（2022）》要求，舵机电动机及其供电线路均不设过载保护，只设短路保护和过载报警装置。因为舵机电动机及其供电线路出现过载时，往往是船舶面临紧迫局面，此时为了船舶的安全，必须以大局为重。而且舵机电动机及其供电线路实际在设计与制造时已考虑到应急情况下的过载运行，因此舵机电动机及其供电线路不允许设置过载保护。

二、电网的绝缘监视

船舶电网一般采用三相三线绝缘制系统，电网中的任何一相接地，将造成另外两相对地均为线电压，严重影响人身、设备的安全，若再有一相接地，就会引起两相短路的故障。

1. 绝缘指示灯

船舶主配电板和应急配电板的负载屏上都有绝缘指示灯（又称为地气灯）和装置式绝缘电阻表（也称配电板式绝缘电阻表），绝缘指示灯和装置式绝缘电阻表都是用来对船舶电网绝缘进行监视的器件。绝缘监视表下面有三个绝缘指示灯（俗称"地气灯"），其原理如图5-9所示。绝缘指示灯下面有一按钮，按下该按钮，通过观察三个绝缘指示灯的状态可

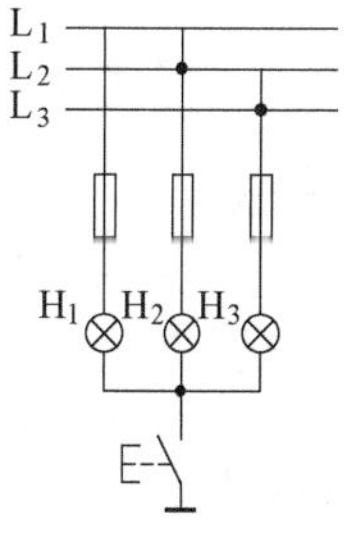

图 5-9 地气灯

以判别动力电网三相的绝缘情况（某相绝缘低，则对应的绝缘指示灯变暗）。

2. 电网绝缘监测

装置式绝缘电阻表与便携式绝缘电阻表（俗称摇表）不同，便携式绝缘电阻表只能在断电的情况下测量线路的绝缘电阻，而装置式绝缘电阻表却能带电测量线路的绝缘电阻。

装置式绝缘电阻表的原理如图 5-10 所示。

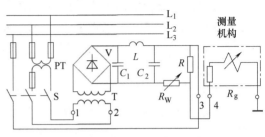

图 5-10　装置式绝缘电阻表

通过开关 S，单相电压互感器 PT 向装置式绝缘电阻表提供单相交流电源，再经过变压器 T、桥式整流器 V 和由 C_1、C_2 及 L 构成的复合滤波器，在端子 3 和 4 两端得到直流电压源。直流电压源的 3 端通过开关 S 与电网 L_3 连接，4 端则接到测量机构（表头）的一端，测量机构的另一端直接接地。电网的三相交流电源对于直流电压源相当于短路，因此任一相对地绝缘电阻下降，都会使测量机构流过的微小电流增加，通过指针的指示，测量机构即可指示出整个电网的绝缘电阻值，这就是装置式绝缘电阻表测量船舶电网绝缘电阻值的原理。

如一相接地，表头指针偏转最大，绝缘电阻指示值为零。表头上可直接读出电网的绝缘电阻值，配电板绝缘电阻表可以通过转换开关分别测量动力电网和照明电网的绝缘电阻值。船舶要求该值大于 1MΩ。

装置式绝缘电阻表还可进行监视电阻值的设定，当电网绝缘电阻低于所设定的值时，装置式绝缘电阻表即可将测量信号输出给报警装置进行报警，提醒管理人员及时查找造成绝缘下降的点，并及时进行排除，恢复电网的绝缘。

3. 接地故障的排查

当接地故障出现时，应分析判断故障点可能发生在何处，如考虑最近是否有新安装的电气设备，因接线碰壳而形成接地，或者本船运行中有哪些薄弱环节易于形成接地等。必要时，可以用分区域断电的方法检查，分级逐个去检查直到找出故障点。

船舶电网接地故障大多发生在照明网络。当值班人员通过配电板式绝缘电阻表检查时发现绝缘电阻低（或装有连续监测对地绝缘电阻报警装置的声、光报警时），值班人员应及时找到接地点，排除接地故障消除隐患。

照明网络接地故障的查找步骤如下：

1）首先打开配电板式绝缘电阻表测量照明网络，绝缘电阻表指示此时为 0。

2）在主配电板前，逐个拉掉照明配电开关，查看绝缘电阻表指示是否恢复正常值。

3）拉区域开关的次序应为船员居住区、甲板照明区、机舱照明区和驾驶室通、导设施。

4）找到发生接地故障的配电开关后，切断该路供电，查看绝缘电阻表指示是否恢复正常值。

5）在分配电箱前，运用便携式绝缘电阻表查找二次配电网络，逐个测量分支电路对地绝缘状况。

6）找到接地的分支电路后，拉掉这一路分配电开关，合上其余开关，在主配电板前合上这一路配电开关恢复供电。

7）在查找具体接地点时，应从中间接线盒（如两个房间中间的）断开，判断是哪一小区域（如房间）接地的。

8）由于小区域（房间）中只有有限的几个供电点，一般不超过 5 个点，应逐一检查每个供电点。主要检查灯头、插头、开关部分引线，检查灯头、插头、开关内部状况，经过这些检查仍找不到接地点时，应检查接线盒至用电器间电缆直至找到接地故障点。

当接地故障出现时，应分析判断故障点可能发生在何处，如考虑最近是否有新安装的电气设备，因接线碰壳而形成接地，或者本船运行中有哪些薄弱环节易于形成接地等。必要时，可以用分区域断电的方法检查，分级逐个检查直到找出故障点。

第五节　船舶岸电系统

船舶停靠港口期间需要关闭主机，开启副机发电，为船舶提供日常电力。自身携带的燃油副机在发电时会排放氮氧化物等大气污染物，还会产生噪声污染影响船员工作生活。为了加快推进绿色港口建设实现"双碳"目标，船方的船舶岸电系统（即"岸电"）即应运而生。

船舶岸电其实是从陆地电网引电的模式。船舶岸电系统系指在船舶正常营运靠港期间港口向船舶供电的设备，主要包括"电源"（岸上供电系统）；"中转"（船岸连接设备）；"负载"（船舶受电系统）。

一、船舶岸电系统的类型

主要分为交流高压岸电系统和交流低压岸电系统。

1）交流高压岸电系统：指港口向船舶配电系统供电的电源（即岸电）额定电压（相间电压）为 1kV 以上且 15kV 及以下的船舶岸电系统。

2）交流低压岸电系统：系指港口向船舶配电系统供电的电源（即岸电）额定电压（相间电压）为 1kV 及以下的船舶岸电系统。

二、船舶使用岸电系统的优势

1）低碳环保：船舶靠港期间碳排放为"零"，可降低船舶靠泊的污染物排放，改善空气质量。

2）经济高效：船舶靠泊期间以"电"代"油""零油耗"，降低船舶靠港期间运营成本，提高船舶营运效益。

3）体验感强：降低靠泊期间船舶值班工作强度，提高船员工作生活舒适度，实现"零噪声"污染。

三、应配备岸电系统的船舶

1）2019 年 1 月 1 日及以后建造的中国籍公务船。

2）2020 年 1 月 1 日及以后建造的国内沿海航行集装箱船、邮轮、客滚船、3000 总吨及以上的客船和 50000 吨级及以上的干散货船。

3）2022 年 1 月 1 日起，使用的单台船用柴油发动机输出功率超过 130kW、且不符合《国际防止船舶造成污染公约》第二阶段氮氧化物排放限值要求的中国籍公务船、内河船舶（液货船除外），以及中国籍国内沿海航行集装箱船、客滚船、3000 总吨及以上的客船和 50000 吨级（指载重吨）及以上的干散货船。

四、海事检查的要点

1）船舶是否持有船用产品证书和型式认可证书。

2）船舶岸电箱接线柱、断路器、指示灯或电压表等是否功能正常，铭牌信息是否与证书船载设备信息相匹配。

3）航行日志或能耗数据收集专用记录簿中记录岸电使用情况，记录至少保存 2 年。

4）船舶是否制定事故应急预案，明确岸电使用应急处置流程。

5）岸电船载装置应急切断功能，其布置应能防止被误触动。应急切断动作时，应在港内停泊时有人值班处所发出听觉和视觉报警信号。

五、低压岸电的连接

船舶靠泊使用岸电，需要船岸协同工作，才能安全使用岸电。岸电使用的操作流程主要接岸电时，陆上电源通过电缆通常接到位于主甲板层的岸电箱，岸电箱一般都有岸电电源指示灯、断路器或开关加熔断器、岸电接线柱、相序指示灯（或负序继电器）、表明船电的额定电压与额定频率。换接岸电的操作是在主配电板上进行的，在主配电板上除岸电开关外，还设有岸电指示灯，指示岸电箱已合闸。

1. 接岸电的注意事项

1）接岸电时岸电与船电的电流种类应一致。

2）接岸电时岸电的额定频率、额定电压应与船电相一致。

3）当岸电为三相四线制时，需将岸电的中性线接在岸电箱上接船体的接线柱上，只有船体与岸电中性线相连后，才可接通岸电。

4）合上岸电箱上开关，只有当岸电相序与船电相序一致时才可到主配电板前进行转接岸电操作。

5）船舶接岸电时严禁船舶发电机合闸供电，只有在岸电切除后发电机才可以合闸供电，两者不可同时合闸。

2. 相序测定器的工作原理

三相交流岸电箱上应有相序指示，以保证岸电相序与船电的相序一致，确保船舶各种设备能够正常工作。相序指示通常采用指示灯组成相序指示器，其接线方式有多种，如图 5-11 所示的相序指示器采用两个指示灯进行指示。图 5-11a 为单指示灯的指示，图 5-11b 和图 5-11c 分别为双指示灯的指示和带变压器的双指示灯的指示。

根据相量图的分析，接上岸电后，两个连接指示灯（或一相接指示灯，另一相

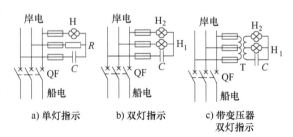

a) 单灯指示　　b) 双灯指示　　c) 带变压器双灯指示

图 5-11　岸电指示灯

接电阻）中，亮的指示灯所接相比电容 C 所接相超前 $120°$，而暗的指示灯所接相则滞后电容 C 所接相。若图 5-11b 和图 5-11c 中岸电与船电相序一致，指示灯 H_2 亮 H_1 灭；若相序相反，则指示灯 H_1 亮 H_2 灭。因此，实际指示灯 H_2 为绿色或白色，H_1 一般为红色。实际使用时，观察绿（白）色指示灯亮，即可操作作为岸电开关的装置式自动断路器 QF，将岸电与船电进行连接并供电。图 5-11a 只有一个指示灯 H，只要 H 亮，说明岸电与船电相序一致，即可接通岸电。

除相序测定器外，负序（逆序）继电器也是一种检测电网相序的装置，当岸电相序正确、三相电压对称时，负序继电器的输出电压为 0，岸电箱开关可以合闸供电，当相序不一致或断一相线时，负序继电器有电压输出，岸电箱开关就合不上闸。负序继电器是用来防止接岸电时，相序接错或一相断线形成电动机单相运行的继电保护装置。

3. 换接岸电操作

1）进厂坞修时，将岸上电力电缆接在岸电箱的岸电接线柱上，合上岸上配电开关，岸电电源指示灯亮（一般由船厂人员承担）。

2）在船电供电情况下合上岸电箱的开关。由岸电箱相序测定器指示岸电与船电间相序，当两个指示灯的亮暗关系与岸电箱上标志相一致时，说明岸电相序与船电相序一致；否则相序不一致。若为负序继电器，则当相序不一致时，岸电箱的开关合上即跳闸。

3）在主配电板前，当岸电指示器已表明岸电已通电时，分断发电机主开关，电网失电后立即合上岸电开关，此时船舶电网已换接成岸电供电。

六、高压岸电的连接

为了解决船舶港口环境污染的问题，美国率先提出 AMP（Alternative Marine Powered，替代船用动力）或 Cold Ironing 的码头岸电技术，并已在美国洛杉矶等港口应用。码头高压岸电的容量一般与一台船舶高压主发电机的容量相当，如洛杉矶港的高压岸电电源规格为 6600V、60Hz、2700kW。

1. 高压岸电系统的组成

船舶高压岸电设施主要包括：高压岸电电缆绞车，高压岸电连接屏（MV SHORE POWER CONNECTION PANEL），高压岸电接收屏（MV SHORE POWER RECERIVE PANEL），如图 5-12 所示。

两套高压岸电电缆绞车分别位于船艉左右舷（UPPER DECK 层）。连接岸电时，先将绞车的移门打开，然后用手动液压泵将电缆搁架向船舷方向完全放出，再通过电动机转动电缆绞车将电缆徐徐地放到码头上，由码头工作人员将电缆插头与码头上的岸电插座相连，岸电首先被引到岸电连接屏。

岸电连接屏位于机舱，由左舷岸电连接屏、右舷岸电连接屏和高压岸电配电屏组

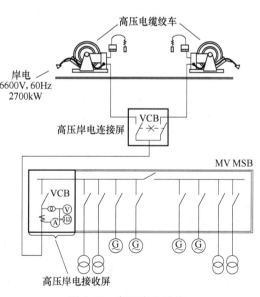

图 5-12　高压岸电系统

成。电机员在岸电配电屏检查岸电相序是否正确（若不对，通知码头换相），并分别检查岸电的电压、电流、频率、功率等参数，若参数正常，就可以在左舷（或右舷）岸电连接屏上闭合断路器，将6600V的岸电送至位于集控室的高压主配电板上的岸电接收屏。

岸电接收屏用来将岸电通过主汇流排向船舶电网供电。岸电接收屏上有真空断路器VCB、接地开关、相序指示仪、数字式多功能表（可进行电压、频率、电流和功率指示）等，并通过数字式继电器实现岸电的过电流保护（长延时、短延时）和欠电压/断相保护。

2. AMP岸电系统的安全操作

整个操作过程必须有两名以上专业人员参加，由轮机长现场指挥，电机员具体操作，一名轮机员协助；现场人员配备对讲机，保持船舶内部指挥协调以及与岸上人员的沟通联络，确保操作安全顺利进行。

其安全操作共分为六个步骤：

1）船舶AMP岸电系统接地放电接岸电前，岸上专业人员应上船接洽，并要求船舶AMP岸电系统进行接地放电。

在岸电专业人员的见证下，船员在SC连接屏上完成接地放电程序。

2）电缆的送岸连接：电缆绞车有自动张紧功能（类似自动绞缆车），能够保持电缆在设定张力下伸出一定的长度，间隔一定时间自动收绞一次，可有效地保护电缆不受外力的损坏。

必要时可适当地调节电缆绞车自动力矩和设定的绞缆时间。调定后电缆应该是不吃紧也不松弛外溜的状态，10分钟左右自动绞缆3秒钟。如果原设定的自动力矩偏大、时间设定偏长等，均有必要调小和调短。

船员操纵船舶尾部两舷AMP岸电箱内的6600V高压电缆专用收放装置，依次进行：

① 放出液压电缆导缆托架；

② 操作电缆绞车，将两根6600V高压电缆顺着导缆托架逐步送出；

③ 岸上人员接到电缆后，将其接妥岸上电源。

3）AMP应急断电线路的连接和试验、送电。

AMP应急断电线路的原理：将连接电缆中的应急停止控制回路接入AMP高压真空开关合闸线圈（串联，电压110V），当船舶任何一个应急按钮按下，或船上AMP电缆绞车送出到仅存最后一圈电缆时，自动断开岸电高压开关，起到应急保护作用。

① 岸上人员接妥电缆接口后，连接应急断电线路。

② 船员配合，在艉岸电箱、SC岸电连接屏、MM高压配电板上的岸电控制屏等三处，按照岸上人员指挥操作应急断电按钮，做应急断电实验。

③ 岸上人员确认试验成功，就完成了6600V高压电AMP的全部供电准备工作，随时可通知岸上合闸供电。

4）同步检验：在SC连接屏上检验相序，进行同步检测。待确认后可以合闸，向高压配电板MV MSB送电。

5）高压配电板合闸送电：高压配电板的合闸送电有多种方法和模式（船舶供电的断电和不断电合闸；船舶供电不断电合闸中又分为自动同步合闸和手动同步合闸）。岸方一般为了安全起见要求船舶断电合闸。

船舶断电合闸：相序检测后，按下发电机分闸按钮，全船失电，接着按下AMP的合闸开关，恢复船舶供电。

若选用自动同步模式只要按下 AMP 合闸按钮，自动同步并电后供电发电机自动进行负载转移、分闸，机舱在不断电的情况下完成岸电供应转换（类似发电机转换操作）。然后记下电度表的读数，以便结算。

6）岸电供电结束的恢复程序：先起动一台副机，选择确定并电方式和模式。

若选用不断电自动同步模式，只要按下待并发电机合闸按钮，自动同步并点后岸电负载自动转移到船舶发电机，岸电分闸，机舱在不断电的情况下完成岸电供应转换（类似发电机转换操作）。

船舶断电合闸与上述相同，起动船舶发电机后，先岸电分闸，全船失电，接着按下发电机的合闸开关，恢复船舶供电。然后记下电度表的读数，以便结算。接着在 SC 连接屏上分闸，一次：

① 通知岸上人员停止供电（当然，船舶此时也可以按下应急接断电按钮，遥控岸上分闸断电）；

② 配合岸上人员脱开电缆连接；

③ 操纵 6600V 高压电缆专用收放装置，逐步收起电缆；

④ 操纵收起液压导缆托架，关上舷门。

3. 高压岸电的连接方式

（1）断电方式

断开船上大容量的用量设备，切断并停止船舶主发电机。然后，按下岸电接收屏上的"CLOSE"按钮接通岸电。

（2）同步并车方式

此种方式可以实现船电和高压岸电的不断转换。

在确认岸电相序正确后进行并车操作，并车的条件包括：①船舶主发电机单机运行；②电压相等；③频率相等；④相位相等。并车方式（手动或自动准同步）可以通过同步屏上的转换开关进行选择（通常选择"AUTO"），并车操作可按发电机的并车操作规程进行，但在并车过程中只能调节船舶发电机的电压、频率和相位。

若选择"AUTO"方式，电力管理系统将视岸电为另一台船舶发电机，进行岸电和船电的自动并车、负载转移、发电机自动解列及自动停车的控制。自动并车和负载转移的过程延续约 10s，10s 后发电机的 VCB 将自动分闸。当负载增加到最大值或岸电突然消失的时候，应立即起动一台船舶发电机。

4. AMP 岸电系统的日常管理

1）定期测试系统绝缘，抵港准备接岸电前一周测试一次。

2）对电缆专用收放装置进行定期检查和效用试验，即将液压导缆托架放出、收进，将电缆送出和收回；抵港准备接岸电前一周检查和做效用试验一次。

3）岸电绞车室内装有 220V 电加热，电源开关不能关闭，室内应保持干燥的状况。岸电绞车控制箱 440V 电源开关不能关闭。

4）恶劣天气停止后，应尽快检查岸电绞车室内和设备状况。

七、接岸电的工程意义

1）深入贯彻党的二十大精神，响应"教育、科技、人才是全面建设社会主义现代化国家的基础性、战略性支撑"。落实"加快建设中国特色、世界一流的大学和优势学科"，应该加强航海类学科中的"船舶岸电系统"建设。

2）加快推进绿色港口建设实现"双碳"目标，要求凡是新建码头，船舶靠港期间均要停止使用船上的发电机，而改用岸电供电，以期减少污染。

3）按照世界标准，尽快地制定符合中国国情和研制新型的船舶岸电系统，特别是高效适用的中高低压不同规格的岸电系统，以满足不同船舶对岸电的使用。

复习与思考

5-1. 继电保护装置的任务是什么？

5-2. 继电保护装置的基本要求是什么？

5-3. 对船舶电站的安全保护装置的基本要求是什么？

5-4. 船舶发电机有哪些保护？为什么？各保护是由什么元器件进行保护的？

5-5. 船舶发电机外部短路保护有哪些要求？为什么？保护整定值的整定原则是什么？

5-6. 对发电机保护的总体原则和具体原则各是什么？为什么？

5-7. 怎样选择开关电器才能满足船舶电网短路保护关于选择性的要求。

5-8. 什么是同步发电机的过载？同步发电机如何实现过载保护？整定值如何整定？

5-9. 自动分级卸载装置有哪几类？

5-10. 什么是同步发电机的欠电压运行？欠电压运行会造成什么不良后果？

5-11. 发电机的欠电压保护各在什么情况下动作？其动作值是怎样整定的？

5-12. 什么是同步发电机的逆功率？为什么不能逆功率？造成逆功率的原因有哪些？

5-13. 发电机的逆功率保护在什么情况下动作？其动作值是怎样整定的？

5-14. 什么是同步发电机的逆功率？为什么不能逆功率？造成逆功率的原因有哪些？

5-15. 感应式逆功率继电器的结构如何？一般如何进行接线？

5-16. 简述逆功率继电器的工作原理？

5-17. 船舶电网有哪些保护？为什么船舶电网不单独设置过载保护？

5-18. 船舶电网的短路保护总体原则和具体原则各是什么？为什么？

5-19. 实现船舶电网的短路保护的元器件有哪些？这些元器件各在什么场合使用？

5-20. 船舶电网的短路保护有什么规定？为什么？

5-21. 试分析图5-4的工作原理。

5-22. 如何对船舶电网的接地情况进行监视？

5-23. 为什么要监视船舶电网的绝缘？采用什么元器件监视绝缘？

5-24. 在船舶电力系统运行中，可能出现的不正常运行状态和故障情况有哪些？

5-25. 单相接地监视和绝缘检测的方法有哪些？

5-26. 简述装置式绝缘电阻表、逆功率继电器和负序继电器的工作原理。

5-27. 怎样对岸电的相序和断相进行保护？

5-28. 接用岸电应注意的事项是什么？

5-29. 高压岸电系统的组成是什么？为什么要使用高压岸电系统。

5-30. 高压岸电连接的安全操作规程是什么？

5-31. AMP岸电系统的日常管理有哪些？

第六章　船舶高压电力系统

第一节　概　　述

随着船舶电气设备自动化程度的不断提高以及船员生活、工作条件的逐步改善，船舶电气负载急速增加，相应的船舶发电机的功率也随之大幅度增加。目前，大型船舶电力系统容量设计值已高达15~20MVA，大型豪华邮轮更是高达70MVA。广泛采用了半个多世纪的船舶低压电力系统已无法满足现代化大型船舶电力系统容量的要求，船舶高压电力系统还有不断增加的趋势，这将给船舶电力系统带来一系列新的变化。

中国船级社《钢质海船入级规范 2022》对船舶低压和船舶高压系统的定义为低压系统系指工作于额定频率为50Hz或60Hz、最高电压不超过1000V的交流系统，或在额定工作条件下最高瞬时电压不超过1500V的直流系统。高压系统系指额定电压大于1kV但不超过15kV，额定频率为50Hz或60Hz的交流系统，或在额定工作条件下最高瞬时电压超过1500V的直流系统。

促使船舶采用高压电力系统的主要原因如下：

1）目前，船舶低压工频发电机的设计容量上限为2.5MW，接近或超过这个极限的发电机在设计技术上是困难的，在经济上也不合算。如今很多大型船舶的电站容量已达到十几兆瓦甚至几十兆瓦，按此条件采用常规船用低压发电机，一艘船上将安装十几台甚至更多的发电机组显然是不合理的，实船上也无法实现。

2）随着船舶用电设备的增多，船舶电站容量随之增大，当船舶电力系统发生短路故障时，短路电流也大幅度增加。如果采用低电压等级的船舶电力系统，大幅度增加的短路电流已使目前所能生产出的开关电器与保护装置的断流容量无法满足要求。

3）如果输送大功率电能仍采用低电压等级，船舶电缆的截面会很粗，并需多股并联，造成电缆的发热量增大、线路传输损耗严重，布线与安装上更加困难。随着电压等级的提高，输送同一功率采用的电缆规格与数量都可大幅下降。特别是在船舶条件下，由于敷设工作量降低所带来的效益更是不可低估的，在船舶电缆的选择上，采用高电压等级的优越性尤为显著。

实践证明，高压电站应用到现代船舶上取得了很好的效果，船舶高压电站可以降低线路损耗，减少发电机组数量，提高电站容量，满足船舶飞速发展的用电需求，必将越来越多地应用在未来大型船舶电站之中。船舶高压电力系统已成为大型客船、集装箱船、油船、电力推进船舶及某些特殊工程船舶等的必选，成为今后船舶电站的主要发展方向。

采用船舶高压电力系统后，保护装置、接地、高压变压器、变配电方式、主开关型式、电缆端头的构造及处理方法都与船舶低压电力系统有很大差别，特别是船舶高压电力系统往往采用中性点接地方式，与低压电力系统普遍采用中性点绝缘方式有着明显的区别，中性点采用何种接地方式也是船舶高压电力系统需要解决的关键技术难题。目前，从国内外的应用来看，船舶高压电力系统普遍采用高电阻接地方式。船舶高压电力系统给船舶电气系统带来一系列新的变化，船舶的设计、使用，管理者必须特别注意。

第二节 船舶高压电力系统的电压等级和防护要求

一、船舶高压电力系统的电压等级

电力系统电压等级在世界各国以及在不同应用领域的标准并不完全一致。美国电气和电子工程师协会（IEEE）标准规定，额定电压大于 1kV、小于 10kV 的电力系统为中压交流电力系统。其中常用的有 3.3kV/3.0kV、6.6kV/6.0kV、11kV/10.0kV 三个等级，上述等级中分子、分母分别表示额定频率为 60Hz、50Hz 的电力系统所对应的额定电压。

在中压电压等级之上，IEEE 标准还有高压和超高压电压等级。

中国船级社《钢质海船入级规范 2022》对交流高压电气装置的特殊要求是：交流高压电气装置适用于额定电压超过 1kV 的交流三相电气装置。除另有明文规定外，低压电气设备的构造和安装一般也适用于交流高压电气装置。系统额定电压应不超过 15kV。但如有特殊需要，经 CCS 同意可以采用更高的电压等级。

可见，中国船级社规定，超过低压电压等级的船舶电力系统称为船舶高压电力系统，这样，船舶高压电力系统的电压等级在 1~15kV。

二、船舶高压电力系统的防护要求

船舶高压电气设备的外壳防护等级均应与其安装场所相适应，除至少应符合外壳防护等级的最低要求外，还应满足下列要求：

1）旋转电机的外壳防护等级至少应为 IP 23，其接线盒的防护等级至少应为 IP 44。安装在非专职人员可以到达处所的电机，其外壳防护等级至少为 IP 4X，以防止人员接近或触及电机的带电或转动部分。

2）变压器的外壳防护等级至少应为 IP 23，如安装在非专职人员可以到达的处所时，则其外壳防护等级至少为 IP 4X。

3）具有金属外壳的控制设备、配电设备组件和静止变换器的外壳防护等级至少应为 IP 32，如安装在非专职人员可以到达的处所时，则其外壳防护等级至少为 IP 4X。

4）由于功率大，损耗的绝对值也大，加上机舱压力水雾灭火系统对船舶发电机防护性能的要求，所以船舶高压发电机绝大多数采用空气-水冷却方式，其防护等级一般为 IP 54 以上，可满足 IP 44 的最低要求。至于冷却水用淡水还是海水视具体船舶设计而定，但不论何种水质，空气-水冷却器均应做成双管式，具有泄漏传感器报警装置。

第三节 船舶高压电力系统的中性点接地技术

一、电力系统中性点的运行方式

电力系统的中性点（neutral point）运行方式是指电源或变压器中性点采用什么方式接地。

1. 中性点运行方式的分类

通常中性点运行方式分为以下几种：

1）不接地方式，又称中性点绝缘。

2）直接接地方式，中性点直接与接地装置连接。

3）消弧线圈接地方式，中性点经电抗器（称消弧线圈）与接地装置连接。

4）电阻接地方式，中性点经过电阻与接地装置连接。通常采用高电阻接地方式。

2. 中性点接地方式的分析

电力系统中性点的接地方式是一项综合性技术问题，必须考虑以下几个方面的因素：电力系统供电的安全性、连续性和可靠性，过电压保护和绝缘技术措施的配合，保护的构成和断路器跳闸方式，配电网和线路的结构，人身和设备的安全等。

（1）中性点不接地方式

由于不接地方式的中性点对地绝缘，比较安全、可靠，当电力系统发生单相接地故障时，不会影响三相电压各相之间的对称关系，单相接地也不形成短路，可以继续带接地故障运行 2h，供电连续性好。中性点不接地电力系统，单相接地电流由电力系统对地分布电容电流决定。对于配电线路距离较近的低压电力系统，配电线路各相对地的电容较小，因此接地故障电流也很小，瞬时性故障往往自动消除。因接地电流小，对通信线路的干扰也小。中性点不接地方式的缺点是当一相接地时，另外两相对地电压升高，最大至相电压的 $\sqrt{3}$ 倍，易使绝缘薄弱处击穿，造成两相接地短路。

对高电压、长距离配电线路，单相接地的电容电流一般很大，该电容电流超前电压 90°，当故障点的电容电流在第一个半波过零熄弧时，加在故障点上的电压正好为峰值，若电容电流过大，空气游离严重，极易将故障点重新击穿，这种重燃有时难以避免。在接地处容易发生电弧周期性的熄灭与重燃，出现所谓间歇电弧，引起电网产生高频振荡，形成间歇性弧光过电压，可能击穿设备绝缘，造成短路故障。为避免发生间歇电弧，要求 3~10kV 电网单相接地电流小于 30A，35kV 以上电网单相接地电流小于 10A。因此，中性点不接地方式对高电压、长距离配电线路不适宜。

船舶低压电力系统一般采用中性点不接地方式。

（2）直接接地方式

中性点直接接地方式的优点是一相接地时，其他两相对地电压不升高，不存在间歇电弧造成的过电压危险。因此，可降低整个电力系统的绝缘水平。这对于 110kV 及以上的超高压电网降低造价尤为重要，因此 110kV 及以上电网普遍采用直接接地方式。另外，中性点直接接地系统单相接地时，短路电流很大，可使保护装置迅速、准确地动作，提高保护的可靠性。但由于短路电流很大，需要选择容量较大的开关及设备，并有造成系统不稳定和对通信线路造成强烈干扰等缺点。

（3）消弧线圈接地方式

消弧线圈接地方式是利用电抗器的感性电流补偿电网的容性电流，可使接地电流大为减少。若感性电流等于容性电流，则可达到完全补偿，对熄灭接地电弧非常有利。但实际上完全补偿是不可能的，这是由于存在线路电阻、接地点电阻、涌电阻、变压器和消弧线圈的有功损耗等，使故障点流过一个不大的剩余电流。在正常运行时，如果三相线路对地分布电容不对称，或出现一相断线时，可能出现消弧线圈与分布电容的串联谐振，这时电力系统中性点可能出现危险的高电位。为此，消弧线圈一般采用过补偿运行，即电感电流大于电容电流，这是消弧线圈接地方式的一个缺点。此外，系统运行较复杂，设备投资也较大。

（4）高电阻接地方式

电阻接地方式通常采用高电阻接地方式，其最大特点是当电力系统发生单相接地故障时，可以继续带接地故障运行 2h，但也可以选择定时或快速跳闸。

高电阻接地系统的设计应符合中性点接地电阻小于或等于电力系统各相对地分布电容的总容抗，即 $R_N \leqslant X_{co}$ 的准则，以限制由电弧接地故障产生的瞬态过电压。

电力系统采用电阻接地方式的目的是给接地故障点注入阻性电流，使接地故障电流呈阻容性质，减小接地故障电流与电压的相位差角，降低故障点电流过零熄弧后的重燃率。当阻性电流足够大时，重燃将不再发生，这样可以防止间歇性弧光接地过电压和谐振过电压；电力系统中性点采用高电阻接地还可以限制单相接地故障电流，而且阻容性电流大于容性电流还可提高零序保护灵敏度，以作用于断路器跳闸，满足保护的要求。

二、不同中性点接地方式单相接地电流的计算

为了讨论电力系统各种接地方式下的单相接地电流，现假设电力系统中性点通过电阻和电感并联接地，电力系统各相对地分布电容为 C。以 A 相为接地参考相，发生接地时，接地处有接地电阻 R_d，中性点接地电阻 R_N，中性点接地电感 L_N，如图 6-1 所示。

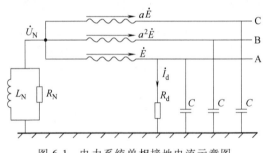

图 6-1　电力系统单相接地电流示意图

设接地前三相电压对称，接地后中性点对地出现电压 $\dot{U}_N$，此时三相对地电压为

$$\dot{U}_A = \dot{U}_N + \dot{E}$$

$$\dot{U}_B = \dot{U}_N + a^2 \dot{E}$$

$$\dot{U}_C = \dot{U}_N + a \dot{E}$$

式中　$a = e^{j120°}$，$a^2 = e^{j240°}$。

根据基尔霍夫电流定律，以大地为一节点，则流过大地的电流关系为

$$\dot{U}_N(g_N - jb_N) + (\dot{U}_N + \dot{E})(g_d + j\omega C) + (\dot{U}_N + a^2 \dot{E}) \cdot j\omega C + (\dot{U}_N + a\dot{E}) \cdot j\omega C = 0$$

式中　中性点接地电纳 $b_N = \dfrac{1}{\omega L_N}$；

中性点接地电导 $g_N = \dfrac{1}{R_N}$；

接地点的电导 $g_d = \dfrac{1}{R_d}$。

因此，中性点对地电压

$$\dot{U}_N = \frac{-\dot{E}g_d}{(g_d + g_N) + (j3\omega C - jb_N)} \tag{6-1}$$

流过接地点的电流

$$\dot{I}_{d} = (\dot{U}_{N} + \dot{E})g_{d} = \dot{E}g_{d} = \frac{g_{N} + j3\omega C - jb_{N}}{g_{N} + g_{d} + j3\omega C - jb_{N}} \qquad (6\text{-}2)$$

式（6-2）是各种接地方式下的接地电流通用计算式，下面分别加以讨论。

1）中性点不接地方式发生单相金属性接地时，$g_{d} = \infty$，$g_{N} = 0$，$b_{N} = 0$

流过接地点的接地电流

$$\dot{I}_{d} = \dot{E}j3\omega C$$

接地电流仅包括分布电容电流，且该电容电流超前接地相电压90°。

2）中性点经消弧线圈接地方式发生单相金属性接地时，$g_{d} = \infty$，$g_{N} = 0$

流过接地点的电流

$$\dot{I}_{d} = j\left(3\omega C - \frac{1}{\omega L_{N}}\right)\dot{E}$$

接地电流包括容性电流和感性电流两部分，利用电抗器的感性电流补偿电网的容性电流，可使接地电流大为减少。如果合理选择消弧线圈使 $3\omega C = \dfrac{1}{\omega L_{N}}$，则 $\dot{I}_{d} = 0$，可达到完全补偿，这种完全补偿对熄灭接地电弧非常有利。

3）中性点经电阻接地方式发生单相金属性接地时，$g_{d} = \infty$，$b_{N} = 0$

流过接地点的电流

$$\dot{I}_{d} = \dot{E}(g_{N} + j3\omega C) = \dot{E}\left(\frac{1}{R_{N}} + j3\omega C\right)$$

接地电流包括阻性电流与容性电流两部分，使接地故障电流呈阻容性质，这样可减小接地故障电流与电压的相位差角。显然，阻性电流与中性点接地电阻 R_{N} 有关，R_{N} 越大，阻性电流越小，反之亦然。

三、船舶高压电力系统中性点经高电阻的接地方式

由于船舶高压电力系统对绝缘技术的要求非常高，考虑船舶高压电力系统绝缘成本、人身和安全等诸多因素，特别是船舶高压电力系统的特殊性，船舶接地实际就是连接到船体，而船体本身是一个良好的导体，不仅容易危及人身安全，而且可能在高压和低压侧之间形成通路，损坏船舶低压设备。于是，船舶高压电力系统中性点接地技术的要求高，处理起来复杂，这项技术的研究得到了普遍的关注。

1. 船舶高压电力系统接地电流的计算

船舶高压电力系统中性点接地方式普遍采用经高电阻接地的方式，接地高电阻一般大于 500Ω。

1）阻性电流 I_{R} 的选择设计原则

接地点阻性电流要求大于或等于（1~1.5）倍容性电流，即 $I_{R} \geqslant (1\sim1.5)I_{C}$，以保证不发生间歇性弧光接地过电压。这样，过电压一般不超过 2.6 倍相电压，这也是发电机能够承受的过电压。一般船舶交流发电机耐压标准为额定线电压的 1.5 倍，即 2.6 倍相电压。这样，低于 2.6 倍相电压的接地过电压被认为是安全的，也就是作用于船舶交流发电机的过电压不宜超过 2.6 倍相电压。

I_{C} 是系统总的电容电流，电容电流是高压系统所有高压电缆对地形成的分布电容所形

成的泄漏电流之和，所以与电缆的规格、长度有关，可以从有关手册中得到单位长度的电容值或电容电流，再乘以具体船舶电缆的长度就能算出总的电容电流。

接地点阻性电流

$$I_R = \frac{U_N}{R_N} = \frac{U_e}{\sqrt{3}\,R_N}$$

系统总的电容电流

$$I_C = 3\omega C \frac{U_e}{\sqrt{3}}$$

式中　　U_N——中性点对地电压；

　　　　U_e——额定线电压。

2）单相接地故障总电流 $I_d \geq 3A$，以保证发电机接地保护的灵敏度

由于 R_N 的接入，将使单相接地故障总电流 I_d 增大 $\sqrt{2}$ 倍或更大，并且由容性电流合成为阻容性电流，单相接地故障总电流 $I_d = \sqrt{I_R^2 + I_C^2}$。

3）$I_d \leq 10 \sim 15A$，以减轻发电机定子绕组单相接地故障时对发电机铁心的烧损程度。

4）按照中国船级社《钢质海船入级规范 2022》要求：当采用中性点接地系统时，接地故障电流既不大于配电盘上或配电盘分段上最大 1 台发电机的满载电流，又不小于其接地故障保护电器最小动作电流的 3 倍。这样可以确定接地故障电流动作值 $I_{动作} \leq \dfrac{I_d}{3}$。

2. 船舶高压电力系统接地电阻器阻值的选择与计算

电阻器的选择应按系统标称电压、最高运行电压、频率、电流、阻值、防护等级、冷却方式、通流时间和绝缘水平等技术条件进行选择，并按环境条件如环境温度、相对湿度等校验。另外，实船上船舶高压电力系统接地电阻一般为独立的接地电阻箱，并且要求设置手动隔离开关以便在发电机维修时能断开接地电阻。以下重点介绍电阻器阻值的选择与计算。

电阻器阻值 R_N 的选择取决于系统电容电流 I_C 的大小和阻性电流 I_R 的选择，按 $I_R \geq I_C$ 原则计算。即

$$\frac{U_e}{\sqrt{3}\,R_N} \geq 3\omega C \frac{U_e}{\sqrt{3}}$$

则

$$R_N \leq \frac{1}{3\omega C}$$

考虑安全余量，一般取 $I_R = 1.5 I_C$。则

$$R_N = \frac{1}{1.5 \cdot 3\omega C} = \frac{1}{9\pi f C}$$

电弧接地时，在电弧点燃熄灭过程中，船舶高压电力系统积累多余的电荷，使振荡过程加剧，从而产生很高的过电压。若能使这些电荷在从电弧熄灭到重燃前的一段时间（对应半个工频周期）内通过中性点电阻器泄放掉，过电压就能大大降低。船舶高压电力系统的高压电缆线路对地电容向中性点接地电阻 R_N 放电遵循指数函数 $f(t) = e^{-t/T}$ 规律。

当 $R_N = \dfrac{1}{3\omega C}$ 时，放电时间常数

$$T = 3R_N C = \frac{1}{\omega} = \frac{1}{2\pi f}$$

当 t 为半个工频周期 $t = \dfrac{1}{2f}$ 时，$f(t) = e^{-t/T} = e^{-\pi} = 0.04$，说明半个工频周期内，高压电缆线路上的电荷由 1 降至 0.04，也就是有 96% 的电荷已泄放掉，因此基本不会再产生很高的振荡过电压。

当 $R_N = \dfrac{1}{1.5 \cdot 3\omega C} = \dfrac{1}{9\pi fC}$ 时，放电时间常数 $T = 3R_N C = \dfrac{1}{3\pi f}$，当 $t = \dfrac{1}{2f}$ 时，$f(t) = e^{-t/T} = e^{-1.5\pi} = 0.009$，说明半个工频周期内，高压电缆线路上的电荷由 1 降至 0.009，可以说多于 99% 的电荷已泄放掉，不会再产生很高的振荡过电压。

第四节 船舶高压电力系统的变配电装置

船舶高压电力系统一般通过高压变压器将高电压降为低电压，向船舶低压电力系统的负载供电。因此，船舶高压电力系统就多了变压的配电装置，称高压变配电盘。

高压变配电盘与低压配电盘有很大的不同：每一屏只有一条电路；每屏内部具有相互隔离的开关室、电缆室、低压室等不同功能的结构；每屏内部具有联锁保护的操作要求，俗称"五防措施"。

高压变配电盘每屏顶部具有泄弧通道，以泄放掉故障电弧产生的有害气体和金属离子。高压变配电盘绝大多数采用抽出式真空断路器、SF$_6$ 断路器等，小功率馈电可采用抽出式熔断器及真空接触器。断路器及接触器的通断均需电控，所以其操作电源均需采用不间断电源（UPS）供电，可以是直流也可以是交流。

船舶高压变配电盘母线按中国船级社规范要求"应将主配电盘至少分成两个独立的分段，通过至少一个断路器或其他合适的隔离设备分隔开，每一分段至少由一台发电机供电。如两个独立变配电盘由电缆进行连接，则在电缆的每一端应设有断路器"。

连接两段独立汇流排的断路器称母联开关，一般为独立的一屏称为提升屏或母联开关屏，是低压配电盘中不会有的、特殊的一屏结构。

高压变配电盘的控制与低压配电盘类似，对于高压发电机而言，它具有与低压发电机完全相同的同步控制要求，包括调压、调速、同步检测以及自动准同步或手动准同步控制。除了在高压变配电盘上进行控制外，还可在机舱集控台上进行控制。

一、船舶高压电力系统的主接线

船舶电站的主接线是指发电机通过开关设备和连接导线所组成的供配电的电路。将发电机和变配电设备等用单线连接成的电路图称为船舶高压电力系统主接线图。图 6-2 是某电力推进船舶高压电力系统主接线图，下面对其做简单介绍。

该船舶高压电力系统采用 4 台 3390kVA、6.6kV、50Hz、296A 的高压主发电机 G_1、G_2、G_3、G_4，各台高压主发电机可以单独也可以并联向高压电网供电。

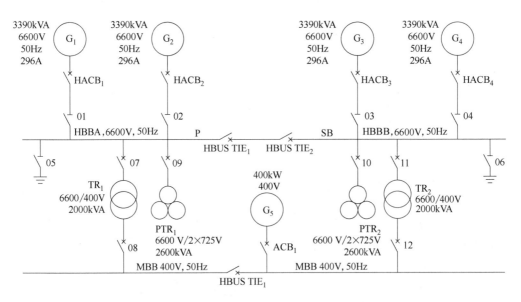

图 6-2 某电力推进船舶高压电力系统主接线图

高压汇流排由两台高压母联断路器 HBUS TIE$_1$ 和 HBUS TIE$_2$ 分为左、右舷两段,两台主发电机与左舷高压汇流排 HBBA 直接相连,另两台主发电机与右舷高压汇流排 HBBB 直接相连,船舶高压电站主接线形式是单母线分段式。

左舷高压汇流排 HBBA 与右舷高压汇流排 HBBB 分别通过高压变压器 TR$_1$、TR$_2$ 将 6.6kV 高电压转变为 400V 的低电压,向 400V 的低压汇流排 MBB 供电。左舷高压汇流排 HBBA 与右舷高压汇流排 HBBB 分别向左、右舷各一台推进高压变压器 PTR$_1$、PTR$_2$ 供电,再由 PTR$_1$、PTR$_2$ 向船舶主推进电机供电。

01~04 为高压隔离开关,是具有可见断开点的开关,可将对应的高压主开关与高压汇流排断开,有利于检修对应的高压主开关及高压发电机。

05~06 为高压接地开关,在停电维修对应的高压汇流排时,应合上相应的接地开关,以保证被维修高压汇流排可靠接地,防止高压汇流排上积累的电荷对维修操作人员的影响。

低压汇流排由低压母联断路器 MBUS TIE$_1$ 分为两段,低压汇流排也是单母线分段式。

低压汇流排除由高压汇流排供电外,还可由 1 台低压辅助发电机 G$_5$ 供电。

二、高压设备

1. 高压断路器

高压断路器是高压电器中重要的开关电器,它既可以接通和断开带负载的高压电路,又可以借助保护装置和自动装置在短路故障状态下,自动地断开或接通故障电路。

2. 高压断路器型号含义

高压断路器虽然有多种分类方法,但在型号上国标以灭弧介质命名断路器。高压断路器型号是由字母和数字两部分组成的,表示如下:

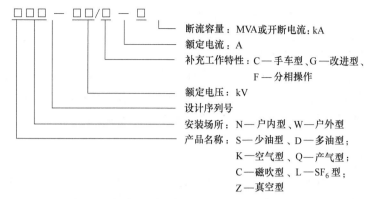

例如：SN10-10/1000 表示的是少油断路器、户内型、设计序号 10，额定电压为 10kV，额定电流为 1000A 的断路器。

ZN28-12/630 表示的是真空断路器，户内型，设计序号 28，额定电压为 12kV，额定电流为 630A 断路器。

断路器型号含义根据生产厂家或采用标准的不同而有所不同。

例如：VD4 代表含义：V—真空断路器、D—弹簧操作机构、4—极柱类型。

VM 代表含义：V—真空断路器、M—永磁操作机构。

目前，船舶高压电力系统中使用较多的高压断路器类型是真空断路器和 SF_6 断路器。利用真空作为触头间的绝缘与灭弧介质的断路器称为真空断路器。

利用六氟化硫（SF_6）气体作为触头间的绝缘与灭弧介质的断路器称为六氟化硫断路器。

3. 高压断路器的技术参数

（1）额定电压 U_e（kV）

断路器的额定电压是指断路器运行中所能承受的正常工作电压（线电压）。其最高工作电压可超过额定电压的 15%。额定电压有 3kV、6kV、10kV、20（15）kV、35kV 等几个等级。

断路器的额定电压决定了断路器各部分之间的绝缘距离，从而在一定程度上决定了断路器的外形尺寸。

（2）额定电流 I_e（A）

断路器的额定电流是指断路器运行中可长期通过的最大工作电流。断路器长期通过额定电流时，各部分的发热温度不应超过允许值。额定电流有 200A、400A、630（1000）A、1250A、1600A 等几个等级。

断路器的额定电流决定了断路器的触头及各导电部分导体的截面积，从而在一定程度上也决定了断路器的结构。

当断路器应用于额定电压与额定电流时，断路器不应有任何损伤和过热。

（3）额定断路电流 I_{ed1}（kA）

断路器的额定断路电流是指断路器在额定电压下能可靠切断的最大电流（有效值），它表明了断路器的断路能力。我国的标准有 1.6kV、3.15kV、6.3kV、8kV、10kV、12.5kV、16kV、20kV、25kV、31.5kV、40kV、50kA 等几个等级。

（4）额定动稳定电流（额定峰值耐受电流）

断路器的额定动稳定电流是指断路器在短路电流产生的电动力作用下，任何部件不发生永久变形所允许通过的最大短路电流的尖峰值。

（5）额定热稳定电流（额定短时耐受电流）

断路器的额定热稳定电流是指断路器在短路电流产生的热效应作用下，断路器各部件的发热温度不超过最大允许温度时通过的最大短路电流。额定热稳定电流的持续时间通常由制造厂规定，如 2s 或 4s。即在 2s 或 4s 内通过额定热稳定电流时，断路器各部件的发热温度不超过允许温升。

（6）断路时间

断路时间也称为跳闸时间，它是用来说明高压断路器开断速度的一个参数。具有操作机构的断路器的断路时间，决定于操作机构分闸线圈通电时起到各相电弧完全熄灭时为止的时间。

4. 常用高压断路器

（1）真空断路器

1）真空断路器的分类：真空断路器是利用真空作为绝缘和灭弧的断路器。真空断路器按照一次回路的绝缘方式分为以下三类：

① 空气绝缘真空断路器：空气绝缘真空断路器的一次导电部分采用空气作为绝缘介质。由于用空气作为绝缘介质，因此外形尺寸较大，而且受环境湿度影响较大，安全性相对较差，应用已逐渐减少。

② 复合绝缘真空断路器：复合绝缘真空断路器的一次导电部分在空气绝缘的基础上，增加了一层固体绝缘。由于增加了一层固体绝缘，因此外形尺寸较小，复合绝缘真空断路器是目前 12kV 真空断路器的主流产品。

③ 固封极柱真空断路器：固封极柱真空断路器是一种加强绝缘的真空断路器，它是将一次导电部分（包括灭弧室、主导电回路）采用 APG 固封工艺浇注在环氧树脂绝缘筒内，消除了灰尘和潮气对断路器外绝缘能力的影响，而且结构牢固。因其采用加强绝缘，外形尺寸进一步缩小。

2）真空断路器灭弧室结构及灭弧原理：

① 灭弧室结构：真空灭弧室的结构类似于一个真空管，它是一个高度真空的密闭容器。真空灭弧室结构如图 6-3 所示。静触头导电杆 1 焊接在上端盖 2 上，上端盖与绝缘外壳 6 之间密封。屏蔽罩 3 是包围在触头周围用金属材料制成的圆筒。密封波纹管 7 是真空灭弧室的重要部件，它的一端与动触头导电杆 9 焊接在一起，另一端与下端盖 8 焊接。动触头 5 与动触头导电杆 9 焊接在一起。下端盖 8 与绝缘外壳封闭，以保证真空灭弧室的密封性能。密封波纹管在断路器每次分/合闸时会有一次伸缩变形，它是真空灭弧室组件中最易损坏的元件，因此密封波纹管的寿命通常决定了断路器的寿命。

② 灭弧原理：真空灭弧室内部只有触头

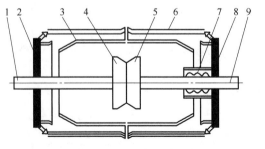

图 6-3 真空灭弧室结构
1—静触头导电杆 2—上端盖 3—屏蔽罩 4—静触
头 5—动触头 6—绝缘外壳 7—密封波纹管
8—下端盖 9—动触头导电杆

等金属组件，因此真空断路器分闸时，产生的电弧，是由触头材料在高温电弧作用下产生的金属蒸气构成。当主回路电流波形自然过零时，电弧熄灭；电弧熄灭后金属蒸气快速冷却并凝聚，触头之间迅速恢复真空绝缘，使电弧不能复燃。

（2）SF_6断路器

SF_6断路器是利用SF_6气体作为绝缘介质和灭弧介质的高压断路器。SF_6气体具有优良的绝缘能力和灭弧能力，与普通气体相比，绝缘能力高出1~2倍，灭弧能力则高出5~10倍。

1）SF_6断路器的分类：SF_6断路器从外形结构上分为以下两类：

① 支柱式SF_6断路器：支柱式SF_6断路器具有系列性好、单断口电压高、开断电流大、运行可靠性高、维护工作量小的优点。支柱式SF_6断路器不能内附电流互感器，抗振能力较差，但由于机构简单，应用较为广泛。

② 落地罐式SF_6断路器：落地罐式SF_6断路器是在支柱式SF_6断路器基础上发展起来的，它具有支柱式SF_6断路器的所有优点，而且能内附电流互感器，抗振性能较高。但因造价较高，多用于35kV级以上电压等级的供电系统。

2）SF_6断路器灭弧室结构及灭弧原理

① 灭弧室结构：SF_6断路器的关键元件是充满一定压力SF_6气体的灭弧室。其动触头及静触头均安装在SF_6气室内，SF_6断路器灭弧室结构如图6-4所示。断路器的静触头1置于灭弧室内，固定不动，它的端部呈管状，当合闸时动触头3插入此端头的管中。动触头3同样置于灭弧室内，受趋于传动机构，它呈圆柱形，合闸时动触头插入静触头。绝缘喷口2是利用耐高温、耐腐蚀的聚四氟乙烯塑料制成的。压气活塞5的作用是当断路器分闸时，压气活塞压缩气室内的SF_6气体，它和动触头3同步运动。

② 灭弧原理：断路器分闸时，操作机构带动动触头、活塞和喷嘴一起向动触头方向运动，此时活塞压迫其下部缸体内的SF_6气体而产生高压气体，产生的高压SF_6气体经过喷嘴射向动、静触头之间由于分闸而产生的电弧，而使电弧迅速冷却熄灭。

5. 高压断路器的操作机构

高压断路器的操作机构是用来控制断路器合闸、分闸、储能的设备。其性能直接影响断路器工作性能。每一种操作机构都具有合闸机构、维持机构和跳闸机构。高压断路器的操作机构类型较多，就其驱动能源来分为手动操作机构（CS型）、电磁操作机构（CD型）、弹簧操作机构（CT型）、电动液压操作机构（CY型）和永磁操作机构（PM）。

（1）操作机构应满足的要求

1）足够的操作功率：为保证断路器具有足够的合闸速度，操作机构必须具有足够大的操作功率。

2）工作的高可靠性：在很大程度上，断路器工作的可靠性由操作机构决定。因此，要求操作机构具有动作快、不拒动、不误动等特点。应保证在85%~110%的合闸电压下能正常合闸，在65%~120%的分闸电压下能正常分闸，且在30%额定操作电压下机构不得动作。

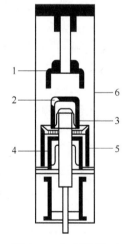

图6-4　SF_6断路器灭
弧室结构

1—静触头　2—绝缘喷口
3—动触头　4—压气缸
5—压气活塞　6—外壳

3）机构动作的迅速性：断路器操作机构动作迅速才能保证触头分合的速度，以保证电弧的快速熄灭。

4）操作机构需具有自由脱扣机构：自由脱扣机构是保证在合闸过程中，若继电保护装置发出跳闸指令，断路器应能立即跳闸，而不受合闸机构位置状态的限制。自由脱扣机构是实现线路故障情况下合闸过程中快速跳闸的关键设备。

5）断路器的操作机构必须同时具备电动及手动操作功能。

（2）操作机构的种类

1）手动操作机构：手动操作机构是利用人的臂力使断路器分闸、合闸。它的特点是构造简单、可靠、价廉、使用方便、无须特殊的操作电源。但它只能用于合闸力矩不大的高压断路器，同时流经断路器触头的最大冲击短路电流不能超过 30kA。否则当断路器接通短路故障时，可能产生很大的电动力，使手动合闸失败，或者合闸速度过于缓慢，使触头有熔接的危险。这种操作机构不能远距离地使断路器合闸、分闸，只能就地操作。由于手动操作机构存在上述缺点，因此已很少使用。

2）电磁操作机构：电磁操作机构是利用直流电磁铁的电磁力合闸的操作机构。它的优点是结构简单、价格较低、加工工艺要求低、可靠性高。缺点是合闸功率大、需配备大容量的直流合闸电源、机构笨重、机构消耗材料多。电磁操作机构已逐步趋于淘汰。

3）弹簧操作机构：弹簧操作机构是利用弹簧储能作为动力的操作机构。由释放弹簧储能而进行分闸、合闸操作。弹簧操作机构的储能通常由电动机通过减速装置完成。弹簧操作机构的优点是不需要大功率直流电源，且交、直流两用。缺点是机构比较复杂，成本高。但因其通用性强，结构紧凑，维护量小而被广泛应用。

4）电动液压操作机构：电动液压操作机构是利用液体压力传递能量进行分合闸的操作机构，它用电力打开高压油液的通路而进行分闸、合闸操作。优点是体积小、操作功率大、动作平稳、无噪声、速度快、不需大功率的合闸电源。缺点是结构复杂、工艺要求高、动作速度受温度影响大。

5）永磁操作机构：永磁操作机构是一种新型的操作机构。永磁操作机构一般由电磁铁驱动，永久磁体锁扣，电容器储能及电子器件控制。相对弹簧操作机构，永磁操作机构减少了机械零件，简化了结构，提高了可靠性及机械寿命。

6. 真空断路器的实例

（1）ZN12-10 真空断路器

ZN12-10 真空断路器是一种一次导电回路为空气绝缘的真空断路器。它是引进德国西门子公司技术，由北京开关厂生产的真空断路器。

1）ZN12-10 真空断路器的构成：

① ZN12-10 真空断路器的外部结构：ZN12-10 真空断路器由操作机构箱、一次导电回路、真空灭弧室等构成。ZN12-10 真空断路器结构外形如图6-5所示。

ZN12-10 真空断路器的操作机构箱 1 内安装有弹簧储能式操作机构。上支撑绝缘子 2、下支撑绝缘子 3 支撑和固定真空灭弧室 7。主轴 4 通过绝缘拉杆 5、拐臂 11、活动导电夹 8 带动真空灭弧室的活动导电杆动作，实现断路器的合闸、分闸。活动导电夹 8 通过软连接 9 与下接线座 10 连接，上接线座 6、真空灭弧室 7、活动导电夹 8、软连接 9、下接线座 10 构成 ZN12-10 真空断路器的一次回路。

② ZN12-10真空断路器的操作机构：ZN12-10真空断路器的操作机构为弹簧储能式操作机构，可电动及手动操作。其主要由储能机构、锁定机构、合/分闸弹簧、主传动轴等组成。ZN12-10真空断路器操作机构的外形如图6-6所示。

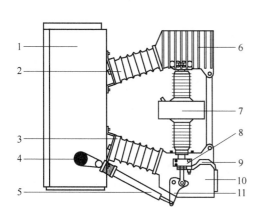

图6-5　ZN12-10真空断路器结构外形
1—操作机构箱　2—上支撑绝缘子　3—下支撑
绝缘子　4—主轴　5—绝缘拉杆　6—上接线座
7—真空灭弧室　8—活动导电夹
9—软连接　10—下接线座　11—拐臂

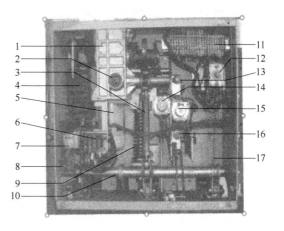

图6-6　ZN12-10真空断路器操作机构的外形
1—变速箱　2—手动储能操作摇杆　3—连杆　4—储能弹簧
5—储能电机　6—储能机构辅助开关　7—储能指示
8—合闸、分闸指示　9—分闸弹簧　10—主轴
11—接线端子　12—辅助开关　13—手动合
闸按钮　14—分闸线圈　15—合闸线圈
16—手动跳闸按钮　17—辅助开关动作连杆

变速箱1将储存的能量传递给储能弹簧4，为合闸提供能量。电动储能时储能电机5转动驱动变速箱，手动储能时摇动手动储能操作摇杆2驱动变速箱使合闸弹簧储能。储能机构辅助开关6可自动接通或断开储能电机，并提供储能机构的电气信号，储能指示7提供断路器本体的储能信号。分闸弹簧9及储能弹簧4分别驱动合闸机构和跳闸机构并驱动主轴10转动实现合闸、分闸，合闸、分闸机构动作带动合闸、分闸指示8动作，显示断路器的状态。分闸线圈14、手动跳闸按钮16；合闸线圈15、手动合闸按钮13分别触发分闸机构及合闸机构实现合闸、分闸操作。辅助开关动作连杆17带动辅助开关12动作，输出断路器的辅助接点信号。

③ ZN12-10真空断路器的灭弧室：ZN12-10真空断路器的灭弧室主要由陶瓷绝缘外壳、上端盖、下端盖、屏蔽罩及内部组件等组成。灭弧室的触头采用铜铬合金材料，开断性能优良。ZN12-10真空断路器灭弧室如图6-7所示。

上端盖1、下端盖3分别与导电杆连接将高电压引入灭弧室内。陶瓷绝缘外壳2将上下端盖、灭弧室内的导电部分与空气隔离开起绝缘的作用。屏蔽罩5内部为触头组件。抽气孔4将内部的空气抽出后进行封闭，将灭弧室与外部

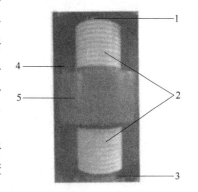

图6-7　国产ZN12-10真
空断路器灭弧室
1—上端盖　2—陶瓷绝缘
外壳　3—下端盖
4—抽气孔　5—屏蔽罩

空气隔离。

2）ZN12-10 真空断路器的特点：

① ZN12-10 真空断路器的一次回路属空气绝缘型真空断路器，因此其尺寸较大。

② ZN12-10 真空断路器使用配装式弹簧操作机构，机械调整较为繁琐。

③ 结构简单、开断能力大、寿命长。

④ 辅助开关的接线为插接式，维修方便。

⑤ 由于是国内产品，配件齐全，造价较低。

（2）VD4-12 真空断路器

VD4-12 真空断路器（以下简称 VD4 断路器）是采用德国 ABB 公司技术生产的复合绝缘真空断路器。

1）VD4 断路器的构成：

① VD4 断路器的外部结构：VD4 断路器的外部结构主要包括控制线路软管、操作结构箱、手车进出摇杆、航空插头、一次插头、极柱、框架和底盘等。VD4 真空断路器的外形结构如图 6-8 所示。

VD4 断路器内部控制线路通过控制线路软管 1 与航空插头 4 连接。操作机构箱 2 内部安装弹簧操作机构。一次插头 5 为断路器的高压受电元件。极柱 6 内部为真空灭弧室并与一次插头 5 连接。手车通过手车进出摇杆 3 的摇动在底盘 8 上运动。断路器的部件安装在框架 7 上。

② VD4 断路器操作机构：VD4 断路器的操作机构如图 6-9 所示。VD4 断路器的操作机构使用了弹簧储能、自由脱扣的模块化机械操作机构，可装配各种闭锁机构以防止错误操作，只有当所有的先决条件都满足时，才可能使每个操作顺序正确操作。

操作机构和极柱固定在一个金属壳体上。这种紧凑的结构保证了断路器的坚固和机械

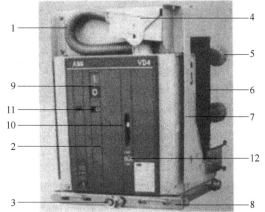

图 6-8　VD4 真空断路器的外形结构

1—控制线路软管　2—操作机构箱　3—手车进出摇杆
4—航空插头　5—一次插头　6—极柱　7—框架
8—底盘　9—手动合闸、分闸按钮　10—手动
储能插孔　11—合闸、分闸机械指示　12—储能指示

可靠性。除了隔离触头和连接到辅助电路带软管的航空插头外，断路器还装配有手车底盘，可实现在开关柜门关闭的条件下进行断路器的摇进、摇出操作。操作机构使用并联分闸脱扣器和并联合闸脱扣器实现断路器合闸、分闸的远方控制。操作机构的合闸闭锁电磁铁，可防止断路器在闭锁条件不满足时被误合闸。手车闭锁电磁铁可防止可抽出式断路器在二次回路航空插头未合上的情况下被摇进到开关柜中。此外，VD4 断路器的操作机构还装配有机械防跳装置，可防止断路器在持续的机械或电气命令下再次合闸。

VD4 断路器的操作机构可电动及手动操作，当电动合闸、分闸失灵时，可通过按动手动合闸按钮 1 及手动分闸按钮 2 进行手动合闸、分闸操作，通过合闸、分闸指示器 4 可确认断路器的状态。计数器 3 可记录断路器的操作次数。储能电机 5 通过储能传动链条 8 将涡卷弹簧 10 进行电动储能，通过手动储能摇杆 7 可进行手动储能。储能完毕后，储能指示箭头

图 6-9　VD4 断路器操作机构

1—手动合闸按钮　2—手动分闸按钮　3—计数器　4—合闸、分闸指示器　5—储能电机；
6—辅助触头　7—手动储能摇杆　8—储能传动链条　9—储能指示器　10—涡卷弹簧

向上；未储能时，储能指示箭头向下。断路器的状态信号由辅助触头 6 输出。

③ VD4 断路器真空灭弧室：VD4 断路器的真空灭弧室采用螺旋形状的真空灭弧室触头，这种触头的特点：它可在弧柱运动的范围内产生一个横向的磁场，并且在触头边缘的区域磁场强度最大。磁场导致电弧围绕触头轴线快速旋转。这种方式不仅减少了触头上的热应力，减小了触头的烧蚀，还使极高短路电流的真空开断变得可能，因此额定电流开断次数可以非常高。VD4 断路器真空灭弧室如图 6-10 所示。

2）VD4 断路器的特点：

① 抗振性能好，机械振动不会影响断路器的正常工作。

② 环境适应性强，可在湿热及高盐分气候条件下使用。

③ 机构组成非常简洁，因此具有很高的使用可靠性。

④ 维护简单，维护工作量低。

⑤ 电气附件的连接线带有插头及插座，更换或安装附件快速方便。

⑥ 采用全复合绝缘方式，体积小、结构紧凑。

⑦ 操作机构与真空灭弧室为整体结构，机构无须调整。

（3）3AH3 真空断路器

3AH3 真空断路器是西门子公司开发的三相空气绝缘真空断路器。

1）3AH3 真空断路器的构成：

① 3AH3 真空断路器的外部结构：真空断路器由操作机构箱、带有真空灭弧室的三相极柱、环氧浇注绝缘子、绝缘操动杆等组成。操作机构箱包括用于合、分断路器的所有机械和电气单元。图 6-11 为西门子 3AH3 真空断路器外形图。

3AH3 真空断路器的操作机构可电动、手动操作，当电动储

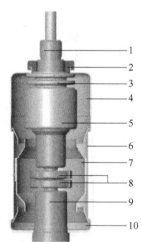

图 6-10　VD4 断路器
真空灭弧室

1—出线杆　2—扭转保护环
3—波纹管　4—端盖　5—屏
蔽罩　6—陶瓷绝缘外壳
7—屏蔽罩　8—触头
9—出线杆　10—端盖

能失灵时，通过手动储能操作摇杆 1 对操作机构进行手动储能，并通过储能指示 4 观察储能是否到位。储能完毕后，储能指示器显示出弹簧图标，指示已储能。通过手动合闸按钮 2、手动分闸按钮 5 对断路器进行手动合闸、分闸操作，并可通过合闸、分闸指示 6 观察断路器的合、分状态。计数器 3 可记录断路器的操作次数。

　　3AH3 真空断路器的一次导电回路采用空气绝缘，一次导电回路的元件清晰可见，3AH3 真空断路器的侧视结构如图 6-12 所示。

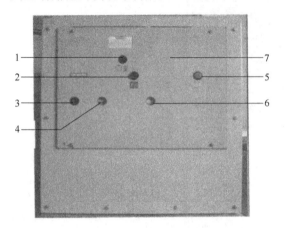

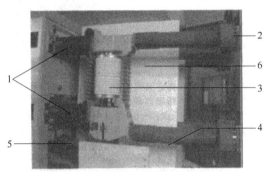

图 6-11　西门子 3AH3 真空断路器的外形图
1—手动储能操作摇杆　2—手动合闸按钮　3—计数器
4—储能指示　5—手动分闸按钮
6—合闸、分闸指示　7—操作机构箱

图 6-12　3AH3 真空断路器侧视结构
1—环氧树脂绝缘子　2——次插头　3—真空
灭弧室　4—导电杆　5—绝缘
操作杆　6—绝缘挡板

　　环氧树脂绝缘子 1 的作用是固定一次导电回路，并将一次导电回路与断路器的安装框架绝缘。一次插头 2、导电杆 4 的作用是接受高压电及传导高压电。真空灭弧室构成了真空开断单元。绝缘操作杆 5 带动真空灭弧室 3 的组件，完成合闸、分闸操作。绝缘挡板 6 将三相灭弧室隔离开，加强了一次回路的绝缘性能。

　　② 3AH3 真空断路器的操作机构：3AH3 真空断路器的操作机构是弹簧储能操作机构，可进行电动及手动储能。机构中各零部件经过精密加工装配而成，关键部件和材料用特殊的工艺制造，确保整个机构具有很小的摩擦力，各零部件之间配合精确，动作可靠。3AH3 真空断路器操作机构如图 6-13 所示。

　　电动及手动储能时通过齿轮箱 1 将能量传递给储能弹簧 3，使弹簧储能，储能行程开关 2 在储能结束后断开储能电机电源，并输出信号给指示灯。合闸线圈 4 在接到合闸电气指令后动作，触发合闸机构，将断路器合闸。分闸线圈 6 在接到分闸电气指令后动

图 6-13　3AH3 真空断路器操作机构
1—齿轮箱　2—储能行程开关　3—储能弹簧
4—合闸线圈　5—辅助开关　6—分闸线圈
7—储能指示　8—手动分闸按钮　9—手动
合闸按钮　10—合闸、分闸机械指示

作，触发分闸机构，将断路器分闸。电动合闸、分闸失灵时，按动手动合闸按钮 9、手动分闸按钮 8 实现手动合闸、分闸操作。辅助开关 5 随断路器动作，输出断路器的合闸、分闸电气信号。

③ 3AH3 真空断路器的灭弧室：断路器的真空灭弧室采用一次封排技术制造，触头材料为 Cr-Cu 合金，经电弧冶炼而成。触头采用先进的设计形状和结构，具有极高的耐电弧能力和很小的弧压降及较小的截流值，在保证开断额定短路电流的前提下，灭弧室的体积具有较小的尺寸。真空灭弧室与弹簧操作机构的优良机械特性配合，使 3AH3 型真空断路器能够多次地合、分电容器组，而不会出现重燃过电压，开断感性负载时，不会出现操作过电压。3AH3 真空断路器灭弧室如图 6-14 所示。

3AH3 真空断路器灭弧室的静触头 3 与静触头杆 6 相连，且与灭弧室外壳 1 固定在一起，动触头 2 与动触头杆 4 相连，且同波纹管 5 同时动作。灭弧室内全部元件由高铝瓷的绝缘外壳封闭，构成密封度极高的灭弧室。

2）3AH3 真空断路器的特点：

① 断路器的真空灭弧室采用一次封排技术制造，保证了灭弧室的高度真空和密封性。

② 触头采用先进的设计形状和结构，具有极高的耐电弧能力和很小的弧压降。

③ 在保证开断额定短路电流的前提下，灭弧室的体积可以具有较小的尺寸。

④ 在正常使用条件下，断路器在 10000 次操作内免维护。

⑤ 断路器的操作回路配有压敏电阻模块，压敏电阻模块可有效地保护控制回路的电子元件。

⑥ 真空灭弧室增加了瓷裙，加大了绝缘件的爬弧距离。

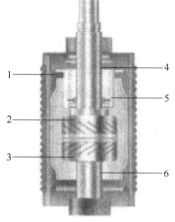

图 6-14　3AH3 真空断路器灭弧室
1—外壳　2—动触头　3—静触头
4—动触头杆　5—波纹管
6—静触头杆

7. 高压负载开关

高压负载开关是高压电路中用于在额定电压下接通或断开负载电流的开关电器。它只配备简单的灭弧装置，只能切断和接通正常的负载电流，不能用来切断短路电流。高压负载开关一般应用在 6~10kV 配电系统中。

（1）高压负载开关的作用

高压负载开关主要用于开断一般负载电流和过载电流。高压负载开关在断路状态下有可见的断开点。高压负载开关与高压熔断器配合使用，由高压熔断器切断短路电流。因此，在 6~10kV 小容量线路中，它可以代替高压断路器，这样既经济又可满足线路运行的要求。

当负载开关配有高压熔断器时，称为负载开关-熔断器组合电器。它包括一组三极负载开关及三个带撞击器的熔断器，通常使用的负载开关大都采用机械脱扣方式，即将撞击器的动作通过机械传动使负载开关分闸。由于负载开关-熔断器组合电器主要用于控制保护变压器，所以撞击器脱扣装置的主要作用是一相熔断器熔断使三相负载开关同时分闸，避免变压器缺相运行。

（2）常见高压负载开关

FN11 系列压气式负载开关（简称负载开关）及其组合电器主要用于变压器的保护和线路的切换。

1）FN11 系列负载开关的构成：FN11 系列负载开关主要由操作机构、脱扣机构、触头系统、接地系统、联锁装置、操作指示、位置显示机构及熔断器组合等组成。FN11-12（D.R）/125 负载开关侧视外形如图 6-15 所示。

① 操作机构：FN11 系列压气式负载开关的操作机构是一套功能完善的直线滑块机构，内部有分闸、合闸弹簧，合闸前首先将合闸机构复位，合闸后机构自动将分闸弹簧储能，使分闸、合闸操作不受人力影响，而取决于弹簧，保证了分闸、合闸的速度。

② 脱扣机构：脱扣机构与熔断器的撞击器配合，在熔断器熔断后，撞击器触发脱扣机构，使 FN11 系列压气式负载开关自动分闸。

③ 触头系统：触头系统包括动触头及静触头，动触头在弹簧机构的带动下可实现快速分闸、合闸。分闸时动触头在运动过程中压缩汽缸内的空气，将高压空气喷向电弧，在最佳位置时将电弧熄灭。

图 6-15　FN11-12（D.R）/125 压气式负载
开关侧视外形
1—操作及显示机构　2—触头系统　3—脱扣机构
4—接地开关　5—高压熔断器

④ 接地系统：接地系统由接地开关操作机构及接地开关组成，负载开关分闸后，接地系统可靠接地保证了维修的安全。

⑤ 显示装置：显示装置与负载开关操作机构或接地开关操作机构同步动作，显示负载开关或接地开关的分、合状态。

⑥ 联锁装置：联锁装置为负载开关和接地开关提供可靠的联锁，保证了操作顺序。同时为负载开关、接地开关和柜门提供可靠联锁，负载开关合闸后，柜门不能打开，接地开关合闸后，柜门才可打开，使维护作业非常安全。

2）FN11 系列负载开关的操作：FN11 系列负载开关操作面板如图 6-16 所示。

① 负载开关分合闸操作

合闸：将操作手柄插入负载开关操作孔 1，逆时针转动，合闸到位后，负载开关分、合闸显示孔 3 显示"合"。

分闸：将操作手柄插入负载开关操作孔 1，顺时针转动，分闸到位后，负载开关分、合闸显示孔 3 显示"分"。

如果负载开关因为熔断器撞击，需将操作杆插入负载开关操作孔内，顺时针转动至分闸位，并使复位机构回到最低位置储能后，才能进行合

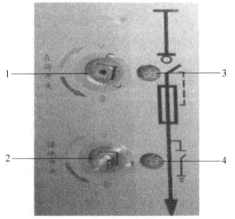

图 6-16　FN11 系列负载开关操作面板
1—负载开关操作孔　2—接地开关操作孔
3—负载开关分、合闸显示孔　4—接地
开关分、合闸显示孔

闸操作。

② 接地开关分合闸操作

合接地开关：将操作手柄插入接地开关操作孔 2，逆时针转动，合闸到位后，接地开关分、合闸显示孔 4 显示"合"。

分接地开关：将操作手柄插入接地开关操作孔 2，顺时针转动，分闸到位后，接地开关分、合闸显示孔 4 显示"分"。

8. 高压熔断器

高压熔断器也称高压熔管、高压保险管，在高压供配电系统中熔断器是一种最为简单的保护元件。高压熔断器具有结构简单、价格便宜、维护方便且体积小的优点。

（1）高压熔断器作用

高压熔断器在电压为 35kV 及以下电力系统中主要用于容量较小且不太重要的输、配电线路及电力变压器、电压互感器等电气设备的过负载和短路保护。在电压为 3~10kV 的电力系统中熔断器通常与负载开关配合使用，以代替高压断路器。

（2）高压熔断器的工作原理

高压熔断器一般由熔丝管，熔体，灭弧填充物，动、静触座，绝缘支持物及指示器等组成。熔丝管中填充用于灭弧的石英砂细粒。熔件是利用熔点较低的金属材料制成的金属丝或金属片串联在被保护电路中。当电路或电路中的设备过载或发生故障时，负载的过电流或短路电流流过熔断器时，熔件发热而熔化，从而切断电路，达到保护电路或设备的目的。

高压熔断器在实际使用时，当通过的电流等于额定电流时，不论时间长短，熔断器是不会熔断的；通过熔断器的电流为额定电流的 1.3 倍时，通常 1h 左右熔断器熔断；如果通过熔断器的电流再大，则熔断时间会更短一些。可见熔断器的动作具有反时限特性，通过熔体的短路电流愈大，熔体的熔断时间愈短。

（3）常用高压熔断器

① RN 系列高压熔断器：RN 系列熔断器是一种充填式熔断器，可用于电压互感器、变压器及线路的保护，RN 系列熔断器结构如图 6-17 所示。

RN 系列熔断器内部充填石英砂，作用为冷却和加速熄灭电弧。外壳为瓷管，瓷管两端有箍紧的金属端盖，管内有熔件，两端的金属端盖焊有顶盖。额定电流小于 2.5A 的熔件，使用一根或几根并联的镀银铜丝绕在陶瓷芯上，以保持镀银铜丝在管内的固定位置，沿熔件的中间部位焊有小锡球，当通过熔断器的电流超过额定电流时，小锡球首先熔化，并与铜丝形成熔点很低的铜锡合金，加速熔断器的熔断。熔断器额定电流大于 7.5A 的熔件，由两种不同直径的螺旋铜丝组成，中间焊小锡球。

② XRNP 系列限流熔断器：XRNP 系列限流熔断器是引进德国技术生产的高压熔断器，它适用于交流 50Hz，额定电压 6（7.2）kV、10（12）kV、35（40.5）kV 系统作为电压互感器短路保护。也可以与其他保护电器配套使用作为小型电力变压器及电力设备的短路保护元件。

③ 变压器保护用系列高压熔断器：变压器保护用系列高压熔断器，适用于交流 50Hz，额定电压 6（7.2）kV、10（12）kV、35（40.5）kV 系统，它可以与负载开关、接触器等配合使用作为电力变压器或其他设备的过载和短路保护。其中 S 系列高压熔断器带有撞击装置，在负载发生过载或短路故障时，熔断器熔断，熔断后撞击装置会弹出，触发负载开关跳闸，

使变压器退出运行。

9. 高压隔离开关

高压隔离开关，俗称高压刀闸，在分闸状态下有明显的断开点，在合闸状态下能够可靠地通过正常工作电流和短路电流。它没有专用的灭弧装置，因此不能用来接通和切断负载电流和短路电流。

隔离开关的作用：

1）隔离电源：使需要检修或分段运行的线路与带电线路隔离开，在线路中有一明显的断开点。

2）分合空载电路：利用隔离开关在分开时将电弧拉长和空气自然灭弧能力，可进行接通或断开小电流回路的各类操作。

3）如带有接地刀开关，必须与接地刀开关相互联锁。联锁装置必须保证隔离开关合闸后，接地开关不能合闸；接地开关合闸后，隔离开关不能合闸。

10. 电流互感器

电流互感器（简称TA）是一种将大电流按照一定的变比变换成小电流的设备。无论是高压系统的电流互感器，还是低压系统的电流互感器都是将大电流变成标准的5A电流或者1A电流。

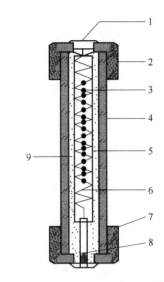

图 6-17　RN 系列熔断器结构

1—顶盖　2—上金属端盖　3—小锡球
4—外壳瓷套　5—陶瓷芯　6—熔丝
7—下金属端盖　8—熔断弹出指示装置

（1）电流互感器的分类

电流互感器的种类很多，大致可分为以下几种类型：

按结构特点分为穿墙式、支持式、支柱式、装入式、单匝贯穿式、复匝贯穿式、线圈式和母线式。

按绝缘方式分为瓷绝缘、浇注绝缘、树脂绝缘和塑料外壳。

按使用特点分为差动保护用、过电流保护用、配电箱用、户外用、加大容量型和加强型。

图 6-18 为支柱式浇注绝缘电流互感器的外形图，图 6-19 为母线式塑料外壳电流互感器外形图，图 6-20 为母线式浇注绝缘电流互感器的外形图。

图 6-18　支柱式浇注绝缘电流
互感器外形图

图 6-19　母线式塑料外壳电流
互感器外形图

图 6-20　母线式浇注绝缘电流
互感器外形图

（2）电流互感器的电流级次和准确度等级

电流互感器根据测量值大小划分为不同的标准值级次，根据测量时误差的大小而划分为不同的准确度等级。

1）电流互感器额定一次电流的标准值级次为 2.5A、10A、15A、20A、25A、30A、40A、50A、60A、75A 以及它们的十进制倍数或小数。电流互感器额定二次电流为 1A 或 5A。

2）准确度等级是指在规定的二次负载范围内一次电流为额定值时的最大误差限值。电流互感器按照准确度可分为 0.2 级、0.5 级、1 级、3 级、5（10）级。

不同准确度等级的电流互感器适用范围：准确度为 0.2 级的电流互感器用于实验室精密测量和电力用户计量；为提高低负载时的计量准确性，应选用 S 级电流互感器。S 级电流互感器是一种计量准确度更高的电流互感器，如果选择适当，可以保证在 1%～120% 额定电流范围内的计量准确度。

准确度为 0.5 级和 1 级电流互感器多用于发电厂和变电所中的盘式电气测量仪表。

准确度为 3 级和 5（10）级电流互感器用于一般测量和某些继电保护装置。

（3）电流互感器常见故障的处理

1）当电流互感器二次侧开路时，电流表指示不正常，保护及自动装置会发出相应的异常信号，电流互感器本体发热，有电磁声，当其通过的一次电流越大时，其电磁声也越大。电流互感器开路时，运行人员应立即采取措施进行处理。若无法处理，应及时报告调度及部门技术负责人进行检修，同时应退出可能误动的保护并注意对电能计量的影响。

2）当发现电流互感器外部过热、内部有放电声及噪声，发出焦臭味和冒烟时，应迅速将电流互感器停用。

3）当电流互感器着火时，应立即将其停用，然后使用 1211 灭火器等进行灭火。

11. 电压互感器

电压互感器（Potential Transformer，PT 或 TV）是一种特殊的变压器，它将高电压变换为 100V。

（1）电压互感器的分类

按相数分为单相和三相。

按结构型式分为带补偿绕组、五芯柱三绕组和接地保护用。

按照绝缘型式分为干式、浇注式、油浸式和充气式。干式（浸绝缘胶）电压互感器结构简单，无着火和爆炸危险，但绝缘强度较低，只适用于 6kV 以下的户内装置；浇注式电压互感器结构紧凑，维护方便，适用于 3～35kV 户内配电装置；油浸式电压互感器绝缘性能好，可用于 10kV 以上的配电装置；充气式电压互感器用于 SF_6 全封闭电器中。

图 6-21 为浇注式绝缘电压互感器的外形图，图 6-22 为充气式电压互感器的外形图。

图 6-21　浇注式绝缘电压互感器的外形图　　　　图 6-22　充气式电压互感器的外形图

（2）电压互感器准确度等级和额定容量

1）电压互感器的准确度等级：电压互感器准确度等级是指在规定的一次电压和二次负载变化范围内，负载功率因数为额定值时，误差的最大限值。我国电压互感器准确度等级分为 0.2、0.5、1.0、3.0 四个等级。准确度为 0.2 级的电压互感器只用于实验室的精密测量，准确度为 0.5 级和 1 级的电压互感器用于发电厂和变电所的盘式仪表，准确度为 3 级的电压互感器用于一般的测量仪表和继电保护装置。对计量电能用的电能表应采用准确度为 0.5 级的电压互感器。

2）电压互感器额定容量：电压互感器额定容量（VA）是指对应于最高准确度等级的容量，即电压互感器在这种负载容量下所引起的误差，不会超过这一准确度等级规定的数值。因为电压互感器的误差随其容量而变，故使用时超过该准确度等级规定的最大负载容量，则准确度就要相应降低。所以，同一台电压互感器在不同准确度等级下对应不同的容量。另外，电压互感器按照在最高工作电压下长期允许发热条件规定有最大容量，运行中不应使负载达到这个容量。电压互感器的实际二次负载是指其二次侧所接测量仪表、继电器等电压线圈所消耗功率的总和。选用电压互感器时，应根据准确度要求使二次负载不超过额定容量。

（3）电压互感器常见故障的处理

1）电压互感器回路断线：处理此故障时应注意与电压互感器有关的保护和自动装置，防止误动作。检查高压熔断器是否熔断、低压开关是否跳闸。如果高压熔断器熔断时，应查清原因并进行更换。如果熔断器未熔断、开关正常，可检查电压互感器回路接头是否松动，是否有断头现象，检查时需采取安全措施，保证人身安全，防止保护误动作。

2）电压互感器二次回路短路：电压互感器二次回路短路时，一般情况下高压熔断器不会熔断，但此时电压互感器内部有异声，将造成低压熔断器熔断或者低压控制开关跳闸。

12. 高压漏电测试仪

高压漏电测试仪是测量设备耐电压强度的仪器，它可以直观、准确、快速、可靠地测试各种被测对象的漏电流等电气安全性能指标。

高压漏电测试仪的基本工作原理是将一规定交流或直流高压施加在电器带电部分和非带电部分（一般为外壳）之间以检查电器的绝缘材料所能承受耐压能力的试验。

高压漏电测试仪使用方法：

1）测试前，仪器地线应可靠接地，操作者应戴绝缘手套、穿绝缘鞋等防护措施。

2）待测设备，除受测回路外，其余回路以及机壳应可靠接地。

3）计算需要的测试电压值，设定仪器的测试参数：漏电流限值、测试时间。

4）将测试探头与被测设备相关部位可靠连接，避免测试中脱落。

5）按下启动按钮，开始测试，逐步升高仪器的输出电压至预定的电压值后，开始计时。

6）计时时间到，仪器未发出报警，则测试结果判定为合格。

7）如测试过程中，仪器发出报警，应立即停止测试，测试结果判定为不合格。

13. 船舶高压开关柜的"五防"措施

随着船舶高压电力系统的不断发展，特别是控制技术的不断更新，船舶高压电力系统防误装置得到不断改进和完善。防误装置的设计原则：凡有可能引起误操作的高压电气设备，均应装设防误装置和相应的防误电气闭锁回路。为保证安全及各联锁装置可靠、不至损坏，必须按联锁防误操作程序进行操作。船舶高压开关柜的"五防"措施成为船舶高压电力系统安全生产的重要措施之一。

船舶高压开关柜"五防"措施的具体内容：

（1）防止误分、合高压断路器

对高压断路器分闸、合闸按钮做防护设计，防止在正常运行下误分闸操作或不具备合闸条件下误合闸。

（2）防止带负载分、合隔离开关

隔离开关无灭弧装置，因此不能带负载分、合隔离开关。隔离开关与相应的高压断路器有机械或者电气的联锁，只有高压断路器分闸后，才能分、合隔离开关。

（3）防止带电挂（合）接地线（接地开关）

仅当相应的高压断路器处于试验位置时，接地开关才能进行合闸操作，实现了防止带电误合接地开关。

（4）防止带接地线（接地开关）接通高压断路器

仅当接地开关处于分闸位置时，相应的高压断路器才能从试验位置移至工作位置，防止接地开关处于闭合位置时接通高压断路器。

（5）防止人员误入带电间隔

接地开关处在分闸位置时，高压开关柜的下门及后门都无法打开，防止人员误入带电间隔。

第五节　船舶高压电力系统的保护

船舶高压电力系统与传统的低压电力系统的电压等级相差几倍甚至几十倍，所以对船舶高压电力系统的可靠性和安全性要求更高。

1）高压发电机的绕组、轴承及相应的冷却系统均应配有温度传感器用于报警或检测。应设有高压发电机灭磁保护装置，在高压发电机至主配电盘之间的连接电缆出现相间短路故障或高压发电机内部绕组出现短路故障时，该保护电器应能使发电机断路器脱扣，并自动、迅速地对发电机进行灭磁。

2）系统中任何接地故障应有视觉和听觉报警。中性点经高电阻接地系统，其设备的绝缘应按线电压来设计。

3）电力变压器应设有过载和短路保护。如变压器需并联运行，则其一次侧保护电器的脱扣应能同时自动分断连接于二次侧的开关。

4）电压互感器在二次侧应设置过载和短路保护。

5）不能用熔断器做过载保护。

6）通过变压器从高压系统获得供电的低压系统应设有过电压保护。

一、高压发电机的保护内容

在电力系统中，高压同步发电机是十分重要和贵重的电气设备，它的安全运行对电力系统的正常工作、用户的不间断供电、保证电能质量等方面都起着极其重要的作用。

由于高压发电机是长期连续运转的设备，它既要承受机械振动，又要承受电流、电压的冲击，因而常常导致定子绕组和转子绕组绝缘的损坏。因此，高压同步发电机在运行中，定子绕组和转子励磁回路都有可能产生危险的故障和不正常的运行情况。

为了使高压同步发电机能够根据故障的情况有选择地、迅速地发出信号或将故障发电机从系统中切除，以保证发电机免受更为严重的损坏，减少对系统运行所产生的不良后果，使系统其余部分继续正常运行，在发电机上装设能反映各种故障的保护是十分必要的。

一般说来，高压发电机的内部故障主要是由定子绕组及转子绕组绝缘损坏而引起的，常见的故障如下：

① 高压发电机内部定子绕组相间短路；

② 高压发电机内部定子绕组同一相的匝间短路；

③ 高压发电机内部定子绕组的单相接地；

④ 高压发电机内部转子绕组的一点接地或两点接地。

因此，船舶高压发电机除了与船舶低压发电机具有相同的短路、过载、欠电压、逆功率保护外，针对船舶高压发电机内部可能出现的故障，还应设船舶高压发电机的纵联差动保护、高压发电机定子绕组的零序电压保护、高压发电机转子接地保护等，以实现对船舶高压发电机内部系统的保护。

二、高压发电机纵联差动保护

对高压发电机相间短路的主保护，不仅要求能正确区别发电机内、外故障，还要求无延时地切除内部故障。船舶高压发电机采用纵联差动保护作为对高压发电机内部相间短路的主保护。

纵联差动保护就是将被保护线路一侧的电流状况与经过导引线传送过来的另一侧的电流状况进行比较，以辨别短路是发生在被保护线路的内部或是外部，从而判断保护是否应该动作。导引线所传送的电流状况可分为两类，其中一类是传送电流的大小（瞬时值），另一类是传送电流的方向。根据传送电流的大小（瞬时值）辨别是内部短路还是外部短路的保护比较简单，目前应用十分广泛。而根据传送电流的方向辨别是内部短路还是外部短路的保护则比较复杂，目前应用较少。

图 6-23 为发电机外部短路纵联差动保护原理接线图。电流互感器安装于被保护高压发电机两端，在发电机中性点处 n 端装设一组电流互感器，在发电机引出线靠近断路器处 m 端装设另一组电流互感器，所以它的保护范围是发电机定子绕组及其引出线。由于发电机纵联差动保护两侧可选用同一电压级、同类型、同变比及特性尽可能一致的电流互感器，可减小由电流互感器不完全相同而引起的不平衡电流的影响。

当发电机正常运行或断路器外部 D_1 点短路（指两电流互感器所包围的范围以外）时，两端电流互感器中流过同相一次电流且大小相等，在理想条件下，两端电流互感器的二次电流大小也相等，方向如图所示，流入电流继电器 I 线圈的电流为 $\dot{i}_j = \dot{i}_{n2} - \dot{i}_{m2} = 0$，电流继电器 I 不动作。

图 6-24 为发电机内部短路纵联差动保护原理接线图。当被保护高压发电机内部绕组出现短路故障（如 D_2 点短路）时，短路电流会由线路两端（或一端，视线路两端连接发电机

组或负载情况而定）流入短路点，此时，一次电流 i_{n1} 方向不变，而一次电流 i_{m1} 方向与外部短路时的方向正好相反，所以流入电流继电器 K 的电流为

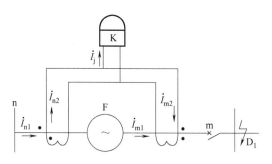

图 6-23　发电机外部短路纵联差动保护
原理接线图

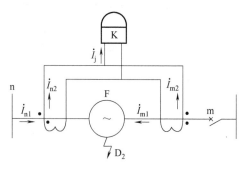

图 6-24　发电机内部短路纵联差动
保护原理接线图

此电流大于电流继电器 K 的动作电流，可作为短路故障的判别依据，电流继电器 K 动作，使发电机跳闸、灭磁、停机。

因此，高压发电机纵联差动保护装置在正常或外部短路时继电器不动作，当高压发电机内部短路时使继电器动作，实现高压发电机的保护。

三、高压发电机定子绕组单相接地保护

船舶高压发电机最常见的故障之一是定子绕组的单相接地（定子绕组与铁心间绝缘破坏）。由于船舶高压发电机中性点是经绕阻接地的，所以定子单相接地故障并不引起大的故障电流，相应的定子接地保护通常只发报警信号而不是立即跳闸、停机。

对于船舶高压发电机，由于它在系统中的地位重要、造价昂贵，而且结构复杂、检修困难，所以对其定子单相接地电流的大小和保护性能提出了严格的要求。

首先，发电机定子接地故障电流必须限制在很小的范围内，这对发电机定子铁心的安全来说是十分有利的。

为确保发电机的安全，不使单相接地故障发展成相间或匝间短路，应该使单相接地故障处不产生电弧或者接地电弧瞬间熄灭。这个不产生电弧的最大接地电流，被定义为发电机单相接地的安全电流，其值见表 6-1。

表 6-1　发电机单相接地的安全电流

电压等级/kV	发电机单相接地的安全电流/A
6.3 及以下	4
10.5	3
13.8～15.75	2
18 及以上	1

在上述安全电流下，因定子绕组单相接地不致扩展成为匝间短路或相间短路，因此可允许发电机继续运行一段时间。在这段时间后停机，铁心不用检修。所以，定子绕组单相接地保护动作后，不要求立即停机，而是作用于报警信号。这样，发电机可继续向系统供电，使系统免受大的冲击。大型发电机发生单相接地后，宜迅速平稳转移负载后停机。

通常在船舶高压发电机机端装设反映基波零序电压的定子接地保护，其原理接线如图6-25所示。

零序电压保护的电压继电器 K 的整定值，应躲开正常运行时的不平衡电压及三次谐波电压。为此，继电器的动作回路中接入了由电感 L_1、电容 C 组成的 50Hz 基波串联谐振电路，以减小三次谐波电压对保护的影响，提高了保护的灵敏度。

输入到自耦变压器一次侧绕组的电压信号为电压互感器二次开口三角侧的输出电

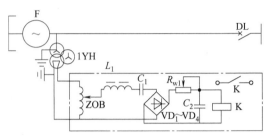

图 6-25　发电机定子接地保护原理接线图

压，如果发电机定子接地，则开口三角侧的输出电压为 100V，经自耦变压器降压，加到串联谐振电路，整流后加到电压继电器线圈上，使电压继电器 K 动作，发出船舶高压发电机定子接地报警信号。

四、高压发电机转子接地保护

（1）高压发电机励磁回路的故障及其产生的后果

高压发电机励磁回路最常见的故障是转子绕组的一点接地故障。由于正常运行时，励磁回路与地之间有一定的绝缘电阻，转子发生一点接地故障时，不会形成故障电流的通路，对发电机不会产生直接危险。但这并不是正常现象，当一点接地之后，如果又发生第二点接地时，即形成了短路电流的通路，这时，不仅可能将励磁绕组和转子烧坏，还可能引起机组强烈地振动，产生严重的后果。

高压发电机转子接地保护的任务就是当高压发电机转子绕组发生一点接地故障时，保护装置发出报警信号；当高压发电机转子绕组发生两点接地故障时，保护装置动作与停机，以保护高压发电机。

船舶高压电力系统都设有备用高压发电机组，因此当在网船舶高压发电机的转子绕组发生一点接地故障时，保护装置发出报警信号，手动或自动起动备用高压发电机组，并联运行后可将故障高压发电机组解列、停机。因此，船舶高压发电机一般只装转子一点接地保护装置。

（2）高压发电机转子一点接地保护

高压发电机转子一点接地保护的接线如图6-26所示。叠加直流电压 U_0 由交流电源 $U_\sim$ 经变压器 YB 隔离和变换以及整流后得到，继电器 K 的线圈与转子绕组 FLQ 串联，构成了叠加直流电压式一点接地的保护电路。

在发电机正常运行情况下，高压发电机转子无接地现象，继电器 K 中流过的电流 $I_0 = 0$。当负极接地时，继电器 K 中流过电流为

$$I_{J-} = \frac{U_0}{R_J}$$

式中　R_J——继电器 K 的内阻。

当正极接地时，继电器 K 中流过的电流为

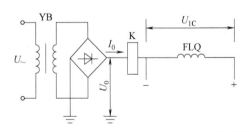

图 6-26　叠加直流电压式一点接地保护的接线图

$$I_{J+} = \frac{U_0 + U_{1C}}{R_J}$$

式中　U_{1C}——励磁电源电压。

显然，当负极接地时，继电器 K 中流过的电流 I_{J-} 小于当正极接地时继电器 K 中流过的电流 I_{J+}，为了保证保护装置无死区，且应具有足够的灵敏度，要求继电器 K 的动作电流 I_{dzJ} 小于负极接地时继电器 K 中流过的电流 I_{J-}，且保证

$$\frac{I_{J-}}{I_{dzJ}} \geqslant 1.5$$

这样，只要高压发电机转子有一点接地故障，继电器 K 将动作，发出报警信号。

这种保护装置的特点是没有死区，也能监视停止运行的发电机励磁回路的绝缘情况，其灵敏度不受励磁回路对地电容的影响，但在 FLQ 的各点发生接地时灵敏度不同，接地点由负极向正极移动时灵敏度逐渐增加。

五、主变压器的起动保护

船舶高压变压器是船舶高压电力系统重要的设备，船舶高压电力系统一般通过高压变压器将高电压降为低电压，向船舶低压电力系统的负载供电，它的安全性和稳定性对整个船舶电力系统的运行十分重要。当高压变压器空载投入电网时，由于变压器铁心磁通的饱和以及铁心材料的非线性特征，将产生很大的励磁涌流，其幅值可达其额定电流的数倍。

高压电力系统中的高压变压器容量较大，可能与船舶高压发电机容量相当，所以其合闸冲击电流可能会引起船舶高压发电机跳闸。

为了防止这种现象的发生，高压变压器往往采用预充磁方式合闸，以减少冲击电流。

船舶高压变压器预充磁通常有两种方式：高压变压器一次侧绕组先通过电阻接至高压配电盘母线，经延时后高压变压器主断路器接通，电阻被旁路切换，然后再断开电阻电路，这类似于电动机降压启动装置被旁路切换；另一种是从低压电网接通一台等压变比为 1 的小型变压器与高压变压器的二次侧绕组相连，高压变压器的一次侧绕组会感应出一个相应的高电压，经延时后，高压变压器主断路器合闸，然后再断开小型变压器，实现原理如图 6-27 所示。

在图 6-27 中，HG_1、HG_2 为船舶高压发电机，G_3 为船舶低压发电机，T_1 为船舶高压变压器，T_2 为给高压变压器预充磁用的等压变比为 1 的小型变压器，HBB 为船舶高压汇流排，MBB 为船舶低压汇流排，ACB_1、ACB_2、ACB_3 为船舶高压断路器，ACB_4、ACB_5、ACB_6 为船舶低压断路器。

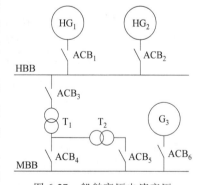

图 6-27　船舶高压电流变压器预充磁示意图

高压变压器 T_1 投入运行前，HBB 船舶高压汇流排和 MBB 船舶低压汇流排均应有电（分别由船舶高压发电机和船舶低压发电机提供）。ACB_5 首先合闸，通过等压变比为 1 的小型变压器 T_2 给高压变压器 T_1 的二次侧绕组提供低电压，于是高压变压器 T_1 的一次侧绕组会感应一个高电压。经延时后，按与低压发电机准同步并车的条件，高压变压器主断路器 ACB_3 合闸，经延时后

ACB$_4$ 合闸，最后再断开 ACB$_5$，高压变压器 T$_1$ 投入运行。这样，可以断开 ACB$_6$，停掉船舶低压发电机 G$_3$，船舶低压汇流排完全由高压变压器 T$_1$ 提供电能。

第六节　船舶高压电力系统的管理

船舶高压电力系统的电压等级很高，以至使初次接触船舶高压电力系统的船舶电气维护、管理人员产生畏惧的心理，但是船舶高压电力系统的设备都具有较高的防护等级，各设备的维护管理都有明确的操作规程，这些操作规程有的由设备生产商制定，有的由船舶管理者制定，都具有较高的科学性。船舶电气维护、管理人员只要严格遵守操作规程进行操作，小心谨慎，科学管理，及时总结经验，不断完善各设备的操作规程，船舶高压电力系统就会安全、可靠、高效地运行。

一、船舶高压电力系统的安全措施

1. 触电的概念

人体也是导体，当人体某部位接触一定电位时，就有电流流过人体，这就是触电。触电分为直接触电和间接触电两类。

2. 电流对人体的伤害

触电伤害是电流直接作用于人体而造成的伤害，触电事故可分为电击和电伤两类。

（1）电击

电击是指电流通过人体内部，直接影响呼吸、心脏及神经系统的正常功能，直接危及生命的伤害。人体触电后主要引起心脏心室纤维颤动、呼吸麻痹或神经中枢衰竭，造成昏迷甚至死亡。380/220V 工频电压触电死亡，绝大部分是电击所致。

按照人体触及带电体的方式和电流通过人体的途径，触电可分为单相触电、两相触电和跨步电压触电三种情况。

单相触电是指在地面或其他接地导体上，人体某一部位触及带电体的触电事故。

两相触电是指人体两处同时触及同一电源任何两带电体而发生的触电。

跨步电压触电是指带电体接地，有电流流入地下时，电流在接地点周围土壤中产生电压降。人接触接地点周围，两脚之间出现的电位差即为跨步电压，由此造成的触电称为跨步电压触电。

（2）电伤

电伤是电流的热效应、化学效应、机械效应对人体体表造成的伤害，电伤会使人体皮肤严重烧伤，放电部位骨节坏死。电伤分为电弧烧伤、电烙印和金属溅伤三种情况。

电弧烧伤是指电弧的高温或电流产生的热量所引起的皮肉深度烧伤，可造成残废或死亡。严重的电弧烧伤大多发生在高压设备上，以及带负载拉刀开关、短路而产生的强烈电弧所致。

电烙印（电斑痕）是指当人体与带电体良好接触，使人体皮肤变硬，形成黄色、灰色肿块。电烙印在低压触电时常见。

金属溅伤是指被电流熔化和蒸发的金属微粒渗入表皮所造成的伤害。

3. 决定触电伤害程度的因素

决定触电伤害程度的因素有触电电流、触电时间、电流路径、电流种类、人体体质和人体电阻。

（1）触电电流

通过人体的电流越大，致命危险就越大。对于工频交流电，按照通过人体的电流大小不同，人体呈现不同的状态。可将电流划分为三级。

1）感知电流：引起人的感觉最小电流称为感知电流。实验证明，成年男性平均感知电流有效值为 5.2mA；成年女性平均感知电流有效值约为 3.5mA。

2）摆脱电流：人触电后能自行摆脱电源的最大电流称为摆脱电流。一般成年男性的平均摆脱电流为 9mA，成年女性的平均摆脱电流为 6mA。

3）致命电流：在非常短的时间内危及生命的电流称为致命电流。触电电流达到 50mA 以上就会引起心室颤动，有生命危险。

（2）触电时间

触电时间越长，因电击能量的积累，电击危险性越大越易造成触电伤亡。

（3）电流路径

触电后电流通过人体的路径不同，伤害程度也不同。最危险的是由左手流经胸部，这时心脏直接处在电路中，途径最短。

（4）电流种类

各种形式的电流和静电荷对人体均有伤害作用，人体对直流电流和高频电流耐力相对来讲较强，25～300Hz 的交流电对人体的伤害最严重。

（5）人的体质

患有心脏病、内分泌失常、肺病、精神病等人，触电是最危险的。

（6）人体电阻

人的皮肤干燥或者皮肤较厚的部位其电阻值较高，皮肤出汗或皮肤较薄的部位电阻值较低，人体电阻值低通过的危险电流比较大。

4. 触电防护

触电防护包括直接触电防护和间接触电防护。

1）直接触电防护是指对直接接触正常带电部分的防护，如对带电体加隔离栅栏或加防护罩、使用绝缘物等。

2）间接触电防护是指对故障时可带危险电压而正常时不带电的外露可导电部分（如金属外壳、框架等）的防护，例如将正常不带电的外露可导电部分接地，并装设接地故障保护装置，故障时可自动切断电源。

3）安全预防措施：

① 遮拦：遮拦指设备围栏或护栏。一般选用网状护栏，使巡视人员可以看到设备本体但无法触摸到设备。网状护栏的网格不应大于 20mm×20mm，只能让人的一个手指伸入，而手掌和手臂都无法进入。遮拦与电气设备之间的安全距离为 250mm 加上该高电压等级下的最小安全距离值。其中 250mm 就是考虑手指的长度。

② 隔离：隔离是指将高压配电装置区域采取封闭隔离措施，采用遮拦或其他板材，设立专用通道进出区域，主要防止无关人员进入区域。

③ 安全距离：人与带电体、带电体与带电体、带电体与地面（船壳）、带电体与其他设施之间需保持的最小距离，又称安全净距、安全间距。安全距离应保证在各种可能的最大工作电压或过电压的作用下，不发生闪络放电，还应保证工作人员对电气设备巡视、操作、维护和检修时的绝对安全。各类安全距离在国家颁布的有关规程中均有规定。当实际距离大于安全距离时，人体及设备才安全。安全距离既用于防止人体触及或过分接近带电体而发生触电，也用于防止车辆等物体碰撞或过分接近带电体以及带电体之间发生放电和短路而引起火灾和电气事故。安全距离分为线路安全距离、变配电设备安全距离和检修安全距离。

④ 绝缘胶垫：绝缘胶垫又称为绝缘毯、绝缘垫、绝缘橡胶板、绝缘胶板、绝缘橡胶垫、绝缘地胶、绝缘胶皮、绝缘垫片等，具有较大电阻率和耐电击穿能力，主要用于配电设施地面的铺设。

⑤ 绝缘材料：绝缘材料是在允许电压下不导电的材料，但不是绝对不导电的材料，在一定外加电场强度作用下，也会发生导电、极化、损耗和击穿等过程，而长期使用还会发生老化。

绝缘材料包括气体绝缘材料、液体绝缘材料和固体绝缘材料。

a. 气体绝缘材料：通常情况下，常温常压下的干燥气体均有良好的绝缘性能。作为绝缘材料的气体电介质，还需要满足物理、化学性能及经济性方面的要求。空气及六氟化硫气体是常用的气体绝缘材料。

b. 液体绝缘材料：电器绝缘油是一种中性液体，呈金黄色，具有很好的化学稳定性和电气稳定性。主要应用于电力变压器、少油断路器、高压电缆和油浸式电容器等设备。

c. 固体绝缘材料：固体绝缘材料的种类很多，其绝缘性能优良，在电力系统中的应用很广。常用的固体绝缘材料有绝缘漆、绝缘胶，纤维制品，橡胶、塑料及其制品，玻璃、陶瓷制品，云母、石棉及其制品等。

⑥ 限制靠近：为确保带电设备不对人体造成伤害，需要限制靠近带电设备的人群，非专业管理或维修人员不得接近带电设备。

⑦ 标志和警告牌：标志和警告牌主要指变配电站常用的"高压危险""有人工作、禁止合闸"等悬挂在变配电装置上的一些标牌，需要时挂上，不需要时拿下来。

5. 警告符号

安全标志牌是由安全色、几何图形或图形符号构成，用以表达特定的安全信息，是保证电气工作人员安全的重要技术措施。

（1）安全色

安全色是表达安全信息含义的颜色，国家规定的安全色有红、蓝、黄、绿四种颜色。红色表示禁止；蓝色表示指令，必须遵守的规定；黄色表示注意；绿色表示指示，安全状态通行；黑色表示警告。其安全色标的含义见表6-2。

表6-2 安全色标的含义

色标	含义	举例
红	停止、禁止、消防	停止按钮,仪表运行极限,灭火器
黄	注意、警告	"当心触电""注意安全"
绿	安全、通过、允许工作	"在此工作""已接地"
黑	警告	多用于文字、图形符号
蓝	强制执行	"必须戴安全帽"

在电器上用黄、绿、红三色分别代表 L1、L2、L3 三个相序，涂上红色的电器外壳表示其外壳带电；灰色的电器外壳表示其外壳接地或接零；线路上黑色代表工作零线；明敷接地扁钢或圆钢涂黑色；在交流回路黄绿双色绝缘导线代表保护线，浅蓝色代表中性线。在直流回路中，棕色代表正极，蓝色代表负极。导线新旧色标见表 6-3。

表 6-3　导线新旧色标

类别	导体名称	旧色标	新色标
交流电路	L1	黄	黄
	L2	绿	绿
	L3	红	红
	N	黑	淡蓝
直流电路	正极	赭	棕
	负极	蓝	蓝
安全用接地线	—	黑	黄/绿双色

（2）安全标志

安全标志一般设置在光线充足、醒目、稍高于视线的地方。它分为禁止标志、警告标志、指令标志和提示标志。常用安全用电标志牌见表 6-4。

表 6-4　常用安全用电标志牌

名称	悬挂位置	尺寸/mm	底色	字色
禁止合闸有人工作	一经合闸即可送到施工设备的开关和刀开关操作手柄上	200×100 80×50	白底	红字
禁止合闸线路有人工作	一经合闸即可送到施工设备的开关和刀开关操作手柄上	200×100 80×50	红底	白字
在此工作	室内和室外工作地点或施工设备上	250×250	绿底、中间有直径210mm的白圆圈	黑字、位于白圆圈中
止步 高压危险	工作地点附近带电设备的遮栏上;室外工作地点附近带电设备的横梁上;禁止通过的过道上;高压试验地点	250×200	白底红边	黑字、有红箭头
从此上下	工作人员上下的铁架、梯子上	250×250	绿底、中间有直径210mm的白圆圈	黑字、位于白圆圈中
禁止攀登 高压危险	工作附近可能上下的铁架上	250×250	白底红边	黑字
已接地	看不到接地线的工作设备上	200×100	绿底	黑字

二、船舶高压电力系统的安全操作

对于船舶高压电力系统，操作人员即使没有直接接触带电设备，如果不慎距离带电设备太近，小于规定的安全操作距离，也可能发生严重的触电事故。船舶高压电力系统的变压器、电流互感器、电压互感器、断路器等一般要求安装在完全封闭的开关柜中。当需要带电操作某些设备时，应严格按照安全操作规程，戴绝缘手套，穿绝缘鞋，使用专用的绝缘工具进行。

（1）船舶高压发电机的检修操作规程

船舶高压发电机只在作备用机时进行检修，以保证船舶电站供电的连续性。在检修船舶高压发电机前，必须将发电机组选择开关打到"手动"位置，防止发电机组误起动。断开船舶高压发电机主开关，关闭励磁电源，合上接地开关才能进行检修。如果需要测量船舶高压主发电机绕组的绝缘，必须将发电机中性点接地电阻断开。

检修时，操作人员必须戴绝缘手套，穿绝缘鞋。

（2）船舶高压主开关的检修操作规程

高压配电盘通常分为左右两侧，分别放置在不同的高压配电室中，高压配电室都配有高压绝缘地面，并且高压配电盘都具有非常高的防护等级，保证操作人员的安全。船舶高压主开关检修的流程为将船舶高压主开关置于断开位置，断开相应的隔离开关，闭合接地开关，打开开关柜，方可检修船舶高压主开关。检修完毕后，首先关闭开关柜，断开接地开关，闭合相应的隔离开关，将船舶高压主开关置于工作位置。主开关、隔离开关与接地开关和柜门之间都应有电气或机械联锁，以防止误操作。尽管如此，操作人员也应按照操作流程逐步操作。

（3）船舶高压隔离开关的操作规程

由于断路器的断开点在外部是看不见的，为了保证在维修船舶高压电力系统时操作人员的人身安全，在船舶高压主发电机断路器与高压汇流排之间，在分断高压汇流排的断路器两端，以及在高压变压器的断路器与高压汇流排之间，都串联了隔离开关。隔离开关是具有可见断开点的开关，由于隔离开关没有灭弧装置，因此不能带负载进行分、合闸操作。由于有机械或电气的联锁，操作船舶高压隔离开关时，要与断路器的分、合闸操作相配合，只有当断路器断开后，才能进行断开船舶高压隔离开关的操作。断路器在合闸位置时，无法分断船舶高压隔离开关。同样，必须先合上船舶高压隔离开关，之后才允许合上高压断路器。

（4）高压接地开关的操作规程

为了维修、操作人员的人身安全，确保他们接触的线路无电，不同于传统的船舶低压电站，船舶高压电站供配电线路上还安装了多处接地开关。接地开关的一端与母线（线路）相连，另一端与接地点可靠相连。在停电维修某段线路和设备时，应合上相应的接地开关，以保证被维修线路和设备可靠地接地，防止线路上积累的电荷对维修操作人员的影响，或者在断路器意外合闸时，由于线路三相接地，造成三相短路，使断路器立即跳闸。

检修完成后，首先断开接地开关，才能合上船舶高压隔离开关，最后才可以进行相应的高压断路器合闸操作。

（5）UPS管理、操作规程

不间断电源（UPS）是高压电站控制系统的应急供电设备，如果UPS不能正常工作，在船舶失电后，高压电站控制系统将不能工作，导致高压自动电站处于瘫痪状态。因此，对UPS的操作和管理应予以重视，同时UPS的功能试验也是船舶高压电力系统的必检内容。

平时保持电瓶间整洁，并确保通风良好。保持电瓶及接线柱清洁，确保接线紧固。日常应经常检查 UPS 设备各参数是否正常，平日 UPS 设备采用浮充电制，每月充分放电一次，然后手动充足，再转浮充。检修 UPS 时，应用其他电源代替 UPS 供电，保证高压电站控制系统的供电。UPS 的蓄电池应五年更换一次。

三、船舶高压电力系统的管理

船舶高压电力系统管理的主要内容包括：系统参数的监测记录、系统中各设备的检查与维护、定期的系统功能试验和报警试验等。

1. 船舶高压电力系统参数的监测记录

船舶电力系统的管理是将各设备的运行参数采集到主控制单元，通过人机界面集中显示，操作人员可以直观地观测到系统各设备的运行状态，如高压电力系统的电压、电流、频率和功率等。

表 6-5 列出了船舶高压电力系统主要设备的运行参数，船舶电气维护、管理人员每天应按时对主要设备的参数进行记录并进行比较，通常系统各主要设备的状态可通过参数直接显现出来，对参数的分析可以帮助船舶电气维护、管理人员提前对设备的故障进行预判断，有效地减少故障的发生。例如某船舶电气维护、管理人员在记录高压电站主变压器电流参数时，突然发现变压器副边电流出现变化，经过检查主变压器，发现变压器副边绕组接线接触不良，有打火现象，立即进行了减少变压器用电负荷，直至更换备用主变压器的处理，有效避免了故障的扩大。

表 6-5　船舶高压电力系统运行参数

设备名称	参　数　值							
船舶主发电机	电压	电流	功率	绕组温度	冷却水温度	冷却风温度	驱动端轴承温度	自由端轴承温度
主变压器	一次侧电压	二次侧电压	电流	绕组温度	冷却水温度	冷却风温度	—	—
推进电机	电压	电流	转速	功率	绕组温度	—	—	—
艏侧推电机	电压	电流	功率	绕组温度	—	—	—	—

2. 船舶高压电力系统各设备的检查与维护

船舶高压电力系统各设备的检查与维护是船舶电气维护、管理人员对高压电站管理的主要内容。

船舶电力系统与陆地电力系统相比，最大的不同为船舶电气设备所处的工作环境更加恶劣，船舶空间更加狭小，船舶航行产生的振动加上高压电站的谐波对电气设备影响较大，因此对电气设备的检查维护，首先应检查其硬件安装的固定情况及接线紧固情况，只有设备稳定安装才能保证当船舶出现大的晃动或振动时，电气设备能稳定地运行，同时电缆接线的紧固连接保证了电气设备采集或传输信号的正确。根据经验，船舶电气设备故障及系统的误报警接近 40% 是由接线松动导致的。此外，随着船舶电气设备集成化程度的提高，对环境的要求和空气清洁度的要求也越来越高，所以操作人员在对高压电站日常维护保养过程中，应保持系统设备工作环境的清洁。另外，对各设备的散热系统应重点检查和维护，电气设备运行的温度比允许温度每升高10℃，其使用寿命就会缩短将近一半，因此对船舶高压电站设备的散热和冷却系统的检查成为船舶高压电站管理的重要内容。

（1）高压变压器故障现象、原因及处理方法

高压变压器在实际运行中，可能发生各种不同的故障，而造成变压器故障的原因又是多方面的。高压变压器运行中常见故障现象及原因参见表6-6。

表6-6　高压变压器运行中常见故障现象及原因

项目	故障	现象	原因
铁心	铁心片间绝缘损坏	空载损耗增大	1. 受剧烈振动,铁心片间摩擦引起 2. 铁心片间绝缘老化,或有局部损坏
	铁心片间局部熔化	高压熔丝熔断	1. 铁心的穿心螺栓的绝缘损坏或铁心片短路引起绝缘损坏 2. 铁心多点接地
	接地片断裂或与铁心接触不良	铁心有放电声	1. 安装时螺栓没有拧紧 2. 接地片没有插好
	铁心松动	有不正常的振动声音和噪声	1. 铁心叠片中缺片 2. 铁心油道内或夹片下面有未夹紧的自由端 3. 铁心的紧固件松动 4. 铁心间有杂物
绕组	匝间短路	1. 一次电流略增大 2. 三相直流电阻不平衡 3. 高压熔丝熔断,跌落式熔断器脱落 4. 二次线电压不稳,忽高忽低	1. 变压器进水 2. 散热不良或长期过载使匝间绝缘老化 3. 绕制时没有发现导线毛刺,焊接处不平滑,使匝间绝缘受破坏
	绕组断线	1. 断线处发生电弧,有放电声 2. 断线相没有电压和电流 3. 断线相直流电阻无限大	1. 导线焊接不良 2. 匝间、层间或相间短路,造成断线
	对地击穿	1. 高压熔丝熔断 2. 匝间短路	1. 主绝缘老化或有剧烈折断等缺陷 2. 绝缘油受潮 3. 绕组内有杂物落入 4. 过电压引起 5. 短路时绕组变形引起
	绕组相间短路	1. 高压熔丝熔断 2. 保护动作	原因与对地击穿的相同
分接开关	触头表面熔化与灼伤	1. 高压熔丝熔断 2. 触头表面产生放电声	1. 装配不当造成表面接触不良 2. 弹簧压力不够 3. 触头表面剥蚀
	相间触头放电或各分接头放电	高压熔丝熔断	1. 过电压引起 2. 螺栓松动,触头接触不良,产生爬电、烧坏绝缘

（续）

项目	故障	现象	原因
套管	对地击穿	高压熔丝熔断	瓷件表面较脏或有裂纹
	套管间放电	高压熔丝熔断	1. 套管间有杂物 2. 套管间有小动物

高压变压器故障处理方法：

1）三相电压不平衡：当发现变压器三相电压不平衡时，应检查其三相负荷是否平衡，如三相负载不平衡，则应及时调整其单相负载，使之保持三相平衡。

2）正常过负载：正常运行中的变压器，若发现其处于过负载运行状态，则在加强对其进行负载测量的同时，要判明此时的过负载是否超过其最大的允许值；更重要的是应采取有效措施，将一些负载转移到负载较低的变压器。

3）变压器高压侧熔断器熔丝熔断：当变压器高压熔丝熔断时，首先应检查一次侧熔断器是否有短路接地现象，无异常时，应检查变压器是否有冒烟现象，检查变压器温度是否正常。然后，再用绝缘电阻表检查一、二次线圈之间及一、二次线圈对地的绝缘电阻值。有时变压器内部线圈的匝间或层间短路也会引起一次侧熔丝熔断，应该测量线圈的直流电阻值，以便进行判断。经过全面检查判明故障，并排除后方可再投入运行。

4）变压器自动跳闸：变压器自动跳闸，应查明保护动作情况并进行全面检查。经检查不是内部故障而是由于过负载保护动作的，应先调整负载，再恢复送电。

5）如果变压器出现下述现象，应立即退出变压器的运行。

a. 变压器内部音响很大；

b. 瓷套管有严重的破裂和放电现象；

c. 在正常负载和冷却条件下，变压器温度不正常并不断上升。

（2）高压电力系统设备的故障及检修方法

表6-7详细地列出了高压电力系统设备故障及检修方法，其中保养周期C代表月度检查维护、D代表季度检查维护、E代表半年检查维护、F代表年度检查维护，依据各设备的重要性和检查内容的不同，设置不同的检查维护周期，实现对船舶高压电力系统最优化的管理。

表6-7　高压电力系统设备的故障及检修方法

设备名称	常见故障及检修方法	周期
主发电机	1. 检查高压接线是否松动,检查地线是否牢固,酌情处理 2. 检查轴承的润滑情况、是否漏油,酌情处理 3. 检查冷却系统的工作情况,清洁冷却系统,保持通风量正常 4. 测量定子绕组和转子绕组的绝缘电阻值 5. 检查气隙是否正常 6. 检查、清洁励磁机,测量励磁机的绝缘 7. 更换轴承润滑油	F
高压变配电盘	1. 检查各仪表接线和紧固螺钉的状态并进行清洁 2. 检查主开关接线和紧固螺钉的状态并进行清洁 3. 清洁高压变配电盘	F

（续）

设备名称	常见故障及检修方法	周期
主变压器	1. 检查主电缆连接螺钉,检查主电缆铠甲接地,检查各接线是否松动 2. 检查冷却风扇,检查散热条件有否恶化 3. 试验联锁功能 4. 检查主变压器的固定是否牢固	F
主控制单元及 PLC	1. 检查接线及接线端子是否松动 2. 检查散热设施是否完好 3. 检查系统各硬件的固定是否牢固 4. 检查并酌情更换 PLC 电池	E
电子调速器	1. 测量、检查绝缘程度 2. 检查所有的接线和固定螺栓是否松动 3. 清洁和检查电缆、电线的匝紧情况	F
报警系统	1. 检查、试验报警系统的效用,检查各开关、按钮、警铃,确保其功能正常 2. 清洁报警控制箱,检查线路接头是否松动	D
UPS	1. 检查进网电压、内部电路电压、电池电庄、输出电压 2. 系统功能检查	C
	1. 检查接线及接线端子是否松动 2. 检查散热设施是否完好 3. 检查 UPS 稳压电源装置的固定是否牢固 4. 按 3~5 年间隔期更换电池、按 5 年间隔期更换风扇	F
蓄电池	1. 做应急蓄电池组在额定工况下进行充放电的试验记录 2. 检查电瓶液控制阀及系统,酌情保养维护 3. 蓄电池组外表清洁、维护	D
各控制箱	1. 控制箱内部清洁,检查接线是否紧固,测量绝缘 2. 检查继电器、接触器,确认其动作正常,主、副触点良好,各指示灯、按钮完好 3. 检查过载保护装置的动作是否灵敏,检查调整设定值	E

3. 船舶高压电力系统定期的功能试验和报警试验

除了上面介绍的高压电力系统日常的维护保养项目外,船舶电气维护、管理人员应对船舶电力系统的功能及报警进行定期的试验。

（1）主要功能试验项目

1）应急手动并车装置进行检查和效用试验;

2）模拟试验电网失电时,发电机能否在规定时间内自动启动并合闸供电;

3）在网运行的主发电机剩余功率不足时,船舶电力管理系统是否在规定时间内启动备用机组并合闸供电;

4）试验在网运行的主发电机剩余功率不足且没有备用机组可用时,船舶电力管理系统是否会实现次要负载分级卸载功能。

（2）主要报警试验项目

1）模拟发电机组应急停车报警,润滑油压力低、冷却淡水温度高、发电机组转速过大报警;

2）模拟主发电机过载、短路、逆功率、欠电压、过电压、高频、低频报警；

3）模拟各温度传感器温度过高报警；

4）模拟高压发电机冷却水泄漏报警等。

对船舶高压电力系统定期的功能试验，可以保证船舶高压电力系统的功能处于随时可用状态。如模拟试验电网失电，发电机能否在规定时间内自动启动合闸供电，定期试验此功能的状态，防止当高压电力系统突然失电时，电力系统不能自动恢复导致更严重事故的发生。

高压电力系统定期的报警试验同样是船舶高压电力系统管理的重要内容，如果报警系统功能不可用，当系统出现故障后，船舶电力管理系统不能立刻报警，有可能导致设备的损坏，甚至出现更严重的事故。保证高压电力系统各报警功能的正常，可以及时发现系统的故障，保证船舶电力系统的安全运行。

第七节　船舶高压电力系统的实例

本节以 2002 年底建成的"泰安口"半潜式电力推进特种运输船的高压电力系统为例，简单地介绍高压电力系统的结构和运行模式特点。其可变换频率发电机和旋转变流器高压电力系统如图 6-28 所示。

一、"泰安口"半潜式电力推进船高压电力系统的结构

"泰安口"半潜船载重量 18000t，总长 156m，可以装载海洋钻井平台。船上安装了先进的卫星动态定位系统（DP），船尾左舷和右舷安装了 SIEMENS 公司和 SCHOTTEL 公司联合生产的吊舱式电力推进系统（Siemens Schottel Propeller，简称 SSP），其螺旋桨可以 360°回转，船舶在行驶时可以在极小的范围内灵活活动。图 6-28 是该船电力系统单线原理图。图中，电网由三个层次组成：一是 6.6kV 的高压主系统，二是 450V 的辅助低压系统，三是 450V 的应急系统。

1. 6.6kV 高压主电力系统的组成

高压主电力系统的电源：3 台 5200kVA，720r/min，60Hz 的主发电机组，柴油机为 Warsila 9L32，可以单独或者并联向高压电网供电。其中 No.1 主发电机在装载需要 50Hz 高压电源供应的货物时，可以切换为 2030kVA，600r/min，50Hz 的模式运转，单独为 50Hz 的货物负载电源供电，此时，图中用于高压汇流排连接的断路器 KS1 应该处于分闸状态。

高压主电力系统的负载：船尾左右舷各一台吊舱式电力推进器 SSP 的 4.7MW 永磁同步电动机及为其变频调速服务的变压器组、晶闸管装置；左右舷各一台侧推器的 800kW 电动机及为其变频调速服务的变压器组、晶闸管装置；可以为 450V 的辅助低压系统供电的 2 台 900kVA、将电压从 6.6kV 转变为 450V 的旋转变流器（在此没有采用变压器变压的原因是因为带有大量变频调速负载的高压主电网的波形不好）。

它的供配电装置：在高压开关柜控制室共有 12 屏高压控制屏，分别用于 3 台土发电机的控制（PMA71 电力自动管理系统通过电流互感器、电压互感器、高压断路器等对发电机组进行控制），2 台电力推进装置 SSP 的供电，2 台侧推器的供电，2 台旋转变流器（机组）高压接线端的供电，2 个汇流排连接断路器的控制，以及 50Hz/60Hz 货物负载高压电源供电的控制。另外，两台 DC 24V UPS 控制柜也安装在高压开关柜控制室内。

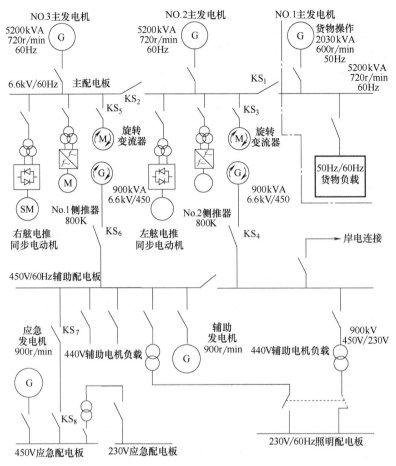

图 6-28 "泰安口"半潜式电力推进船高压电力系统

2. 450V/60Hz 低压辅助电力系统

低压辅助电力系统的电源由三个来源提供：航行时，电源来自高压系统的旋转变流器（机组），此时图 6-28 中旋转变流机组两端的断路器 KS3、KS4、KS5、KS6 都处于合闸位置。当旋转变流机组发生故障或检修时，以及在码头没有载货物时，电源来自 1 台 1125kVA、900r/min、60Hz 的辅助发电机组，柴油机是 Warsila 6L20，此时图 6-28 中旋转变流机组两端的断路器 KS3、KS4、KS5、KS6 都处于分闸位置。另外，在港内还可以连接岸电。

低压辅助电力系统的负载包括：常规船舶运行时需要供电的各种设备，例如淡水循环泵、燃油传输泵、滑油传输泵、低温淡水泵、高温水循环泵、中央冷却海水泵、通风机、燃油锅炉、空压机、锚机、消防泵、甲板液压起货机、照明电力配电板、航海仪器供电、机舱监控系统的供电等。也包括电力推进装置的方位控制泵，电力推进装置变压器、变频器的冷却泵，货物起重机，半潜船的压载水空压机，用于 3 台主发电机、辅助发电机、旋转变流机组、电力推进驱动装置的保温装置，动态定位（DP）系统的供电。

它的配电装置：在低压配电板控制室共有 17 屏低压控制屏，分别用于 1 台辅助发电机的控制，2 台旋转变流器低压端的连接，1 个汇流排连接断路器的控制，4 个电动机组合起动屏，6个输出负载屏，以及为高压变频驱动器服务的低压负载的供电屏。

3. 450V/60Hz 应急电力系统

应急电力系统的电源有两个来源：通常，电源来自 450V 的辅助供配电系统，此时图 6-28 中连接辅助电力系统和应急电力系统的断路器 KS7、KS8 都处于合闸位置。应急时，电源来自 1 台 250kVA（300kVA），900r/min，60Hz 应急发电机组。

应急电力系统的负载包括：常规船舶应急时需要供电的各种设备，例如电池充放电板、应急照明、航行灯、雷达、电罗经、机舱通风机、消防系统、应急消防泵、电话、总报警系统、机舱监控系统等的供电。也包括半潜船的压载水控制台，SSP 控制台、动态定位（DP）控制台的供电。

应急电力系统的配电装置：在应急发电机控制室共有 3 屏低压配电板分别用于应急发电机的控制，与 450V 辅助供配电系统的连接，电动机起动和输出负载的分配。

二、"泰安口"半潜式电力推进船电力系统的运行模式

1）根据船舶不同运行状态对功率的不同需求，提供经济可靠的供电，"泰安口"半潜式电力推进船电力系统可以提供表格 6-8 中所示的几种运行模式。

2）从表 6-8 的系统布置可以看出，不同运行模式的设置是靠电力系统中发电机组、汇流排的不同连接组合实现的。带有灭弧装置的高、低压断路器是实施电气设备带负载分合闸，并能对系统进行保护的开关设备。以上各种运行模式的设置是在控制屏上通过人工操作 PMS 液晶显示单元的键盘（或者在驾驶台的集中监测控制系统的显示界面上，使用鼠标轨迹球输入命令，通过光纤网络），实现断路器分合闸的控制。高压、低压、应急发电机断路器、汇流排连接断路器的分合闸动作都是由 PMS 电力自动管理系统的 PLC 单元进行控制的（参照自动化电站中的有关内容）。当断路器两侧都有电源时，断路器的合闸命令，将先由 PMS 系统的 PLC 单元发出同步并联指令到 PMS 系统中的发电机保护/并车智能单元，经后者判断同步并车的条件之后，执行单元向断路器发出合闸控制信号。

表 6-8 "泰安口"半潜式电力推进船电力系统提供的几种运行模式

设备是否接通　　　设备名称	航行模式	装载50Hz货物的模式	机动操纵模式	动态定位模式1	动态定位模式2	港内停泊模式1（不需要50Hz高压货物电源）	港内停泊模式2（需要50Hz高压货物电源）	应急工况	港内停泊模式3（功率回馈模式）
No.1 主柴油发电机组	接通	接通	—1)	接通	接通	—	接通2)	—	—
No.2 主柴油发电机组	接通	接通	接通	接通	接通	—	—2)	—	—
No.3 主柴油发电机组	接通	接通	接通	接通	接通	—	—2)	—	—
高压汇流排连接断路器 KS1	接通	—	—1)	接通	接通	—	接通	—	—
高压汇流排连接断路器 KS2	接通	接通	接通	接通	接通	—	接通	—	—
旋转变流器高压端断路器 KS3	接通	接通	接通	—	接通	—	接通	—	—
旋转变流器高压端断路器 KS	接通	接通	接通	—	接通	—	接通	—	—

（续）

设备是否接通 \ 船舶航行模式 \ 设备名称	航行模式	装载50Hz货物的模式	机动操纵模式	动态定位模式1	动态定位模式2	港内停泊模式1（不需要50Hz高压货物电源）	港内停泊模式2（需要50Hz高压货物电源）	应急工况	港内停泊模式3（功率回馈模式）
旋转变流器低压端断路器 KS	接通	接通	接通	—	接通	—	接通	—	—
旋转变流器低压端断路器 KS	接通	接通	接通	—	接通	—	接通	—	—
辅助柴油发电机组	—	—	—	接通	—	接通	—	—	—
应急发电机组	—	—	—	—	—	—	—	接通	接通
辅助电力系统和应急配电板之间连接的断路器	接通	接通	接通	接通	接通	接通	接通	—	接通

注　1）No.1 主柴油发电机组可以作为选择，连接到推进器汇流排
　　2）作为选择，No.2、No.3 主柴油发电机组可以代替 No.1 主柴油发电机组连接到汇流排

复习与思考

6-1. 船舶配电系统是按电压等级如何分类的？

6-2. 对交流高压电气设备有什么主要的特殊要求？

6-3. 什么是船舶高压电力系统？高压电力系统有哪些优缺点？

6-4. 船舶高压电力系统的具体组成结构如何？

6-5. 除严格遵守一般安全用电要求和操作规程外，管理高压电力系统还应注意什么？

6-6. 为什么在船舶高压电力系统中有使用隔离开关和接地开关，它们有哪些作用？

6-7. 什么是接触电压？什么是跨步电压？

6-8. 高压的安全操作规程是什么？

6-9. 五防措施具体内容是什么？为什么说它是安全操作的基本原则。

6-10. "泰安口"半潜式电力推进船电力系统的运行模式有哪些？

第七章　船舶轴带发电机装置

第一节　概　　述

一、轴带发电机概述

船舶轴带发电机（Shaft Generator，SG）系统简称轴发系统或轴机系统，是由主机（ME）驱动轴带发电机，利用主机富裕功率发电馈送至船舶电网，以达到节能的目的。图7-1所示为轴带发电机和船舶主机之间的关系图。

图 7-1　轴带发电机和船舶主机之间的关系图

伴随着经济全球化的发展，海运已经成为最重要的运输方式之一。进入 21 世纪以后，石油价格不断上涨，化石燃料的枯竭和排放污染问题日益严重，节能减排的呼声日益高涨。在船舶营运费用中，燃料费用占 50%~60%，为了降低营运成本，国际航运界对于船舶节能的要求越来越强烈，世界各大航运企业在新造船舶上力求使设备的选型、组合更加经济合理。

船舶发电是仅次于船舶推进的最大耗能系统，在 20 世纪 70 年代初中东石油危机后，轴带发电机得到迅速发展，伴随着电力电子技术的发展，轴带发电装置作为节约运行费用及改善机舱管理运行条件的有效手段，以其特有的优越性引起了各国造船界和航运界的重视。多年来的实践已经证明，在船上采用轴带发电机是一种切实可行的发电方案。由于轴带发电机具有节能、经济等突出优点，因此船舶轴带发电机在当今的远洋运输船舶、军舰、工程船舶、渔船和内河船上都有较为广泛的应用。

早期的轴带发电机系统属于无频率补偿型，如 1980 年日本 KAWASAKI 造船厂建造的滚装船系列的主机轴带发电机。这种轴带发电机受到海况的影响较大，一旦遇到风浪，主机转速变化将会引起电网频率的波动，严重时不得不改用船舶柴油发电机供电，且不能与其他柴油发电机长时间并联运行，只能在短时换机时使用，限制较多。随后出现的机械控制的频率补偿型轴带发电机系统比早期的无频率补偿型轴带发电机系统前进了一步。在这种系统中，主机推进轴与轴带发电机之间装有定速装置。当主机推进轴的转速发生变化时，轴带发电机的转速保持恒定。但是在这种系统中，主机的当前速度与额定转速差异较大时，装置的容量将受到限制，故其应用范围受到了限制。随着电气控制技术的发展，大功率晶闸管变流技术被应用到船舶轴带发电机系统中。这种轴带发电机系统由轴带发电机和恒定频率装置组成，用于广泛使用的定螺距轴带发电机中。应用晶闸管"逆变"装置及控制系统调节频率，用同步补偿机提供无功功率，维持电压稳定，调整螺旋桨转速变化和启用大功率用电负载时带来的电网波动。随着技术的进步，节能等方面要求的提高，传统的轴带发电机系统在改善电能质量、能耗、体积、重量、控制速度等方面出现很多不足。进入 20 世纪 80 年代后期以来，随着大功率全控型器件如大功率晶体管（GTR）、大功率门极关断（GTO）晶闸管、静电感应晶体管（SIT），以及 IGBT 等快速器件和 SVPWM 等先进控制理论的成熟，电能变换开始突破传统的束缚。20 世纪 90 年代后期 DSP 的广泛应用，使有源逆变取得了很大的进步，而 PWM 整流器正是在这种浪潮下发展起来，并逐渐运用于各个方面，这使其在船舶轴带发电机系统中的应用成为可能，而探索 PWM 变流器在船舶轴带发电机系统中的应用具有深远的意义。

二、轴带发电机的优缺点

其主要优点体现在以下几点：

1）节省燃料及其费用。由于主机燃用劣质燃料油作为燃料，热效率高、经济性好。

2）降低辅助柴油机组运行时间和消耗，减少了相应维修工作量和维修费用。

3）减少滑油消耗。船舶在航行中不使用辅助柴油发电机组，也就减少了滑油消耗。

4）使用轴带发电机后一般可减少一台柴油发电机组，节省了机舱空间，有利于机舱布局。

5）改善机舱工作环境。降低机舱的噪声，同时也减少了机舱的热源。

不过，轴带发电装置也有其不足的地方，主要体现在：

1）船舶在港作业时，不能用轴带发电机供电，仍需要辅助柴油发电机组供电。

2）对于交流电制的船舶，若非恒定转速的主机，则必须采取特殊措施，保证电网的频率的恒定，故使整个系统变得较为复杂。

3）一次投资（即造船成本）较大，虽然可以从营运成本降低的好处中得到补偿，但是这个补偿和轴带发电机的功率有关（功率越大越好），还与时间的利用率（即船舶在一年中航行的时间）有关。下面仅就轴带发电机系统的基本知识、运行操作及其注意事项进行介绍。

第二节 轴带发电机分类及基本工作原理

船舶轴带发电机由船舶主机驱动，由于主机运行条件和海况的变化，船舶主机的转速是变化的。因此，解决船舶主机转速的变化对轴带发电机工作带来的影响是船舶轴带发电装置的主要技术问题。船舶轴带发电装置需要随着船舶主机转速的变化实时地进行补偿，以获得恒频、恒压的电力。因此可以按照有无频率补偿方式对船舶轴带发电装置进行分类。

一、无频率补偿型轴带发电装置

这种轴带发电装置把普通的同步发电机通过增速装置（或直接）接到主轴上，主机转速不能采用机械的或电气的控制手段进行调节。根据船舶螺旋桨能否调节螺距又分为两种，分别是定距桨普通式和变距桨普通式。

1. 定距桨普通式（FPP+S/G）

由于发电机频率随主机的转速变化，这种轴带发电装置只能在主机转速变化不超出船舶电力系统频率变化的允许范围时才能使用。这种轴带发电机受海况的影响较大，一旦遇到风浪，主机转速变化将会引起电网频率的波动，严重时不得不改用船舶柴油发电机供电。这种轴带发电机不能与其他柴油发电机并联运行，限制较多。早期的轴带发电机系统属于这种装置，如1980年日本KAWASAKI造船厂建造的滚装船系列的轴带发电装置。

2. 变距桨普通式（CPP+S/G）

图7-2所示为变距桨轴带发电装置示意图。这种装置的主机转速恒定，通过改变螺旋桨螺距改变船速，主轴经变速齿轮与发电机相连，这样航行时主机转速基本不变，因此发电装置的频率也基本恒定。用这种主机驱动发电机，跟一般柴油发电机一样，只不过因主机转速低，需增加一套增速装置。发出的电能可直接向电网供电。

这种类型轴带发电机系统存在的缺点是：

1）轴带发电机的输出电源频率受到主机负载变化的影响，一旦工况不好或负载幅度波动较大，则轴带发电机输出电源频率也将变化较大，显然对电网上的负载设备是很不利的。

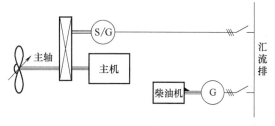

图7-2 变距桨轴带发电装置示意图

2）轴带发电机可以和其他发电机并联运行，但时间不宜过长，这主要是因为主机与辅机的工作特性有差别，两者很难做到机械特性一致。因此在船舶自动化电站的管理装置的设计上，就考虑到这个问题。只允许在相互转换的过程中短时间的并联运行，确保电站安全运行。

3）轴带发电机输出功率的大小还要受到主机允许输出功率的限制。当主机负载较大，或由于各种因素的影响使主机带负载的能力下降时，轴带发电机的输出功率就不能增大，否则会引起主机超负载运行，这时为了保证主机的正常工作，需要切除轴带发电机，换为船舶辅助发电机组向电网供电。

二、频率补偿型轴带发电装置

这种轴带发电装置采用机械或电气的控制手段，使船舶电力系统的频率保持一定值，这类装置有两种常见的形式。

1. 定距桨定速轴带发电装置（FPP+CS+S/G）

这种定距桨定速轴带发电装置，主机推进轴与轴带发电机之间装有机械控制的定速装置，比早期的无频率补偿型轴带发电机系统前进了一步。当主机推进轴转速发生变化时，轴带发电机的转速基本保持恒定，如图7-3所示。

但是这种轴带发电装置没有与其他柴油发电机长期并联运行的先例，故其应用范围也受到了限制。

定距桨定速轴带发电装置有电磁滑差联轴节系统、行星齿轮传动系统、可控液压发动机系统和电动机-发电机系统等，多数系统都已淘汰，目前国外采用可控液压发动机系统。

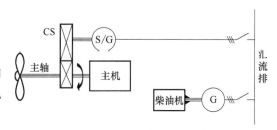

图7-3 定距桨定速轴带发电装置

2. 定距桨恒频轴带发电装置（FPP+CF+S/G）

随着电气控制技术的发展，大功率晶闸管变流技术被应用到船舶轴带发电装置中。这种轴带发电装置由轴带发电机和恒定频率装置组成，用于广泛使用的定螺距桨的船舶上。现在船舶中使用最广泛的就是定距桨恒频轴带发电装置，如图 7-4 所示。

定距桨的船舶主机轴带发电机的转速是可变的，但采用电气控制方法可使船舶轴带发电机发出的频率保持恒定。这种船舶轴带发电机不仅能在切换发电机时与其他柴油发电机做短暂并联运行，而且也能与其他柴油发电机长期并联运行。

目前，由于电力电子元件在电气控制领域中的应用，这种轴带发电机系统被越来越

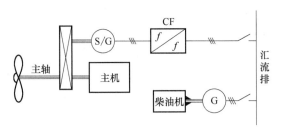

图 7-4　定距桨恒频轴带发电装置

多地采用，如"AEG"晶闸管轴带发电机系统就属于（FPP+CF+S/G）类型。但是这种轴带发电机系统的构成比较复杂，涉及的控制元件也比较多，一旦出现故障，检修工作难度很大。

定距桨恒频轴带发电装置主要有下列两种形式：

（1）不可逆式晶闸管轴带发电装置

这是晶闸管轴带发电装置的基本形式，轴带发电机经整流器、逆变器与同步补偿机并联向电网供电。应用晶闸管"逆变"装置及控制系统调节频率，用同步补偿机提供无功功率，维持电压稳定。这种形式应用最多，本章第三节将主要介绍这种形式的轴带发电装置。

（2）可逆式晶闸管轴带发电-电动装置

可逆式晶闸管轴带发电-电动装置如图 7-5 所示，它是用晶闸管变流器实现电气连接的一种较先进的轴带发电-电动装置。它利用主机废气加热锅炉，由废气透平发电机组 T—G 向电网供电。当负荷增加，T—G 容量不够时，轴带发电机（SG）也同时向电网供电。当电力负荷减少，T—G 有剩余功率时，SG 作为电动机运行，吸收 T—G 部分功率，帮助驱动螺旋桨轴，以减少主机出力。因此，SG 既可作发电机运行，又可作电动机运行，晶闸管变流器 1 和 2 既可作整流器，又可作逆变器。这种形式的轴带发电装置节能效果更好，但仅对功

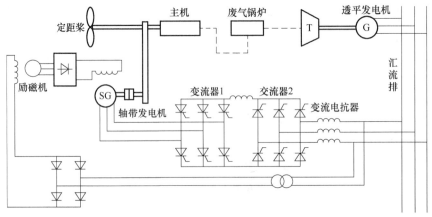

图 7-5　可逆式轴带发电—电动装置

率较大的主机适用。近年来，由于主机效率的提高，可供利用的废气减少了，可逆式定距桨恒频轴带发电装置的应用受到一定限制。

此系统中，通过增速齿轮与主机主轴相连接的轴带发电—电动机 SG 采用无刷同步电机，它可作为发电机或电动机运行，两组晶闸管变流器均可以作为整流器或逆变器运行。当 SG 作为轴带发电机运行时，变流器 1 作为整流器，变流器 2 作为有源逆变器使用，晶闸管换流时所需无功功率由透平发电机供给；当 SG 作为轴带电动机运行时，变流器 2 为整流器，变流器 1 则为逆变器，其所需无功功率由轴带发电—电动机供给。

在变流器 1 和变流器 2 之间设有直流电抗器，它可使直流回路电流平滑，防止轻载时电流间断。在变流器 2 和船舶电网之间有一交流电抗器，用以吸收晶闸管换流时的高次谐波，从而减少高次谐波对船舶电力系统的不良影响并起到限制短路电流的作用。设变流器 1 和变流器 2 直流侧的电压分别为 E_1 和 E_2。当 $E_1>E_2$ 时，SG 作为发电机运行；反之，当 $E_1<E_2$ 时，SG 则作为电动机运行，此电压关系可通过对发电机励磁和晶闸管触发角的控制来实现。

轴带发电—电动机装置的工作状态由废气锅炉的蒸汽压力信号控制。如令废气锅炉的蒸汽压力达到下限整定值 $5kg/cm^2$ 以下时，轴带发电—电动机装置作为发电机运行，当废气锅炉的蒸汽压力达到上限 $6kg/cm^2$ 时转换为电动机运行，并且在上、下限整定值之间（5～$6kg/cm^2$），设有空载运行区，此时轴带发电—电动机停止运行。这种利用废气锅炉蒸汽压力进行装置运行状态的选择，可以使废气锅炉的能量得到完全的利用。在自动切换方式下，当主机转速小于某一设定值时（如 70r/min），则轴带发电—电动机装置自动进入发电运行状态，借以推迟废气锅炉的蒸汽压力的下降时间，延长透平发电机组的运行时间。

即使由于不规则的用电负荷使蒸汽消耗量经常发生变化，也能通过运行方式的自动转换，使废气锅炉的蒸汽压力保持适当的数值，以此来保证透平发电机持续稳定运行。当废气锅炉的蒸汽压力有余量时，其剩余能量经轴带发电—电动机装置传递到主轴。

除上述自动控制运行状态外，还可以通过控制板上的转换开关对该装置实行手动控制，强迫令其作为发电机或电动机运行。

第三节　AEG 型轴带发电机实例及运行原理

船舶轴带发电机目前大都采用静止元件的恒频轴带装置，现以 AEG 晶闸管轴带发电机装置为实例进行简要介绍，其原理如图 7-6 所示。该装置具有如下功能：

1）保持轴带发电机的输出电压的频率恒定。
2）保持轴带发电机装置输出电压恒定。
3）能够与辅助柴油发电机组并联运行。
4）自动操作功能。
5）短路故障自动处理功能。
6）操作模拟演示。

下面简要说明各功能的基本工作原理。

一、恒频控制原理

恒频主要是通过补偿有功功率以满足轴带发电机装置负载的要求，轴带发电机系统主电

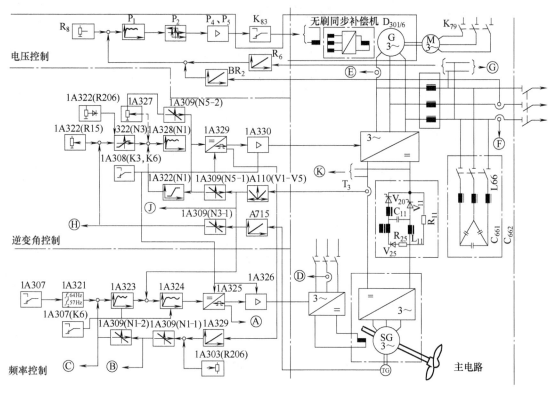

图 7-6 AEG 晶闸管轴带发电机装置

路原理图如图 7-7 所示。

根据半导体变流原理，就可得到：

$$U_{\mathrm{SG}} = (3\sqrt{2}/\pi) U_{\mathrm{G}} \cos\alpha \qquad (7\text{-}1)$$

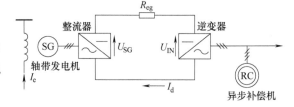

图 7-7 轴带发电机系统主电路原理图

式中 U_{G}——轴带同步发电机输出的线电压有效值；

α——整流器的整流控制角。

$$U_{\mathrm{IN}} = (3\sqrt{2}/\pi) U_{\mathrm{I}} \cos\beta \qquad (7\text{-}2)$$

式中 U——逆变器的交流输出电压有效值；

β——逆变器的逆变角。

由图 7-7 可得：

$$I_{\mathrm{d}} = \frac{U_{\mathrm{SG}} - U_{\mathrm{IN}}}{R_{\mathrm{eg}}} \qquad (7\text{-}3)$$

式中 R_{eg}——中间有直流电路的直流等效电阻。

不计逆变器功率损耗，轴带发电机装置的输出功率为

$$P = I_{\mathrm{d}} U_{\mathrm{IN}} \qquad (7\text{-}4)$$

当逆变角不变时，U_{IN} 就为恒定（即在额定转速段），从式（7-4）可见，输出功率 P 正比于中间直流电路的电流 I_{d}；另一方面，从式（7-1）、式（7-3）可见，中间电路电流随 U_{SG} 的变化而变化，而整流器控制角 α 不变，事实上，在额定功率段，整流器控制角 $\alpha \approx 0$，

所以，U_{SG} 受轴带发电机的励磁电流控制。故轴带发电机装置的输出功率可用轴带发电机的励磁电流 I_e 控制，称为频率控制环节，工作原理见图7-7。

轴带发电机装置的输出频率与作为过激的同步补偿器的转速成正比，其驱动电源就是系统电压，即逆变器的交流输出电压，在图7-7中，逆变器输出功率 P_B 和同步补偿器的输入功率 P_{RC}、电网负载功率 P_A 之间有：

$$P_B = P_A + P_{RC}$$

在这种情况下，负载增加 ΔP_A 时，增加的功率就由同步补偿器临时供给，其驱动功率为 $(P_{RC} - \Delta P_A)$，其结果使同步补偿器转速下降，频率也降低，通过电气线路检测出频率的变动，再通过调整轴带发电机励磁，从而调整"轴带发电机"输出电压 U_G，使 U_{SG} 发生变化来控制逆变器的输出功率，平衡电网负载。其频率与输出功率特性曲线如图7-8所示，与柴油发电机组、废气涡轮发电机的 f-P 曲线一样，可与其他发电机并联运行。

二、恒压原理

为了达到恒压目的，轴带发电机系统必须提供无功功率来平衡电网的无功负荷，该装置是采用一台动态性能好，具有大功率晶体管自动电压调整器的过励同步机来产生无功功率，它不仅提供了负载所需的无功功率，还提供了逆变器及电抗器的无功功率。

逆变器所需的无功功率为

$$Q_i = \sqrt{3}\, V_{IN} I_i \sin\varphi_i \qquad (7\text{-}5)$$

式中　$\varphi_i = \arccos\left(\dfrac{3}{\pi}\cos\dfrac{\gamma'}{2}\cos\left(\beta - \dfrac{\gamma'}{2}\right)\right)$

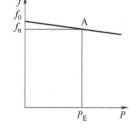

图7-8　频率与输出功率特性曲线

调压过程：

$Q_{load}\, i \uparrow \rightarrow U \downarrow \rightarrow$ 同步补偿器调压器作用 $\rightarrow$ 其励磁电流 $\uparrow \rightarrow U \uparrow$

轴带发电机装置的电压特性，由于同步补偿器的输入电压就是汇流排电压，轴发装置的电压特性即为同步补偿器的电压特性，其电压特性是由同步补偿器的自动电压调整器控制的。与普通发电机几乎相同，能够与这些发电机组并联运行，其电压变动可控制在 ±2.5% 范围内。

三、并联运行

并联操作与辅助柴油机组相同，由于 P-f 和 U-Q 的有差曲线，都是并联稳定运行先决条件。所以，此装置可以做到合理分配有功功率和无功功率。

四、轴带发电机外部短路电流的提供

轴带同步发电机是一种他激式交流同步发电机，与普通同步发电机相反，它没有设置阻尼绕组，因而具有较大的暂态电抗，以致定子电枢绕组中几乎没有高次谐波电流，这样发电机的短路冲击电流小。而且一旦发生过电流，直流主电路中晶闸管关断，不会造成整流器、逆变器的晶闸管（或二极管）损坏。

而同步补偿器的暂态电抗、次暂态电抗明显比轴带同步发电机小。所以，电压变动或短路时的暂态过程主要取决于同步补偿器流向短路点的电流达到最大值，如图 7-9 所示。这时，同步补偿器如同一台发电机，其励磁由复励励磁电流提供，由于同步补偿器的飞轮把储存的转动能量释放出来，所以，能供给外电路持续的短路电流，保证保护装置动作跳闸。

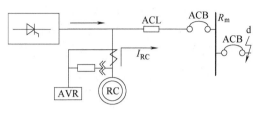

图 7-9　轴带发电机装置短路电流的流向图

第四节　轴带发电机运行操作和注意事项

一、定距桨恒频晶闸管轴带发电装置运行操作

1. 轴带发电装置起动

当船舶离港进入正常航行工况后，主机转速达到要求时，可投入轴带发电机系统。由于有源逆变器需要有交流电源才能工作，且同步补偿机由异步电动机拖动起动，所以轴带发电装置必须在电网有电的情况下才能起动。

起动的三个条件如下所示：

1）系统无任何故障报警、车钟在大于最小转速位置。

2）同步补偿机电压达额定值、励磁电流调节器控制轴带发电机在空载位。

3）轴带发电机励磁电源开关闭合、逆变器有触发脉冲。

三个起动条件满足后，起动程序自动完成。经频率预调，轴带发电装置主开关储能处于待合闸状态。观察整步表，在满足并车条件的时刻按下合闸按钮，主开关立即合闸，实现并车。并车后用调速开关手动调节实现负载转移。若轴带发电装置单机运行，则电力系统频率的调节如前述原理进行。轴带发电装置频率特性是可调的，故可以与其他发电机并联运行。并联运行时，各机组按容量比各自承担有功功率，这是由调速开关手动进行的。一般船舶轴带发电机电站未设并联运行自动调频调载装置。在航行工况下轴带发电装置的容量一般已能满足电力系统的需要。

轴带发电装置的起动流程图如图 7-10 所示。

2. 轴带发电装置停机

（1）正常操作停机

当船舶需要转入机动工况（如进出港等）时，因主机将进行减速、倒车、停车等操作，轴带发电机应停止工作。

1）起动柴油辅助发电机组，并切除次要负载。

2）完成柴油辅助发电机的手动或自动并车及转移负载，之后才能操纵主机减速或倒车。

3）主机转速降低到额定转速的 40% 以下时，轴带发电机励磁中止，主开关跳闸，逆变器停止触发，轴带发电机中止发电。

（2）故障停机

在下列控制或各类故障中，控制操作或任何一个故障发生，都将引起轴带发电装置停机，即主开关跳闸，整流器、逆变器的晶闸管触发脉冲封锁。

1）按动紧急停机按钮。

2）电源故障。电源故障包括控制系统电源熔断器断；控制系统电源开关断；自动调节系统电源断；励磁整流器的脉冲发生器同步电压断；脉冲分配板电源断；逆变器的脉冲发生器同步电压断；励磁整流器快速熔断器断。

3）运行故障。运行故障包括主机转速低于最小转速；系统频率高于 65Hz；系统频率低于 50Hz；系统欠电压或短路，且频率低于 54Hz；系统过电流；差动保护动作。（注：上述频率故障的参数值对应于额定频率为 60Hz 的船舶电力系统。）

4）电机绕组过热。电机绕组过热包括同步补偿机起动电动机绕组过热；轴带发电机或同步补偿机绕组过热；轴带发电机冷却风扇电机绕组过热；励磁整流器冷却风扇电机绕组过热；各控制柜冷却风扇电机绕组过热。

以上控制操作和故障信号由逻辑电路送至各控制环节，使轴带发电装置主开关跳闸，各晶闸管触发脉冲封锁，同时起动备用柴油辅助发电机组。

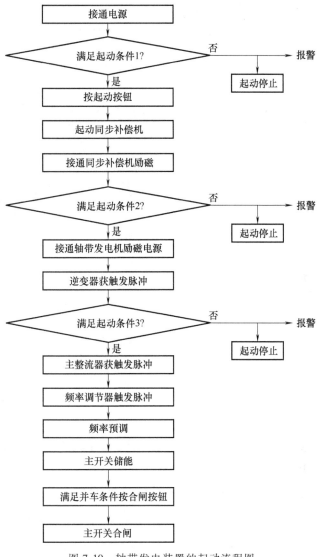

图 7-10　轴带发电装置的起动流程图

二、轴带发电机的同步操作

前面讨论的都是由辅助柴油机拖动的发电机的同步操作。如果在电网上运行的是柴油发电机，待并的是轴带发电机，同步操作有两种控制方法：一种是轴带发电机与柴油发电机共用一台自动同步装置；另一种是轴带发电机的自动同步装置输出通过运行柴油发电机的功率分配器进行调速。若轴带发电机与柴油发电机共用一台自动同步装置，同步操作原理图如图7-11 所示。这里有一台轴带发电机 G_1 和两台柴油发电机 G_2、G_3 接在同一电网上。自动同步装置采用 SELCO 公司的 T4500 型自动同步装置。轴带发电机没有供发电机调速的伺服电路，同步调速操作通过引导作用在已投入电网运行的发电机上。轴带发电机作待并机时，它要求升速操作对运行机来说是降速；反之则升速。

两台柴油发电机同步调速操作分别由自身的引导继电器 K_{21}（或 K_{31}）引导。

轴带发电机同步操作时，引导继电器 K_{11} 动作，如果 G_2 运行，ACB_2 合闸，K_{11} 和 ACB_2 的常开触点闭合，自动同步装置输出的调速信号引导到 G_2 的伺服电路；同样地，如果 G_3 运行，则引导到 G_3 的伺服电路。如果 G_2 和 G_3 并联运行，则两台机组同时同步调速。它们引导的调速方向与本身同步引导的方向相反。

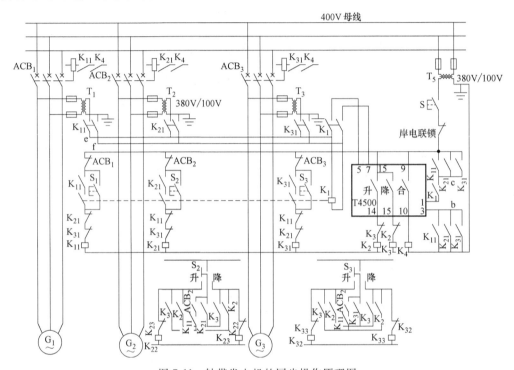

图 7-11　轴带发电机的同步操作原理图

三、轴带发电机运行操作注意事项

船舶在整个航行过程中必然会遇到移泊、紧急停车和紧急倒车等情况。这些均涉及轴带发电机和辅助柴油发电机带电转换和并联运行问题。

船舶在进出港口和靠离码头时一般都不使用轴带发电机，而是使用辅助柴油发电机。轴带发电机要与辅助柴油发电机长期并联运行，要求轴带发电机系统中的频率变换器的控制电路具有与调速器相同的特性，因此在选用轴带发电机组时，一般不考虑连续并联运行的要求。于是，船舶在航行中需临时停车，或在进出港时，必须考虑与辅助柴油发电机组进行带电转换，带电转换必须在主机额定转速的 $60\% \sim 110\%$ 的范围内方可进行。主机在紧急停车和紧急倒车时，可以采用两种转换方法：一种是主机转速降到 60% 以下，采用失电转换；另一种是主机转速维持在额定转速 60%，带电转换后再急剧降低主机转速。若来不及带电转换就要求主机停车，此时只能使用应急电源。故此，在使用轴带发电机时应该注意的事项总结如下：

1）船舶在进出港和靠离码头及过狭窄水道等机动航行时，为了安全起见，一般都不使用轴带发电机，而使用辅助柴油发电机向船舶电网供电。

2）轴带发电机投入运行时，要求主机的最低转速在其额定转速的 75% 以上，轴带发机与辅助柴油发电机的带电切换（轴带发电机正常停止操作）要求必须在主机额定转速的60%～110%的范围内进行。

3）对于变距桨的船舶，虽然理论上讲可以保持主机转速恒定，但轴带发电机一般也不考虑与辅助柴油发电机并联连续运行。因为若要让轴带发电机与辅助柴油发电机长期并联运行，则当主机负荷或电网负荷改变时，要求轴带发电装置频率变换器控制电路的控制特性应与辅助柴油发电机组的调速器特性相同，才能保证电网运行的稳定性，而实际上这是很难实现的。

4）由于主机转速小于额定转速的40%时，轴带发电机系统将丧失发电功能，因此当单独使用轴带发电机系统供电时，在主机转入机动工况前应及早起动备用发电机组接替供电。如果是在航行中发生故障或意外情况主机紧急停车或倒车等，也要尽可能争取在最低转速前将备用发电机并联替换，以免发生断电事故，影响船舶航行安全。

5）主机紧急停车或倒车时可以采用两种转换方法。第一种方法是采用失电转换，即当主机转速降到额定转速的60%以下时，轴带发电装置的主开关跳闸，此时，应急照明系统自动起动，可迅速起动辅助柴油发电机组，直接合闸，向船舶电网供电，然后快速恢复重要用电负载的工作，实现失电转换。主机紧急停车或倒车时可以采用的另一种转换方法是带电转换法，即维持主机转速在额定转速的60%，带电转换后，再快速降低主机的转速。若来不及带电转换，则只能采用失电转换。

复习与思考

7-1. 轴带发电装置有什么优点？

7-2. 什么是船舶轴带发电机？采用轴带发电机有什么优点？可能带来什么问题？

7-3. 船舶轴带发电机系统有哪两大类型？

7-4. 船舶轴带发电机有哪些类型？与主机和螺旋桨的类型如何配合？

7-5. 晶闸管轴带发电装置主要由哪几部分组成？

7-6. 采用中间带整流-逆变装置的轴带发电机的主要组成是什么？

7-7. 采用中间带整流-逆变装置的轴带发电机如何调节频率与电压？

7-8. 轴带发电机与同步补偿机有什么作用？

7-9. 试述晶闸管轴带发电装置频率与有功功率的调节原理。

7-10. 在晶闸管轴带发电装置中，是用调节励磁来改变输出有功功率的大小，这种调节方式与一般副机发电机的调节方式不同，应如何理解？

7-11. 为什么说轴带发电机一般不与辅助柴油发电机组一起长期并网运行？

7-12. 简要说明轴带发电机的起动程序、停机的注意事项。

第八章　船舶自动化电站

前几章介绍了船舶电力系统的基本结构原理，如发电机自动并车、自动压及无功分配、自动调频调载及继电保护等方面的内容，属于自动化电站范畴。随着船舶自动化程度的不断提高，自动化电站由局部的、就地的控制必然发展到综合的、集中的自动化电站，并逐步发展为分布式的微机电站、智能电站。

船舶自动化电站最主要的目的在于保证船舶供电的连续性、可靠性和供电品质。

船舶自动化电站是船舶机舱自动化的重要组成部分，从船舶机舱自动化整个发展进程来看，大致每10年发生一次飞跃，20世纪30年代出现液压控制技术，20世纪40年代出现电气控制技术，20世纪50年代出现电气—机械控制技术，并发展了单相自动控制设备，20世纪60年代出现气动控制，并随着主机、副机和各种自动化设备的可靠性日益提高开始发展遥控技术。1961年，日本"金华山丸"远洋货船交付营运标志着船舶自动化的开始。

船舶自动化电站系统大致经历了五个发展阶段。

20世纪60年代采用继电器控制技术及其后来的晶体管分立元件控制技术。如英国的MMF自动并车装置、日本的XET自动并车装置和XPT自动负荷分配装置。

20世纪70年代的小规模集成电路及其后来功能齐全、性能稳定的中大规模集成数字、模拟电路控制技术，已形成了比较完善的船舶自动化电站系统。到20世纪70年代中后期，人们在单元自动化装置的基础上，把它们系统地组合成成套自动化电站设备，系统可在集控室进行集中控制。如SIEMENS公司的EEA-22船舶自动化电站控制系统，"里言斯顿号"船上的SEPA自动化电站控制系统，日本"星光号"船上的自动化电站系统等。

进入20世纪80年代，世界各国先后研制成功了由单板机或单片机组成的微机控制系统，以及微型计算机单机控制系统，如我国"德大"轮上的日本大发公司配套的自动化电站控制系统，丹麦SEMCO公司的APM自动化电站系统。到20世纪80年代中后期，随着微机网络技术的日趋成熟，SIEMENS、AEG、TERASAKI、Kongsberg、ABB等国际著名的大公司相继开发研制多微机分布式网络型船舶自动化电站控制系统。

第一节　概　　述

一、自动化机舱等级

自动化电站从属于自动化轮机，后者通常也叫自动化机舱。我国《钢质海船入级与建造规范》对船舶的自动化机舱划分为四个级别：

MCC标志级：它是指机舱集控站（室）有人值班，对机电设备进行监控。

BRC标志级：它是指推进装置由驾驶室控制站遥控（通常叫主机遥控），机器处所（机舱）有人值班。

AUT-1标志级：它是指推进装置由驾驶室控制站遥控，机舱集控站（室）至少有一人值班，对机电设备进行监控。

AUT-0 标志级：它是指推进装置由驾驶室控制站遥控，机器处所包括机舱集控站（室）周期无人值班。周期通常有 16h、24h、36h、48h 等几种。

AUT-0 标志级是机舱自动化最高级别，通常也叫无人机舱。要求船舶自动化电站保证在无人值班的周期内连续正常运行，即要保证：

1）若由一台发电机组运行供电，在该机组发生故障时，备用发电机组应能在 45s 内自动起动合闸，向重要负载供电。

2）若由两台以上的发电机组并联供电，在其中一台机组出故障时，应有措施保证对重要负载的连续供电。

3）因短路故障停电后，备用机组的自动合闸只允许进行一次，合闸失败后应报警。

4）当运行发电机组超负荷时，应能自动卸除非重要负载，保证对重要负载供电；或自动起动备用的发电机组并网供电。

5）自动化电站应显示电压、频率及应急蓄电池组向临时应急照明供电的指示。

6）自动化电站应实现电压过高或过低报警、频率过低报警、自动卸载动作时报警、自动合闸失败报警、主开关脱扣报警、对地绝缘电阻低报警、应急蓄电池组向临时应急照明供电时报警等。

二、船舶自动化电站的技术特征

1）自动化装置采用计算机技术，包括可编程序逻辑控制器（PLC），使控制部分的体积重量大大减小，工作可靠性大大提高，控制方式也由硬件控制变为以软件控制为主，使功能的组合、扩展或修改变得很容易。维护方便，模块通用性好。

2）计算机控制由大型机集中控制方式发展到多微机分散控制方式，使工作可靠性大大提高；进而出现由多级计算机构成的分布式控制系统，以及应用光纤通信和网络技术。

3）信号处理由模拟量信号处理发展到尽可能多的数字量信号处理和通信。

4）由就地人工分散控制发展到集中控制，特别是由驾驶室控制站对机舱的遥控，实现了无人值班机舱。

5）机电一体化。自动化电站属于自动化机舱的一部分。就自动化机舱的内容来说，除了自动化电站外，还有机舱参数的集中监测报警、主机遥控（由驾驶室遥控）、辅助设备如辅锅炉、分油机、泵、空压机、油水分离机和焚烧炉等的控制，一些重要工况参数如温度、压力、液位、流量、黏度和转速等的自动调节，火灾自动报警等。自动化机舱又属于自动化船舶的一部分。全船自动化除了自动化机舱以外，还有装卸和船舶状态的自动控制、航行自动化（包括自动驾驶系统、自动定位和导航系统及自动通信系统）、舾装自动化（包括绞缆、防火和救生等）、船舶管理系统和专家系统。

6）从提高运行的经济性出发，更注重使用电能的经济和环保，正研究开发更节能环保的电站。

7）可靠性和生命力，目前船舶电站正研究船舶所处的环境、运行条件和工作方式下，能够完成在全寿命周期内功能不至于明显下降的可靠性提高，以及在局部故障或事故中，仍能保证不间断供电的生存能力。

第二节　船舶自动化电站的组成及其基本功能

船舶电站在船舶上有着重要的地位，电站供电的可靠性、连续性和安全性，将直接影响到船舶能否改善机舱管理人员的劳动条件和提高电站运行的经济性。在具有要求多台机组并联供电的电站中，实现电站的自动化，必须将各个自动功能单元（模块）有机地联系起来，组成一个总体控制系统。这个系统能收集来自各台柴油发电机组、断路器、汇流排以及各主要负载的必要信息及参数，并加以分析、判断，在一定的条件下，自动地采取符合逻辑的措施，处理电站运行中可能出现的各种情况，确保电力系统安全可靠、经济地运行。船舶自动化电站系统控制功能框图如图 8-1 所示。

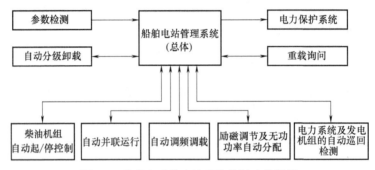

图 8-1　船舶自动化电站系统控制功能框图

船舶自动化电站的基本功能主要包括以下十个方面：

（1）发电机组操作方式的选择

自动化电站中每一台发电机组应有三种可供选择的操作方式："机旁""遥控""自动"。并且按次序前者应优先于后者。仅当某机组确定为"自动"方式时，它才纳入总体控制系统的范围。在机组发生故障的情况下，应能自行"退出自动"（即所谓"阻塞"），非经管理人员排除故障并自动控制"复位"，不得自行恢复"自动"功能。

（2）发电机组的自动起动

当柴油发电机组处于停机备用状态时，如有发电机起动信号时，该机就能实现自动起动。

（3）自动准同步并车

当装置接到合闸指令后，就自动进入并车程序，通过升速（或减速）控制使待并机组频率高于电网频率 $0.1 \sim 0.5\mathrm{Hz}$ 范围内，再进行发电机与电网相位差检测，当相位差角 $\delta < 10°$ 时，发出超前时间为 $0 \sim 1\mathrm{s}$ 的合闸信号，使待并发电机投入电网运行。

（4）自动恒频及有功功率自动分配

当两台机组并联运行时起动调频调载装置与原动机调速器配合工作，使电网频率维持恒定，偏差不大于 $\pm 0.25\mathrm{Hz}$，并使两台机组承担的有功功率按机组容量成比例分配。

（5）自动恒压及无功功率自动分配

无论单机还是并联运行，励磁自动调节装置总能保持电网电压维持恒定，误差不大于 $\pm 2.5\% U_N$。同时能调整并联运行发电机的无功分配，使之合理分担。

（6）自动分级卸载

当电网负载超过额定负载时，可分一次或二次卸掉次要负载。

（7）重载询问

当需要起动大负载时，应先询问运行发电机（电网）功率贮备是否满足其用电和起动要求，若不能满足时，则应先起动备用发电机组并车后才允许该负载接入电网。

（8）重要负载分级起动

当船舶电网因故障失电后又获电时，为避免因负载同时起动造成的电流冲击，甚至使发电机断路器再次跳闸，自动化电站能够对重要负载进行分级起动，按照在紧急状况下各负载的重要性排好先后次序，并按其起动电流大小分组，然后按程序逐级起动，每两级起动之间的时间间隔为 3~6s。

（9）自动解列

当装置接到解列指令后，进入解列程序，此时如电网总负载大于在网发电机的 $85\%P_N$，则自动取消解列指令；反之则进入负载转移控制，当负载转移到 $10\%P_N$ 以下时，延时 1min 后发出分闸信号，解列成功。若在负载转移过程中，在网发电机负载大于 $85\%P_N$ 时，自动取消解列指令，重新进入原来的调频调载工况。

（10）巡回检测及保护

为了对电站运行状况做到适时控制，电站自动控制系统通常依靠各种传感器对电力系统中的大量参数连续而自动地进行巡回检测、数字显示、报警和记录，同时输出信号，通过计算机或其他相应的自动控制设备去控制有关设备的运行与停止。柴油发电机组巡回检测、报警及保护的内容有：

1）对于柴油机：零转速、点火转速、中速运行、额定转速；润滑油压力低和过低；冷却水出口温度高和过高；各缸排烟温度；柴油机运行时数累计等。

2）对于发电机：电压、频率、功率、电流、功率因数；断路器的储能、合闸、断开。

3）对于电网：汇流排电压、短路、绝缘状态。

4）对系统状态及工作过程的监视与指示：原动机的预热、预润滑；起动空气压力；运行控制方式选择；正在起动；起动成功或失败；正在停机过程中；停机成功或失败；机组完车以及控制系统的工作电源等。

自动化电站控制系统的每一功能单元都有相对的独立性，由总体控制系统将各部分工作有机地协调起来，在系统的安排上，应充分利用各功能单元的独立性，使系统运用起来更加灵活。例如，当某部分出现故障时，仍可利用其他单元实现局部自动化或半自动化。

第三节　船舶发电机的自动起动与停机

一、备用机组的自动起动

船舶电站中各台主发电机组一般都是采用互为备用的原则，备用机组的燃油、压缩空气备好，有预热和预润滑、无阻塞、操作选择开关置"自动"位置则认为机组已进入"备好"状态。

1. 起动前的预润滑

在船舶自动化电站中，处于备用状态的机组都具有滑油循环系统，包括由本身的动力带动的润滑油泵（机带泵）、管路、过滤器和冷却器等。在运行时，能自行建立一定的滑油压力，保证自身的滑油循环，使各主要润滑部位都有良好的润滑；停机后，滑油系统也停止工作。因此，经较长时间停机后，应有起动前的预润滑程序，确保在起动时，各相互接触的运动部位有必要的滑油，避免发生干摩擦。自动控制预润滑有周期性自动预润滑、非周期性预润滑和一次性注入式预润滑等方式。

周期性自动预润滑是在柴油机滑油泵之外另设一电动油泵，作为柴油机润滑油循环系统的另一个动力源。该电动油泵应能实现自动控制，当柴油机停机后，就开始工作，保证每隔一定时间（例如 4h）接通电源使油泵工作一段时间（如 10min），周期性地实现预润滑，以待机组随时起动。当柴油机投入运行后，自动预润滑油泵的控制电源立即断开，由柴油机自动润滑。

对于非周期性预润滑，只要机组一停，预润滑油泵就开始打油，直至机组起动成功油泵才停止运行。

一次性注入式预润滑是在柴油机润滑系统中接入一个柱塞式滑油泵，其中贮满滑油，当机器接到起动指令时，压缩空气先作用到柱塞式油泵，推动活塞，通过滑油管系，将其中所贮滑油注入机器需要润滑的各部位，然后才开始起动柴油机。

2. 预热（暖机）

当起动成功后，柴油机将运行在略高于最低稳定转速上，称为点火转速，以后再予以升速，一般为了减少热应力，让机器先在中速下运行一段时间进行预热，预热所需时间依机型和辅机冷却系统的设计而不同。在自动化电站中，通常是将各台柴油机的冷却淡水管系连成一个整体，运行机组的冷却水（约 65℃）也循环于备用机的冷却系统中，使备用机组处于预热状态，当备用机组起动成功后，可以较快地加速（甚至无需暖缸）直到额定转速运行，这对于增强自动化电站的功能，保证供电连续性、可靠性是很有帮助的。

3. 机组自动起动控制装置功能

主柴油发电机组自动起动控制装置必须具有以下功能：

1）应有"自动""机旁""遥控"操作方式的转换，并能满足"机旁"优先于"遥控"，且"遥控"优先于"自动"。另外，"优先"是当转换开关置"自动"时，也应能做"遥控"或"机旁"操作；置"遥控"时，也可实现"机旁"操作，但不能有"自动"的功能；置"机旁"时，"自动"及"遥控"功能均被取消。

2）对自动起动的各种准备工作进行逻辑判断和监视。例如：需确认机组已检修完毕、转换开关已置于"自动"位置、有预润滑、有预热、有足够起动动力、本机是处于静止状态等才能自动起动。

3）接到起动指令时能自动起动柴油机。当转速和滑油压力达到规定值时，发出起动成功信号。

4）一个起动指令可以允许三次起动，若三次失败，应给出起动失败信号，并向总体逻辑控制单元发出"起动失败"信号，以便由"总体"判断采取其他措施。

5）适当控制起动时的给油量，柴油机自行发火后，应切断起动动力源。

6）"中速运行"和"加速"控制。若柴油机需要有"暖缸运行"的程序时，应将油门控制于"暖缸转速"下进行暖缸，并给予一定的"暖缸时间"控制，待时限到达后，再予以加速，直到接近额定转速。对于不需要暖缸的机器，可直接加大油门，使转速迅速上升到额定转速附近。

7）当转速上升到设定的起动成功转速时，应自动切断本机的预润滑系统，并经适当延时（约几十秒）以后，接入对本机的滑油压力监视。这是因为柴油机自带的滑油泵，在润滑系统中建立必要的油压需要一定的时间，刚起动时，滑油压力尚未达到应有数值，这是正常现象。若不经延时接入监视，它将立即发出"滑油压力低"的错误信号，造成不必要的报警，甚至自动停机。柴油机所需的其他监视无需延时。

8）具有超速保护。即当柴油机转速超过额定值15%时，延时2~3s停机，同时发出报警信号，禁止柴油机再次起动。

9）如果因为柴油机本身的故障（一般有：起动失败、滑油压力低、冷却水高温、排烟温度高、超速等）而导致停机时，应发出"阻塞"信号，使该机的自动起动控制程序阻塞，并发出声光报警。待轮机员排除了故障，手动"解除阻塞"后，才能恢复自动功能。

10）自动起动、停机控制器，具备"模拟试验"的功能，使运行管理人员能在不影响柴油机的原始状态下，校核控制器的工作是否正常。通常用组合开关和指示灯来实现。

柴油发电机组的自动起动程序框图如图8-2所示。流程包括"暖缸"工况，某些柴油机可能不需要暖缸。某些柴油机的流程可做如下处理：将"起动"指令安排成两种方式，一种是"正常起动"指令，让机组有"暖缸"工况；另一种是"紧急起动"指令，例如航行中电网突然失电，要求备用机组立即起动供电，当程序控制器接到这种指令时，可以自动越过"暖缸"程序。

柴油机起、停程序可归纳为三种基本原则：①按时间原则控制，即模仿人的实际操作过程，按时间拟定控制程序；②按速度原则控制，即直接按速度拟定控制程序；③按滑油压力控制，即根据不同转速时滑油压力的变化拟定控制程序。一般采用综合方式控制，即在整个控制系统中，把以上三种控制原则都考虑进去。

4. 备用机组起动条件

当出现下述任一条件时，自动控制系统就应发出"增机"指令，起动备用机组。

1）经延时判断，确认运行机组重载。

2）运行机组的滑油压力低。

3）运行机组冷却水出口温度高。

4）电网突然断电。

5）经重载询问，贮备容量不够。

6）正要起动的备用机组阻塞。

7）备用机组起动失败或合闸失败。

二、运行机组的自动解列与停机

1. 发电机组的解列

当两台及以上发电机组并联运行时，若因电网负载降低到可以停掉一台发电机组时，应自动发出"解列"指令。或者，运行中的某台发电机组因发生运行不正常（例如冷却水出口温度偏高等）时，自动控制系统可以先起动备用发电机组，并车后再转移负载，解列指

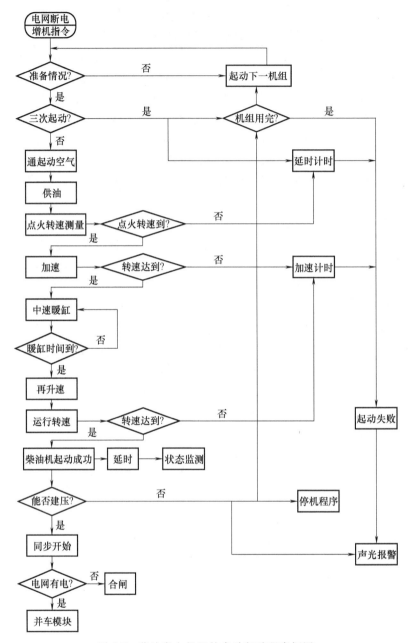

图 8-2 柴油发电机组的自动起动程序框图

令发出后，通过自动调频调载装置将待停发电机组的负载转移给其他运行发电机组后，再将该机 ACB 分闸。

对于因电力系统负载降低而形成的解列指令，究竟解列哪一台发电机组好呢？自动控制系统会停掉备用级别最低的发电机组。

对于运行中的某台发电机组因发生运行不正常情况的解列指令，为了尽可能地不中断供电，对于"运行不正常"现象的识别信号，可以分为两级：一级作为预报；一级作为保护装置的动作极限。预报级信号可以用来要求起动备用机组，以便赢得时间，等待备用发电机组起动和并车后再解列"不正常"的发电机组。当然，这种期望是建立在不正常的发电机组还可以坚持运行一段时间的基础上。显然，这一段时间取决于两方面：一方面是备用发电机组的起动、加速、并车和负载转移所需的总时间，当然越短越好；另一方面是不正常现象发展的速度，当它发展到保护装置的动作极限时，如果并车尚未成功，则因保护装置动作而造成电网失电。

2. 运行机组的停机

控制柴油机停机时，只需切断燃油供给，机器即自行停下来。但也需注意，不同型式的机器可能有不同的要求。突然停机，也许是某些机器的性能所不能接受的，一般要求在中速下先运行一段时间（180s），待温度逐渐降低，然后才允许断油停机。

柴油发电机组的自动停机程序框图如图 8-3 所示。

三、重载询问的功用及实现重载询问的基本原理

重载询问就是指大功率负载投入电网时，必须首先判断电网中的功率是否允许直接进入。列入大功率负载管理的负载，是指在任何船舶工况下偶然使用的大功率负载，如压载泵、消防泵等。对有特大负载的船舶，当特大负载请求时，可能要增两台备用机组的请求，如集装箱船上的侧推器等。在大功率负载起动箱上，按下起动按钮，这一起动信号不是送入控制箱内的控制电路，而是送入自动化电站管理系统中，管理系统经过判断是否有必要起动备用机组，只有在电网上功率余量足够时，才由管理系统发出起动这一大功率负载的指令，此大功率负载才投入运行。

1. 允许起动信号

纳入重载询问功能控制的电动机的功率用 P_m 表示，各运行发电机的功率余量（剩余功率）总和用 P_s 表示，起动询问时控制系统把 P_s 与 P_m 进行比较，然后向该电动机起动器发出是否允许起动信号。

1）当 $P_s \geqslant P_m$ 时：这表示电网有足够的功率余量，允许该电动机起动，相应的允许起动信号触点接通，此时

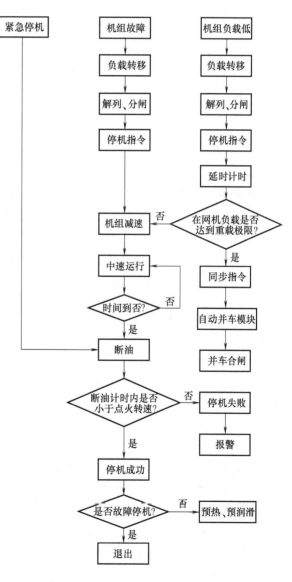

图 8-3 柴油发电机组的自动停机程序框图

按该起动器的起动按钮，电动机就可以起动。

2）当 $P_s < P_m$ 时：这表示电网的功率余量不足，不允许该电动机起动，相应的允许起动信号触点断开，此时按该起动器的起动按钮，电动机不会起动（这就是起动闭锁）。这时控制系统自动起动一台或更多台备用发电机投入电网运行，然后发出允许起动信号。

2. 确定投入运行发电机的台数

控制系统接到起动请求并比较 P_s 和 P_m 后，如果得出要起动备用机组投入运行，究竟是起动一台还是更多台，有的管理系统还可以做进一步判断。

当第一台备用发电机起动投入运行后，电网的功率余量增加了这台发电机的额定功率 P_{g1}，现以 P_{ss} 表示预期功率余量，则有 $P_{ss} = P_s + P_{g1}$，再用预期功率余量 P_{ss} 与 P_m 相比较。

1）当 $P_{ss} \geq P_m$ 时：这表示电网已有足够的功率余量，允许该电动机起动，相应的允许起动信号触点接通，此时按下该起动器的起动按钮，电动机就可以起动。

2）当 $P_{ss} < P_m$ 时：这表示电网的功率余量还是不足，应再起动一台备用发电机组。

3. 大功率电动机起动器的"起动询问"电路工作原理

起动器起动询问电路原理图如图8-4所示。在原来的起动线路中串入"允许起动"触点，这对触点可以直接采用自动控制系统提供，也可以通过继电器扩展。考虑到一般自动控制系统只输出一对触点，所以在起动器中设一个扩展继电器 K_2。起动按钮 S_2 有两对常开触点，一对允许起动时自动控制系统的相应输出触点闭合，K_2 线圈得电动作，指示灯亮，表示可以起动，再按下起动按钮 S_2，K_1 线圈得电动作，电动机起动运转。同时 K_1 的辅助常闭触点动作断开询问电路，避免在运行的情况下再次询问。

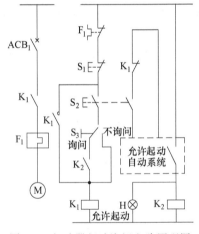

图8-4 起动器起动询问电路原理图

4. 重载起动询问信号的处理

起动询问是在起动运行之前的操作，重载起动询问信号只是一对触点，没有具体数量，因此需要把触点信号转换成可以比较的数量信号，然后进行比较，判断是 $P_s \geq P_m$ 还是 $P_s < P_m$。

（1）模拟运算

执行"备用发电机组的起动需求"功能，自动控制系统需要测量并计算运行发电机的额定功率总和与实际负载功率总和，并计算出电网或发电机的实际功率余量。

纳入这个功能的每台起动器的询问按钮信号代表了一个确定的功率值，自动控制系统根据每个按钮所代表的电动机功率，设定一组模拟的功率值与之对应，起动询问时取出进行比较。通常有两种比较方法：一种是用对应的模拟功率值与测得的电网功率余量相比较；另一种是把对应的模拟功率值作为实际负载加入总和，得出模拟的实际负载功率与设定的允许值相比较。前者较经济，后者较可靠。

（2）负载限定

实际上，大多数船舶电站都是在一台发电机运行的情况下进行起动询问的，需要起动询问的大功率电动机数量也很少，同时起动几台大功率电动机的情况更少。有的电站采用对发电机的负载限定来实现起动询问功能。负载限定并不是限制发电机的负载，而是指负载在这个限定值以下允许起动，负载在这个限定值以上不允许起动，只有在待备用机组投入后才允许起动。

每台发电机设置一个功率继电器或电流继电器，它的动作值为：功率动作值＝发电机额定功率－设定功率余量－最大电动机功率或电流动作值＝发电机额定电流－设定电流余量－最大电动机电流。

（3）运行台数判别

有些船舶选用的大功率电动机的容量几乎达到发电机容量的50%左右，必须在两台发电机并联运行工况下才允许这些电动机起动，起动询问可以看作是判别一台机运行还是两台机并联运行。询问信号输入时如果是一台机运行，则需起动备用机组投入并联运行后才允许电动机起动。

5. 起动询问的功率值

需要起动询问的电动机的容量由设定的电网负载余量决定。起动小于电网负载余量的电动机有可能引起起动备用机组，不会引起分级卸载或跳闸。起动大于电网负载余量的电动机应纳入起动询问。

例如发电机对备用机组的起动需求负载为85%，则大于发电机额定容量15%的电动机起动应纳入起动询问。为了可靠起见也取大于10%。例如某船电站的发电机容量为440kW，设定在85%起动备用机组，把两台55kW压载泵电动机纳入起动询问。

四、发电机组自动顺序起动选择的基本原理和方法

自动化电站中对于备用机组的起动必须安排一个顺序，通常是在控制系统中设置固定的顺序，可按机组的编号依次循环。例如一个具有三台发电机组的自动化电站按1-2-3-1的循环来决定备用机组的起动。只要电网上已有一台机组在运行，即可按负载的需要或按运行机组的技术状态产生的"增机指令"，顺序启动下一台机组。

在电站中有三台机组的情况下，需要增机的情况大约有以下几种：

1）单机运行不正常或重载，要求增机，按顺序起动下一台。例如电网上1号机组在运行，控制系统按负载的需要或按运行机组的技术状态发出"增机指令"时，按顺序起动2号机组。

2）单机运行，突然跳闸，电网失电，起动下一台。

3）单机运行，要求增机，但第一备用机组"阻塞"，或起动、合闸失败，"增机指令"应递续给最后一台。例如电网上1号机组在运行，若发出"增机指令"后，2号机组起动失败，则控制系统应递续起动3号机组。

4）并联运行，要求增机，则起动最后一台备用机组。

上述3）和4）两种情况发生时，则说明系统的机组"已经用完"，故自动化电站还应设置监视"系统用完"的信号指示电路，以便引起管理人员的注意。

第四节 船舶电力系统的综合保护

一、船舶电力系统综合保护的组成及基本要求

船舶电力系统综合保护的对象不仅是系统中的单项电气设备，而且更重要的是保护处于

运行状态的整个电力系统。

电力系统的综合保护能够使电力系统的各级保护都按总体系统的要求充分地协调，以便在电力系统发生多重复杂故障时仍具有正确的选择性保护功能。为切断系统中局部故障而采取的保护动作必须局限在最小的范围内，并能有效地防止故障的扩大。

电力系统的综合保护能够使电力系统在任何工况下保护动作切除故障电路时均不破坏系统工作的稳定性，还应考虑到故障消除后电力系统功能的恢复和调整。

电力系统的保护不仅应能迅速及时切除故障设备，还应能预警，显示故障发生前的不良状态，用告警的手段改进保护的方式。不少保护装置已经成为系统自动控制的一个重要组成部分，起到了监视、报警、保护（故障控制）的作用。

1. 船舶电力系统综合保护的组成

船舶电力系统综合保护的对象是：发电机的保护（过载、短路、欠电压和逆功率），船舶电网的保护（过载、短路保护、岸电相序及断相），变压器及电动机的保护。

船舶电力系统综合保护装置一般由测量电路、逻辑电路和输出电路三大部分构成，如图8-5所示。

图 8-5 船舶电力系统综合保护装置的基本构成

（1）测量电路（电路参数的监测）

用以对电力系统的电气参数（电流、电压、频率、温度等）的变化进行监测，如果运行参数达到整定值，则测量电路就起动，向逻辑电路送去信号。

监测应该灵敏，能够检测系统参数的瞬态变化，而检测的数值误差要小，以避免影响保护装置的下一步判断和决策。

（2）逻辑电路

保护装置应具有区分电力系统正常和不正常状态，并具有做出决定的功能。它能够从电力系统中的电气参数上鉴别正常和不正常的状态，根据保护的要求进行综合判断，决定装置是否动作。若保护装置应该动作，逻辑电路就向输出部分送去信号。

（3）输出电路

输出电路根据保护装置的任务，对超过允许极限的故障采取紧急保护措施，并尽可能做到最小范围的故障切除；或者发出对不正常状态的预警和报警信号，及时向操作人员告警可能发生的故障，以便采取适当的有效措施防止故障的发生和蔓延。

2. 电力系统保护对保护装置的基本要求

为了使保护装置能够迅速、准确、可靠而有效地工作，因此对其提出以下基本要求；

（1）可靠性

要求保护装置能在一切事故和非正常状态下正确可靠地动作。这就要求系统的每一保护装置均应能经受和断开在其安装部位上可能产生的最大短路电流；电路应能经受由于保护装置的延时动作而产生的热效应和电动力效应；保护线路简单可靠，保护电器质量好，使用和维护简单方便。

（2）选择性

船舶电力系统对综合保护的基本要求之一是"选择性"，是指在给定范围内，只将故障部分从电网切除，而保证其余部分正常运行的一种保护。

选择性是指发生故障时保护装置只切除故障部分，将故障断电限制在最小的范围内，而保证其他完好电路能继续正常工作。

应该指出，必须严格划清电力系统允许的动态值和不允许的故障值之间的界限。在电气设备允许的短时过载范围内，保护装置不应误动作，以免影响电力系统正常工作。这种情形在直接起动大容量电动机时最容易发生。因此，技术管理人员应该充分估计和了解各种工况下发电机最大可能发生的过载电流及其持续时间，合理选择保护装置的保护特性，并要求保护装置具有一定的延时。

（3）动作的快速性

为了防止事故蔓延以减轻其危害程度，保持系统运行的稳定性，要求保护装置动作尽量迅速。即要求保护装置在很短时间内完成参数检测、逻辑分析和判断的过程。

（4）灵敏性

灵敏性是指保护装置对其保护范围内所出现的故障或不正常工作状态的反应能力。要求保护装置灵敏，并且能正确地反映出故障的状况，所以必须提高保护装置的灵敏性。采取不同的保护方式和采用不同的保护元件，其灵敏性是不同的。

应该注意到，上述四个基本要求之间往往是互相矛盾和互相制约的。譬如说，为了保证选择性往往会损失一点快速性，而照顾了灵敏性又可能会降低可靠性。以短路保护为例，为了限制短路故障的影响范围，要求保护装置能尽可能快动作，但各级间的选择性则又要求前一级保护装置的动作时间必须比后一级的整定时间长一点，这样势必又影响它的快速性。因此，在实际选择保护装置和整定其动作值的时候，必须根据具体情况做全面、辩证的分析才能获得满意的效果。

（5）综合系统化

保护装置检测的参数可以为电力系统综合利用，分散安装的保护装置的整定值可以根据系统的要求自动地改变和调整，以达到系统可靠和经济运行的目的。

二、船舶短路、过载、欠电压和逆功率保护参数的调整

1. 同步发电机的保护参数的调整

同步发电机的保护参数的调整见第 5 章的第 3 节。

2. 船舶电网的保护参数的调整

船舶电网的保护是指系统出现过载或短路时对电缆的保护。在交流电网中，若接有岸电，尚需对岸电进行相序保护和断相保护。

（1）电网的过载保护

图 8-6 所示为一馈线式配电网络，其过载可分成三段来进行讨论。

第 I 段：发电机 G 至主配电板 MSB 之间的电缆。这一段电缆的截面是按发电机额定容量来选择的，它的过载就是发电机的过载，因此完全可以由发电机的过载保护装置来完成。

第 II 段：用电设备 M2 到动力分配电板 P（有的直接到主配电板，如 M1）之间的电缆。这一段电缆的截面通常按电动机额定电流来选择。而电动机一般均设有过载保护，因此同样

也保护了这一段电缆。

第Ⅲ段：各级配电板之间的电缆。例如从主配电板到动力分配电板的每段电缆，它们过载的可能性较小。因为它们的截面是根据分配电板上所有负载电流并同时考虑工作系数计算得到的，个别用电设备负载的过载不致引起这段电缆的过载，而大部分负载在同一时间内一起过载的可能性也是极小的，因此这段也不必考虑过载保护。

综上所述，船舶电网中可不必考虑过载保护，也就是说，主配电板、应急配电板以及区域分配电板上的馈电开关可以不设过载保护。然而，由于考虑到船上电动机的过载保护一般都用热继电器，它们的动作特性因受到环境温度影响而不太可靠；又当电缆绝缘破坏时，实际电流可能超过用电设备的总电流而出现过载，因此，现代船舶电网中这些馈电开关均选用装置式自动开关。虽然其过载脱扣器不会对电网的过载保护有多大意义，但对于提高电网的工作可靠性却是有一定作用的。

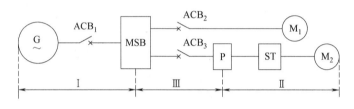

图 8-6　馈线式配电网络示意图

（2）电网的短路保护

船舶电网短路保护（当电网发生短路时能自动切除故障）的最重要问题是保护装置的选择性，也就是故障发生时，保护装置只切除故障部分，而不会使前一级保护装置动作。这样就保证了其他没有发生故障的设备能继续正常运行。

为了实现电网选择性保护，通常可以按时间原则和电流原则进行整定。

1）时间原则：以各级保护装置动作时间整定值的不同来实现选择性保护。动作时间应保证从用电设备至电源方向逐级递增。

当开关的动作时间 $t_1 > t_2 > t_3$ 时（t_1、t_2、t_3 为从电源算起连续三级保护的动作时间值），就能达到选择性的保护。也就是开关的动作时间从用电设备到供电电源逐级增加时就能满足选择性保护的要求。例如：当图 8-6 所示网络中电动机 M_2 附近发生短路故障时，由于动作时间 t_3 小于 t_2 及 t_1，所以由起动控制器 ST 中的开关来切除短路故障，而 ACB_1、ACB_3 不动作，继续维持对其他负载的供电。

为了尽可能地缩短故障的持续时间，最靠近用电设备的开关动作时间应该尽可能地短，以达到既能迅速切除故障，又能保证前后两级保护装置具有选择性动作的目的，其关键在于正确选择前后两级保护动作的时间差。船舶电网一般取时间差为 0.15~0.58s。

按时间原则整定的选择性保护系统，其保护性能较可靠，原则上可应用于任何电力系统。

2）电流原则：以各级保护装置动作电流整定值的不同来实现选择性保护。动作电流应保证从用电设备至电源方向逐级递增。距离电源越远处短路时，短路电流越小。为此在选择

各级保护动作电流时，可从负载处算起，越靠近电源级时，动作电流越大。即

$$i_1 > i_2 > i_3$$

式中　i_1、i_2、i_3——从电源算起连续三级保护的动作电流值。

采用按电流原则得到选择性保护的优点是短路时动作迅速。其动作的时间仅取决于保护装置的固有动作时间，通常约为 0.1s；缺点是常常受开关断流容量的限制，并易受外界因素的干扰，级间协调也较困难。故往往用于容量不大的船舶电力系统中。容量较大或比较重要的电网目前都采用选择动作比较可靠的时间原则作选择保护。这就要求船舶电力系统保护用的自动开关和断路器应该具有足够多的延时规格，可供保护设计选用。

框架式自动空气断路器具有非常可靠的按时间原则的保护特性，不仅用作发电机的保护，而且同时用它作为发电机出线端至汇流排主开关电源侧电缆的短路保护，还作为远处馈电线路短路时下位短路保护的后备保护。

利用装置式自动开关的电磁脱扣器能实现按电流原则的选择性短路保护，但因船舶电网各级短路电流的计算值难以精确求出，并且各级短路电流有时差别不大（电缆长度短），故按电流原则来实现短路保护的选择性是有一定局限性的。利用各级装置式开关热脱扣器的反时限特性相互协调配合，可以实现各级电网的过载保护的选择性。

船舶电网短路保护多采用时间原则和电流原则综合原则。在主配电板和应急配电板上的馈电开关，一般不设带延时的短路保护，而多采用按电流原则整定的装置式自动开关，其电磁瞬时脱扣时间可达 0.02~0.05s。电网的末级（最接近用电设备的一级），可用熔断器对末端电网及电动机作短路保护。

为了确保电网短路保护的选择性，由主配电板到各用电设备，应限制保护级数，对于动力负载不得多于 4 级，对于照明负载不得多于 5 级。

3. 岸电相序和断相保护

船舶在接用岸电时，当相序接错或少接一相时，电动机将发生反转或单相运行，从而导致电力拖动装置在机械或电气方面的受损或破坏。为了防止这样的故障发生，岸电应该设置相序及断相保护。

相序及断相保护由负序继电器完成。当相序接错或少接一相时，过滤器输出电压 U_{mn} 分别为 1.5 倍和 0.866 倍的线电压。该电流经整流后足以起动中间继电器，中间继电器的常开触点闭合后起动时间继电器，经延时后使岸电开关的失压脱扣器线圈失电使开关跳闸。

除了上述的保护外，为了保证电网的正常运行，无论是照明电网还是动力电网，船舶规范对绝缘电阻都有明确的要求，一般均要求大于 $1M\Omega$。不论是一次系统还是二次系统，均应设有连续监测绝缘电阻的装置，且能在绝缘电阻较低时发出声光报警信号，以使值班人员及时发现绝缘低而设法及时排除。

二、分级卸载的概念及应用

发电机自动分级卸载，又称优先脱扣，是发电机过载保护的一种形式。

当发电机发生持续过载时，经延时，发电机过载保护动作，将造成发电机跳闸。要使发电机不中断供电且避免过载，当出现过载信号时，必须在长延时脱扣器的延时时间内，切除电网中正在运行的一些次要负载，使发电机脱离过载状态，从而保证电站对重要负载的连续供电，这就是发电机自动卸载。船舶电站一般将负载按重要程度及工作特点的不同，分成

1~2级次要负载，从而实现多次自动卸载，这称为发电机自动分级卸载。

显然，发电机自动分级卸载保护必须与发电机过载保护的延时特性相互配合。我国一般规定：对有自动分级卸载装置的发电机过载保护，当过载达110%~120%额定值时，延时5~10s使自动卸载装置动作，自动卸掉部分次要负载。当过载达150%额定值时，延时10~20s，过载保护装置动作，使发电机自动跳闸。

根据船舶电站发电机的容量和台数，考虑非重要负载的性能和大小，也可以采用分级脱扣卸载，以求最大限度地给负载供电。各级脱扣是利用延时的时间差来实现的。例如，长延时脱扣器的延时为20s，若分三级脱扣时，建议延时时间整定为：

1）第一级脱扣延时：5s。

2）第二级脱扣延时：10s。

3）第三级脱扣延时：15s。

第五节 电站监控及故障处理

一、船舶电站监控系统的组成和功能

现以微机控制三台发电机组组成的电站为例，简要地说明自动化电站控制系统的基本功能，微机控制电站单线原理如图8-7所示。图8-7中的三台发电机分别记为 G_1、G_2、G_3。原动机各带有调速器，其中调速电动机（M_2）由微机输出（DO）控制，实现对电站母线频率、运行机组间有功功率分配及转移的控制。

发电机励磁系统采用可控相复励自励恒压无刷系统，相复励部分为电流叠加，校正器（AVR）控制交流侧分流，既提高了静态调压精度，又满足了运行发电机之间无功功率的合理分配。AVR为电子式电压校正器，其中专设了一个电压值整定电位器（VAD），它由微机输出（DO）控制伺服电动机（M_1）来驱动，实现对发电机端电压、运行机组间无功功率的合理分配与转移控制。

以微型计算机为主的控制器是由中央处理器（CPU）、随机存储器（RAM）、只读存储器（ROM）、数字输入单元（DI）、数字输出单元（DO）、模拟量输入变换器（AI）、中断输入单元（INT）、设定器（SET）、显示单元（DISP）及数字量调节输入单元（DSI）等构成。

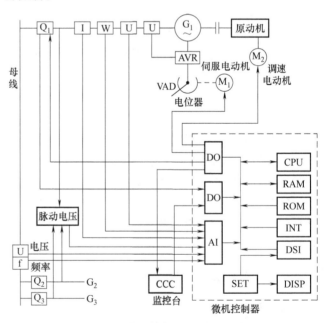

图8-7 微机控制电站单线原理

所有经检测得到的信号，经过 DI、AI 送入 RAM，然后根据 ROM 中已存入的有关控制程序进行控制，信息在 CPU 中进行算术或逻辑运算，结果又送入 RAM 或 DO，最后按时间原则由 DO 输出信号控制执行机构，实现对电站相应参数的控制。

执行机构由 ACB、继电器和伺服电动机等组成。检测元件有功率变换器（W）、频率变换器、脉动电压检测器、电流、电压测量等。

自动化电站的计算机软件系统应该具有以下 10 种功能：

1）母线电压自动控制（AVC）。

2）发电机无功功率自动控制（ARPC）。

3）母线频率自动控制（AFC）。

4）发电机有功功率自动控制（APC）。

5）发电机自动准同步并车控制（ASYC）。

6）故障机组自动解列（ACC）。

7）负载分级切除（PTC）。

8）发电机运行台数控制（ARC）。

9）原动机自动起动（EASC）。

10）故障监视及报警（MONIT）。

微机控制的船舶电站，程序按时间原则管理，即把任务编成号码，每个任务按给定的时间值运行一次，如此轮流执行。上述 10 种功能的控制程序，都由实时操作程序（RTOSM）统管，它们的执行间隔为 4s。轮流法实际上是一种循环调度法。

二、采用计算机控制的船舶电站系统的操作和管理要点

电站控制系统结构示意图如图 8-8 所示。电站控制系统中有三台发电机，每台机组的控制单元担任自动控制，手动控制由开关操作，手动和自动都通过各自的电路进行控制。手动

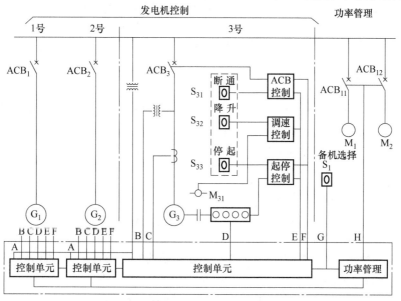

图 8-8　电站控制系统结构示意图

操作是必须保留的,《钢质海船入级规范》规定:"当自动化系统失效时,能保证在机旁对机电设备进行有效的人工操作。"手动操作开关设置在主配电板上。ACB 控制电路和调速电路属于主配电板的电路,柴油机的启/停控制电路一般都设在柴油机旁控制箱内,尽管在电站自动控制装置中也设置控制电路,但很少使用,系统使用制造厂配套提供的控制设备。

图 8-8 中用几根线来表示系统信号的传递。电网信号由 A 线输入;发电机的运行信号由 B 线和 C 线输入;柴油机的运行信号由 D 线输入;操作信号由 E 线输出;ACB 和柴油机的状态信号由 F 线输入;备用机组设置信号由 G 线输入,如果有功率管理功能,要接受大功率电动机起动的询问,H 线就作为询问和闭锁信号线。

控制单元对输入的信号进行处理,即把输入的各种信号(电压、电流、频率、功率、转速以及开关量等)转换成系统能识别使用的信号(0~5V 或 4~20mA);根据设置的操作程序,对运行中出现的状态进行逻辑判断,输出相应的操作信号(如自动同步、功率自动分配、恒频调节等)。

在单元结构中每台发电机有自己独立的自动同步操作系统,在归总式结构中一般只设一个自动同步操作系统,由控制系统引导到待并发电机上去。

1. 备用机组的设置

当电站中运行机组出现故障时,备用机组应自动起动并投入电网,保持电网连续供电。备用机组的台号由"备机选择"开关(图 8-8 中的 S_1)设定。

船舶电站的发电机数目一般在三台以上,一台机组运行时,不运行机组的备用设置有一个是否有后续的问题。例如一个有四台机组的电站,2 号机组在供电运行,如果设定 3 号机组为第一备用,余下的机组究竟哪台机组作为第二备用呢?也就是说运行的 2 号机组出现故障时,3 号机组应自动起动投入运行,但是如果 3 号机组起动失败或合闸失败,起动指令应转移给 4 号机组还是 1 号机组呢?一般是采用顺序后续的方法。如果设定 3 号机组为第一备用,4 号机组就自动成为第二备用,1 号机组就成为第三备用。

对待处于检修和有故障等不能参与运行的机组,启/停控制箱上的"手/自动选择"开关置于手动位置,或有"闭锁"信号发出,备用的设置或后续就自动"转移",例如 3 号机组设定为第一备用,而 3 号机组置于手动位置,备用设置自动转移到 4 号机组,4 号机组成为第一备用,1 号机组成为第二备用。

2. 电网故障处理

属于控制系统处理的电网故障有三种:电网电压过高(或过低)、频率过高(或过低)和电网失电。对电网故障的处理要遵循"连续供电"的原则。

(1)电网电压过高(或过低)

发电机由 AVR 保证的电压调整率要求在 2.5% 以内;作为电源的发电机的电压应比设备额定电压高 5%;电器设备应能在电压变化 -10%~+6% 的范围内正常运行。

电网电压超过 AVR 所保证的静态指标数据,可认为是故障。考虑到与设备承受能力的协调,一般把电压故障的监测值定在 ±5%,即电网电压超过 +5% 或低于 -5%,并持续一段时间则作为故障处理。确认的时间一般都定为 5s。处理的方式是报警、起动备用机组。

(2)频率过高(或过低)

柴油机由调速器保证的静态调速率为 5%,所对应的频率变化也是 ±5%;电气/电子设备应能在频率静态变化 ±5% 的范围内正常工作。一般频率的检测值定在 ±2.5%,当频率超过这个检测值并持续一段时间则作为故障处理。确认的时间一般定在 5s。处理的方式是报警、起动备用机组。

通常把故障分为两级，1 级故障的检测值，电压是 ±5%，时间为 5s，频率是 ±2.5%，时间为 5s；2 级故障的检测值，电压是 ±10%，时间为 5s，频率是 ±5%，时间为 5s。1 级作为轻度故障，2 级作为严重故障。发生 1 级故障，备用机组起动，经同步操作投入并联运行，故障机组解列退出运行，实现不停电状况交换机组。发生 2 级故障，备用机组起动，故障机 ACB 分闸，备用机 ACB 合闸投入运行，实现短时停电交换机组。

（3）电网失电

电网失电后，备用机组起动成功、电压建立可以供电时，还要满足所有发电机 ACB 都在分闸位置才允许合闸。

3. 发电机故障处理

处于备用状态的发电机组，柴油机起动成功后，发电机应能自动投入电网运行，若起动成功后的发电机不能投入电网运行，则由控制系统根据检测的故障信号进行相应的处理。

（1）起励失败

起励失败故障也称为电压不能建立。柴油机起动成功后在规定的时间内电压不能建立，应作故障处理。检测值与电网电压、频率的 1 级故障检测值相协调，即起励失败的检测值是：电压 ≤95%，频率 ≤97.5%，时间为 3s。处理的方式是报警和起动后续备用机组。

（2）自动同步失败

发电机电压建立后系统发出自动同步合闸指令，在规定的时间内控制系统发不出合闸指令，说明系统自动同步操作有故障。一般设定的允许操作时限是 60s。处理的方式是报警、起动后续备用机组。

（3）合闸失败

系统发出合闸指令后但在规定的时间内 ACB 不能合闸，作合闸失败处理。一般设定允许操作时限是 3s。处理的方式是报警、起动后续备用机组。

上述三种故障通常组合成一个报警信号"起励、合闸失败"输出。

若处于运行状态的发电机组发生故障（过电流、短路、过功率、逆功率、过电压、欠电压、频率高、频率低和 ACB 异常脱扣等），系统处理的原则是：电压和频率故障表现在电网上，由电网检测处理；过电流和过功率的处理方式是根据过负载的数值或起动备用机组，或卸去部分次要负载，或跳闸。

（4）ACB 异常分闸

ACB 正常分闸是由手动分闸操作或解列时的自动分闸操作，由于保护动作或其他原因引起的脱扣都算异常分闸，作故障处理。单机运行时异常分闸引起的故障是电网失电；多机并联运行时异常分闸引起运行机过载。处理的方式是报警、起动备用机组投入运行。

4. 柴油机故障处理

必须处理的故障通常有：滑油压力低（也称油压低）、冷却水温度高（也称水温高）和超速。

超速是严重故障，必须有 ACB 跳闸、机组停机。一般整定在额定转速的 1.15~1.20 倍。

滑油压力和冷却水温度的检测，一般把故障分为两级，发生 1 级故障以不断电交换机组的方式处理；发生 2 级故障以短时断电交换机组的方式处理。从有人值班的机舱对这两个故障处理的方式来看，是只报警，呼叫值班人员处理。因此现在较多的设计是只设 1 级故障处理。

滑油一般是由机带油泵输送，发电机组起动运转后才能建立压力，机组不运行和在起动过程中必须对滑油压力信号的作用进行闭锁。柴油机的控制系统独立设在机旁控制箱内，滑油低压信号经处理后输入电站自动控制系统；柴油机由自动控制系统控制时，信号由压力开关直接输入。由于冷却水温度的升高需要一定的时间，机组起动时无需闭锁。

5. 自动控制系统控制流程

1 级故障的处理流程图如图 8-9 所示。

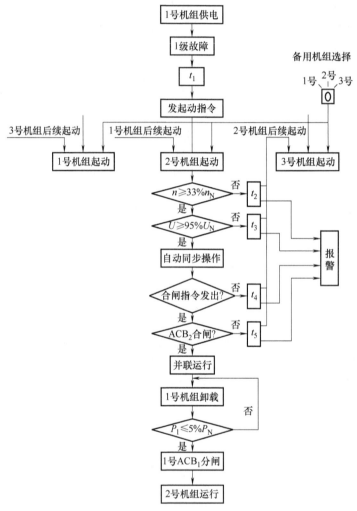

图 8-9 1 级故障的处理流程图

图 8-9 中的三台发电机组，1 号机组在运行，备用机组选择 2 号机组。当发生 1 级故障需用时间 t_1 来确认（不同参数的故障确认时间不同）。确认后发出备用机组起动指令，2 号机组被选择接受指令起动。在时间 t_2 内转速达到发火转速（假设是 33%）以上，说明起动成功（否则失败）。由于调速器的作用使转速上升接近额定转速。经过一段时间 t_3，发电机起励，电压应上升至额定值左右，即超过 95%（否则失败）。自动同步进入操作运行，即自

动同步调速，检测到符合同步条件时发出 ACB_2 合闸指令。

同步操作的时限为 t_4，在这段时间内发不出合闸指令，作同步失败处理。合闸指令发出后 2 号 ACB_2 应合闸。如果经过 t_5 时间未合闸，作合闸失败处理。合闸后进入并联运行状态。有故障的 1 号机组进入卸载操作，把负载转移给接替的 2 号机组。当 1 号机组的负载卸到小于或等于 5%。1 号 ACB_1 分闸，退出运行。2 号机组供电，完成不断电交换机组。

图 8-9 中每一判别出现"否"时，一方面把起动指令转移给后续机组；一方面发出报警。

2 级故障的处理流程图如图 8-10 所示，仍假设有三台机组，1 号机组在运行，备用机组选择 2 号机组。

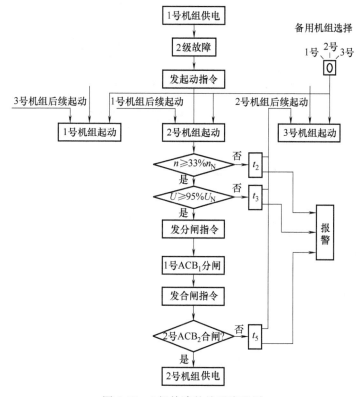

图 8-10　2 级故障的处理流程图

2 级故障有的需要时间确认，有的不需要。故障发生后发出备用机组的起动指令，机组起动成功建立电压后，发出故障机 ACB_1 分闸指令，有故障的 1 号 ACB_1 分闸，然后发出备用机 ACB_2 的合闸指令使其接替 1 号机组供电，完成短时断电交换机组。

失电故障的处理流程图如图 8-11 所示。

仍假设有三台机组，1 号机组在运行，发生 1 号机的 ACB_1 异常分闸，电网失电。这时两台机组同时起动，起动和建压过程与上述一样。图 8-11 中表示，2 号机组从起动到建压过程比 3 号机组快，先发合闸指令，使 2 号 ACB_2 先合闸，同时阻塞 3 号 ACB_3 合闸，2 号机组向电网供电，完成断电后的机组交换。

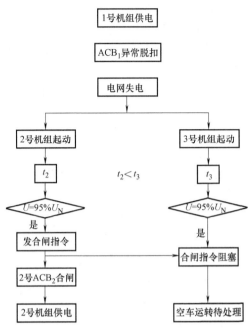

图 8-11 失电故障的处理流程图

复习与思考

8-1. 自动化机舱分几类？各有什么特点？

8-2. 船舶自动化电站的基本功能主要包括哪些？

8-3. 试述船舶重载询问的工作原理。

8-4. 柴油发电机组自动起动、停机装置一般应具有哪些功能？以及起动、自动停机的流程是什么？

8-5. 试简述柴油发电机组的自动起动程序。

8-6. 试简述柴油发电机组的自动停机程序。

第九章　船舶电缆

船舶电网是由电缆和电线组成的，电缆和电线在结构上和用途上都是有区别的，电线的芯线外层只覆有保证电气绝缘用的绝缘层，电缆则除了电气绝缘层外还有用以防止外界各种因素（如火、水、油、机械力等）危害的防护套。船舶电网绝大部分采用电缆，它主要用于配电盘和用电设备之间的电能输送，而电线主要用作电气设备的内部接线和部分生活舱室的照明线路。由于船舶工作的环境条件恶劣，因此船舶电缆在机械强度、绝缘性能和防护性能等方面的技术要求比陆用电缆更高。

因此，船舶电缆是船舶上用于传输电能、传递信息和在电气设备之间做各种连接的一种重要的用量最大的电工材料。

第一节　概　　述

一、船舶电缆的特点

船舶电缆按用途可分为船舶电力电缆（分类代号 C）和船舶电信电缆（分类代号 CH）两类。按电缆的绝缘材料可分为橡皮绝缘电缆和塑料绝缘电缆两类。橡皮绝缘又分天然橡胶（无代号）、丁苯-天然橡胶（代号 X）和丁基橡胶（代号 XD）三种。塑料绝缘电缆主要是指聚氯乙烯电缆（代号 V）。按护套类型可分为金属丝编织电缆、铅包电缆和非燃性橡皮套管电缆三类。

船舶电缆主要由导电芯线、电气绝缘层和防护套三部分组成，其构造如图 9-1 所示。

（1）导电芯线

导电芯线是电缆传输电能的部分，它是由不少于七根 $0.26 \sim 2.47\text{mm}^2$ 的圆形软铜丝绞和而成。船舶电缆根据不同需要可做成单芯、双芯、三芯和多芯。芯线的截面根据不同载流量的需要有 $0.8 \sim 400\text{mm}^2$ 等各种不同规格。

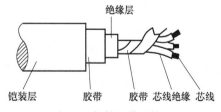

图 9-1　船舶电缆的构造

有关电缆的导体根数和线径可由相关产品样本中查得。须注意国外船舶电缆的芯数和导体截面规格与我国的有所不同。

选择电缆时，必须根据使用条件，保证电缆实际通过的电流低于其允许电流。电缆的允许电流取决于电缆的绝缘材料，并以最高允许温度为基准决定。

（2）电气绝缘

绝缘层的作用是将各导电部分隔离以防止接地或相间短路。要延长电缆使用寿命，必须提高绝缘层的性能。绝缘材料的最高允许工作温度见表 9-1。

（3）护套

主要功能是用来保护电缆内部，以免遭受机械损伤，同时防止水、盐雾、油、生物、火灾、霉菌、各种腐蚀等的破坏，以保持长期稳定的电气性能。常用的材料是橡皮和塑料。聚氯乙烯护套具有较好的综合防护性能（机械强度高，不延燃，有较好的耐油、耐酸碱性），而橡皮护套的弹性、耐磨性、柔软性、温度适应范围等方面较好。某些合成橡皮还具有一些特殊的性能，如丁基橡皮有良好的耐油、耐水、耐磨和不延燃性能，而且机械强度较高，氯丁橡皮有较高的机械强度和不延燃性能，而且气候适应性好。

表 9-1　绝缘材料的最高允许工作温度

绝 缘 材 料	最高允许工作温度/℃
聚氯乙稀(一般)	60
聚氯乙稀(耐热)	75
丁基橡皮	80
无机物	95
乙丙橡胶和交联聚氯乙稀	85
硅橡胶	95

（4）铠装（外护套）

铠装是一种具有高强度保护作用的护层，适用于机械损伤较严重场合的电缆。船舶电缆采用的铠装有镀锡铜丝编织、镀锌钢丝编织、尼龙编织和金属软管等，其中金属软管铠装有很好的机械保护性能。

二、船舶电缆的性能要求

为保证电缆在运行时可靠工作，船舶电缆的性能有如下要求：

1）绝缘性能好。因为现代大型船舶均属于金属船体结构，而电缆一般敷设在船体或船体构件上。当电缆绝缘不良时，就容易发生漏电或短路等有害的故障，所以要求电缆绝缘性能要好。

2）防潮防腐蚀性能好。因为船舶长期航行在海洋中，空气潮湿且多盐雾，电缆易于受潮和腐蚀，使绝缘性能下降。所以，电缆一定要能满足防潮湿、防腐蚀的要求。

3）抗振与抗机械损伤能力强。船舶航行在大风浪中，颠簸振动厉害，容易使船体发生变形，从而使电缆受到振动和机械力作用，所以，电缆芯须有良好的抗振和抗机械损伤的能力。

4）耐高温性能好。船舶舱内某些部位的温度是比较高的，特别是有时还需要航行于赤道等高温地区，高温容易使电缆绝缘体软化或变脆。所以，电缆要具有耐高温的性能。

5）耐油污、耐酸碱性能好。船舶上的油污物比较多，有些场合还有酸碱等物。油污、酸碱对电缆有腐蚀作用，因此，船舶电缆必须具有耐油污、耐酸碱的性能。

6）所有电缆都应是滞燃型或防火型的。

此外，船上敷设的电缆都是根据敷设处所的环境条件、敷设方法、电流定额、工作定额等因素确定的。如固定敷设在露天甲板、货舱、冷库、机器处所和可能出现凝结水或有害气体处所的电缆均应有金属护套或不锈性护套。

第二节　船舶电缆的安全使用与维护方法

一、船舶电缆的安全使用

1. 电缆型号

常用的电力和控制电缆的规格用芯线数和截面积表示。例如：3×20，表示 3 芯，每根

芯线的截面积是 $20mm^2$；30×2，表示 30 芯，每根芯线的截面积是 $2mm^2$；船舶电缆的种类和型号主要由 5 部分组成：

分类代号+绝缘代号+护套代号+派生代号+外护套代号

船舶电缆型号意义见表 9-2，在电缆选择时，可参照此表。

表 9-2　船舶电缆型号意义

分类代号	绝缘代号	护套代号	派生代号	外护套代号
C-船用电力电缆 CK-船用控制电缆 CH-船用电信电缆	X-丁苯天然橡皮 D-丁基橡皮 E-乙丙橡皮 F-氯丁橡皮 XG-硅橡皮 V-聚氯乙烯	V-聚氯乙烯 HF-非燃性橡皮 HY-耐油橡皮 HD-耐寒橡皮 Q-铅护套 N-尼龙护套 YH-氯磺化聚乙烯	R-柔软结构 P-屏蔽结构 F-分相结构 G-高压结构	31-镀锌钢丝编织网 32-镀锡铜丝编织网

2. 电缆的截面积

电缆的载流量是确定导体截面积的主要依据，主要由绝缘材料的长期允许工作温度、环境温度、工作制和敷设条件等决定。选择电缆时，其芯线截面积通常根据电缆的实际负载电流来选择，但该电流应小于电缆的最大安全（或允许）载流量。

乙丙橡皮和交联聚氯乙烯绝缘电缆连续工作制的截面积与载流量见表 9-3，供电缆使用时参考。

表 9-3　乙丙橡皮和交联聚氯乙烯绝缘电缆连续工作制的截面积与载流量

芯数	1	2	3 或 4	芯数	1	2	3 或 4
截面积/mm^2	载流量/A			截面积/mm^2	载流量/A		
1	16	14	11	50	180	153	126
1.5	20	17	14	70	225	191	158
2.5	28	24	20	95	275	234	193
4	38	32	27	120	320	272	224
6	48	41	34	150	365	310	256
10	67	57	47	185	415	353	291
16	90	77	63	240	490	417	343
25	120	102	84	300	560	476	392
35	145	123	102				

根据表 9-3，要注意以下几点：

1）对于同一种导体截面积的电缆，芯数越多，额定载流量越小。

2）随着导体截面积的增加，单位面积的额定载流量减小。

3）绝缘材料允许的工作温度越高，额定的载流量越大。

发电机与配电板连接的电缆，其截面积应按发电机的额定电流来选择；电动机的馈电电缆，其截面积应按电动机的额定电流来选择；分配电板的馈电电缆，其截面积应按该分配电板所有用电设备并考虑负载系数、同时工作系数，以及留有一定的裕量来选择。

按照中国船级社《钢质海船入级规范》要求，平时不载流的工作接地线，其截面积应为载流导线截面积的 1/2，但应不小于 $1.5mm^2$；三相四线制的中线电缆截面积至少应为相线截面积的 1/2。

3. 船舶电缆的敷设

各船级社对电缆敷设都有原则和具体的要求，在电缆敷设准备工作中，电缆支承件和贯穿件的安装要求，都是为满足规范和施工工艺对电缆敷设的要求。电缆敷设中，应注意电缆敷设的保护、电缆紧固、电缆穿越隔舱壁、电缆穿管等各方面的工艺要求。具体如下：

1）电缆的走向应该尽可能平直而且便于维修。

2）电缆敷设的走向应该避免受潮气或凝水的影响。

3）动力或照明电缆应该同控制电缆、通信电缆等低压电缆分开敷设，间距在 50mm 以上。特别是本质安全型电缆应与其他电缆分开敷设，一般采用单独的贯通件，并做相应标记。

4）主干电缆暗式敷线时，敷设线路上的封闭板应能开启。

5）所有电缆线路的分支接线盒为暗式安装时，封闭板应能开启。

6）当电缆需要弯曲敷设时，电缆外径和最小弯曲半径应该符合表 9-4 所列的要求。

表 9-4　固定敷设电缆外径和最小弯曲半径表

电缆结构		电缆外径 D/mm	最小弯曲半径 R_{min}/mm
绝缘材料	外护套		
热塑料材料和弹性材料	金属护套、铠装	任何	6D
	其他保护层	≤25	4D
		>25	6D
矿物	硬金属护套	任何	6D

7）下列电缆之间应尽量远离敷设：

① 主干电缆与应急干线馈电电缆。

② 电力推进系统的主电路电源电缆与励磁电缆。

③ 机舱以外的重要辅机的主干电缆和备用机组馈电电缆。

④ 具有不同允许工作温度的电缆。

8）电缆原则上不应该敷设在隔热或隔声的绝缘层内，否则这些电缆应该相应降低负载使用。

9）当电缆处于油、水管和蒸汽管下方时，原则上要求无管系接头。如果不可避免时，电缆上方应该加防滴罩。

10）电缆走向应避开热源，例如：锅炉、加热油柜、排气管、热蒸汽管、电阻器等。电缆与热源的空间间距最少应该不小于 100mm。当无法做到上述要求时，应采取隔热措施，例如采用矿棉等隔热材料分隔开。

11）对于易燃、易爆和有腐蚀性气体影响的场所，照明电缆应敷设在金属管道内，且贯穿舱壁处应密封，其他电缆原则上不得穿过。例如：油漆储藏室、蓄电池室等。

12）电缆的支承件、紧固件及附件应耐腐蚀，其类型和尺寸应符合相应的船舶行业标准。

13）贯穿油水舱的电缆必须敷设在无缝金属管道内，管道与舱壁的焊缝确保密性。

14）穿越水密或防火隔舱壁和甲板应采用电缆孔可充填密封性材料的填料函。

15）电缆敷设与船体外板、舱壁及甲板的间距应不小于 20mm，与内底板、滑油、燃油及舱（柜）的间距应不小于50mm。

16）冷藏舱、锅炉舱内电缆必须明线敷设，电缆上不得喷涂泡沫塑料等隔热材料。

二、船舶常用电缆

1. 船舶常用电缆型号

船舶常用电缆型号由五个部分组成：①分类代号；②绝缘代号；③护套代号；④派生代号；⑤外护套代号。除了外护套代号外，其他各代号都由一至两个字母组成。

1）分类代号：船舶电缆主要有两种类型，分类代号就是用来表示船舶电缆类型的代号。船舶电力电缆的分类代号为C，船舶电信电缆的分类代号为CH。

2）绝缘代号：船舶电缆采用的绝缘材料主要有三种：丁苯-天然橡皮绝缘代号为X，丁基橡皮绝缘代号为XD，聚氯乙烯绝缘代号为V。

3）护套代号：船舶电缆采用的护套种类较多，普通橡皮护套的代号为H，非燃性橡皮护套的代号为HF，耐油橡皮护套的代号为HY，耐寒橡皮护套的代号为HD，聚氯乙烯护套的代号为V，铅包护套的代号为Q。

4）派生代号：船舶电缆主要有两种派生类型，船用软性电缆的派生代号为R，船用屏蔽电缆的派生代号为P。

5）外护套代号：船舶电缆的外护套主要有两种：镀锌钢丝编织网外护套代号为31，镀锡铜丝编织网外护套代号为32。

2. 船舶常用电缆用途

电缆在船舶中有很大的用途：船舶电力电缆主要用于电源供电线路，电信电缆主要用于电话台联合或转播线路、信号传输线路等。非燃性橡皮护套电缆主要用于固定敷设、避免接触油类的场合，耐油橡皮护套电缆主要用于固定敷设、可接触油类、避免日光直接照射的场合，聚氯乙烯护套电缆主要用于固定敷设场合，铅包电缆早期主要用于无机械外力作用的固定敷设场合，但目前船上已经基本不采用铅包电缆。软性电缆主要用于移动设备，屏蔽电缆主要为电信电缆，用于各种信号传输。带外护套的电缆主要用于容易受机械损伤的场合，其中采用钢丝编织的电缆用于无屏蔽要求的场合，铜丝编织的电缆则用于有屏蔽要求的场合。

3. 船舶常用电缆名称

船舶常用电缆一览表见表9-5。

三、船舶电缆的维护方法

船舶电缆经多年使用后，其绝缘层会随之老化，并且可能受到外部的损伤，如机械损伤、局部火灾和海水侵蚀损伤等，这些将使电缆失去工作能力。船舶电气管理人员要经常检查电气设备电缆有无损坏，特别是露天甲板和潮湿腐蚀性较大场所的设备和大功率照明等的电缆，若局部损坏则局部修复，若无法修复则更换电缆。

若外部金属屏蔽层局部严重锈烂破损，或接地线锈蚀损坏，则割掉一段锈蚀的屏蔽层，换上一段新的同样的金属屏蔽层外套，绑扎好并按原样恢复接地。接地方式有利用金属外套末端做成一定长度的辫子线接地的，或利用金属外套与填料函螺母压盖紧密接触实现接地，或将接地线用导电胶与金属外套胶结，或用电缆外皮与固定电缆的紧钩、卡线板紧密接触等多种。

表 9-5 船舶常用电缆一览表

型号	电缆名称	工作电压/V	线芯截面积/mm²
CQ	船用橡皮绝缘裸铅包电缆	交流:500 及以下 直流:1000 及以下	单芯:0.8~400 两芯:0.8~120 两芯:0.8~240 CHFR、CHYR 为 0.8~70 CV 为 0.8~120 4~48 芯:0.8 4~37 芯:1.0~2.5
CHF	船用橡皮绝缘非燃性橡套电缆		
CHF31	船用橡皮绝缘非燃性橡套镀锌钢丝编织电缆		
CHF32	船用橡皮绝缘非燃性橡套镀锡铜丝编织电缆		
CHFR	船用橡皮绝缘非燃性橡套软电缆		
CHY	船用橡皮绝缘耐油橡套电缆		
CHY31	船用橡皮绝缘耐油橡套镀锌钢丝编织电缆		
CHY32	船用橡皮绝缘耐油橡套镀锡铜丝编织电缆		
CHYR	船用橡皮绝缘耐油橡套软电缆		
CV	船用橡皮绝缘塑料护套电缆		
CHHYP	船用橡皮绝缘屏蔽耐油橡套电信电缆	交流:250 及以下 直流:500 及以下	2~48 芯:0.8
CHHYP31	船用橡皮绝缘屏蔽耐油橡套镀锌钢丝编织电信电缆		
CHHYP32	船用橡皮绝缘屏蔽耐油橡套镀锡铜丝编织电信电缆		

若电缆进线护套绝缘层或芯线绝缘层局部干缩、脆裂、发黏或破损，也采用局部修复；如果进线有充足余量，则可剪掉损坏部分，重新进入设备；若无余量，可剥去损坏的绝缘层，然后在芯线上包两层黄蜡绸，再套上玻璃丝质绝缘套管等。

如果电缆的大部分或全部发生上述情况，无法修复；或发生线间短路或芯线接地短路或断路或绝缘电阻低于最低允许值，则需要更换新的电缆。

更换较长线路电缆的工艺比较复杂，电缆敷设、电缆紧固件拆卸和修复、进线填料函的密封处理、电缆的接头及其标志号码的处理、金属外套的处理等，不同情况有不同的处理方式，一般是按原样处理。

检查船舶电力电缆绝缘电阻的方法是将被检测电缆的电源和负载都断开，用手摇兆欧表检查电缆芯线间和芯线对地的绝缘电阻；用手摇兆欧表检查异步电动机定子三相绕组对地绝缘状态时，则不必断开定子绕组的星形联结或三角形联结，在接线盒中检测任意一根绕组接线端对地的绝缘即可。

四、船舶电缆处理工艺

1. 切割电缆芯线长度的确定

电缆在切割时必须要留有合适的长度。芯线的长度包括必须长度、备用长度和余量长度。必须长度是指芯线沿控制箱内壁至所连接的接线柱的长度，加上制作端头所需长度之和；备用长度的作用是保证同一根电缆的芯线在相应的接线柱之间能够互换。对于三芯电力电缆，只需保证其中任意两根能对调即可，如图 9-2 所示。

对于芯线截面积小于 $4mm^2$ 的电缆，除留有必须长度和备用长度外，还要留有能再制作 2~3 个同样端头的余量长度。对于芯线截面积大于 $6mm^2$ 以上的电缆，一般是由电缆切口处到接线柱直接引线，芯线除留有必须长度和备用长度外，不留余量长度。对于多芯电缆，在确定芯线长度时，应能保证芯线沿控制箱内壁可以接至最远一个接线柱，然后，再留有制作

2~3个同样端头的余量长度，如图9-3所示。

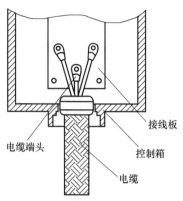

图9-2 6mm² 以上电缆的引入

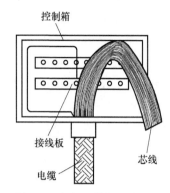

图9-3 多芯电缆的芯线长度

对于引入照明灯具及其附具的芯线长度，可按表9-6的要求来确定。

表9-6 照明灯具及其附具的芯线长度

设备名称	芯线长度/mm	设备名称	芯线长度/mm
棚顶灯	200	防水插座	120
舱顶灯	200	胶木暗式开关	120
小型舱顶灯	150	胶木暗式插座	120
床灯	150	接线盒	120
镜灯	150	按钮盒	120
壁灯	150	警铃、警钟	120
防水开关	120	限位开关	120
防水开关插座	120	柄式开关	120

此外，芯线长度的确定，不但要考虑控制箱内允许安置芯线空间的大小，还要考虑芯线在控制箱内的布置情况，要做到整齐、对称和美观。

2. 电缆的切割工艺

电缆引入控制箱前，按引入方式及芯线长度的要求保留好足够长度的电缆后，即可将多余的电缆切除，并剥掉一定长度的电缆护套或编织铠装层，以避免造成控制箱内器件的损坏或短路。同时由于控制箱内的空间有限，芯线的长度必须适当，不能过长。在电缆的具体切割时，必须要了解以下的切割要求和切割方法。

（1）电缆护套切割的要求

1）电缆通过填料函引入控制箱时的切割如图9-4所示，在切割电缆护套时，不得损伤芯线的绝缘层，并要保证电缆引入控制箱时芯线有必要的长度。

2）在切割绝缘内护套时，电缆引入控制箱的进口处且靠近控制箱内壁一侧的绝缘护套应保留3~5mm，如图9-4所示。对内部空间较宽敞的设备（主配电板、分电箱等），其护套可保留至接线柱附近再剥去。

3）对于绝缘内护套在接线柱附近剥去的电缆，其金属编织护套应在电缆进入控制箱后，靠近内壁处切除。内护套露出金属编织套距离不能少于5mm。

4）电缆进入防水填料函时，金属编织护套应在进入填料函的密封圈前切除，使填料压紧在电缆的绝缘护套上，以保证其密封良好；而金属编织护套的切口不应露出填料函压紧螺母的外表面，以防止金属丝扎伤电缆或造成短路，如图 9-5a 所示。

5）电缆进入无防水要求的控制箱时，其金属编织护套应比绝缘护套多切除 2~3mm，以免编织护套刺伤芯线绝缘，如图 9-5b 所示。

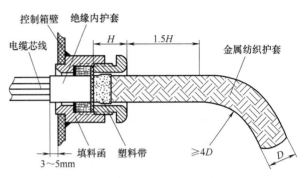

图 9-4　电缆通过填料函引入控制箱时的切割

6）金属编织护套切割后，应在切割处包以 2~3 层塑料胶带扎紧，以防编织护套松散。芯线如需加套管，则应连同芯线套管从根部开始一起包扎，一般应使包扎长度的三分之二在金属编织护套上，如图 9-5c 所示。

7）对于采用金属护套接地的电缆，在切割时必须留有接地所需要的金属编织护套的长度。在切割处，先将金属编织护套拔开一缺口，然后将金属编织护套完整无损地脱出，再在其端部连接接地端。

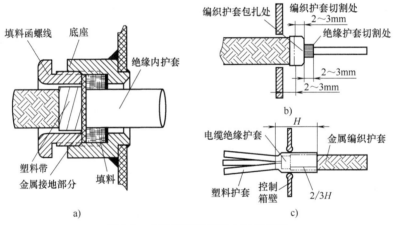

图 9-5　金属护套电缆引入时的切割

（2）电缆护套切割的方法

1）金属编织护套及绝缘护套的切割。

打开控制箱，观察其内部接线柱的布置情况，确定芯线在控、制箱内的分支和线路，同时依据进入控制箱的电缆芯线截面积的大小，确定芯线的长度。

将电缆引入控制箱，做好切口标记。对于电缆束，要求切口在同一直线上。

按切口标记切除金属编织护套。对于钢丝编织护套，因其涂有防锈漆，使编织护套与绝缘护套黏合在一起，给剥除编织护套造成困难，此时可用木槌轻轻敲击，待其分离后再进行切割。敲击时切勿压力过大，以免使电缆变形受损。

绝缘护套在切割时，可从距已切割的金属编织护套边沿 2~3mm 处开始，在绝缘护套上做一圆周切口，深度为其深度的 2/3；并以同样的深度做纵向切口，直至电缆末端，如此便可将绝缘护套剥去。对于天然橡胶护套，且电缆直径在 20mm 以下时，可不做纵向切口；对于电缆直径在 20mm 以上的绝缘护套，开剥时劳动强度较大，可使用绝缘护套开剥叉等专用工具。

2）塑料电缆的切割。

塑料电缆的切割比较困难，切割时必须做圆切口及两条对称的纵向切口，且要求切口深度应为护套厚度的 4/5 左右，通常采用由钢锯条制成的切割刀等专用工具来切割。

3. 电缆芯线的套管及包扎

切割后的电缆，由于芯线与绝缘间、芯线内部、绝缘与护套间都存在着缝隙，易使潮气或腐蚀性气体渗入而降低电缆的绝缘性能，从而会缩短电缆的使用年限。另外，由于船舶环境条件差，其中的高温、凝露、盐雾及霉菌等也会加速电缆绝缘层的老化。因此，船舶电缆的芯线必须要进行套管或包覆处理。

电缆芯线的处理，要满足以下要求：

1）进入防水式电气设备的电缆芯线，不必进行包扎。

2）进入防滴式、防护式和开启式设备的电缆，若芯线为橡皮绝缘，且有可能受到腐蚀性气体污染时，则应套塑料管或包上塑料胶带加以保护。采用套管包扎时，套管的直径不宜过大，长度应略大于芯线绝缘的长度，套管应套至芯线的根部，套管与护套的连接处应用塑料胶带包扎，如图 9-6a 所示。

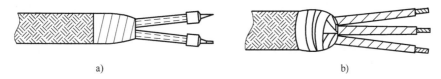

a)   b)

图 9-6　电缆芯线的处理

而采用塑料胶带包扎时，应在芯线的全长上进行包扎，要保证塑料胶带有 1/2 左右的重叠，且应从芯线根部开始包至端部，再从端部回绕到根部为止，如图 9-6b 所示。

3）对于进入白炽灯、电阻箱等温度较高的电气设备的电缆芯线，应套以玻璃丝套管或玻璃丝黄蜡管保护；对于进入电热炉等高温电气设备的电缆芯线，应剥去绝缘层，在芯线上套以瓷珠加以保护，而且瓷珠必须要有一定的密度；否则会引起芯线的短路。

4）塑料绝缘的电缆芯线，可不必进行包扎塑料胶带的处理。

5）控制箱内的电缆芯线应置于线槽内或予以捆扎，以防止芯线束晃动。捆扎时，可采用塑料螺旋管、尼龙扎带及尼龙线等。

4. 电缆的芯线端头处理

（1）芯线的标记

电缆芯线的端头处应有与图纸相对应的标记（线号），以便于控制箱故障的检查与维修。芯线标记上的符号应清晰、整齐、耐久而不褪色，通常选用与芯线绝缘层外径相同的白色塑料套管（或 PVC 套管、热缩管等）切割而成，上面的字符可用线号机打印或用特种墨水手写。控制箱内芯线线号套管应排列整齐。

（2）芯线端头的制作

控制箱等设备对外接线采用接线（端子）板，内部导线与外部电缆芯线的导线在接线板上的连接片（接线柱）上连接。连接是可拆卸的，而且可以多次拆卸。设备在现场调试或拆下船修理，都需要拆开接线连接。端头制作就是要保证连接牢固，可以多次拆卸而不会损坏。

目前，船舶电缆芯线端头的处理，广泛采用的是在芯线端头上压接冷压铜接头的工艺方法。其规格为 $1 \sim 400 \text{mm}^2$，常用的形式有：板形铜接头，如图 9-7a 所示；管形铜接头，如图 9-7b 所示。

（3）电缆冷压接头的压接工艺

1）选择的冷压接头套管内径略大于电缆芯线端头的外径，其接线孔径应略大于控制箱内接线柱的直径。

2）芯线的绝缘层的切割不得损伤芯线，且切口应平整，其切割长度 $L = L_1 + (2 \sim 3)\text{mm}$，如图 9-7c 所示。

3）压接前应除去铜接头上的橡皮膜及油污等杂质。

4）所有冷压接头必须用专用工具或模具进行压接，且应保证压接质量。2.5mm^2 以下芯线铜接头压紧后应用手拉一下来检查松紧情况。

（4）芯线端头制作步骤

1）芯线端头是绞合多股导线，如果用螺丝压紧会散开，特别是大截面导线。因此都是在端头上压接铜接头，铜接头有孔状和销（针）状。孔状铜接头电缆芯线端头制作步骤如图 9-8 所示。

2）芯线端铜接头用螺钉紧固在控制箱内的接线板上。

3）压接前应除去铜接头上的橡皮膜及油污等杂质。

4）所有冷压接头必须用专用工具或模具进行压接，且应保证压接质量。2.5mm^2 以下芯线铜接头压紧后应用手拉一下来检查松紧情况。

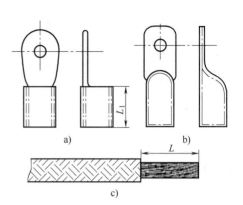

图 9-7　芯线端头的制作

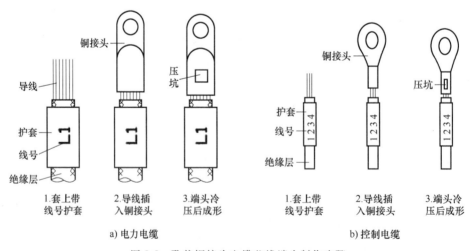

a) 电力电缆　　　　　　　　　　　b) 控制电缆

图 9-8　孔状铜接头电缆芯线端头制作步骤

5. 电缆的接线处理

1）在电缆芯线完成端头制作后，即可按图纸编号将之正确地接至控制箱内的接线柱或接线板上。

2）接线应保证准确无误、接触良好、连接牢固，应有防止松脱的弹簧垫圈或锁紧螺母，接头的两侧均应有平垫圈。不得用紧固接线柱的螺母来紧固芯线的端头。

3）接线前的对线非常重要，查对芯线是对电缆两端同一芯线的确认，也是对芯线色标或数字标记的再确认。图9-9所示为对线方法示意图，对线需要两个人合作，采用电流回路的方法。一人在设备1处，用接地线将一根芯线对地连接，箱脚的固定螺钉是与船体连接的；一人在设备2处，用万用表的一端接地（船壳），一端逐一连接电缆芯线，如果万用表指示电阻

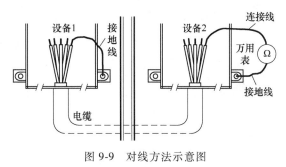

图9-9 对线方法示意图

为0，则说明这根芯线和设备1处接地的芯线是同一根。

4）导体在接线端固定时，应采用面接触，以保证能承受短路电流的热和力的作用。

6. 电缆的接地

1）电缆的金属护套一般应该在两端做有效接地。但在安全区域，最后分支的电缆，可以允许只在电源端做单端接地。

2）对于本质安全（控制和仪表信号）电缆，可以依据设备技术说明书的要求，若一端接地较为有效时，则无须两端接地。

3）电缆接地线的导体截面积表见表9-7。

表 9-7　电缆接地线的导体截面积表　　　　　　　　　　（单位：mm）

电缆截面积 S	接地截面积 Q
≤16	$Q=S$，但不得小于 1.5
>16	$Q=0.5S$，但不得小于 16
>120	$Q=70$

4）利用接地线接地，一般应该接在电气设备的专用接地螺钉上。若接地线接到船体构件上时，应通过与船体可靠焊接的接地接线柱连接，并使用直径不小于 4mm 的黄铜或其他耐腐蚀材料制成的螺母。

5）接地点的位置应选择在便于检修、维护，并保证接地线本身不易受到机械损伤和腐蚀的部位。

6）电缆金属护套、金属覆盖层或接地导体，其相连接的接触处，均应去除油漆、油污及氧化层，并垫以厚度不小于 0.3~0.5mm 的锡箔，以保证金属护套电缆有效地接地。

7）单芯电缆只准在一端接地。

8）接地应良好、可靠。接地电阻值应不大于 0.02Ω。

9）电缆屏蔽罩壳应可靠按至船体结构上，不得将屏蔽罩壳的安装固定螺钉作为接地螺钉，接地导体的截面积应大于 4mm^2。

10）其他有关金属构件，都应采用不小于 10mm^2 的接地导体做有效接地。

11）油船上应设有消除船体静电的接地装置，其连接电缆的截面积应不小于 16mm^2。

对于电缆的检验，一般采用直观法和测量法。直观法就是检查电缆的端头处理是否符合

技术要求，接地的方法是否正确和导线的截面积是否符合技术标准；测量法就是用 500V 兆欧表进行测量，测量线的两端中的一端接地，另一端接至被测量的电缆的芯线，测量电缆对地的绝缘电阻是否符合标准。

复习与思考

9-1. 船舶电缆主要由哪些部分组成？

9-2. 船舶对电缆的性能有哪些？

9-3. 哪些电缆之间应尽量远离敷设？

9-4. 电缆接地线有哪些要求？

第十章 船舶照明系统

船舶照明是船舶航行、作业以及船舶管理工作人员生活的必要条件。船舶照明通常包括确保航行安全和人员安全照明（如航行灯、信号灯、登放艇区域照明）、船舶工作场所照明（如驾驶室、机舱和甲板装卸照明）以及生活区域照明等。

第一节 照明系统的分类和特点

一、船舶照明系统分类

船舶照明系统与陆地照明系统不同，一般分为主照明、应急照明、临时应急照明和航行灯信号灯照明几种类型。

船舶照明按其功能大致可作如下分类：

1）室内照明：舱室主体照明；局部辅助照明；娱乐美化气氛照明。

2）室外照明：室外通道照明；室外工作照明（甲板照明）。

3）探照灯和投光灯。

4）航行信号灯。

也可按供电方式分为正常照明（船舶主电源供电）和应急照明（应急电源供电），其中应急照明供电又可分为：1）应急发电机供电。2）蓄电池组供电。临时应急照明俗称小应急照明；蓄电池组供电半小时。航行信号灯分为正常和应急两路供电。

照明系统的设计应依据船舶入级规范有关照明及航行信号的要求及国际海上人命安全公约（SOLAS）和国际海上避碰规则等的有关条款进行，对不同国籍和航区还必须加上相应的地区规范、规则的要求。

二、船舶照明系统特点

1. 正常照明系统（主照明系统）

船舶正常照明系统又称为主照明系统，分布在船舶内外各个生活和工作场所，提供各舱室和工作场所足够的照度。该系统的特点是：主配电板上照明汇流排直接向各照明分电箱供电，然后由照明分电箱向邻近舱室或区域的照明灯具供电；照明电压一般为交、直流110V或220V；不同舱室和场所均有不同的照度要求；所有照明灯具均设有控制开关。

正常照明是全船的主体照明，由船舶主发电机供电，凡船舶生活和工作所及之处均应照亮。正常照明包括：舱室主照明，如顶灯的大部分；局部或辅助照明，如床灯、壁灯、盥洗灯等；装卸货强光照明；室内外走道半数以上的照明；各舱室必须备有的插座等。

电风扇、冰箱和舱室电取暖器等定额小于或等于0.25kW的非重要设备也可包括在正常照明系统内。

2. 应急照明系统（大应急照明）

应急照明是在主电网发生故障不能工作时投入使用的。应急照明由应急配电板经应急照明分电箱供电，电压可与正常照明相同，也可用低压电。

船舶应急照明系统主要分布于机舱内重要处所，船员和旅客舱室，艇甲板及各人员通道。它在主配电板失电、主照明系统故障情况下作应急照明使用。其特点如下：应急发电机通过应急配电板及专用线路供电。对于客船，应急电源的供电时间应大于 36h；对于货船，应急电源的供电时间一般应大于 18h。

《钢质海船入级规范》有明确规定，客船和 500 总吨以上的货船，在下列处所必须设置适当数量的应急照明：

1）重要工作舱室，如驾驶舱（包括海图和无线电作业区域）、消防站、各种控制室等。

2）各种机器处所，如机舱、舵机舱、应急发电机室等。

3）通道、逃生口、梯道及乘人电梯内。

4）放艇、筏处和舷外空间，以及通往艇、筏处的灯光指路标。

5）众多船员、旅客可能聚集处所和超过 16 个人的居住舱室，尤其是出口。

6）主配电板、应急配电板前后。

7）锅炉水位指示灯。

8）消防员装备储放处所。

9）为增强旅客在应急状态下对脱险通道的识别，国际海事组织 IMOA.752（18）决议规定，对客船的梯道和出口在内的脱险通道全线（包括转弯和叉路口处）距甲板高度不超过 0.3m 处要设置低处照明系统，该系统可以用电力照明（白炽灯、发光二极管等），或是光致发光指示器。

10）对载有滚装货的客船，除上述要求外，还必须在所有的旅客公共处所和走廊设有附加应急照明。此照明要求在所有其他电源发生故障和在各种横倾条件下，至少维持 3h；所提供的照明应能照亮逃生设施的周围。

《钢质海船入级规范》还规定应急照明不可兼作正常照明，并规定除驾驶室及救生艇、筏存放处的舷外照明外，应急照明电路中不得设就地开关。应急照明灯具上应有明显的标志，或在结构选型上与一般照明灯具不同。

3. 临时应急照明（小应急照明）

在主照明和应急照明系统发生故障时，临时应急照明系统应能发挥作用。它的灯点少，无照度要求，灯具涂以红漆标志。主要分布在驾驶室、船舶重要通道、扶梯口和机舱重要处所。小应急照明由蓄电池组供电，与主、应急照明系统之间有电气联锁；馈线上不设开关；它应能连续供电 30min 以上。

对有应急照明系统的船舶一般不设置临时应急照明，但对客船和应急发电机自动起动不能满足规范要求的货船，还必须设置临时应急照明系统，用以弥补正常与应急电源转换时带来的短时断电，保证船舶与旅客的安全。

临时应急照明的设置地点与应急照明基本相同，但临时应急照明只有在主照明和应急照明都失电时才会照亮。

临时应急照明必须采用蓄电池组供电，并应保证当主电网及应急电网失电或者电压降至40% 额定值时能自动接通，主电网及应急电网电压恢复时能自动切断。

临时应急照明系统不得采用荧光灯为光源，更不得设置就地开关。

4. 航行灯与信号灯系统

（1）航行灯

航行灯是船舶照明系统中的一个独立部分，是保证船舶夜间安全航行的重要灯光信号。在任何情况下，都必须保证它的明亮，以表明本船的位置、状态、类型、有无拖船等，从而防止周围或过往船舶误会，造成海损事故的发生。

航行灯由前桅灯、主桅灯、艉灯、左右舷灯和前后锚灯组成，用于船舶夜航和指示船舶的状态和相应位置。驾驶室设置专用的航行灯控制箱或控制板，由主配电板和应急配电板两路供电。航行灯灯泡一般为 60W 的双丝白炽灯。每盏灯具都为双套，其中一个作备用，可在控制箱上进行切换。

（2）信号灯

信号灯是船舶在各种特殊情况下的灯光标志，特别是夜间航行，更是不可缺少的通信联络的工具之一。信号灯的控制一般是集中在驾驶室，要求两路供电。信号灯的种类很多，为了适应某些国家的港口和狭小水通道的特殊要求，远洋船舶的信号灯设置比较复杂。这些信号灯通常安装在驾驶台顶上专设的信号桅或雷达桅上，按照规定数盏（8~12盏）红、绿、白等颜色的环照灯分成两行或三行安装。其布置和配置都应满足相关规定。

第二节　船舶常用灯具与电光源

一、船舶常用灯具

1. 船舶常用灯具的基本类型

由于船上的环境条件比陆地上苛刻，因而对船舶灯具的结构和形式有着更高的要求，除了遵照规范及有关标准的要求外，船舶常用灯具的材料应该是坚固、轻巧、美观，并能满足使用环境的要求；结构要牢固、零部件不易落下、防振性好；防潮、防水性好，尤其是露天安装的灯具，防护等级要达到 IP5x；对有危险粉尘等场所，防护等级可高达 IP6x；具有良好的接地保护措施。

船舶常用灯具应具有一定的机械防护性能，确保工作可靠。根据使用场合的不同，船舶灯具的结构可分为下列四种类型。

防护型：用于干燥舱室，如船员和旅客的居住舱、休息室、餐厅、驾驶室、报务室等，防护等级为 IP2x。

防潮型：用于有较大潮气的场合，如走道、厨房、洗衣间等，防护等级为 IP3x~IP4x。

防水型：用于有水滴、溅水和凝水的场所，如机炉舱、干货舱、轴隧、管弄、露天甲板等，防护等级为 IP5x~IP6x。

防爆型：用于可能积聚易燃易爆气体和各有关危险区域，其密封性能最好。用于装有易燃性物体和存在爆炸性气体的舱室，如蓄电池室、油漆贮藏室、分油机室、舱底花铁板之下和油舱的第二类区域。

2. 船舶照明属具

开关：一般舱室灯开关应安装在门开启边，有的舱室有二扇门，可采用双联开关。

储藏室、蓄电池室、油漆间、灯间、消防设备控制站等舱室开关不应设在室内；厕所、浴室等处开关通常设在门外；冷库、粮库、行李舱、邮件舱等处开关应设在门外且开关上应带接通指示灯。

插座：在居住舱室的台灯、冰箱、电取暖器旁；餐厅、厨房、配餐间；机器处所及各种工作舱室；主配电板、应急配电板及大型控制设备近旁；计程仪、测深仪舱、轴隧、起货机桅房等；内外走道适当处所；应装设插座。对不同电压等级的插头、插座应选用不同的结构形式。

3. 油船及特殊船舶的附加要求

在油船危险区域或处所内固定安装的照明灯具应采用防爆型、增安型、正压型、空气驱动型灯具。这些照明灯具的开关应能分断所有绝缘极，并应设置在安全区域或处所内。

油船危险区域或处所内可携式照明应采用带有独立蓄电池的本质安全型、增安型、防爆型、空气驱动型灯具。危险区内不应使用由电缆供电的可携式照明。

货泵舱、毗邻于货油舱的隔离空舱、直接位于货油舱上面的封闭和半封闭处所以及储放输油管的舱室，可以通过固定装在舱壁上或甲板上的玻璃窗进行照明。照明灯具及其配线固定安置在非危险处所。

安装在露天甲板或扩大危险区域或处所的插座，应选用带联锁的形式，使开关在接通位置时，插头不能插入或拔出，并且开关应能分断所有绝缘极。

油船上严禁挂彩灯。

二、船舶照明电光源

船舶照明电光源可分为两大类。一类为热辐射光源，如白炽灯和卤钨灯；另一类为气体放电光源，如荧光灯、汞灯、金属卤化物灯和汞氙灯等。

1. 热辐射光源

（1）白炽灯

白炽灯是最普通的照明电光源，它依靠电流通过螺旋状的钨丝产生大量热，使灯丝温度升高到白炽程度而发光。白炽灯结构简单、能瞬时点燃、无频闪、可调光、价格低廉，在照明系统中得到了广泛应用。功率在 60W 以下的灯泡保持真空，以减少热量损耗；功率在 60W 以上的灯泡内充氩氮气，以减少钨丝蒸发，延长使用寿命。

船用白炽灯灯丝稍粗，具有较高的机械强度、耐振性及耐潮性。除普通照明光源外，船舶航行灯、信号灯和应急照明灯都采用白炽灯，因为它不会因电压低落而熄灭。便携灯和大部分控制系统指示灯也采用白炽灯。航行灯多用插口灯头，大功率白炽灯采用螺口灯头，以增大导电接触面积。

普通白炽灯的寿命和光通量受电压波动的影响较大，当电压升高 5% 时，灯泡寿命缩短 25%；电压降低 5% 时，其光通量减少 18%。

（2）卤钨灯

为克服普通白炽灯的缺点而出现了卤钨灯。双端型卤钨灯的结构如图 10-1 所示。

在耐高温的石英玻璃灯管内加入微量的卤族元素碘或溴等，并充以较高压力的惰性气体。在高温下卤素与蒸发的钨原子化合成卤化钨，然后再回到灯丝附近时被那里的高温分解成为钨和卤原子，形成循环，从而抑制了钨原子向管壁的沉积，抑制了管壁的黑化。另一方面，由于灯管内惰性气体压力很高，大大抑制了钨丝的蒸发，延缓了灯丝的变细速度，延长了使用寿命。

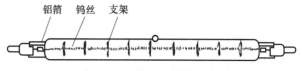

铝箔　钨丝　支架

图 10-1　双端型卤钨灯的结构

卤钨灯尺寸较小，机械强度高，耐压增加。由于它的工作温度高，宜用耐高温导线，如硅橡胶导线。它的发光效率约是普通白炽灯的两倍，额定寿命可达2000h，卤钨灯适用于要求高照度、空间开阔的场所，例如机舱上部、辅机平台和甲板等处所的集中照明。有些卤钨灯的灯管要求水平安装，倾斜不得超过规定的角度。

2. 气体放电光源

（1）荧光灯

荧光灯灯管在抽真空后充了少量的氩气和汞，灯管内壁涂有荧光物质，管内两端灯丝上涂有发射电子的阴极物质，是一种预热式低压汞蒸气放电灯。图 10-2 所示为直管型荧光灯的结构示意图。荧光灯的电极用螺旋状钨丝做成，具有良好的热电子发射能力，管内的工作介质为汞蒸气。它的发光效率约为白炽灯的 6 倍，平均寿命可达 5000h 左右。

荧光灯的起动电压较高，一般采用灯丝预热，高压击穿起动，起动后需用镇流器限流。荧光灯光效高、寿命长、表面温度低、光通分布均匀，被广泛应用于精细工作或长时间从事紧张视力工作的场所，目前几乎所有船舶舱室内的主照明都采用它。但如开关次数频繁，电压过高过低，会使荧光灯寿命降低，电压的大幅度跌落会导致荧光灯熄灭。连续点燃的荧光灯寿命比额定寿命长 2.5 倍，所以机舱内的荧光灯使用寿命很长。

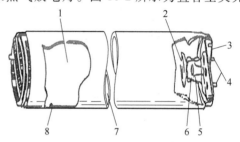

图 10-2　直管型荧光灯的结构示意图
1—管内充氩和汞蒸气　2—氧化物电极
3—管底黏接　4—管脚　5—排气管
6—芯柱　7—管壁涂荧光　8—汞

荧光灯具有各种规格和外观形式，具有暖色、冷色、三基色等多种光式。荧光灯要求供电电压波动范围为±10%，供电电压过高和过低都会影响其寿命。

荧光灯具有负电压—电流特性，为了限制放电灯的工作电流，保证工作稳定，需要串联一个镇流器，又为提高瞬间起动电压，有时还需使用辉光启动器。目前船上使用的荧光灯起动方式，通常采用辉光启动器起动和手动起动两种，如图 10-3 和图 10-4 所示，前者主要用于棚顶灯、壁灯和舱顶灯等，后者一般用按钮，所以也叫按钮式，主要用于台灯和床头灯。

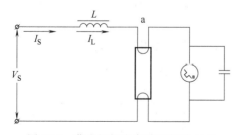

图 10-3　荧光灯辉光启动器起动方式

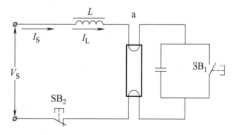

图 10-4　荧光灯手动起动方式

（2）高压汞灯

如图 10-5 所示，高压汞灯的主要构成部分是放电管，它由耐高温的石英玻璃制成，两端装有主、辅电极，电极用钨丝浸渍碳酸钡、碳酸锶等热电子发射材料制成，有良好的热电子发射能力；辅助电极用于热起动，放电管内充以氩气作为起动气体，而工作气体为汞蒸气，汞蒸气的压力较高（约 2~6 个大气压），故称为高压汞灯。

高压汞灯属于气体放电灯，须串镇流器限流。图 10-6 所示为高压汞灯热起动工作线路。

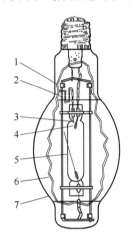

图 10-5 高压汞灯的构造

1—支架及引架 2—起动电阻 3—起动

电极 4—工作电极 5—放电管

6—内部荧光质涂层 7—灯泡

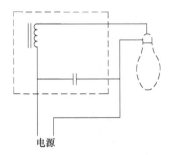

电源

图 10-6 高压汞灯热起动
工作线路

接通电源后，辅助电极（起动电极）与其较近的主电极之间首先发生辉光放电，加热放电管，使管内汞蒸气压力升高。随着管内温度、压力的升高，激发电位较低的汞蒸气成为放电的主要因素。主电极之间的汞蒸气击穿产生电弧，发出更为明亮的蓝绿色光。如果放电管压力较低，产生紫外线较多，一般在灯泡壁内涂以荧光粉，可由这部分紫外线激发荧光物质发出红色的补充光色，如果放电管内压力较高，紫外线比例减少，灯泡壁内则不涂荧光粉，目前两种产品都有。

高压汞灯的发光效率约为白炽灯的 6 倍，额定寿命为 5000h。还有一种利用钨丝代替镇流器的自镇流高压汞灯，钨丝装在灯泡内，作为限流电阻串在电路中，也发出一定可见光，此种汞灯发光效率较低，额定寿命仅为 3000h。

高压汞灯在工作中因瞬间断电或欠电压而熄灭后不能立刻燃亮，须降温后重新起动，一般须间隔 5~10min，所以不适用于频繁开关的场所。

高压汞灯适用于大面积高大厂房或露天场地等，船上被广泛用作辅机平台、主甲板和货舱口等处的照明，但因光色较差，近年来有被金属卤化物灯代替的趋势。

（3）金属卤化物灯

金属卤化物灯是继高压汞灯之后诞生的一种新型电光源，为当前船舶普遍采用的一种光源，用途同汞灯，功率有 400~3500W 等多种规格。

它的外形结构、工作原理、热起动工作线路与汞灯基本相同，所不同的是，放电管中除充有汞和氩气外还加入了金属卤化物气体，此时，汞蒸气只作辅助作用，金属卤化物气体为工作气体。由于金属卤化物更易激发，所以发光效率更高，加入不同比例不同品种的卤化物可得到不同的光色。有一种冷起动的金属卤化物灯，需要10000V左右的高压实现冷起动。

（4）高压钠灯

高压钠灯的结构形式与冷起动的金属卤化物灯相似，如图10-7所示。管内氩气为起动气体，汞蒸气起缓冲气体和增加放电电抗的作用。钠化汞更易激发，故以钠蒸气放电为主，是主要工作气体。

钠灯需要很高的起动电压（2000~2500V）。图10-8所示为高压钠灯的冷起动工作线路。钠灯点燃后，灯管两端电压很低，触发电路停止工作，镇流器起限流、降压的作用。这种由电子触发电路控制的冷起动工作线路起动时间需8min左右，突然熄灭后，要冷却1min才能重新起动。

另有一种常用的高压钠灯的热控开关起动工作线路，如图10-9所示。

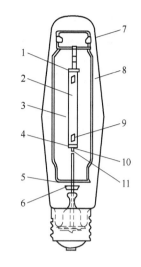

图10-7 高压钠灯的构造
1—钙氧化铝+二氧化硅 2—钠+汞
3—多晶氧化硅 4—铌 5—镍
6—钡 7—不锈钢 8—铁-
镍金属板 9—钨
10—钛 11—钽

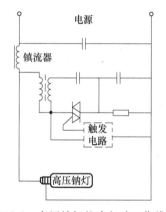

图10-8 高压钠灯的冷起动工作线路

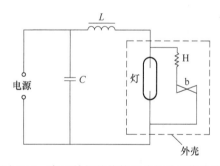

图10-9 高压钠灯的热控开关起动工作线路

在这种电路中，钠灯外玻璃泡的内部有一供起动用的冷接触式双金属片b。起动时，电流流经b及其加热线圈H，当b受热膨胀断开时，镇流器L产生高压脉冲使内管放电。起动后因放电管高温而使b保持断开状态。采用该电路的起动时间较短，约为4min。但如因某种原因，钠灯突然熄灭，热控开关需冷却15min左右，才能重新起动。

钠灯发光效率和光色与钠蒸气的压力有关。压力较低时，光色偏黄（属低压钠灯），发光效率很高；压力较高时，光色接近日光（金白色），但发光效率降低。高压钠灯的使用场所与高压汞灯相同。

（5）氙灯及汞氙灯

氙灯是惰性气体弧光放电灯。氙灯依靠氙气放电发出强光，比金属蒸气放电灯的起动快。它俗称"小太阳"，适用于港口、广场、车站、机场等大面积照明场所。

氙灯分长弧和短弧两种：长弧氙灯是圆柱形石英放电管；短弧氙灯为椭圆形石英灯泡，

两头有圆柱形伸长部分。

在氙灯管内充入适量的汞就成为汞氙灯。汞氙灯保留了氙灯起动快、稳定时间短、再起动容易和透光性好等优点，又具有高压汞灯的某些优点，改善了发光效率和使用寿命。管形长弧汞氙灯广泛用于海船甲板和货舱上照明，短弧汞氙灯一般作为探照灯使用。

（6）超高压氙灯

超高压氙灯是一种强电流弧光放电灯，光色近似于日光，发光效率高。氙气起动快，能在点燃的瞬间就有80%的光输出，但点燃时要求垂直放置，适用于探照灯。由于管内气压很高，因此需采用触发器作点燃装置，使用交流电时必须串联镇流器，点燃电路如图10-10所示。

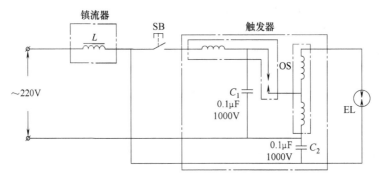

图 10-10　超高压氙灯原理图

（7）超高压汞氙灯

在氙灯中充入高压水银，既发挥氙灯的优点，更提高光效，扩大照射面，适用于作舱面照明投光灯的光源。汞氙灯也需用触发器作点燃装置，点燃线路如图10-11所示。

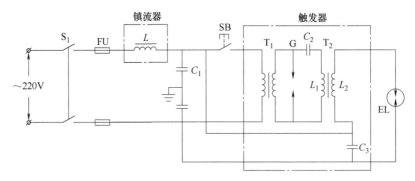

图 10-11　超高压汞氙灯原理图

当按钮SB闭合，接通高压变压器T_1，在二次绕组上产生4000V的高压，经火花隙G放电，在C_2、L_1组成的串联谐振电路中产生阻尼振荡，经脉冲变压器T_2的二次绕组L_2升压获得40~50kV的高频高压，通过C_3引起灯管电极间弧光放电，以完成点灯工作。C_1为高频旁路电容（2×0.1μF，1000V）。

总的来说，基于各种光源有其不同的特性，现代船舶各种舱室的主体照明，通常选用荧光灯，局部照明（如台灯）和装饰性照明（如壁灯）用白炽灯，甲板面强光照明选用高压气体放电灯。对于冷库等低温潮湿场所，由于环境温度低于10℃，荧光灯起动难，光通量下降较多，一般都用白炽灯。

第三节　船舶照明系统控制线路

船舶照明线路涉及照明网络的供电和控制。

一、船舶照明系统的供电要求

通常，照明电源都是由配电板经照明分电箱分路供给的，整条船的灯经过多少分电箱供电、分电箱设在何处、照明分路怎样组合等，都要遵循以下基本规则。

1. 照明分路

1）每一照明分路必须有过载和短路保护；照明分电箱每一容量大于16A的最后分路的供电灯点应不超过1个；每一容量小于或等于16A的最后分路的供电灯点数根据供电电压的不同应分别为50V及50V以下电路不超过10点，51~120V电路不超过14点，121~250V电路不超过24点；对直接用灯泡或灯管组成的嵌入式反光照明，只要电流不超过10A，则灯点可不受限制。

2）照明最后分路不得给电力、电热设备供电，但小型厨房设备，如咖啡壶、面包片烘烤器、冰箱等可除外。如果有小型厨房设备则必须由独立分路供电，不得与照明灯点混为一路。对于数量不多于10只且总的电流定额不超过16A的小型电热器可共同接至1个独立的电热最后分路上。

3）电风扇一般为独立分路，不与照明灯点混为一路。

4）个别情况除外，插座一般应由独立分路供电。

5）重要舱室、处所，如走道、出入口、梯道、机炉舱、公共场所及旅客超过16人的客舱等处照明，至少应由两个最后分路供电，其中一路不能供电时，另一路仍能保持上述处所必要的照明，两个分路的灯点以交错布置为好。

6）机舱及内外走道等处照明应为各自独立的馈电线路，不要与其他舱室照明混在一起。室外灯可在各舱室分电箱内设独立分路加继电器控制（当然也可以是独立分电箱），以便于驾驶室集中控制。

7）为了方便接线，往往一个居住舱内的全部照明灯点集中通过一个分线盒供电，其中一个灯坏了，并不影响其他灯点工作，但为提高供电质量，防止线路故障引起断电，有时也可将这类舱室中的某一个照明灯点拉出来独立照明馈电，其中一路可为应急照明。

8）每一防火区至少需有两路独立照明馈电，其中一路可为应急照明。

9）在考虑灯点的连接时，每一照明分路的灯点应相对集中，线路不要拉得太长，同一分路尽量不穿过二层甲板。

10）对封闭式梯道等场所，照明电源应为独立分路。

11）为保证照明网络的安全接地，许多灯具和开关本身已带接地极，因此在考虑连接电缆时，应包括接地线芯。

2. 分电箱

实际上在考虑照明分路连接的同时，早已有分电箱划分的初步概念，因为照明分路是通过分电箱组合的（小船、小艇直接由主配电板控制）。

1）每一照明分电箱最多不超过12路，线路设计时不应用足，要适当留有1路至2路作备用。

2）交流分电箱为考虑三相平衡，电源通常为三相进线，分路单相出线，因此在考虑分路组合时，应力求做到三相平衡。

3）上层建筑舱室照明分电箱通常以甲板划分，根据船舶大小、舱室分路多少决定分电箱个数。舱室照明分电箱一般放在电缆通道间，若无电缆通道间，可另选合适场所，甚至选用嵌入式分电箱嵌装在内走道的适当位置。

4）机舱应设独立分电箱，机舱照明分电箱一般设在机舱集控室内，机舱应急照明分电箱必须设在机舱外的适当处所。

5）货舱照明应设独立分电箱，布置在起货桅房或货舱之外的适当处所。其每一分路应在分电箱门上设有电源接通指示灯，但每一分路开关手柄不得外露，分电箱箱门应带锁。

6）客船上如果风扇很多，可设独立分电箱。

照明是全船性设备，照明网络几乎遍布全船每一个角落。为使各照明灯具能正常发光，必须保证供电电源的电压，保证照明线路的电压降不得超过规定范围，照明线路（除电源馈线外）的电压为110V、220V时选用电缆截面1mm^2；照明线路（除电源馈线外）的电压为24V时选用电缆截面2.5mm^2。显然，线路负载过大、电缆过长可能使其电压降越过限度，从而影响照明质量。

二、船舶常用照明控制线路

1. 单联开关控制

单联开关控制采用单个开关来控制照明灯具的接通与断开，常见的有单极开关控制和双极开关控制两种。一般安装场所可用单极开关控制，潮湿及有爆炸危险的场所应采用双极开关控制。图 10-12 所示为单个开关控制的线路图。

2. 双联开关控制

需要在两个地方均能控制同一盏灯的电路，称为双联开关控制。双联开关控制有两种接线方式：一种是电源线进开关的双联开关控制，如图 10-13 所示；另一种

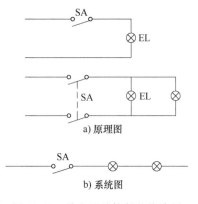

图 10-12　单个开关控制的线路图

是电源线进灯具的双联开关控制，如图 10-14 所示。两个双联开关装设在两处，每一处的开关均可独立地控制灯的开关。系统图中的 2×1、3×1 表示一根二芯电缆和三芯电缆。

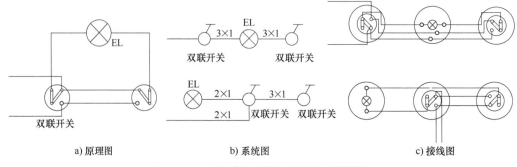

图 10-13　电源线进开关的双联开关控制图

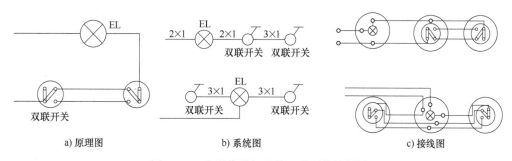

| a) 原理图 | b) 系统图 | c) 接线图 |

图 10-14　电源线进灯具的双联开关控制图

3. 荧光灯控制线路

荧光灯是一种预热式低压汞蒸气放电灯。灯管抽空后充入少量的氩气和汞，灯管内壁涂有荧光物质，管内两端灯丝上涂有发射电子的阴极物质。灯管的型号、形状和功率不同，所要求的起动电压、工作电压和工作电流不同，因此与其配套的镇流器和辉光启动器也不尽相同。图 10-15 所示为荧光灯采用电感镇流器和电子镇流器的一般接入电路，在船舶上多采用电感整流器。

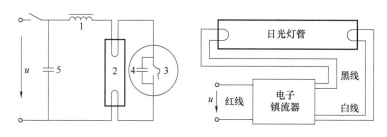

图 10-15　荧光灯的接线图

1—整流器　2—灯管　3—辉光启动器　4—抑制无线电干扰的电容　5—改善功率因数的电容

图 10-16 所示为荧光灯的组成结构图，主要由荧光灯管、镇流器、辉光启动器三部分组成。

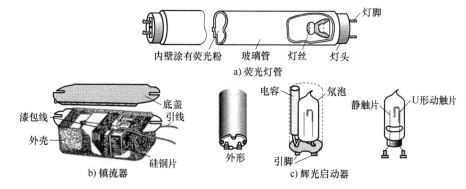

图 10-16　荧光灯的组成结构图

荧光灯管：灯管内充有微量的氩和稀薄的汞蒸气，灯管内壁上涂有荧光粉，两个灯丝之间加上高电压时，使汞蒸气导电发出紫外线，荧光粉受到紫外线照射发出柔和的可见光。

镇流器：与荧光灯管串联，镇流器实际上是绕在硅钢片铁心上的电感线圈，其感抗值很大。镇流器的作用是起动时，产生足够的自感电动势（达 400～500V），使灯管容易放电点燃；正常工作时，限制灯管的电流。镇流器一般有两个出线头，但有些镇流器为了避免电压不足时起燃，就多绕了一个线圈，因此也有四个出线头的镇流器。

辉光启动器：俗称跳泡，它是一个小型的辉光管，在小玻璃管内充有氖气，并装有两个电极。其中一个电极是用膨胀系数不同的两种金属组成（俗称双金属片），冷态时两电极分离，电源电压可使两电极间产生辉光放电，双金属 U 形电极受热变形而弯曲，使两个电极自动闭合。内部电容的作用是防止动、静片分离时产生火花，燃烧触点。辉光启动器相当于一个简单的自动开关，可用普通开关或短绝缘导线代替。辉光启动器在荧光灯正常工作时不起作用，可以去掉。

由于交流电路中电压电流的周期性变化，在交流电路中工作的荧光灯存在着周期性的灯光明暗现象，荧光粉虽有一定的余辉时间，但不能完全消除闪烁现象，特别是在照射旋转物体时，容易使人产生错觉。当旋转体的旋转频率是荧光灯明暗率的整数倍时，转动的物体看上去像不转一样，极易造成事故。为了消除荧光灯的闪烁现象，在某些工作场所，可装以两管或三管荧光灯，采用三相供电，并分别接到不同的相线上。这样，由于三相电压的相位不同，灯管的亮暗时间先后不同，基本上可以消除闪烁的感觉。接在单相交流电源中的荧光灯可在其中一支荧光灯电路中串入电容器，利用电容器的移相作用，把两支灯的电流相位错开，也可达到消除闪烁的效果。双管制日光灯接线图如图 10-17 所示。

荧光灯控制电路的工作原理如下：

1）如图 10-15 左图所示，闭合电源开关，电压加在辉光启动器两极间，氖气放电发出辉光，产生的热量使 U 形动触片膨胀伸长，跟静触片接触使电路接通，灯丝和镇流器中有电流通过。

2）电路接通后，辉光启动器中的氖气停止放电，U 形片冷却收缩，两个触片分离，电路自动断开。

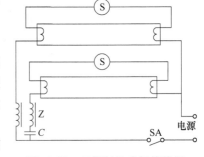

图 10-17 双管制日光灯接线图

3）在电路突然断开的瞬间，由于镇流器电流急剧减小，会产生很高的自感电动势，方向与电源电动势方向相同，这个自感电动势与电源电压加在一起，形成一个瞬时高压，加在灯丝两端，灯管内气体开始放电，于是荧光灯管成为电流的通路开始发光。

荧光灯开始发光后，由于交变电流通过镇流器线圈，线圈中会产生自感电动势，它总是阻碍电流变化的，这时的镇流器起着降压限流的作用（此时灯丝两端电压约为100V，此电压应低于辉光启动器的启辉电压；否则荧光灯正常工作时，辉光启动器还会辉光放电），保证荧光灯正常发光。并联在灯管两端的辉光启动器，也因电压降低而不能放电，其触片保持断开状态。

第四节　船舶灯光信号设备

船舶对外的灯光信号分为航行灯、信号灯和通信闪光灯。航行灯和信号灯又统称为号灯。

灯光信号是直接关系到船舶安全的可视信号，因此船舶灯光信号应严格遵照船舶有关的航行、信号设备规范和有关的江、湖、河、海航行规则的要求设置，以使所设置的灯光能正确地对外表达船舶的位置、状况和动向。航行灯、信号灯不仅要在日没至日出期间点燃，并且在能见度不良或其他一切认为必要的情况下，在日出至日没期间同样要能点燃显示。

一、航行灯

航行灯是船舶照明系统中的一个独立部分，是保证船舶夜间安全航行的重要灯光信号，用以表明本船的位置、状态、类型、有无拖船等，从而防止周围或过往船舶误会，造成海损事故的发生。

1. 航行灯的种类与配置

根据中国船级社《钢质海船入级规范 2022》规定：一切海船，不论其航区及用途，在信号灯具配备方面，按照总吨位（机动船以 40 登记吨，非机动船以 20 登记吨为界）分为两类：第一类船舶用的航行灯为"甲种灯"；第二类船舶用的航行灯为"乙种灯"。目前，我国海洋运输船舶均属于第一类，第一类船舶航行灯及主要信号灯见表 10-1，船长为 20m 及 20m 以上机动船航行灯配置图如图 10-18 所示。

表 10-1　第一类船舶航行灯及主要信号灯

名称	安装位置	数量	标志	使用
前/后桅灯	前桅/后桅	1/1	白色 225°，后桅灯高于前桅灯 ≥4.6m	航行
左/右舷灯	左舷/右舷	1/1	红色/绿色，各 112.5°	航行
尾灯	船尾或尽可能接近船尾	1	白色 135°	航行
前/后锚灯	船头/船尾	1/1	白色环照灯	停泊
失控灯	前桅或信号桅或雷达桅	2	红色环照灯，垂直上下安装	失去独立操纵能力
闪光灯	信号桅或雷达桅	1	白色环照灯，闪光频率为 120 次/分	过窄水道、转弯

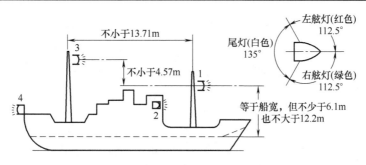

图 10-18　船长为 20m 及 20m 以上机动船航行灯配置图

2. 航行灯的控制要求

中国船级社《钢质海船入级规范》规定：

1）每盏航行灯均应由安装在驾驶台内易于接近位置上的航行灯控制箱引出的独立分路供电，而且应在这些分路的每个绝缘极上用安装在该控制箱内的开关和熔断器或断路器进行控制和保护。

2）航行灯控制箱应直接由主配电板和应急配电板供电；如设置临时应急电源，航行灯控制箱应直接由应急配电板和临时应急充放电板供电。

3）应在航行灯控制箱上或驾驶台的适当位置设置转换开关，以能对所要求的供电电源进行转换。

4）应设有在每盏航行灯发生故障时能发出听觉和视觉报警信号的自动指示器，若采用与航行灯串联连接的灯光指示，则应有防止由于信号灯故障而导致航行灯熄灭的措施。并应设有航行灯控制箱电源故障的听觉和视觉报警。

5）航行灯控制箱可扩展至对《国际海上避碰规则》规定的信号灯供电，其他用电设备不应接入该控制箱。

3. 常用的航行灯控制器

常用的航行灯控制器有继电器式航行灯控制器和晶闸管航行灯控制器等，目前船舶中越来越多地采用集成控制以及微处理器控制方式。

常用的继电器式的航行灯控制器有 K 系列的 K3～K10 等多种型号，分别适应不同电流种类（交流或直流）、不同电压等级（220V、110V、24V 等）的船舶使用，K 系列控制器是防水式的，外壳采用铝合金材料制造，能够保证在电源电压变化为额定值+10%～-15%、交流频率变化为额定值的 15% 时可靠地工作。

图 10-19 所示为 K7 型继电器式航行信号灯的电路原理图。共有 7 路，前 6 路所用的航行信号灯为单灯泡双丝 60W（$S_{1～6}$），第 7 路是用双灯泡单丝 25W 并联（EL_1、EL_2）。每路中设有灯丝转换开关 $SA_{1～7}$（中间为"OFF"档）、电流继电器 $KA_{1～7}$ 和熔断器（FU）。共用的断丝报警的警铃 HA。控制电路的电源来自左、右舷两路供电，由转换开关 SA_9 控制。SA_8 为电源隔离开关。图 10-19 中还设有电源电压测试点。

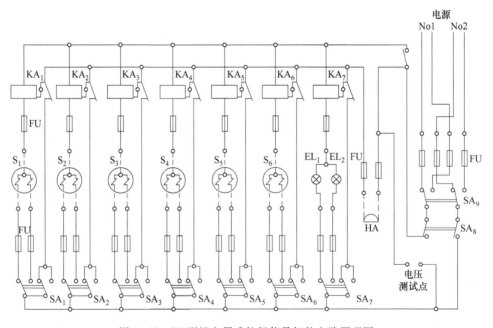

图 10-19 K7 型继电器式航行信号灯的电路原理图

电路正常工作时，只要合上电源开关 SA_9 和 SA_8，各路的航行信号灯中有一个灯丝点亮（设转换开关 $SA_{1～7}$ 在图示位置，那么均是左边灯丝和 EL_1 亮）。

出现断丝故障时，假设 S₁ 灯丝烧断，那么与 S₁ 串联的电流继电器 KA₁ 失电，KA₁ 常闭触点闭合，使警铃 HA 响，发出声报警，值班人员从控制箱中会找到该路的指示器因 KA₁ 断电释放而翻转。此时，只要把灯丝转换开关 SA₁ 扳向右边，接通右边灯丝。如果右边灯丝也不亮，说明线路有故障，首先应检查该路的熔断器是否烧断，找出故障后加以排除。

4. 航行灯的维护保养

1）每一个长航次或每一季度都要测量各路航行灯的绝缘电阻，若低于规定值（1MΩ），则应及时找出原因，并加以排除。

2）每半年或更短些时间要检查航行灯的水密情况，特别是前、后桅灯。检查控制箱内部情况，检查各元件（特别是半导体元件），进行清洁吹灰，并试验报警装置。

3）每 2~3 年应更换接线盒至航行灯部分的电缆。

4）在每航次开航之前都应检查各航行灯，及时换上完好的灯泡，以免在航行中上桅杆换灯泡。在航行中出现航行灯故障时，可用一只瓦数与航行灯泡一样的校验灯，去接触三线（双丝型航行灯）中任意两线，循环调换三次；或接触两线（单丝双灯型航行灯）。如果校验灯发光时正好和控制箱内的继电器一起动作，而且指示灯泡恢复发光，则这种故障一般是外线路（断丝、灯头或插座接触不良等）；反之，应着重检查控制箱各个元器件（熔断器、继电器或半导体元件等）。

二、信号灯

信号灯是船舶在各种特殊情况下的灯光标志，特别是夜间航行，更是不可缺少的通信联络工具之一。信号灯的控制一般是集中在驾驶台，要求两路供电。信号灯的种类很多，其布置和配置都应满足相关规定。

1. 远洋船舶信号灯的种类和要求

1）前、后锚灯：前锚灯装于前桅或首甲板的灯桅上，后锚灯装于后桅或尾甲板的灯桅上，使用普通的白色环照灯。长度小于 50m 的船舶，可以在易见处挂一盏白色的环照灯。

2）失控灯（或称操纵失灵灯）：装于信号灯桅或雷达桅上，采用两盏红色环照灯，上、下垂直布置，间距不小于 1.83m，距甲板的最低高度不小于 4.27m，且要求有双路供电，其中一路为应急电源或蓄电池供电。可固定安装，亦可临时悬挂。

3）摩斯灯：装于信号灯桅或雷达桅上，采用 4 盏能见度为 6nmile⊖ 的白色环照灯。控制灯的键盘通常装在驾驶台前面墙的两边。

4）通信闪光灯：有手提式和固定式两种，应有应急电源供电。手提式通信闪光灯的电源插座应装在驾驶台的两边，以方便驾驶台两侧都能发送信号。固定式通信闪光灯的白炽灯瓦数大（可达 1000W），装于驾驶台顶上的罗经甲板，由驾驶员用电键控制。通常作为白天信号灯，也可作为探照灯。

5）闪光灯：装于信号灯桅或雷达灯桅上，其闪光频率为 120 次/分左右，由闪光灯控制器控制，可供油船过狭航道或内河船舶转弯时使用。灯色为左红右绿。

6）雾笛信号灯：装于信号灯桅或雷达桅上，采用白色环照灯。由雾笛控制器控制，与

⊖ 1nmile＝1852m。——编者注

雾笛声同时发出光信号，进行声光报警。

7）冲车信号灯：装于艉部左、右两舷，悬吊型的两只红色环照灯。对于双螺旋桨船舶尤为必要。

8）领港灯：各个港口的要求不尽相同，因此种类繁多，常在驾驶台顶上安装一个信号灯桅或将信号灯安装在雷达桅两旁，分两行安装8盏或12盏；或分三行安装12盏红、绿、白等颜色的环照灯。使用时按各港口要求的形式控制灯的数目（盏数）和灯的颜色配置。若失控灯没有独立设置，也可用领港灯中两盏红色信号灯代替，但两灯间距要满足1.83m的要求。船舶信号灯的布置形式图如图10-20所示。

9）苏伊士运河灯组：按苏伊士运河当局规定，船舶在夜间通过苏伊士运河时必须安装三种灯具：在艉灯上方设置一盏显示不间断灯光的专用红色艉灯；在左、右桥舷各安置一盏桥舷投光灯；在船首中心线位置安装专用的苏伊士运河探照灯。

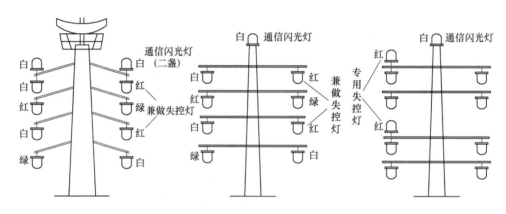

图 10-20　船舶信号灯的布置形式图

2. 信号灯的控制

信号灯的控制要求与航行灯相类似，不同之处是信号灯控制箱（包括作业号灯控制箱、领港灯控制箱、苏伊士运河信号灯、巴拿马运河操舵灯等专用信号灯控制箱）的总电源可由应急配电板和主配电板（非直接）供电，或者由应急配电板（可非直接）和临时应急电源供电。

信号灯控制箱同样可以组装在驾控台或驾控板上。信号灯模拟面板上工作指示灯的颜色应与实际灯罩颜色相同。

闪光灯有通信用闪光灯和油船过狭水道或内河转弯用闪光灯两种。前者是由驾驶员按照统一规定用电键控制发出信号和回答信号。后者是由专用电路产生固定频率的灯光信号，同样也有继电接触形式（有触点）和晶闸管（无触点）控制形式两种类型。

第五节　船舶照明系统的维护保养

一、照明系统日常管理注意事项

1）尽量避免带电更换灯泡，更换的灯泡应与电源电压一致，功率不能超过灯具允许的容量。

2）在检修某些特殊部位，例如辅锅炉内部、柴油机曲拐箱、压载舱、储水柜等地方时，需用临时照明时，必须使用带有安全网罩的 36V 以下的低压行灯。装卸易燃危险货物时，不可使用携带式货舱灯。

3）应急照明灯具应涂以红漆标记，以示区别，经常检查灯泡是否良好，损坏的应及时更换。

4）甲板、船桥等露天处所的投光灯具，开灯前应先脱去帆布，用完要及时将帆布罩罩妥。

5）室外水密插座，通电前先检查插头螺母是否旋紧，取出插头前检查电源是否切断，用毕后应旋紧防水盖。

6）需要张挂彩灯时，要考虑到供电线路和开关的载流量，各相电流分配是否平衡，并要配备好保护装置。油船严禁张挂彩灯。

7）每一个长航次或每一季度都要测量各路航行灯的绝缘电阻，若低于规定值（1MΩ），应及时找出原因，并加以排除。

8）每半年或更短些时间要检查航行灯的水密情况，特别是前、后桅灯。检查控制箱内部情况，检查各元件（特别是半导体元件），进行清洁吹灰，并试验报警装置。

二、照明系统维护周期及要求

对普通照明及便携式灯具应测量线路的绝缘电阻（正常情况下大于 0.5MΩ），检查灯头接线是否老化或断开，对于室外灯具应检查其水密性能与锈蚀情况，凡有损坏的应及时更换。

照明系统维护周期的具体要求如下：

（1）航行灯及信号灯

航行灯及信号灯在船舶照明系统中具有特殊地位，它们的工作性能好坏将对船舶的航行安全带来直接的影响。所以要给予足够的重视，每个航次都要进行检查、保养，主要检查供电、故障报警、显示装置和线路绝缘。

（2）闪光灯

每两个月检查一次，主要检查灯具、控制电路和线路绝缘。

（3）普通照明及便携式灯具

每半年全面检查一次，主要检查灯头接线盒和绝缘情况。对室外灯具除了要求半年检查一次外，平时也要注意检查和维护，主要检查灯具水密锈蚀和接线盒水密，一旦有损坏需立即维护或更换。

（4）应急照明

每月进行一次效能试验，对电源及控制电路都应进行检查，发现故障应立即排除。每半年应测一次绝缘电阻。

（5）探照灯、运河灯

使用前应检查开关及灯具的水密、电缆、电源并测量绝缘电阻。

复习与思考

10-1. 船舶照明按其功能大致可分哪几类？

10-2. 船舶临时应急照明系统有哪些供电要求？

10-3. 根据使用场合的不同，船舶灯具的结构可分为哪些类型？

10-4. 油船及特殊船舶的照明系统有哪些附加要求？

10-5. 荧光灯的组成及其作用是什么？

10-6. 试分析图 10-15（左），荧光灯控制电路的工作原理是怎样的？

10-7. 船舶航行灯有哪些控制要求？

10-8. 试分析图 10-19，K7 型继电器式航行信号灯的电路原理是怎样的？

第十一章　船舶电力管理系统

第一节　概　　述

随着 20 世纪 90 年代 PLC 控制技术的快速发展。PLC 控制系统的可靠性已被世人所共识。其产品因通用性、仅需少量备件以及易在世界各地购置而得到广大客户的青睐，在这一点上，SIEMENS 公司以其世界著名大公司的气魄于 20 世纪 90 年代初首先在机舱自动化控制设备中采用了通用性的 PLC 作为控制核心器件，淘汰了其 20 世纪 80 年代闻名于世的微机控制系统，如 SIMOS32. DIF41 等系列产品，而代之基于 PLC 的新一代控制系统，如 SI-MOS PMA52、SIMOS RCS51、SIMOS IMA32 等系列产品。截至目前，PLC 控制的电站、主机遥控、集中监测报警等系统也已不断地更新换代，如船舶电站自动控制系统已由 SIMOS PMA52 发展到 SIMOS PMA53、SIMOS PMA71，主要是核心控制器件 SIMATIC S5-115U 被更小型的 SIMATIC S5-95U 所取代。

PLC 控制技术的发展，形成了最可靠的船舶电站 PLC 微机自动控制系统，已成为大多数工程技术人士之共识。21 世纪初的 GAC-21 系统就是此类船舶电力管理系统的典型实例，限于篇幅，请大家参阅其他有关书籍。

近年来，随着船舶大型化和自动化以及电子信息技术和自动控制技术的不断发展，船舶自动化程度越来越高，对船舶电站自动化程度的要求也越来越高，因而船舶电站自动化近几十年来发展十分迅速。特别是近年来，随着计算机技术、控制技术、通信技术以及网络技术等的发展，船舶电站自动化系统的结构也发生了很大变化，逐步形成以网络集成自动化系统为基础的船舶电站自动化控制、管理信息系统。目前船舶上已出现集监、控、管于一体的网络型船舶电站综合自动化系统，即船舶电力管理系统（Power Management System，PMS）。

采用船舶电力管理系统将对船舶设计产生全面的根本性的影响，船舶电力管理系统代表了船舶电站自动化的发展方向。

第二节　船舶电力管理系统组成

无人值守的船舶电站自动化系统是以计算机为基础的现代船舶电力系统的综合自动化系统，有时也称为船舶电力管理系统（PMS）。"管理系统"指的是对不同的自动化模块的综合管理，其特征是以数字计算技术代替模拟计算技术，大部分功能由软件实现，这是现代船舶电力系统自动化技术方面的一次飞跃。

PMS 源于陆地电网能量管理系统的概念，由船舶电站自动化系统发展而来。早期的 PMS 仅对船舶电站主发电机功率进行调节和控制。随着船舶向大型化、现代化发展，对船舶电站的管理提出了更高的要求，特别是船舶电力推进系统的广泛应用及大型高性能设备的使用，具有一般意义的传统船舶电站自动化系统已不能适应这一发展的需求，而一个拥有

PMS 的大型船舶电力系统是这一变化发展的趋势。

PMS 自动控制船舶电站电能的产生、分配及消耗，包括控制主发电机的起停、主开关合分闸、负载功率的限制，同时通过电子调速器、电子调压器保证船舶电站频率、电压的稳定，提高船舶电能的质量；PMS 还可以实时地对船舶电站的状态进行监控，并通过人机界面显示，船舶操作人员通过人机界面可以操作船舶电站各设备并检查各设备的状态；如果船舶电站出现故障，PMS 会自动检测并发出报警，并且通过保护系统自动地控制故障的扩大，最大限度地减少损失。PMS 能够综合考虑并实现发电自动化、配电监控保护、用电设备监控管理、系统监测报警，综合优化船舶电力系统的经济性、可靠性及安全稳定性，PMS 是船舶电站自动化的技术核心，它的功能越来越全面，已发展成为现代化船舶上船舶电站自动化系统的具体体现形式，为现代大型船舶提供了稳定、可靠、经济的电力能源。

PMS 是一个集监控、监测、保护和管理于一体的综合性系统，该系统包含了多项先进技术，如传感与变送技术、计算机与网络通信技术、控制与调节技术、信息处理与显示技术、系统决策与管理技术等。

PMS 主要由发电系统管理模块、配电系统管理模块、用电设备管理模块、系统监测报警管理模块、电力优化分配和管理模块组成，PMS 的组成框图如图 11-1 所示。

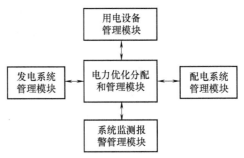

图 11-1　PMS 的组成框图

第三节　船舶电力管理系统功能

狭义的 PMS 专指船舶发电控制和发电计划，一般 PMS 应包括数据收集、船舶电力管理和网络分析三大功能，广义的 PMS 还应该包括船舶电子员培训系统功能。PMS 的具体功能按其组成分别描述如下。

一、发电系统管理模块

发电系统管理模块主要针对船舶柴油机、船舶发电机和船舶发电机组控制屏（包含主开关）等进行控制与管理。一般船舶电站由 2 台、3 台或更多发电机组组成，根据船舶布置要求，船舶电站可分成 1 个、2 个或更多个发电区，发电系统管理模块的主要功能如下所述。

1. 发电机组操作方式的选择

船舶自动化电站中，每一台发电机组应有三种可供选择的操作方式："机旁"操作，"遥控"操作以及"自动"操作，并且按次序前者应优先于后者。仅当某机确定为"自动"方式时，它才被纳入 PMS 控制的范围。在机组发生故障的情况下，应能自行"退出自动"（即所谓"阻塞"），非经管理人员排除故障并手动控制"复位"，不得自行恢复"自动"功能。这些要求在线路实现方面是较简单的，实船上，只需恰当地接入操作方式选择转换开关即可。

2. 备用发电机组的控制

船舶电站中一般设 3~4 台主发电机组，且尽可能采用同容量、同型号机组，互为备用。

所谓备用机"准备好"可供备用的条件是一组"与"门条件，可表示为：

发电机组"准备好"可供备用的条件 = （"燃油、压缩空气已备好"）·（"有预热和预润滑"）·（"自动"）·（"未运行"）·（"非停机过程中"）·（"无阻塞"）

备用机起动指令也应是一组"与"门条件，即：

"备用机起动指令" = （"当前第一备用"）·（"本机准备好"）·（"系统要求增机"）

其中对"系统要求增机"的条件如何处理，将在很大程度上决定 PMS 的控制方式。在多机组并联供电的船舶电站中，为了尽可能地保证电力系统供电的连续性，"系统要求增机"的条件就应考虑得复杂一些，可表示为如下一组"或"门条件，即当出现下述任一情况时，PMS 的发电系统管理模块就应给出"系统要求增机"的指令。这些条件是：

1）运行机组重载。

2）运行机组滑油压力不正常。

3）运行机组冷却水出口温度不正常。

4）电力系统储备功率不足。

5）备用机组起动失败。

6）备用机组并车合闸失败。

7）电网电压或频率不正常。

8）电网失电。

其中某些条件可经适当延时给以确认。

备用机组"备用顺序"的处理方式常用的两种方案如下：

第一种方案：按船舶电站中发电机组的固定编号顺序循环，例如一个具有三台发电机组的船舶自动化电站按 1-2-3-1 的循环来决定备用机组的"备用顺序"。在这个方案中，整个"备用顺序"的安排只需用一个选择开关，它覆盖了电站中所有各台机组。当 1 号机运行时，手柄开关置于 2 号机，即表示 2 号机处于第一备用，并按顺时针方向依次决定了其余各台机组的备用顺序。当"要求增机"信号出现时，该信号将和这个选择开关所处的位置，以及所有各台机组备用情况（即是否"准备好"）的信息进行综合，从而选出被起动的机组。

第二种方案：每台发电机各设置一个选择开关（即"手动"/"自动"转换开关），由值班人员将确认"准备好"了的发电机组的选择开关置于"自动"。当"要求增机"的信号出现时，由 PMS 的发电系统管理模块按一定顺序对各台机组进行扫描搜索，确定备用机。

3. 机组的自动起动

当船舶电网失电、船舶电站负载增加达到增机条件、在网发电机组故障或者船舶电站未达到最少运行机组数等因素，发电系统管理模块可直接向发电机组发出起动指令，控制发电机组起动。另外，在机组起动过程中设有 3 次自动起动及起动失败报警。

4. 机组的自动投入及负载分配

机组的自动投入是指电网无电时的首机自动投入及电网有电时机组自动准同步并车功能；当机组投入电网后，在网所有发电机组共同参与频率、电压、有功功率和无功功率的自动调节控制。

单一主发电机运行时，发电系统管理模块根据电网的频率，向调速器发出增速或减速指令，控制发电机组的转速，维持电网的频率恒定。

如果有几台发电机并联运行，备用机组主开关合闸完成并车操作的同时，发电系统管理模块给出信号使在网所有发电机组共同参与有功功率和无功功率的自动分配，维持电网的频率、电压恒定。

关于有功负载分配和电力系统频率的调节在前面已详细分析。在实际系统应用中，将根据构成主电站的各台发电机的形式的不同，而采用不同的控制方式。通常，船舶电站大多采用虚有差法实现调频调载，其最终结果都是恒频、均功。但在有废气汽轮发电机（或轴带发电机）与柴油发电机并联运行的船舶电站系统中，为了充分利用废气汽轮发电机（或轴带发电机）的功率，以便提高发电系统的经济效益，在负载分配的方案中，可综合使用虚有差法和主调发电机法相结合的控制方案。其基本出发点是尽量利用废气锅炉或主机能提供的能量来发电，不足部分则由柴油发电机提供。负载分配控制器原理图如图 11-2 所示。该运行方式是通过监视运行中每台发电机的负载和系统频率来实现控制的。

系统由废气汽轮发电机 TG 和辅柴油发电机 DG 组成。系统的总负载用 P_L 表示，其中 P_{TG-R} 表示 TG 额定输出；P_{TG-O} 表示 TG 最大输出功率；P_{TG-H} 表示使 DG 起动时 TG 的输出功率；P_{TG-L} 表示设定的 TG 最低负载极限；P_{DG-L} 表示设定的 DG 最低负载极限。由图 11-2 可见，系统的运行方式按总负载的变化范围（及趋势），可分为六个区域。

A 区：为 TG 单机运行。当系统负载增加到 P_{TG-H} 后，给备用的 DG 发出起动指令，经自动并车后与 TG 并联，从而进入 B 区。

B 区：控制系统按主调发电机控制方式，使 DG 始终承担其低负载限定值，其余负载则由 TG 承担，其负载分配方式为：DG 承担负载恒定，大小为 P_{DG-L}（kW），为基载机。TG 承担的负载随 P_L 而变，为主调机。

C 区：当总负载 P_L 进一步增加，TG 负载达 P_{TG-O} 时，控制系统发出指令，取消 DG 的低负载限制，使 TG 恒定运行于 P_{TG-O}，而由 DG 承担其余的负载。在 C 区内，不论总负载增加或减少，负载分配的方式是：DG 承担的负载随 P_L 而变，为主调机。TG 承担负载恒定，大小为 P_{TG-O}（kW），为基载机。这仍为主调发电机控制方式，与 B 区比较，主调机和基载机互换了，必要时，可以由两台甚至更多台 DG 作为备用机投入并联运行，以分担有功负载。而多台 DG 机可以按虚有差法控制原理实现有功功率均分控制。

D 区：在 C 区当总负载减小时，作为主调机的 DG 负载下降，当降到它的 P_{DG-L} 时，系统在控制装置的作用下，进入 D 区运行。这时 DG 恒被运行于 P_{DG-L}。若 P_L 进一步减小，则 TG 的输出功率也相应减小。所以，在 D 区的负载分配方式与 B 区相似，即 DG 为基载机，TG 为主调机。

E 区：在 D 区，若 TG 的负载降低到它的 P_{TG-L} 时，则进入 E 区。在 E 区，控制系统使 DG 的下限设定值取消，使 TG 恒运行于 P_{TG-L}，所以 DG 变为主调机，TG 为基载机。这样安排，可以防止因总负载进一步下降而导致 TG 逆功率。该区负载分配方式是 DG 承担的负载随 P_L 而变，TG 承担负载恒定，大小为 P_{TG-L}（kW）。

F 区：当 P_L 下降到使 DG 的负载（率）与 TG 的负载（率）相等（如不拟解列 DG）时，两机将按虚有差控制方式运行，这就是在 F 区将按虚有差准则均分负载，以保证在低负载下都不会出现逆功率。

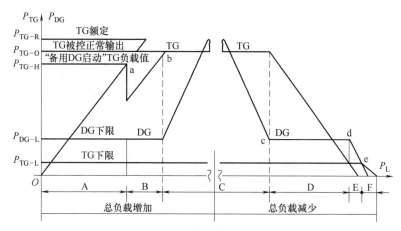

图 11-2 负载分配控制器原理图

上述曲线表明的方案是，当 DG 并网后，不拟作自动解列的运行方式。

当然，也可以使系统设计成：在 D 区内，当 P_L 下降到一定值，以致全部负载可以由 TG 承担，并经适当延时确认后，使 DG 解列。这样就取消了 E、F 区的工作状态，使系统直接返回到 A 区的运行方式。

总之，具体方案确定的主要思想是尽量使用发电成本最低的机组，从而提高经济效益，实现这种最佳方案是可交替使用主调发电机法，甚至综合使用虚有差法和主调发电机法。

5. 解列控制

机组的解列是指系统负载下降达到要减机的要求或机组产生一般故障时，发电系统管理模块根据程序设定自动转移某机组负载，负载接近空载（如 $\leqslant 5\% P_e$）时控制该机组分闸，若分闸无效，则发出报警。分闸后根据发电机组停机要求，发停机指令，停机无效发出报警。当两台（以上）机组并联运行，若因电网负载降低到可以停掉一台机组时，应自动发出"解列"指令，一般首先解列原来为备用的机组。对多机组并联运行的船舶电站系统，又产生了一个问题，即应当解列哪一台机组，如何进行选择和判断，若无特别设置，一般解列级别低的备用机组。或者，运行中的某机组因发生运行不正常（例如冷却水出口温度偏高等）时，自动系统可以先起动备用机组，并车，转移负载，然后解列。对于运行不正常的机组，毫无疑问就是解列的对象。在这种情况下，为了尽可能地不使全船停电，对于"运行不正常"（通常包括滑油压力低、冷却水温高等）现象的识别信号，最好分为两级：一级作为预报；一级作为保护装置动作的极限。预报级信号可以用来要求起动备用机，以便赢得时间，等待备用机组起动和并车而后取代"不正常"的机组。当然，这种期望是建立在不正常的机组还可以坚持运行一段时间的基础上。显然，这"一段时间"取决于两个方面：一方面是备用机组的起动、加速、并车所需的总时间，越短越好；另一方面是不正常现象发展的速度。当它发展到保护装置的动作极限时，如果并车尚未成功，则自动控制系统也就无能为力，势必造成保护系统动作而停电。

对于因电力系统的负载降低形成的解列指令，究竟解列哪一台机组合适呢？为了使电站中各台发电机轮换运行、休息和尽可能使各台机组累计的运行时数趋于一致，最好做到总是解列先投入运行的机组。

6. 停机

发电机组的停机指令可以分为两种：

（1）紧急停机

当柴油机发生滑油压力过低、冷却水温过高或超速时，为了保护机器不至于损坏，应予以"紧急停机"。一般是控制柴油机直接断油而实现停机。在这种情况下，发电机的断路器可能是逆功率脱扣（发生于并联运行情况），也可能是失压脱扣（发生于单机运行情况）。

（2）正常停机

凡不属于"紧急停机"的停机操作均属于"正常停机"。这除了机组起动、合闸失败或机组遥控停机外，就是机组解列、主开关分断后的停机。

如果柴油机在停机过程中有"中速运行"的程序，只有"正常停机"才能保证此程序的执行，而紧急停机就将越过这一程序直接停机。

7. 在网发电机最少运行机组数

在网发电机最少运行机组数表示船舶电站要求运行发电机组的最少台数，可由操作人员通过发电系统管理模块手动设定，通过发电系统管理模块自动控制主发电机的起、停实现。当运行发电机最少台数设定后，即使电力负载降至运行主发电机可以解列一台，运行发电机台数仍会保持最少台数设定值不变，这一数值最小设定为1。

8. 断路器的合闸与分断

发电机断路器的合闸控制，有三种可能的情况，两种不同的结果。三种可能的合闸控制是：

（1）直接自动合闸

当电网无电时，刚起动的发电机起动成功并建立了电压，该发电机的断路器可以直接合闸。

（2）自动并车合闸

备用发电机已经起动成功，并建立了电压，而电网有电。这时，应接通自动并车装置，使待并发电机经自动准同步而后投入运行。

（3）自动重合闸

由直接自动合闸的条件可知，当发电机在某些非正常情况下跳闸后，若使电网失电，就可能又构成了直接合闸的条件，这就自然地可能发生"重合闸"。作为船舶自动化电站，可以设计成具有自动重合闸的功能，也可以不设置这一功能。若有重合闸的功能，应保证只有一次重合闸，以免在永久性故障的情况下，发生一再重复合闸的有害过程。同时应防止在这种情况下连续起动两台以上的机组去做合闸的尝试。

若不拟设置自动重合闸的功能，则在自动控制合闸的电路中应防止出现自动重合闸的操作。

不论是哪种合闸方式，都有"成功"或"不成功"两种可能的结果。这两种情况的信号都应设法取得，因为它是作为"指示"和"控制"两种功能必不可少的信息。

发电机主开关分断大都采用失压脱扣方式，所以"分断"指令可以作用于断路器 ACB 失压脱扣线圈的电路（使之断开电源），从而分断 ACB。自动化电站中发电机 ACB 的分断可分"正常分断"和"保护性分断"两类。

"正常分断"是指由值班人员用按钮操作使 ACB 分断，或者是经自动解列的分断，后者的分断信号可取自调频调载系统中的功率变换器。当功率转移，使拟停车的发电机的负载（有功功率）被转移至接近空载（如≤5%P_e）时，发出 ACB 分断指令。

"保护性分断"是指因保护装置动作而引起的跳闸。这已在第 5 章"船舶电力系统安全保护"中讨论过了，这里不再重复。

二、配电系统管理模块

1. 电网失电监测与失电恢复

船舶电网失电是船舶电力系统最严重的故障，PMS 应设有船舶电网失电监测与失电恢复的功能。一旦船舶电网失电，PMS 会自动判断故障性质，如果不是短路引起的跳闸，通常所有正常的备用发电机组均会自动起动，只要发电机建压达到某一设定值（通常为 85%的额定电压），该发电机就会合闸供电，如需其他发电机并联供电，则按准同步并车条件与在网发电机并车后供电。

对于短路故障造成的全船电网失电，通常自动化电站的控制系统会自动切换至手动状态，且发出"阻塞"信号。此时，即使各台发电机的方式选择开关仍在"自动"位，由于阻塞信号的作用，各台发电机实际上已处于"手动"状态。值班人员只有找到并排除故障，手动按下"复位"按钮，才能解除"阻塞"信号，使发电机恢复"自动"状态。

2. 配电开关的集中监控及联锁功能

配电系统管理模块能对主配电系统和分配电系统的主要配电开关进行自动合、分控制及状态监测，并对其进行必要的联锁保护功能的控制。

3. 配电系统的其他保护功能

配电系统设短路、过载及绝缘监测等保护功能。

三、用电设备管理模块

由于船舶电站负载的功率以及数量不断增加，主推进装置、侧推装置、日用变压器等船舶大功率用电设备的起动、停机以及负载的变化都会对船舶电站造成很大的影响，因此，对船舶用电设备进行科学管理越来越重要。

1. 重载询问功能

现代大型船舶上，单机功率达数百千瓦的动力负载已屡见不鲜，例如主推进装置、侧推装置、大型绞缆机、大型消防泵、大型提升机以及工程船舶上某些特殊用途的动力负载，其容量往往可与发电机的单机容量相比拟。在需要使用任一这样的大负载时，都应事先询问一下船舶电站中已供电的发电机组，现有的功率储备是否能满足大负载的起动和用电的要求，若不能满足时，则应先起动备用机组、并车，并经确认功率储备足够时，才允许该大负载接入电网。这就是重载询问功能，其原理图如图 11-3 所示。

按发电机功率变换器（即有功功率测量单元）的功率变比（伏/千瓦），在电位器的动触头上取一电压信号，使之相当于准备投入的大负载额定功率（应考虑到起动时的冲击），这就是所谓的"模拟负

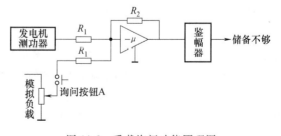

图 11-3　重载询问功能原理图

载"，经按钮 A 接到运算放大器，与发电机测功器的输出信号（它对应了发电机的实际负载功率）相加，再由鉴幅器来检测求和的结果，鉴幅器的鉴幅电平，可以设定在相当于发电机容量的某一百分值（例如 $85\%P_e$）。当鉴幅器动作时，表示船舶电站储备功率不够，即可给出"要求增机"的信号；当按下按钮 A 时，鉴幅器没有动作，即表明船舶电站储备功率够用，大负载可以用电。如果船上有几个不同功率值的大负载，可以相应设置几个模拟负载，用各自的按钮进行询问。

2. 次要负载自动分级卸载功能

这是尽可能保证重要负载供电连续性的一种措施。当运行机组出现过载时，如果无备用机组或备用机组不在自动位，或者船舶副机起动时间较长，经延时确认后，已达到次要负载自动分级卸载保护的起动值，保护动作，自动卸掉部分次要负载，以缓解运行机组的过载压力，可能在一定程度上暂时解除过载，使运行机组不致过载跳闸，从而保证供电的连续性。

3. 重要负载分级自动起动功能

当船舶电网处在某些故障状态（例如突然短路）时，可能导致发电机跳闸，电网断电。船舶电站恢复供电以后，为了迅速地恢复电力系统的正常运行，用电设备管理模块应具有"重要负载自动分级起动"功能。之所以要"分级起动"，是为了限制每级起动的电流值，以防起动时，电网的瞬时压降过大，或恢复时间过长，甚至使自起动成为不可能。考虑"分级"的问题，就必须对船舶电站的负载进行分析，按照在紧急状况下各电能用户的重要性排好先后次序，并按其起动电流值分成组，然后按程序逐级起动。每两级起动之间的时间间隔为 $3\sim6s$。

依负载的重要性排列顺序大致是照明、通信、导航，为主机运行服务的辅机、舵机等。

4. 船舶大负载设备功率限制功能

对于船舶大负载设备（如船舶推进装置），在其运行过程中，如果其负载已达到供电系统设定的上限值时，用电设备管理模块将对该船舶大负载设备实行功率限制，使其功率不超过设定的允许值。

另外，如果供电系统发生故障，用电设备管理模块也会限制船舶大负载电力设备，控制其快速降低负载，实现船舶电力系统的大负载设备功率限制保护功能。

5. 供电的平衡性

在分区供电时，主要设备可根据左、右舷电能的配置状态，自动选择其供电电源，从而使电能分配合理、平衡。

四、系统监测报警管理模块

1. 系统运行参数的监测

船舶电力管理系统（PMS）设立了信号采集单元，可以实时地采集船舶电站各设备运行的参数，这些信号参数不仅用于对船舶电站的控制，而且也用于对船舶电站设备运行状态的监测。各种信号参数通过传感器转换为电信号，数字信号直接传给主控制模块，模拟信号通过 A/D 转换为数字信号然后传输给主控制模块。

为了获取系统控制所需的信号，也为了对系统的运行情况作必要的观察和分析，通常对船舶电站的设备进行如下的检测和监视：

（1）柴油机

1）应得到其转速信号，包括零转速、点火转速、中速运行转速、运行转速信号。

2）润滑油压力信号，包括润滑油压力低和润滑油压力过低信号。

3）冷却水出口温度信号，包括冷却水出口温度高和冷却水出口温度过高信号。

4）各缸排烟温度信号。

5）柴油机运行时数累计信号等。

（2）发电机

应得到其电压、频率、功率、电流、功率因数等信号以及断路器的储能状态、合闸、断开状态等信息。

（3）电网

应得到其汇流排电压、频率、绝缘状态以及系统是否有接地（对于三相绝缘系统）等信息。

（4）船舶电站系统的状态及工作过程的监视和指示

包括机组的预热，机组的预润滑，起动空气压力，各机组的控制方式选择，正在起动，起动成功或失败，合闸成功或失败，正在停机过程中，停机成功或失败，机组用完以及控制系统的工作电源等信息。

（5）电力负载的电压、电流、功率等模拟信号

2. 参数的显示、打印、报警功能

PMS 的彩色显示器以图形及字符表格方式动态直观地显示系统的工作状态及各测点参数值，对于所有的监测点 PMS 都可以设定状态自动记录、报警记录和消警记录等。

PMS 外接打印机，可以自动打印各种故障、报警，以备操作者检查和处理故障，可进行运行参数全段、分段、召唤打印，并且可以对故障报警、故障恢复进行打印记录。

当检测到系统运行参数不正常或船舶电站系统出现故障时，PMS 将立即发出声光报警，并设有消声、定光及试灯按钮，提示船舶操作者采取应对措施，同时，PMS 会按故障性质对船舶电站进行相应的保护。对系统设备正常起、停等过程中引起的异常参数应自动屏蔽，防止误报警。所有检测点均可设定定时自动记录、报警和消警记录功能。

3. 模拟试验、自检及其他

所谓模拟试验是断开控制系统（或某些局部环节）的输入和它的输出（执行机构），以虚拟的信号代替其输入，在系统（或局部环节）的输出端接入相应的指示灯或仪器、仪表，用来观测该系统（或局部环节）的工作是否正常的一种试验。有了这一功能，就可以在系统正式投入工作前通过模拟试验来判断系统是否完好，甚至在系统故障时，能提供故障的位置、性质等信息，以利于检修和排除故障。

为了便于检查某些逻辑功能，最好能使控制系统的各主要部分都可以进行模拟试验。

以上所列的一些检测和监视的内容，有的可以用指示灯来表明其状态或用仪表指示其数值。在自动化船舶上，有时还采用模拟板来表明系统运行情况或故障所在位置。此外还用巡回检测装置，配以打印机、模拟板巡检各主要检测点的数值，越限时发出报警，打印机定时将巡检装置送来的各主要数据打印出来，越限时，还可以用红字打印，以备检查和分析。

五、船舶电力优化管理模块

船舶电力优化管理是一门综合性管理技术，它需要考虑多方面的因素，如电力管理的经

济性、电能供给的主动性等。

　　船舶电力优化管理通常根据电网运行所需要的功率确定应投入并网运行的发电机组的台数，使电网上运行的发电机组的总功率与电网实际消耗的功率相适应。在电网功率储备不足时起动备用机组投入运行；功率储备过剩时发出解列指令，退出多余机组。一般当发电机的负载率达到发电机额定功率的70%~90%时，就要考虑起动备用机组。

　　确定备用发电机组的起动值一般是以功率储备为依据的。

　　对单机运行的船舶电网，功率储备就是发电机的额定功率减去发电机实际承担的功率，此时电网的功率储备就是发电机的功率储备。

　　对多机并联的船舶电网，电网的功率储备等于各运行发电机功率储备的总和。

　　实现船舶电力优化管理的主要策略有：

　　（1）恒定平均功率增减机管理原则

　　该电力管理原则是指事先设定好增加或减少运行机组的功率值。一般运行机组的平均功率大于$85\%P_e$时，增加机组；运行机组的平均功率小于$30\%P_e$时，减少机组。这种方法易出现多台机组低负载并联运行工况，经济性差，参见图11-4中的曲线1。

　　（2）恒储备功率增机管理原则

　　该原则是指设定电网的储备功率为恒值，一般为单机组额定功率的1/3，根据并联机组数不同，计算出增机平均功率值，具体计算方程如下

$$nP_e - \sum_{i=1}^{n} P_i = \frac{1}{3}P_e$$

$$\overline{P} = \sum_{i=1}^{n} \frac{P_i}{n} = \left(\frac{3n-1}{3n}\right)P_e$$

式中　　n——并联运行机组数；

　　　　$\overline{P}$——增机平均功率。

　　若并联运行机组的额定功率相同，则增机平均功率值计算表见表11-1，参见图11-4中的曲线2。

表 11-1　增机平均功率值计算表

并联运行机组数	1	2	3	4	5	6	7	8
增机平均功率($\%P_e$)	67	83	89	92	93	94	95	96

　　（3）恒平均功率减机管理原则

　　该原则是指在n台机组并联运行时，当一台机组解列后其余$n-1$台机组的平均功率小于一恒值，一般为单机额定功率的1/2，则该机组解列，具体计算方程如下

$$\frac{\sum_{i=1}^{n} P_i}{n-1} = \frac{1}{2}P_e$$

$$\overline{P} = \sum_{i=1}^{n} P_i \frac{P_i}{n} = \frac{(n-1)}{2n}P_e$$

式中　　n——并联运行机组数；

　　　　$\overline{P}$——增机平均功率。

若并联运行机组的额定功率相同，则减机平均功率值计算表见表11-2，参见图11-4中的曲线3。

表 11-2　减机平均功率值计算表

并联运行机组数	2	3	4	5	6	7	8
增机平均功率($\%P_e$)	25	33	38	40	42	43	44

以上叙述了三种不同的船舶电力优化管理原则，可以看出，恒储备功率增机管理原则和恒平均功率减机管理原则联合使用，能达到较为理想的经济效果。

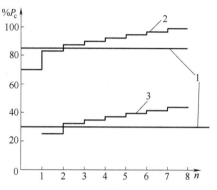

图 11-4　不同功率增减机管理原则对照图

从实现这些功能的电路来看，恒定平均功率增减机管理原则较方便，各发电机的设定独立；恒储备功率增机管理原则和恒平均功率减机管理原则较复杂，必须对运行的发电机的容量和各发电机承担的负载分别进行计算求和。一般船舶航行时，多是一台机长期运行，在某些情况下才需要两台机并联运行，而只在进出港等特殊工况下才进行三台机的并联运行。这决定了大多数船舶都采用恒定平均功率增减机管理原则实现船舶电力的优化管理。

（4）能供给的主动性及船舶操纵的机动性

在船舶综合电力推进系统中，电能供给的快慢直接决定了船舶操纵的机动性，系统的操纵状态变量和运行状态变量之间有一定的时间差，而 PMS 应充分利用这个时间差，根据操纵状态变量对能量的需求进行超前预测并主动管理配置，从而满足船舶综合电力推进系统对能量的快速需求，实现船舶操纵的机动性。

第四节　船舶电力管理系统实例

丹麦 DEIF 公司生产的发电机并车与保护单元（Paralleling and Protection Unit，PPU）控制器是一个基于微处理器（16 位单片机 HBS/2655）实现发电机并联运行及保护功能的船舶电站核心控制器，目前广泛应用于船舶电站自动化系统中。如果仅具有发电机并联运行控制器功能，则称为 GPC（Generator Paralleling Controller）。

PPU 控制器可控制发电机进行准同步并车，并在同步运行后实现所有必需的发电机控制和保护功能，比如对发电机三相电压进行检测，并且在液晶显示屏（Liquid Crystal Display，LCD）上显示所有的测量值和报警值。各项保护的设定值既可通过 LCD 的按钮在线修改，也可通过 RS232 与 PC 机相连，利用操作软件进行编写和修改。

PPU 控制器与 PLC 配合使用，实现对船舶电站的控制。可通过数字和模拟 I/O 检测端口，采集系统各运行参数并进行运算，输出至 PLC、继电器等报警单元，也可通过串行通信接口与其他控制器交换数据。

PPU 控制器内部有循环自检功能，可通过文字显示出错误的信息，当有任何错误出现时，可通过相应的配置继电器输出指示错误。

一、PPU 主要功能介绍

PPU 控制器主要用于多台发电机组的自动同步并车及负载分配和转移控制，并对船舶电站运行过程进行实时地检测和保护，下面对其控制功能分别加以说明。

1. 自动同步并车功能

自动同步并车功能是 PPU 控制器的主要功能之一。PPU 控制器可以自动进行频率、电压调节，并可通过软件程序进行编程，设定模拟主开关固有动作的时间，使得待并发电机与电网同步时刻准确合闸，实现自动控制船舶发电机准同步并车操作。

2. 功率和频率控制功能

PPU 控制器可以按照四种模式控制发电机的功率和频率，模式的选择可通过二进制数字输入，也可通过串行通信选择，从而实现在各种不同的应用环境下对发电机进行适当的控制。具体可分为：

模式一：恒频率模式，即控制发电机的频率保持恒定（适用于单机运行）。

模式二：恒功率模式，即控制发电机的负载保持恒定（适用于发电机与电网并联运行）。

模式三：频率下倾模式，即控制发电机负载变化时频率的变化值，以保证负载变化时频率的基本恒定。

模式四：负载分配模式（适用于发电机之间并联或解列运行时进行负载分配和转移），这也是一般船舶电站的控制模式。

3. 保护及显示功能

PPU 控制器具有标准的发电机保护功能，如过电流保护、逆功率保护等，这些标准保护功能均可设置成反时限特性，并可通过对相应的继电器输出进行配置，实现报警或断开主开关等功能。

此外，还可通过上位机软件选择发电机及汇流排进行过电压、欠电压、过频、欠频等其他保护功能。

PPU 控制器可以通过串行通信将检测到的系统运行参数送至 LCD，使得在操作的过程中可实时获取和监测系统运行参数。

二、PPU 硬件电路及外部接线

1. 硬件电路

PPU 控制器采用模块化的设计思想，其内部硬件电路包括 10 块印制电路板（S1～S10）和 1 块底部连接电路板。其中标准配置电路板为：S1-电源及继电器配置板；S2-负载分配、工作点设定及继电器控制板；S3-发电机电流检测及通信串口板；S4-电压检测及核心控制板；S7-通信模块板；S8-发电机电压、转速控制输出板。同时 PPU 控制器还具有许多扩展功能，如输出 PWM 信号至转速控制器、扩展 I/O 端口等。如若需要实现这些扩展功能，则需在内部配置相应的印制电路板（即 S5、S8、S9、S10 板）。每块印制电路板均完成各自不同的功能，彼此又可通过底部印制电路板相连，进行内部信号的传输。选择不同的印制电路板进行组合，PPU 控制器能够实现各种所需完成的功能。

PPU 控制器的核心控制单元是瑞萨（RENESAS）公司生产的 16 位单片机 HBS/2655 系列，该系列单片机具有 16 个 16 位的内部寄存器，最大时钟可达 20MHz，可以很好地实现实时控制。

2. PPU 外部接线端子

PPU 外部接线端子主要由 8 个插槽组成，如图 11-5 和图 11-6 所示，各插槽的具体连接分布为：

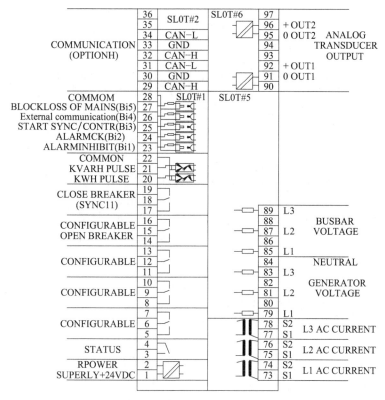

图 11-5 PPU 插槽 1、2、5、6 端子分布图

插槽 1（包括接线端子 1-28）：与电源及继电器配置板 S1 相连；

插槽 2（包括接线端子 29-36）：与通信模块板 S6 相连；

插槽 3（包括接线端子 37-64）：与负载分配、工作点设定及继电器控制板 S2 相连；

插槽 4（包括接线端子 65-72）：与发电机电压、转速控制输出板 S7 相连；

插槽 5（包括接线端子 73-89）：与电压检测及核心控制板 S4 相连；

插槽 6（包括接线端子 90-97）：模拟量输出端子；

插槽 7（包括接线端子 98-125）：用于检测柴油机运行参数的端子；

插槽 8（包括接线端子 126-133）：输出增加、减小电压的控制信号端了。

3. PPU 外部接线

（1）PPU 主要三相交流量测量电路

PPU 具有检测发电机及电网的电压、电流信号的功能，检测到的电压、电流信号用于控制、显示、保护等。

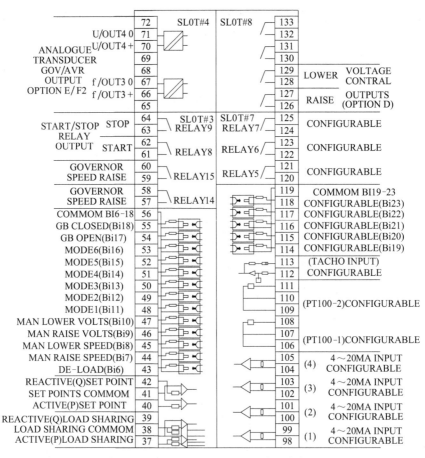

图 11-6　PPU 插槽 3、4、7、8 端子分布图

图 11-7 所示为 PPU 测量发电机电压、电流以及电网电压的外部接线图。其中，接线端子 73-78 的输入信号分别是发电机三相电流经过三个电流互感器转换的电流信号；接线端子 79-84 的输入信号是发电机三相电压信号，其电压可以在 100～690V 范围内变化；接线端子 85-89 的输入信号是电网三相电压信号，电压范围同样为 100～690V；而接线端子 14-19 的输出信号是控制主开关分闸、合闸动作的控制信号。

（2）PPU 外部接线及工作原理分析

某轮船舶电站的 PPU 控制器是与 PLC 配合进行自动控制。PPU 控制器利用微处理器将检测到的电路的各个参数进行运算，获得控制信号后，通过数字和模拟 I/O 端口输出至 PLC 和继电器等处，用于进一步控制船舶电站。

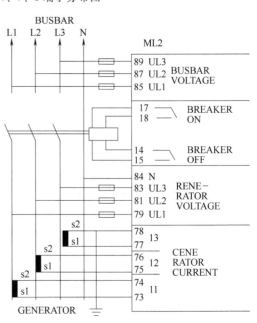

图 11-7　PPU 测量发电机电压、电流以及电网电压的外部接线图

1) 两台柴油发电机并联运行及负载分配。

图 11-8 所示为某轮船舶电站中任意两台并联运行柴油发电机的 PPU 控制器外部连线示意图。PPU 控制器对两台柴油发电机进行并车及负载分配的自动控制。

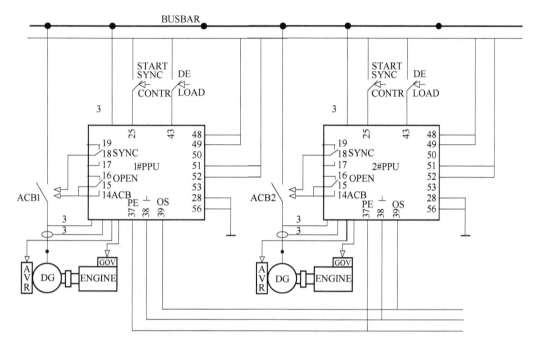

图 11-8　两台并联运行柴油发电机的 PPU 控制器外部连线示意图

① 自动并车过程。假设 2#发电机为运行发电机，1#发电机为待并发电机。

PPU 控制器若想进行模式选择、频率调节、并车、合闸等控制操作，则 PPU 控制器的 25 号端子必须为高电平。当 1#PPU 控制器的 25 号端子为高电平时，即对 1#PPU 控制器发出并车指令，此时 1#PPU 控制器输出控制信号至 1#发电机的调速器 GOV，调节 1#发电机的频率，将其控制在设置的频率范围内。同时实时检测并车条件，比较发电机与电网的频率、电压、相位之差，当处于设置的允许范围内时，1#PPU 控制器的内部核心单片机将根据主开关固有动作时间和实际频差进行计算，发出合闸脉冲信号，通过 1#PPU 控制器的 17、18 号端子输出，控制 1#主开关 ACB1 动作合闸，实现并车。

② 负载自动分配。当 1#发电机主开关合闸后，两台发电机并联运行，此时 1#和 2#发电机的 PPU 控制器同时通过内部继电器，将 PPU 控制器本身自动连接至有功功率负载分配线（PS）和无功功率负载分配线（QS），通过 37、38、39 号端子进行负载自动分配。

2) 轴带发电机与柴油发电机并联运行及负载自动分配。

由于某轮的推进采用变距桨，主机转速基本恒定，因此轴带发电机的电源频率恒定。只在切换发电机时，轴带发电机才与柴油发电机作短暂并联运行，用以进行负载转移。因此轴带发电机的 PPU 控制器便无需控制其功率和频率，只需对其进行并车、负载转移及保护控制。

图 11-9 所示为船舶电站中两台柴油发电机、一台轴带发电机及其各自的 PPU 控制器的

连线示意图。其中，1#和2#发电机为柴油发电机，3#发电机为轴带发电机。从连线图中可以看出，轴带发电机的转速直接由主机转速决定，为定值。下面分析并车和负载转移的具体工作过程。

① 并车操作。假设1#柴油发电机和2#柴油发电机已经工作在电网上，轴带发电机处于待并状态。此时要求 PLC 程序控制 SYNCSG 动作，使继电器 C_1 得电，辅助触点 C_1 闭合，控制 C_1 线圈在轴带发电机主开关 ACB3 闭合之前一直处于得电状态。

当继电器 C_1 动作时，3#PPU 控制器的端子25为高电平，此时1#和2#PPU 控制器的端子50接至+24V，使得其工作在外部设定工作点状态，同时由于轴带发电机的频率受主机转速控制，3#PPU 控制器端子66、67便对1#和2#PPU 控制器的端子40、41输出转速调节模拟量信号，改变1#发电机和2#发电机的频率设定值，由1#和2#PPU 控制1#发电机和2#发电机的频率，使之满足并车条件，实现轴带发电机的并车操作。

② 柴油发电机向轴带发电机转移负载。当轴带发电机并网运行后，柴油发电机需要向轴带发电机转移负载。

此时要求 PLC 程序控制 DE-LOADDGS 动作，使继电器 C_3 得电，1#和2#PPU 的端子43有高电平输入信号，控制1#和2#发电机调速器的油门减小，它们各自承担的负载减少，使得轴带发电机承担负载增大。直至1#发电机和2#发电机的主开关断开，继电器 C_3 失电，负载转移结束。

③ 轴带发电机向柴油发电机转移负载。当轴带发电机准备解列时，轴带发电机需将负载转移至柴油发电机。

此时要求 PLC 程序控制 DE-LOADSG 动作，使继电器 C_2 得电，1#和2#PPU 的端子50为高电平，1#和2#PPU 控制器均工作在外部设定工作点状态。同时3#PPU 控制器的端子43

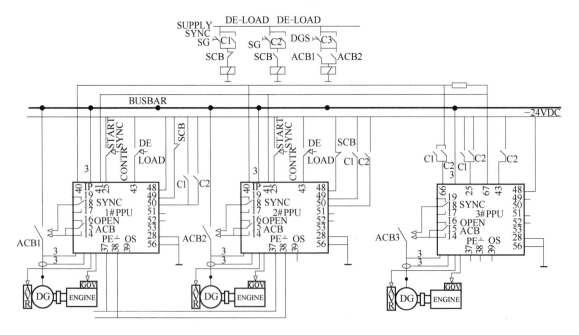

图 11-9　两台柴油发电机、一台轴带发电机及其各自的 PPU 控制器的连线示意图

有高电平输入信号，端子 66、67 输出转速调节模拟量信号至 1#和 2#PPU 的端子 40、41，控制 1#和 2#发电机频率设定值增大，使得 1#和 2#发电机的调速器油门增大，各自承担的负载增大，相应的轴带发电机承担负载减少。直至轴带发电机的主开关 ACB_3 断开，继电器 C_2 失电，负载全部转移至柴油发电机。

4. 系统运行参数的显示及保护参数的在线修改

PPU 控制器的显示与操作单元通过 9 针的串行通信线与 PPU 控制器的主体部分通信并获得电源，PPU 显示及操作界面如图 11-10 所示。

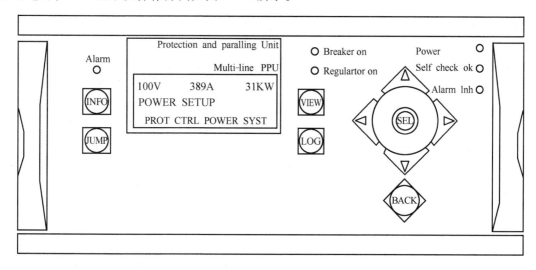

图 11-10　PPU 显示及操作界面

（1）按键及菜单功能简介

1）按键：

PPU 控制器的显示及操作界面上共有 10 个按键，具体作用分别如下：

INFO：显示报警信息。

JUMP：快速进入某一功能界面。

VIEW：显示系统各个参数值。

LOG：在显示界面的下面三行显示事件和报警条目。

▲▼◀▶："上""下""左""右"功能选择键，操作中可以将光标上下左右移动，进行功能选择的切换、改变相应的参数设置值等。

SEL：确认。

BACK：返回，返回至上一级操作。

2）菜单：

SETUP：菜单设置。

PROT：保护功能设置。

CTRL：控制功能设置。

INPUT：数字输入量响应设置。

SYST：系统参数设置。

SP：保护动作值设置。

DEL：响应时间设置。

OA：输出继电器 A 设置。

OB：输出继电器 B 设置。

ENA：使能设置。

C：保护特性设置。

ENTER：确认。

RESET：取消。

SAVE：确认并保存。

（2）系统运行参数的显示

通过对 PPU 控制器主工作界面上的菜单 V_1、V_2、V_3 进行操作，可以观察船舶电力系统的运行参数，其中包括发电机、电网的三个相电压、三个线电压、三相电流、功率因数等重要参数，进而对船舶电力系统的运行状态有更加全面的了解。

可以观察到的船舶电力系统运行参数包括：

* 发电机相电压、电流（G-L_1，I-L_1，I-L_2，I-L_3）

* 电网相电压（B-L_1）

* 发电机相电压的频率（f-L_1，f-L_2，f-L_3）

* 发电机线电压（U-GENL_1L_2，L_2L_3，L_3L_1）

* 电网线电压（U-BUSL_1L_2，L_2L_3，L_3L_1）

* 发电机有功功率、无功功率、视在功率以及功率因数（P，Q，S，P-factor）

* 发电机电能（E）

* 电网与发电机电压的相位差（Angle Bus-Gen）

* 发电机两相电压之间的相位差（AngleL_1L_2）

* 电网两相电压之间的相位差（Angle BusL_1L_2）

* 电站运行时间（Run Time）

* 主开关操作次数（CB operations）

系统运行参数的显示操作过程如下：

1）电站正常运行以后，按动 PPU 控制器操作面板上的"左""右"功能选择键，使光标（菜单下的短横线）选中"V_3"，即可进入 V_3 参数显示界面，如图 11-11 所示。V_3 菜单的显示参数包括发电机相电压的频率值、发电机相电压值、发电机的功率因数、有功功率（这些参数项是系统默认的，操作人员无法改变）。

2）按动 PPU 控制器操作面板上的"左""右"功能选择键，使光标选中"V_2"，即可进入 V_2 参数显示界面。V_2 菜单的显示参数包括汇流排相电压的频率值、汇流排的相电压值；发电机相电压的频率值、发电机相电压值；发电机的功率因数、有功功率（这些参数项也是系统默认的，操作人员无法改变）。

MANUAL		
G-L1	0 Hz	0 V
G PF	0	0 kW
SETUP	<u>V3</u>	V2 V1

图 11-11　V_3 参数显示界面

3）按动 PPU 控制器操作面板上的"左""右"功能选择键，使光标选中"V_1"，即可进入 V_1 参数显示界面。V_1 菜单由 14 组显示参数组成，每组显示几个不同的运行参数。各组具体内容是：

第一组参数包括汇流排的单相频率值、电压值；发电机的单相频率值、电压值；发电机的功率因数、有功功率。

第二组参数包括发电机的功率因数、有功功率；发电机的单相频率值、电压值；汇流排的单相频率值、电压值。

第三组参数包括汇流排的单相频率值、电压值；发电机的功率因数、有功功率；发电机的视在功率、无功功率。

第四组参数包括发电机的三相电流；发电机的功率因数、有功功率；发电机的视在功率、无功功率。

第五组参数包括汇流排的三相电压；发电机的功率因数、有功功率；发电机的视在功率、无功功率。

第六组参数单独显示发电机的三相电流。

第七组参数单独显示发电机的三相频率。

第八组参数单独显示发电机的有功功率、无功功率、视在功率。

第九组参数显示功率因数、消耗的总电能。

第十组参数显示发电机的线电压。

第十一组参数显示发电机的线电压。

第十二组参数显示电站运行时间、主开关的操作次数。

第十三组参数显示当前时间。

第十四组参数显示相位角（汇流排与发电机间、发电机两相间、汇流排两相间）。

可以通过按动操作面板上的"上""下"功能选择键在各组之间进行切换，进而观察各组不同的参数值。

（3）系统保护参数的在线修改

系统保护参数的在线修改是通过菜单进入的，第一次进入菜单时需输入操作密码，输入密码后即可对系统各项保护参数进行显示、在线修改。下面介绍逆功率保护参数的显示、在线修改，其他保护参数的显示、在线修改与此类似。

1）接通电源，使PPU控制器得电工作，此时显示面板上为主工作界面，如图11-11所示。

2）按动操作面板上的"左""右"功能选择键，使光标选中"SETUP"，接下"SEL"，即可进入功能设置界面，如图11-12所示。

移动光标选择"PROT"（保护功能），按下"SEL"进入保护功能设置界面，按动操作面板上的"上""下"功能选择键，选择"1010ReversePower"（逆功率保护设置），即可进入逆功率保护功能设置界面，如图11-13所示。

G	O	O	OV
f - L1		0 Hz	
PROTECTION	SETUP		
PROT	CTRL	INPUT	SYST

图 11-12　功能设置界面

G	O	O	OV
1010	Reverse		Power
Set	point		-10%
SP	DEL　OA　OB	ENA	C

图 11-13　逆功率保护功能设置界面

最下面一行的六个菜单选项对应着逆功率保护的六个不同的参数设置，第一次进入参数设置菜单时需要输入操作密码（＊＊＊＊），移动"上""下"功能键输入密码"＊＊＊＊"按下"SEL"即可对各个参数进行设置。

①"SP"（保护动作值设置）。

选择"SP"进行保护动作值设置，在输入正确的密码后即可进入其设置界面。

保护动作值的设置范围是-50.0%～0.0%，"上""下"功能键可以改变其动作值，例如设置为-10%，将光标移至"SAVE"，按动"SEL"，新的设置将被保存。

如果改变了动作值，但没有进行保存确认，则设置值仍为原始值。

如果将光标移至"RESET"，按动"SEL"，新的设置将被取消。

②"DEL"（响应时间设置）。

与动作值的设置方法类似。进入"DEL"设置界面以后，可以通过"上""下"选择键改变动作时间，例如设置为5s，之后将光标移至"SAVE"，按动"SEL"，新的设置将被保存；将光标移至"RESET"，按动"SEL"，新的设置将被取消。

③"OA""OB"（输出继电器设置）。

"OA""OB"对应着两个输出继电器（其中一个进行报警指示，另一个进行报警响应动作），进入"OA""OB"的设置界面后，可以通过"上""下"键选择某一继电器（$R_0 \sim R_{16}$），之后按动"SAVE"，并按动"SEL"确认保存。

④"ENA"（使能设置）。

进入"ENA"菜单后，可选择"ON"（使能有效）或"OFF"（使能无效）来控制系统是否对逆功率进行保护。

⑤"C"（保护特性设置）。

进入"C"界面后，通过"上""下"键选择"Inverse"（反时限特性）或"Definite"（正时限特性），对逆功率保护的时限特性进行设置。

复习与思考

11-1. PMS 是什么？

11-2. PMS 的主要功能有哪些？

11-3. PMS 由哪些模块组成？

11-4. 发电系统管理模块的主要功能有哪些？

11-5. 分析图 11-2，系统的运行方式按总负载的变化范围（及趋势）的六个区域功能是什么？

11-6. 分析图 11-4，如何进行船舶电力优化管理？

11-7. 试介绍一种通用性较强的电站自动控制装置（如丹麦 DEIF 公司生产的发电机并车与保护单元控制器）。

11-8. PPU 装置常用的逻辑控制元件有几种？其工作原理是怎样的？

11-9. PPU 装置的起动程序是怎样的？

11-10. PPU 装置安全保护系统的功能有哪些？其工作原理是怎样的？

第十二章　船舶安全用电和安全管理

由于船舶电气设备的种类和数量越来越多，以及高压在船舶上应用，因此电力系统的安全用电与安全管理具有重要意义和迫切要求。电气工作人员必须加以熟悉和预防。

第一节　船舶安全用电基本知识

电能的产生、转换、传输和使用都很方便，但若使用不当将造成许多不安全的事故发生，甚至直接致人死亡。为了安全用电避免被电所伤，就必须了解安全用电的基本知识。这些知识主要包括：触电伤害的种类、安全电压、触电预防与急救及安全用电规则。

一、触电伤害的种类与触电方式

1. 触电伤害的种类

当人体触及带电体、带电体对人体放电等情况下，由于人体承受的电压较高，有较大电流通过人体，并造成人体局部受伤、致残或死亡的现象称为触电。根据电流对人体造成的伤害程度的不同，触电可分为电伤和电击两种。

（1）电伤

电伤是指电路放电时，电弧或飞溅物使人体外部被灼伤。它是由电流的热效应使人体烧伤，烙上电的烙印。电伤属于对人体表面的伤害，即外伤。一般来说，电伤对人体的伤害程度相对较轻，短期内可以恢复。常见的电伤有电灼伤、电烙伤和皮肤金属化等伤害。

电灼伤一般有接触灼伤和电弧灼伤两种，接触灼伤多发生在高压触电事故时通过人体皮肤的进出口处，电灼伤处呈黄色或褐黑色并累及皮下组织、肌腱、肌肉、神经和血管，甚至使骨骼显碳化状态。电弧灼伤多是操作不当产生的强烈电弧引起的，其情况与火焰烧伤相似，会使皮肤发红、起泡烧焦组织，并使其坏死。

电烙伤又称为电烙印，它发生在人体与带电体有良好的接触，有电流通过人体，但人体不被电击的情况下，在皮肤表面留下和接触带电体形状相似的肿块痕迹，一般不发炎或化脓，但往往造成局部麻木和失去知觉。

皮肤金属化是由于高温电弧使周围金属熔化、蒸发并飞溅渗透到皮肤表层所形成的。皮肤金属化后，表面粗糙、坚硬。根据熔化的金属不同，呈现特殊颜色，一般铅呈现灰黄色，紫铜呈现绿色，黄铜呈现蓝绿色。

（2）电击

电击又称为电击伤，是指人体触电后由于电流通过人体的各部位而造成的内部器官在生理上的变化，如呼吸中枢麻痹、肌肉痉挛、心室颤动、呼吸停止等。电击伤属于对内部脏器造成的伤害，即内伤。因此其危害程度比电伤严重得多。

2. 触电方式

人体触电一般分为与带电体直接接触触电、跨步电压触电、接触电压触电等几种形式。

其中，跨步电压、接触电压触电两种触电情况主要发生在高压电力系统，在船上，除了船舶高压电力系统外，一般很少发生跨步电压、接触电压触电。根据电力系统和触电的部位不同，人体与带电体直接接触有：单相触电、两相触电和单线触电三种触电方式。

（1）单相触电方式

单相触电是指人体直接接触带电设备其中一相时，电流通过人体的触电现象，如图12-1所示。

图12-1a为中性点接地的三相交流电力系统单相触电方式，电流从一条相线进入人体，然后经过大地、接地线回到三相交流电的中性点。由于船上都为三相对地绝缘电力系统，因此这种方式在船上较少见。比较常见的单相触电为图12-1b所示的方

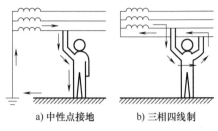

a) 中性点接地　　b) 三相四线制

图12-1　单相触电

式。人体两个部分分别接触一条相线和零线，单相交流电从相线进入人体，从零线回到中性点。这种触电方式常发生在船舶照明电网。单相触电时人体承受的是单相交流电压，虽然电压为相电压，比线电压低，但相电压对人体而言，已经是相当高的电压等级，触电对人体的危险性仍然很大。以相电压220V工频交流电，人体电阻1Ω，接触电阻4Ω为例，此时，流经人体的电流约为219mA。

（2）两相触电方式

人体同时接触带电设备或线路中两相导体，或在电力系统中，人体同时接近不同相的两相带电导体，电流从一相通过人体流入另一相导体，构成一个闭合回路，这种触电方式称为两相触电，如图12-2所示。

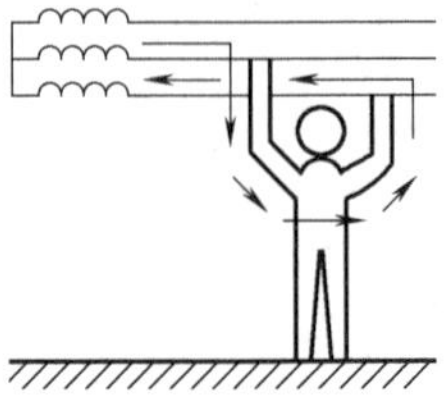

两相触电时人体承受的是线电压，为单相触电时承受的相电压的$\sqrt{3}$倍，因而在常见的几种触电方式中，是危险性最大的一种，尤其中性点对地绝缘系统，比中性点接地系统的危险性更大。同样以相电压220V工频交流电，人体电阻1kΩ为例，此时，流经人体的电流约为380mA。

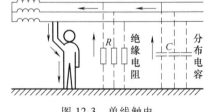

图12-2　两相触电

（3）单线触电方式

人体接触中性点对地绝缘的三相三线制系统中的带电部分，即构成单线触电，如图12-3所示。图中，用虚线进行连接的三个电阻R，是船舶电网三相对地绝缘电阻的等效。绝缘良好的电网，绝缘电阻很大；电网的绝缘降低，绝缘电阻减小。图中，用虚线进行连接的还有三个电容C，是船舶电网三相对地的等效电容（也称为寄生电容）。两个相互绝缘且相隔很近的导体将会构成一个电容，其电容量正比于导体的面积。船舶输电电缆虽然很细，但电网的总长

图12-3　单线触电

度较长，整条船电网总导线构成的面积不小，对船体（地）的电容量较大，容抗较小。因此，单线触电时电流将从电网的一条相线进入人体，通过船体、绝缘电阻和分布电容回到电网的另外两条相线。也就是说，由绝缘电阻与分布电容构成的阻抗和人体串联，形成回路，承受着线电压。触电的危险性取决于绝缘电阻与分布电容的大小。当绝缘电阻较小，电容量较大时，流经人体的电流将达到或超过危险值。

二、人体触电电流及安全电压

触电对人体伤害的程度与通过人体电流的大小、种类、路径和持续时间有关。通过人体电流的大小取决于人体两点的接触电压和人体电阻。

1. 人体电阻与危险电流

人体总电阻主要由两部分组成：皮肤角质层电阻和人体体内电阻。成年男性干燥清洁的皮肤角质层电阻较大，可达 $40 \sim 100k\Omega$，甚至更高；一般人体体内电阻为 $600 \sim 800\Omega$，与人的性别、情绪、健康状态等因素有关。人体总电阻就是这两部分电阻的总和，是一个变化的参数。尤其是皮肤潮湿、不洁净或出现伤口时，皮肤角质层的电阻将大大下降，一般人的皮肤都因或多或少地出汗，角质层电阻通常都为 $1k\Omega$ 以下。考虑触电危险性时，一般人体电阻以 $800 \sim 1000\Omega$ 进行估计，女性、儿童的人体电阻甚至更低。

流经人体的电流是影响触电伤害程度的主要因素。危险的触电电流通过人体时，首先使肌肉突然收缩，使触电者无法摆脱带电体，进而导致中枢神经麻痹，最终出现呼吸和心脏跳动骤然停止。通过实验分析表明，当流经人体的电流达到 $0.6 \sim 1.5mA$ 的工频电流时，人开始有所感觉；达到 $8 \sim 10mA$ 时，已经较难摆脱带电体；几十毫安电流通过呼吸中枢或几十微安电流直接通过心脏，都会致人死亡。因此电流通过人体的大小和路径不同，对人体的伤害程度也不一样。手和脚之间或双手之间的触电最为危险。

2. 安全电压

通过上述分析可知，流经人体电流的危险程度与电流流经人体的路径有关，而根据欧姆定律，影响流经人体电流大小则由人体所接触的电压大小和人体的实际电阻决定。人体的电阻发生变化，为了避免流经人体的电流对其生命构成威胁，就必须限制人体可能的接触电压。

所谓安全电压，又称为安全特低电压或特低电压（ELV），是指对人体不产生严重反应的接触电压，是指为了防止触电事故而采用的由特定电源供电的电压系列。在人体处于一般环境下接触 36V 以下电压时，通过人体的电流一般不超过 50mA，故把 36V 称为安全电压。但若在潮湿场所或在金属构架上工作，安全电压等级还要降低，通常为 24V 或 12V，所以安全电压是和人体所处的环境有关，不是一成不变的。

国际上通用的安全电压划分是根据触电时人体和环境状态的不同而划分的：

1）人体大部分浸于水中的状态，其安全电压小于 2.5V。

2）人体显著淋湿或人体一部分经常接触到电气设备的金属外壳或构造物的状态，其安全电压小于 25V。

3）除以上两种情况外，对人体加有接触电压后，危险性高的接触状态，其安全电压小于 50V。

我国则根据发生触电危险的环境条件将安全电压划分为：

1）特别危险（潮湿、有腐蚀性蒸气或游离物等）的建筑物中，为 12V。

2）高度危险（潮湿、有导电粉末、炎热高温或金属品较多）的建筑物中，为 36V。

3）没有高度危险（干燥、无导电粉末、非导电底板、金属品不多等）的建筑物中，为 65V。

三、触电预防与急救

1. 触电原因与预防措施

缺乏安全用电常识和对电气设备的使用管理不当，是发生触电事故的主要原因。电气设备的绝缘损坏使原本不带电的物体带电，是发生触电事故的客观原因，也是最大的隐患，而环境条件对造成触电有着重要的影响。因此，触电的主要原因可归纳为如下几点：①缺乏安全用电意识，糊涂触电；②违反操作标准或操作规程或进行误操作，违规触电；③遇到紧急情况，紧张过度，举措失当，意外触及带电体，紧张触电；④电气设备绝缘老化或年久失修绝缘破坏，且未妥善接地，人体接触到此类设备的金属外壳，故障触电。

针对上述造成触电的主要原因，预防触电的主要措施是：①加强安全用电意识，学习掌握有关安全用电的基本常识；②严格遵守安全操作规程和安全用电的有关规定；③强化应急应变能力的训练，培养胆大心细、遇事不慌的良好习惯；④按照设备维护保养周期的规定和计划，做好电气设备维护保养工作，平时注意观察设备的工作情况，发现问题及时处理和解决。

2. 触电的急救

发现有人遭受触电伤害时，应设法迅速切断电源。如果人在高处触电，切断电源时，还应采取安全措施，防止触电者松手后从高处坠落，造成摔伤。

如触电者伤害较轻，神志清醒，只有心慌、乏力、肢体发麻等感觉时，可让其在通风处静卧休息，一般在 2~3h 后即可恢复。

如触电者伤害较严重，出现失去知觉、停止呼吸、心脏停止跳动等现象，则应及时采取人工呼吸和人工心脏按摩进行抢救。

四、安全用电规则

1）工作时应穿电工鞋，进入工作场所后应将工作服扣好，必要时扎紧裤脚，不应把手表、钥匙等金属带在身边。

2）必须使用电工专用工具对电气设备进行检修，工作前应检查所使用的电工工具是否完备良好，发现缺陷应及时更换。

3）可携式电气器具的电缆电线、插头必须完好，插头应与插座吻合，无插头的移动电器不准使用，36V 以上的电器外壳必须安全接地。

4）移动电器应先接好电源再开启开关，禁止用湿手或在潮湿的地方使用电器或开启电器。

5）在任何线路上进行维修检查时，应从电源进线端断开控制开关或将熔断器取下，并挂上"禁止合闸"等警告牌。检修完毕，应先检查确认相关线路上没有其他人员在工作方可送电。

6）更换熔断器时必须先断电，检查确认线路没有存在短路故障后再按相同型号和规格的熔断器进行更换。禁止使用铜丝或其他金属丝代替熔断器的熔丝。

7）检查电路是否带电只能使用万用表、验电笔和校验灯，在未确定无电之前不能进行工作，带电作业必须经过电气负责人批准，作业时必须有两人一同进行。带电作业时应尽可能一只手触及带电设备或进行操作。

8）在带电设备上严禁使用钢卷尺等金属类尺子进行测量工作。

9）高空作业时，离地1m以上应系安全带，以防失足或触电坠落，同时应注意所带的工具、器材，防止失手落下伤人或损坏设备。

10）维修检查带大电容的电气设备时，应将电容器充分放电，必要时可采用便携式接地线进行短接放电。

11）机舱等工作场所工作时，应有适当的照明，所用灯具电压应符合安全标准。

12）检修工作完毕后送电之前，应检查清点工具，不要遗留。尤其是在配电板、发电机等重要设备附近工作时，更应注意。所有工作全部完成后应及时熄灭不必要的灯或未燃尽的火。

13）严禁使用四氯化碳作为清洁剂，避免设备的绝缘受损。

第二节　船舶电气火灾的预防

要预防船舶电气火灾，首先应该了解船舶电气引发火灾的原因，知道船舶电气设备防火的要求，然后才能真正掌握船舶电气灭火的方法。

一、船舶电气设备引发电气火灾的原因

引发船舶发生火灾有多种原因，电气设备的短路、过载、绝缘老化以及某些故障都是火灾的隐患。这些隐患主要是作为火灾的热源或火源。电气设备的热源或火源包括正常的和非正常的。电气设备正常的热源或火源有：各种触点正常开断火花，正常高温元件（电灯、电热器等）；有可燃物质出现在不该出现的地方和空间，这就为正常工作的电器火源或热源提供了可燃物质，从而成为火灾的隐患；违禁使用四氯化碳作为清洁剂；或用汽油清洗机器部件时未采取有效的防火措施，未注意良好通风，以至有油气积聚等。

电气设备非正常的热源或火源有：电气设备（特别是插座）进水形成短路或接地，在短路点或接地点局部发热；导体的连接点松动、氧化、腐蚀等引起接触电阻过大，造成局部发热；电气设备或电缆长期超负载工作，或由于短路故障、非正常电压等引起电流过大，使温度过高而可能引发火灾；由于乱接、乱拉电线，或在插座上接用超过线路允许载流量的电热器或其他用电设备而造成线路过热；其他原因造成的绝缘强度下降或绝缘破坏，发生短路、接地故障，引起局部过热。

除了上面所介绍的普通船舶电气设备引发的电气火灾原因外，对于油轮、滚装船等船舶，可能存在大量可燃气体的场所较多，这类船舶引发火灾或爆炸的原因还包括静电。据有关资料统计，造成油轮爆炸或引发火灾的主要原因是静电。

综上所述，船舶电气设备引发电气火灾的主要原因可归纳为：①电气设备的绝缘下降或损坏，电气线路发生短路、接地等故障引起的火花；②电气设备长期过载、超负载工作，温升超过允许值，甚至燃烧；③继电器、接触器通断情况不良，灭弧不好；④直流电机换向不好，换向火花过大；⑤导体或电缆连接点松动，接触不好，引起局部发热甚至燃烧；⑥油轮等船舶，静电是造成火灾与爆炸的主要原因。

二、电气设备防火要求与电气灭火

船舶电气防火就是根据电气引发火灾的原因，采取有针对性的措施，避免火灾的发生。

对于可能产生易燃易爆气体的场合，还应注意预防静电的产生及消除静电可能造成的危害。

　　所谓静电，从字面上理解，就是静止不动的电荷，两种相互绝缘的物质，由于各种原因产生正负电荷分离的现象就形成静电。静电积累到一定程度就会在突出部位产生放电，成为火灾和爆炸的隐患。特别是油船，存在可燃气体的空间较大，容易引起爆炸。任何两种不同物质的摩擦、紧密接触-分离、受压、受热或感应都会产生静电，有关静电产生的具体原因和预防措施，参见本章第六节油船电气设备的安全管理的有关介绍。

　　船舶电气防火就是根据有关电气防火要求，针对电气可能产生火灾的原因制定电气防火措施，并严格遵守和执行。船舶电气防火的要求主要有：①经常检查各种电气线路及设备的绝缘电阻，发现接地、短路等故障时要及时排除；②电气线路和设备的载流量必须控制在额定范围内；③严格遵守电气设备维护保养规定，按各种设备的保养周期进行维护保养，尤其是对有触点的电器，应经常注意触头状态和灭弧装置，注意它们的各种参数（如接触电阻、触头弹簧压力与触头行程）是否符合要求，确保各种电气设备处于良好的工作状态；④注意直流电机的维护保养，注意检查直流电机的运行状态，尤其注意其换向火花的情况，发现换向火花过大时，应查找原因及时消除，使直流电机保持在良好的状态下运行；⑤按环境条件选择使用电气设备，易燃易爆场所要使用防爆电器；⑥电缆及导线连接处要牢靠，防止松动脱落；⑦严格按施工要求，保证电气设备的安装质量；⑧参照有关静电预防措施，避免静电火花造成的各种危害。

　　船舶电气灭火与普通消防灭火的最大不同就是在灭火时要考虑电气设备可能带电，要考虑避免救火时造成触电事故；同时还应考虑各种灭火剂对电气设备绝缘的影响，在救火的同时，应考虑保护各种电气设备，尽量降低因火灾造成的各种损失。基于这样的考虑，船舶电气灭火的主要方法可归纳为如下几点：①一旦发现电气设备着火，不应立即用水龙灭火，以防通过水柱触电；②正确的做法是首先迅速切断着火电源，然后采用二氧化碳或卤化烃灭火器等进行灭火；③停电灭火时，应注意尽量缩小停电范围；④电气灭火时，可以采用二氧化碳气体灭火器、1211灭火器。未切断电源时，不能使用水或含水的灭火器（如二氧化碳泡沫灭火器）灭火。

第三节　船舶电气设备接地的意义和要求

　　船舶电气设备的接地，就是把船舶电气设备的金属外壳、支架或电缆的护套等与船体所做的永久性良好连接。它是防止触电和保证电气设备正常工作的重要的安全保护措施。根据不同的接地功能，船舶电气设备的接地类型主要有：①保护接地；②工作接地；③屏蔽接地（屏蔽接地）等。这些接地措施对保护人体不受触电伤害和保证电力系统和电气设备的正常运行等都具有重要意义，下面分别进行介绍。

一、保护接地

　　保护接地是指工作电压在50V以上的电气设备金属壳罩、构架和电缆金属护套等与金属船体钢结构件作良好的电气连接。如图12-4所示。

　　保护接地是用于三相三线绝缘系统，其作用在于确保人身安全。如电气设备未接地，当外壳带电时，由于线路与船体间存在电容和绝缘电阻，在人体触及设备时，较大的电流 $I_b =$

I 就会经人体而形成通路，引起触电事故。进行保护接地后，当人体电阻 R_b 远比接地电阻 R_e 大很多时，流经人体的电流 I_b 就比流过接地体的电流 I_e 小得多，当接地非常良好时，$I_e \approx I$，流经人体的电流 $I_b \approx 0$。因此，保护接地是为防止电气设备因绝缘破坏，使人遭受触电危险而进行的接地。

图 12-4　保护接地

根据上述分析，要使保护接地防止人体触电，其接地电阻应该很小，为此我国《钢质海船入级规范 2022》对保护接地有如下规定：①电气设备的金属外壳均需要进行保护接地，但下列情况除外：工作电压不超过 50V 的设备；具有双重绝缘设备的金属外壳和为防止轴电流的绝缘轴承座；②当电气设备直接紧固在船体的金属结构上或紧固在船体金属结构有可靠电气连接的底座（或支架）上时，可不另设置专用导体接地；③无论是专用导体接地还是靠设备底座接地，接触面必须光洁平贴，接触电阻不大于 0.02Ω，并有防松和防锈措施；④电缆的所有金属护套或金属覆层须作连续的电气连接，并可靠接地；⑤接地导体应用铜或耐腐蚀的良导体制成，接地导体的截面积须符合规定的要求。

二、工作接地

为保证电气设备在正常工作情况下可靠运行所进行的接地称为工作接地。工作接地一般应用于中性点接地的三相四线制电力系统，如图 12-5a 所示，电焊机和绝缘指示灯的

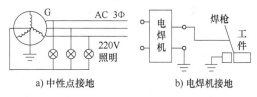

a) 中性点接地　　b) 电焊机接地

图 12-5　工作接地

接地线等也属于工作接地，如图 12-5b 所示，它们都是通过接地线构成回路而工作的，没有工作接地，这些系统或设备将不能正常工作。

我国《钢质海船入级规范 2022》对工作接地的规定如下：①工作接地与保护接地不能共用接地装置；②工作接地应接到船体永久结构或船体永久连接的基座或支架上；③接地点位置应选择在便于检修、维护、不易受到机械损伤和油水浸渍的地方，且不应固定在船壳板上；④利用船体做回路的工作接地线的型号和截面积，应与绝缘敷设的那一级（或相）的导线相同，不能使用裸线。工作接地线应尽量短，并妥为固定，接地电阻不大于 0.01Ω；⑤时平不载流的工作接地线，其截面积应为载流导线截面积的一半，但不应小于 1.5mm^2，其性能与载流导线相同；⑥工作接地的专用螺钉直径不应小于 6mm。

三、屏蔽接地

屏蔽接地属于防干扰接地，是指为了防止无线电干扰，将设备的屏蔽层、外壳等进行的接地，如图 12-6 所示。

无线电通信设备一般都装在封闭的金属机壳内，以防止外来的干扰。屏蔽是抑制无线电干扰的有效措施。任何外来干扰所产生的电场，其电力线将垂直终止于封闭机壳的外表面上，而不能穿进机壳内部。这种屏蔽将使屏蔽体内的无线电通信设备或导体不受干扰源的影响。另外，同样也可以防止无线电干扰源影响屏蔽体外的无线电通信设备或带电体。

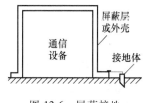

图 12-6　屏蔽接地

我国《钢质海船入级规范2022》对屏蔽接地的主要要求有：①露天甲板和非金属上层建筑内的电缆，应敷设在金属管内或采用屏蔽电缆。②凡航行设备的电缆和进入无线电室的所有电缆均应连续屏蔽。与无线电室无关的电缆不应经过无线电室。若必须经过时，应将电缆敷设在金属管道内，该管道进、出无线电室均应可靠接地。③无线电室内的电气设备应有屏蔽措施。无线电分电箱的电源电缆，应在进入无线电室处，设置防干扰的滤波器。无线电分电箱、无线电助航仪器以及分电箱的汇流排上，应设置抑制无线电干扰的电容器。④内燃机（包括安装在救生艇上的内燃机）的点火系统和起动装置应连续屏蔽。点火系统电缆可采用高阻尼点火线。⑤所有电气设备、滤波器的金属外壳，电缆的金属屏蔽护套及敷设电缆的金属管道，均应可靠接地。

四、其他接地

除了上面介绍的三种接地外，常见的接地形式还有：保护接零、重复接地和避雷接地等。

对于中性点接地的低压电力系统，为防触电，将电气设备的金属外壳、电缆金属护套等与系统的零线作可靠的电气连接，即为保护接零，如图12-7所示。当电气设备某相绝缘损坏碰壳时，通过零线构成单相短路。因这种单相短路电流较大，可使电气设备的继电保护开关或熔断器断开。从而既避免了人身触电，又迅速切除了故障设备，保证了其他电气设备的正常运行。即使在保护电器断开之前触及外壳时，也由于人体电阻远大于零线回路电阻而使人体电流极小。

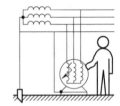

图12-7 保护接零

应该说明的是，在同一系统中，不可把一部分电气设备保护接地，另一部分则保护接零。因为当出现保护接地的设备碰壳漏电故障时，系统将出现三相严重不平衡。于是零线将出现较大电流，零线电阻压降将使零线具有较高的对地电压，那些保护接零的电气设备的外壳将具有较高电位，从而构成对人身安全的威胁，甚至造成触电事故。

重复接地是指在中性点接地的三相四线制系统中，为确保接零可靠，防止因接零线断裂而造成触电事故，可将零线多处接地，如图12-8所示。

为防止雷击而进行的接地，称为避雷接地，又称为防雷接地，船舶的避雷接地主要是从船舶桅杆的顶部通过专用的接地线与接地装置连接到船底的船体上，由于船舶主要是金属构件，本身具有很好的传导雷电流的能力，相对岸上的防雷接地，船舶的避雷接地更为简单。

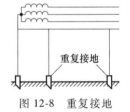

图12-8 重复接地

保护接零、重复接地在岸上电力系统应用较多，在船上，目前要求采用中性点对地绝缘系统，因此保护接零和重复接地等较为少见。

第四节 船舶电气设备绝缘

正如本章第三节所说的，船舶环境要比一般陆用条件恶劣得多，船舶恶劣的环境影响最大的是电气设备的绝缘，船舶高温影响的是绝缘材料的性能，潮湿、盐雾、油雾和霉菌影响的还是绝缘材料的性能。而且船舶又处于连续运动状态，电气设备的绝缘性能受到影响，将直接造成设备工作的不正常，最终影响船舶的连续运行。因此，电气设备绝缘比陆用要求要高。本节主要介绍船舶电气设备绝缘的意义和要求以及常用电工绝缘材料的类型和等级。

一、船舶电气设备工作条件

1. 船舶电气设备绝缘的意义

电气设备的绝缘不仅直接影响其正常运行和使用寿命，而且影响着用电的安全。只有绝缘良好才能隔离电气设备中有不同电位的部件，才能使电流沿着一定的导体路径流通，才能保证电气设备正常工作；只有绝缘良好才能使人免遭触电，才能使人对其进行安全操作。总而言之，保证电气设备的绝缘，就是保证线路中的电流按所要求的路径通过，其主要意义是：①保证设备正常运行；②保障操作人员的安全。

电气设备的绝缘是靠各种绝缘材料（包括空气、液体的、固体的）来实现的，而这些绝缘材料在恶劣环境条件下工作，很容易老化或降低绝缘性能。因此，在湿热、霉菌、盐雾、油雾等恶劣的环境条件下，要求船用电气设备能保持良好的绝缘状态。对船用电气设备提出的所谓三防（防湿热、防霉菌和防盐雾油雾）要求，基本上是针对绝缘材料而言的。应该指出的是，在构成电气设备的材料中，绝缘材料是最薄弱环节，电气设备的使用寿命很大程度上取决于绝缘材料的寿命。

影响电气设备绝缘材料性能及其使用寿命的最主要因素是其耐热性（或热稳定性）。许多电气设备的损坏也往往是由于绝缘材料的热击穿而引起的。因为每一种绝缘材料都有一个耐热的极限温度（或称为最高允许工作温度），超过这个极限温度将加快绝缘材料的老化，过早地失去绝缘性能；严重时会使绝缘材料迅速发焦而引起短路或火灾。所以在使用中，电气设备中的最热点温度不能超过其绝缘材料的最高允许温度。

2. 船舶电气设备的额定值

船舶电气设备使用的额定值是指在给定的工作条件下能保证正常运行所容许使用的电压、电流、功率、频率、温升等数据。给定（或规定）的条件主要是指前述的环境条件以及使用条件。

使用条件如连续工作制、短时工作制、重复短时工作制、频繁操作和非频繁操作等。即在这些规定的条件下不超过额定值运行，电气设备的绝缘就不会发生电击穿或热击穿，特别是热击穿。一般而言，设备产生的热量将随工作时间的增加而增多。但设备的温度升高后，本身也存在散热，当设备的发热与散热平衡后，设备将在一个稳定的温升下长期运行，只要设备的发热和散热条件都保持不变，设备的稳定温升也不变。

连续工作制的设备，允许设备在规定的额定参数下长期运行，因此具有稳定温升。应该说明的是，实际上设备设计就已考虑长期运行时发热与散热等诸多因素，计算出设备运行后本身可能达到的温度，然后以此为依据规定设备所允许的额定电压、额定电流等额定参数，只要在工作时不超过额定参数规定的数值，设备即可长期稳定运行。

短时工作制的设备，工作时间短，设备还未达到稳定温升就停止工作，而且停止工作的时间长，下次重新工作时设备的温度已经降到环境温度。也就是说，短时工作制的设备，工作时达不到稳定温升就停止工作，下次工作时是从温升为零开始的。根据工作时间的不同，我国规定的标准短时工作制有四种不同的工作时间：15min、30min、60min和90min。应该说明的是，同样一台设备，以不同的负载或不同的电流工作，要达到相同的温升的时间是不一样的。换句话说，同一台设备，在保证不超过设备允许的温升的条件下，若负载大或电流大，则短时工作制设备允许的工作时间就短；若负载减小或电流减小，则短时工作制设备允许的工作时间就增加。

重复短时工作制的设备，按一定的周期工作，设备工作时未达到稳定温升就停止工作，停止工作后温升未降为零又开始工作。工作期间断续工作制设备的温升总是在一个高限与一个低限之间的范围内波动。断续工作制设备标准工作周期为10min，其工作能力用负载持续率进行衡量，所谓负载持续率，是指一个周期内设备通电工作时间与周期之比的百分数，用FC%表示：

$$FC\% = \frac{通电时间}{一个周期总时间} \times 100\% = \frac{通电时间}{通电时间 + 停电时间} \times 100\% \quad (12\text{-}1)$$

我国规定的标准重复短时工作制的负载持续率也有四种不同的系列：15%、25%、40%和60%。

综上所述，电气设备的定额有连续、短时和断续三种工作制。不同定额的设备，可根据其工作时的温升进行定义。定额与额定参数的确定，都应满足工作时不超过最高允许温度（也称为极限温度），或不超过允许温升。电气设备按额定值工作时应注意的事项归纳如下：

1）电气设备运行时，将产生铜损耗、铁损耗、机械损耗等。这些损耗都将转化成热量使设备的温度提高。但只要电气设备运行时的最高温度不超过其绝缘材料的最高允许温度，就不会减少它的使用寿命。

2）电气设备在规定的条件下不超过额定值运行，不会超过其绝缘材料的最高允许温度，因此不会影响它的使用寿命。

3）电气设备的温升是指设备温度与环境温度之差。但由于环境温度是一个变化的量，不能用来表示设备负载能力，因此电气设备常给出额定温升。所谓额定温升是指在额定运行状态下稳定运行时，设备的最高允许温度与标准环境温度（45℃）之差。

4）绝大多数电气设备发生短暂的过载是允许的，因为额定温升与其绝缘材料的允许温度之间都有适当的裕量，而且温度升高需要一定的时间。

5）若实际的环境温度超过规定的标准环境温度（45℃），则应考虑适当减载或加强冷却措施。注意清除任何妨碍散热的因素和障碍，如表面的污垢、覆盖、遮挡、通风道的阻塞等。

6）不同工作制的电气设备不能互换代替（主要指没有经过发热核算的直接代替）。例如短时工作制的设备，其运行时间短，在运行期间达不到稳定温度，为充分利用绝缘材料的耐热能力，其使用的额定电流（或功率）要大于连续工作制的，运行到温度接近于绝缘材料的允许温度时即应停止运行。所以不能以短时额定值连续运行，重复短时工作制的情况也与此相似。

二、常用电工绝缘材料的类型和等级

1. 绝缘材料的类型

绝缘材料是指电阻率大于 $10^9 \Omega \cdot cm$ 的电介质，绝缘材料的类型很多，从形态上分为气体、液体和固体三类。固体绝缘材料又分为无机、有机和有机无机混合绝缘材料，以及耐高温（180~250℃）的硅有机绝缘材料。

无机绝缘材料，如云母、陶瓷、石棉、玻璃、大理石等，其耐热性高，不燃烧，不分解。有机绝缘材料，如橡胶、树脂、虫胶、棉纱、纸、麻、丝、人造丝等，耐热性差，易老化，高温下可分解、燃烧或炭化。有机无机混合绝缘材料，其性能取决于组成材料的性质。人工合成的有机绝缘材料可塑性高、密度小、强度高、耐油、耐磨、易加工成型，如粉压塑料、聚氯乙烯塑料和有机玻璃等。耐热硅绝缘材料介于有机和无机物之间的合成物质，如有机硅绝缘漆、有机硅橡胶、有机硅黏合云母板和有机硅塑料等。

在船舶电气设备维修中，常用的固体绝缘材料有各种绝缘带（如白布带、黑胶布带、黄腊绸带、玻璃漆布带、聚酯膜带等）、各种绝缘纸（如青壳纸、钢板纸、酚醛层压纸（布）板、玻璃布板等）和各种绝缘套管等；常用的绝缘漆有两类，即浸漆用的各种牌号的青漆和覆盖用的各种牌号的磁漆。各种绝缘材料一般都有统一的代号，这些代号通常由大类代号、小类代号等组成，限于篇幅，本节不予介绍，有兴趣者可参考有关电工手册或相关产品说明书了解。

2. 绝缘材料的性能指标

1）耐压：绝缘材料都在一定的电压下工作，工作电压过高会加速老化。对船用低压设备，所有绝缘材料都能满足要求。

2）耐热性能好：工作于电气设备（电机、电器、电热器等）上和温度较高场合（如锅炉舱等）的绝缘材料，由于设备和周围环境温度的升高，将使绝缘材料的温度随之升高。绝缘材料受热后将发生软化、熔化、挥发、灼焦、开裂、脆化、电阻率降低、损耗增加、老化和热击穿等一系列性能与形态的变化，因而要求绝缘材料的导热性好、热导率高，同时具有足够的热稳定性。

3）耐潮、抗霉性能好：船舶绝缘材料经常受到霉菌的侵袭，使材料丧失绝缘性能。当遭霉菌侵袭后，轻者使绝缘材料表面呈现白霉点，重者可长出白色绒毛状的霉菌，导致绝缘性能变差甚至击穿。当温度为 20～30℃，相对湿度为 85%～100% 时，最适宜霉菌的生长。为了提高防霉性能，在船用绝缘材料中往往用加入防霉剂的方法来杀死或抑制霉菌的生长。有些电器设备往往增设必要的加热环节，提高材料防潮防霉的性能。

4）机械强度高：船舶绝缘材料因受到机械力的影响（如振动、压挤、拉伸等），会使绝缘材料产生裂纹、起层皮、变形和破损等，因此要注意选择机械强度高的绝缘材料。

3. 绝缘材料的耐热等级

按最高允许温度的不同，将各种绝缘材料划分为七个不同的耐热等级，见表12-1。早期规定船舶电机大都为 E 级和 B 级绝缘，目前船舶各种电机包括变压器都为 B 级绝缘。

表 12-1 绝缘材料的耐热等级

耐热等级	Y	A	E	B	F	H	C
极限温度/℃	90	105	120	130	155	180	>180
额定温升/℃	45	60	75	85	110	135	>135
材料举例	未浸漆的棉纱、丝、纸及其组合物	Y型材料经绝缘漆处理	高强绝缘漆、环氧树脂、有机薄膜	云母、石棉、玻璃纤维等	以有机纤维材料补强和不带补强的云母制品、玻璃丝	加厚的F级材料、复合云母、有机硅云母制品、硅有机漆、复合玻璃布、复合薄膜等	石英、石棉、云母、玻璃和电瓷材料等

在表 12-1 中，第一行列出的是绝缘材料的七个耐热等级：Y、A、E、B、F、H 和 C；第二行列出的是对应等级的绝缘材料，设备工作时温度最高点所允许的极限温度；第三行列出的则是对应设备的额定温升；第四行列出的是对应等级使用的绝缘材料类型。由第二行和第三行看，两行的数据相差 45℃，即设备的极限温度等于设备的额定温升与标准环境温度值（45℃）之和。

第五节 船舶高压电力系统的电气安全

一、高压电力系统的安全措施

和低压电力系统不同，在高压电力系统中，即使在发电机的断路器分闸断电后，线路和设备上残存的电荷仍有可能形成高压。定子绕组或励磁绕组残余电场释放出来的电荷能量足以击倒一头牛，安全隐患极大。此外，操作人员即使没有直接接触带电部分，如果相距带电部分近或小于规定的安全操作距离（对于带电体，在空气中，6.6kV 的有效安全距离为 90mm），也可能受到严重的触电伤害。因此，如何保障安全被视为高压系统最重要的问题。

高压电力系统主要采取了以下安全措施：

1）各控制屏内断路器室、高压电缆室（包括电流互感器、电压互感器、接地开关等）和高压汇流排室等相互隔离。控制屏的顶部装有气体减压活门，用以释放电弧爆炸时产生的有害气体和金属离子。

2）各控制屏均装有机械和电气联锁装置，以确保维修保养人员接触的线路无电。进行维修时，首先要将 VCB 分闸，接着用专用工具将 VCB 从"SERVICE"位置拉出到"TEST"位置（可对 VCB 的低压控制电路进行测试），此时 VCB 的触头与汇流排完全脱开，然后再用专用工具合上接地开关。

仅在 VCB 断开并合上接地开关的情况下，才能打开控制屏上部的前面板，进而拿到钥匙以开启控制屏的后门。

3）主发电机与断路器之间、日用变压器和冷藏变压器的原边与断路器之间、侧推器电动机与断路器之间、高压汇流排两个接地屏均安装有接地开关，接地开关（三相）的一端与接地点可靠连接。在停电维修高压线路或设备时，合上相应的接地开关，能保证被维修线路和设备的可靠接地、防止电荷积累。在断路器意外合闸时，由于线路三相接地，短路电流会使断路器立即跳闸。

二、严格的接地放电程序

停机维护保养定子绕组或励磁绕组前，必须严格执行接地放电程序，确认接地可靠、充分放电后，才能开始检修。不严格执行接地放电程序，危害极大，酿成重大事故的案例相当多。

高压电系统的日常管理中最重要的是：检修前必须严格执行接地放电程序。

检修完毕，也必须严格执行恢复程序。检修完毕恢复程序出错也有险些酿成重大事故的案例。

三、高压设备安全检修规定

高压电力设备在检修时要采取可靠的安全措施，主要包括：

1）确定设备已经停电。

2）验电。

3）连接接地线和接地开关。

4）安排监护人。

高压配电板的整个操作、检查过程，必须有两个具有一定资质和经验的专业人员在场。一个人实施具体操作，另一个人作为监护人，监督操作的正确性和完整性，发现问题及时提出并有效制止。前一代 JRCS 高压配电板接地放电前没有抽出主开关的步骤，容易造成在没有打开接地开关的情况下误将主开关合闸，结果是汇流排 6600V 电压直接接地，后果不堪设想。曾发生过监护人员及时制止操作人员的误操作，有效避免一场特大操作事故的案例。

5）悬挂警示牌。

6）征得轮机长同意。

7）值班轮机员知道。

8）检查安全用具。

9）填写"CHECKLIST"。

10）准备适当的医护设备。

11）工作时头脑要冷静。

12）准备好方案和图纸。

13）材料要自己准备好。

14）设备如有延伸，应安排好专人在场，指导工作完毕。

15）检修设备附近，应拉起黄/黑色塑料带，防止他人误进。

四、装设临时接地线方法

1）确认设备无电。

2）轮机长同意。

3）值班轮机员知道。

4）挂好警示牌。

5）三相接地，接地电缆截面积大于 $25mm^2$。

6）要有监护人。

7）完成工作后，要拆除接地线并测量绝缘合格后再送电。

五、工作监护

1）电机员需与监护人沟通，让监护人明白自己要干什么活。

2）当监护人离开时，电机员应停止工作。

3）监护人应有通信设备与值班轮机员或驾驶台保持联系。

4）监护人应熟知一些救护常识。

5）监护人至少有一人。

六、运行设备时的注意点

不要同时 on/off 设备，以防止电压冲击，没有轮机长的同意，不要擅自打开或检修设备，高压设备送电时，要确认没人，不要擅自送电。

七、绝缘安全用具

1）高压绝缘棒。

2）高压绝缘表（13000V）。

3）电压感应仪（70～20000V），当附近有电时，会发出声光。

4）高压手套。

八、安全用电

1）触电常与环境、安全装备、个人安全意识和技术有关。

2）触电分为几种：低压触电、感应触电、误触带电设备、与带电设备安全距离不够、带电作业失误、误送电、外壳未接地（国家规定大于 24V 须有接地线）、电网绝缘低等。

3）触电救护要点

切断电源；合适的绝缘工具；快速判断呼吸心跳，进行胸压和人工呼吸，迅速联系医院。

为此，管理高压电力系统时除了严格遵守一般安全用电要求和严格按照操作规程进行操作外，还应该特别注意如下几点：①检修高压设备时一定要注意与检修设备有关的隔离开关是否断开；②检修高压设备的同时，必须确保相应的接地开关已闭合接地，并检查接地电阻是否满足要求；③注意不要随意触摸电气设备的外壳，尤其是正在运行的高压电气设备禁止用手摸法感知设备外壳的温度，防止因接触电压造成触电；④注意与运行中的高压电气设备保持安全距离，避免因可能的跨步电压造成的触电危险。万一感觉到跨步电压威胁时，应立即停止前进，并迅速双脚并拢或抬起一只脚，然后朝远离高压设备的方向跳跃前进。

虽然与低压电力系统相比，高压电力系统的额定电压等级提高了，触电的危险增大，但只要严格遵守一般安全用电要求，严格按照操作规程进行管理与操作，时刻保持安全意识，及时排除各种隐患，那么对高压电力系统的运行管理和操作还是非常安全的。

第六节　油船电气设备的安全管理

油船的主要特点是存在产生大量易燃易爆气体的场所和可能，因此油船电气设备安全管理首先应认清不同区域的特点，然后明确静电产生火灾的原因和如何预防的方法，同时还应该掌握有关油船舱电气设备的管理要求。

一、油船的舱室区域划分与电气装置要求

油船按危险程度将舱室区域划分为三类，第一类为直接产生易燃易爆气体的舱室或区域；第二类为紧邻第一类舱室区域的、经常存在大量易燃易爆气体的舱室或区域；第三类为除了第一、二类以外的其他舱室或区域。

第一类舱室区域是危险程度最高的区域，主要包括货油舱和垂直隔离舱。第二类舱室区域的危险程度也非常高，虽然相对第一类区域其危险程度略有下降，但与第一类区域同样属于油船危险区。第二类舱室区域主要包括：①货油泵舱；②水平隔离空舱；③货油舱和垂直隔离空舱上面直接邻近的舱室；④贮藏输油软管的舱室；⑤货油舱向首尾各延伸 3m 及离甲板高度为 2.4m 以内的露天区域；⑥离爆炸性气体出口 3m 以内的露天区域。第三类舱室区域仍然存在较高的危险程度，属于油船的扩大危险区。由油船舱室区域的划分可知，油船舱室区域没有安全的区域，除了危险区外就是扩大危险区，到处都可能存在易燃易爆气体，都可能引发火灾与爆炸。正是这样的特殊情况，因此对油船电气装置有特殊的要求，具体如下：

第一类舱室区域内严禁敷设电缆与安装电气设备。在不可避免的情况下，垂直隔离舱内才允许安装测深仪振荡器，但该振荡器必须安装在坚固油密的罩壳内，电缆应敷设在气密坚固的管子中。在进入隔离空舱处的电缆管道内需以填料封隔。

在第二类舱室区域内虽然不禁止敷设电缆与安装电气设备，但安装的电气设备必须满足如下要求：①所装电气设备必须是防爆式的，不得安装插座；②电缆应选用护套电缆或穿气密管子敷设，出入该类舱室的电缆孔应以填料分隔，防止可燃性气体进入其他舱室；③所装照明灯具应符合我国《钢质海船入级与建造规范》的条件；④货油泵舱的照明由两路电源供电，灯点需交错布置；⑤非防爆电气设备与货油舱透气管出口端的距离应不小于 1m；⑥若在油泵舱内安装测深仪振荡器，则要求与第一类舱室相同。

第三类舱室区域和空间内安装的电气独立回路允许工作接地，露天空间安装的插头、插座应具有联锁功能，即在开关接通电源的位置时，既不能插入也不能拔出，只有在断开位置时插头才可以插入或拔出，以避免操作时产生火花。沿步桥敷设的电缆应选用足够强度的护套电缆，或设有牢固的金属罩壳，电缆和电缆管道还应远离蒸汽管道敷设，并有防止船体变形所引起的应力损伤电缆的补偿措施。

二、油船静电起火的预防

对油船安全构成最大威胁的因素之一是静电。产生静电的根本原因是相互绝缘的任何两种不同物体之间存在摩擦、紧密接触-分离、受压、受热或感应。在船上产生静电的原因主要有：

1）当货油沿着输油管路流动和流入货舱时，由于油与管壁、油舱的摩擦和冲击，因而产生和积聚静电荷。

2）船体在风浪影响下的摇摆振动，会使油品与油舱壁产生摩擦而生成和积聚静电荷。

3）油品通过多孔或网状过滤器、隔离装置时也会有静电的产生和积聚。

4）油品微滴的飞溅与空气摩擦及油中结晶水滴的沉降过程，也会产生静电。

5）油舱内的油品与油面漂浮物的相互撞击，会产生静电。

6）在对油舱采样测量时，测杆和采样器具在施放和提升过程中，油舱内会产生静电。

7）洗舱机和喷嘴软管在洗舱工作过程中会产生静电。洗舱水柱、水雾、水珠等形成的水滴降落在油品中发生冲击时，也会产生静电。

8）油舱内的铁锈、石油渣滓等沉淀物在下沉时，会产生静电。

9）油舱上索具和吊杆的摩擦，会产生静电。

10）落到油舱的物品及工具等，在坠落和发生碰撞时，会产生静电。

11）人是静电的良导体，当人体穿脱毛料和合成纤维衣服时，会产生极高的静电电压，足以引燃周围的爆炸性气体。

总之，液体的流动、过滤、搅拌、喷雾、飞溅、冲刷、灌注、剧烈晃动等过程，都可能产生危险的静电；人体和衣着也会产生危险的静电。穿脱毛料与合成纤维衣物时，由于摩擦和接触-分离所产生的静电电压可高达数千伏至数万伏，足以引燃周围的爆炸性气体；人体是静电的良导体，人体处于带电的静电空间因感应而成为一个独立的带电等位体，人体与地或与周围物体之间达到一定的电位差时就会产生放电；船舶在航行中，带电低云层的静电感应，也会使船舶金属体感应带电。船舶航行与空气的摩擦也会使金属体带电。

燃烧和爆炸必须同时具备三个基本条件：①有可燃性气体；②有空气或氧气；③有火源或危险温度。油轮上存在着大量易燃易爆的混合气体和可燃性物质，对油轮的安全极为不利。而静电是引起油轮火灾和爆炸事故的重要原因，必须设法预防。预防的出发点首先是避免或减少静电的产生，如尽量减少各种摩擦、感应及极化起电现象；其次是采取接地措施消散静电，避免静电的大量积聚而产生火花放电。具体措施有：

1）货油舱在卸油、排压载水或洗舱前，都要向舱内充入惰性气体；航行期间，也要向舱内补充惰性气体，以使其含氧量极低。该惰性气体可由锅炉或主机的排烟经洗涤、净化、干燥等处理后产生，亦可由专用的惰性气体产生设备提供。

2）由于静电与货油的流速成正比，因此在装卸油时应控制货油的流速，以不超过 4m/s 为宜。为防止油管内或舱底残留积水而发生油水冲击从而大量产生静电，开始装油时，货流速度应控制在 1m/s 以下；待油装至高出舱底肋骨后，才逐渐加速到 4m/s。

3）油管要用接地电缆连接，具体的接线要求是：接油管时，应先接接地电缆，后接油管；在拆油管时，应先测油管，后拆接地电缆，两者切勿颠倒。接地电缆的直径为 16mm，导线与船体的接触面积应大于 75%。

4）装油后测量、取样时，应考虑油的半衰时间，宜在装完后 30min 进行，所用的量尺及取样装置应采用非金属材料制成。

5）洗舱时，应尽可能避免由于水雾带电而产生静电电压，洗舱机台数不宜过多，在吊入舱内之前应可靠接好接地电缆，工作人员必须防止金属工具落入舱内。

6）油船工作人员应穿导电好的衣服和鞋袜，不宜配戴与人体绝缘的金属器件。有条件时，可在油轮入口处装设消静电装置，消除人体静电。

三、油船电气设备的管理要求

由于油船存在极大的火灾和爆炸危险，因此油船电气设备必须具有防爆能力。根据防爆能力的不同，电气设备防爆类型可分为四种：①本质安全型；②隔离型；③增安型；④正压型。

本质安全型电气设备用代号"i"表示，本质安全型电气设备在正常运行或发生故障情况下产生的火花或热效应，均不能点燃爆炸性混合物。隔离型电气设备用代号"d"表示，隔离型电气设备内部发生爆炸时，不会导致或引起外部爆炸性混合物爆炸。增安型电气设备用代号"e"表示，增安型电气设备是指在正常运行时不产生火花、电弧或高温的设备上再采取措施，以提高其安全性。正压型电气设备用代号"p"表示，正压型电气设备的内外壳之间充入具有一定正压力的清洁空气、惰性气体或连续通入清洁空气，以阻止爆炸性混合气体或物质进入电气设备的内壳引起爆炸危险。为了保证油船电气设备使用的安全，在电气设备的选用和管理方面应注意：

1）油船配电系统只允许采用对地绝缘系统，即发电机和供配电系统均不应接地，更不能将船体作为回路。

2）危险区域必需使用的电气设备应为防爆型结构，或采用本质安全型电路或设备。本质安全型电路或设备是用以进行测量、监视、控制、通信信号等的弱电电路，没有高压和大电流，电路与其电源间有短路隔离保护措施，多为无触点的半导体器件，在正常或故障情况下，所产生的火花能量不足以点燃可燃性气体。

3）定期检测电缆、电气设备的绝缘电阻，保持绝缘良好。

4）检测电气设备时，要防止工具碰击短路产生电火花。

5）不允许任意架设临时供电线路和装设临时灯具，或随意加大电气设备功率。在调换灯管、灯泡时应先关断电源，在防爆灯及灯泡上不得涂刷油漆和包裹易燃纸品等物。

6）在室外禁止使用非防爆式灯具，手电筒也应是防爆的。

7）主电站和应急电站应定期清洁，防止油污造成短路。

8）严格控制使用电炉，尤其是明火电炉，应绝对禁止使用。

9）要防止电缆、电气设备与高温管道接触，保证绝缘不损坏。

10）油船严禁悬挂彩灯。

除了上面对电气设备的选用与管理方面的要求外，油船在装卸油品、洗舱、打压载水等工况时，由于存在大量液体流动，容易产生静电并引发爆炸，因此在这些工况下还应注意如下九点：①不允许动用电焊、风焊、喷灯以及易于发生火灾的电动工具。②停止蓄电池充电。③无线电通信只许收报，不能发报。④断开货油舱口附近及货油舱进气口的电动机电源。关好各种起动箱控制室、插座的门盖，以防油气等的侵入。⑤禁止在室外和气密场所使用万用表和兆欧表。⑥关闭变流机组、通风机、加温器等设备的电源。⑦断开雷达电源，天线转至背向油舱的方向。⑧使用防爆式报话机时，应站在货油舱口的下风。如需换电池，要在室内进行，使用固定式超短波电话时，应将输出功率调到1W以下。⑨修理雷达、发报机和各种助航仪器时，应先经测爆，在确认无可燃气体威胁时，方可进行修理。

复习与思考

12-1. 什么是电伤？什么是电击？它们的区别是什么？

12-2. 人体触电有几种形式？哪一种形式危害最大？为什么？

12-3. 试分析说明触电方式及对人体的危害。

12-4. 影响触电危险性的因素有哪些？

12-5. 预防触电的主要措施有哪些？

12-6. 什么是安全电压？使用安全电压是否就可以避免触电？为什么？

12-7. 国际上通用的可允许接触的安全电压是如何划分的？

12-8. 发生触电事故的主要原因、客观原因和具体原因各是什么？

12-9. 发现有人触电应采取哪些措施进行急救？

12-10. 船舶电气防火的要求有哪些？

12-11. 船舶电气设备引发电气火灾的主要原因有哪些？

12-12. 引起船上电气火灾的原因有哪些？

12-13. 如何预防电气设备引起的火灾？

12-14. 扑灭电气设备起火的器材有哪些？各有何特点？

12-15. 什么是绝缘材料的耐热等级？各级极限温度和额定温升各为多少？

12-16. 绝缘材料的耐热等级有哪几级？每级绝缘材料各由什么材料构成？

12-17. 什么是电气设备的定额？什么是工作制？电气设备有哪几种工作制？

12-18. 各种工作制的电气设备有什么特点？我国规定短时工作制有哪几个具体的规格？

12-19. 什么是重复短时工作制？什么是负载持续率？我国电气设备的负载持续率有哪几种？

12-20. 何谓保护接地？简述其原理。

12-21. 何谓保护接零？简述其原理。

12-22. 高压电力系统主要采取哪些安全措施？

12-23. 高压设备安全检修规定有哪些？

12-24. 油船的舱室区域是如何划分的？各类区域主要包括哪些处所？有何特点？

12-25. 什么是静电？船舶产生静电的原因主要有哪些？

12-26. 为什么说静电是对油船安全构成最大威胁的因素之一？如何预防静电？

12-27. 油轮区域如何划分？每个区域对电气设备有何要求？

12-28. 如何预防油轮因电气设备引起的火灾？

12-29. 货油装卸时，应如何防止静电引起的火灾？

12-30. 本质安全型、隔离型、增安型和正压型分别指什么电气设备？

附　　录

附录 A　国家标准部分常见电气图形符号

名 称 及 说 明	图 形 符 号	名 称 及 说 明	图 形 符 号
直流		带固定抽头的电感器,示出二个抽头	
中频(音频)		发光二极管(LED)一般符号	
抗干扰接地 无噪声接地		单向击穿二极管 电压调整二极管 齐纳二极管	
接机壳 接地面		反向阻断二极晶体闸流管	
故障 (指明假定故障的位置)		反向阻断三极晶体闸流管, P型控制极(阴极侧受控)	
屏蔽导体		PNP 半导体管	
电缆中的导线,示出三根		具有 P 型双基极的单结半导体管	
T形连接(形式1、形式2)		光敏电阻 光电导管	
导体的换位 相序变更 极性反向		光电池	
插头和插座		旋转变流机	
断开的连接片			
可调电阻器		直线电动机一般符号	
极性电容器,例如电解电容			
预调电容器		直流串励电动机	
磁心有间隙的电感器			

（续）

名 称 及 说 明	图 形 符 号	名 称 及 说 明	图 形 符 号
三相笼型感应电动机		（多触点组中）比其他触点提前释放的动断触点	
三相绕线式转子感应电动机		当操作器件被释放时延时断开的动合触点	
		当操作器件被释放时延时闭合的动断触点	
自耦变压器		手动操作开关一般符号	
扼流圈 电抗器 （形式2与电感器，线圈，绕组相同）		具有动合触点且自动复位的拉拔开关	
电流互感器 脉冲变压器 （形式1、形式2）		位置开关,动合触点	
动合（常开）触点 本符号可用作开关的一般符号（形式1、形式2）		接触器 接触器的主动合触点（在非动作位置触点断开）	
先断后合的转换触点		断路器	
先合后断的转换触点（形式1、形式2）		负荷开关（负荷隔离开关）	
双动断触点		电动机起动器一般符号,特殊类型的起动器可在一般符号内加限定符号	
		调节-起动器	
（多触点组中）比其他触点滞后吸合的动合触点		可逆式电动机直接在线接触器式起动器	

（续）

名 称 及 说 明	图 形 符 号	名 称 及 说 明	图 形 符 号
自耦变压器式起动器		交流（工频或亚音频）	
缓慢释放继电器的线圈		接地，一般符号 地，一般符号	
缓吸缓放继电器的线圈		保护接地	
热继电器的驱动器件		等电位	
熔断器一般符号		闪络 击穿	
熔断器式开关		绞合导线，示出两根	
熔断器式负荷开关		同轴对	
热电偶，示出极性符号 带直接指示极性的热电偶，负 极用组线表示		中性点	
		阴接触件（连接器的）插座	
		阳接触件（连接器的）插头	
灯，一般符号信号灯，一般 符号		接通的连接片（形式 1、形 式 2）	
		电阻器，一般符号	
电喇叭		电容器，一般符号	
		可调电容器	
报警器		电感器，线圈，绕组，扼流圈 示例：带磁心的电感器	示例
电动气笛		带磁心连续可变电感器	

（续）

名 称 及 说 明	图 形 符 号	名 称 及 说 明	图 形 符 号
半导体二极管一般符号		双绕组变压器（形式1）	
热敏二极管		形式2（瞬时电压的极性可以在形式2中表示）	
双向二极管		形式3（示例：示出瞬时电压极性的双绕组变压器，流入绕组标记端的瞬时电流产生助磁通）	
反向阻断三极晶体闸流管，N型控制极（阳极侧受控）		电压互感器（形式1、形式2）	
双向三极晶体闸流管三端双向晶体闸流管		动断（常闭）触点	
集电极接管壳的NPN半导体管		中间断开的双向转换触点	
具有N型双基极的单结半导体管		双动合触点	
光电二极管具有非对称导电性的光电器件		（多触点组中）比其他触点提前吸合的动合触点	
电机的一般符号符号内的星号用文字符号代替		（多触点组中）比其他触点滞后释放的动断触点	
发电机		当操作器件被吸合时延时闭合的动合触点	
步进电动机一般符号			
直流并励电动机			
单相笼型有分相绕组引出端的感应电动机			

（续）

名 称 及 说 明	图 形 符 号	名 称 及 说 明	图 形 符 号
当操作器件被吸合时延时断开的动断触点		操作件一般符号 继电器线圈一般符号 （形式1、形式2）	
当操作器件吸合时延时闭合。释放时延时断开的动合触点		缓慢吸合继电器的线圈	
具有动合触点且自动复位的按钮开关		快速继电器（快吸和快放）的线圈	
具有动合触点但无自动复位的旋转开关		电子继电器的驱动器件	
位置开关，动断触点		熔断器烧断后仍可使用，一端用粗线表示的熔断器	
具有由内装的测量继电器或脱扣器触发的自动释放功能的接触器		熔断器式隔离开关	
隔离开关		避雷器	
具有由内装的测量继电器或脱扣器触发的自动释放功能的负荷开关		变换器，一般符号	
步进起动器		闪光型信号灯	
带晶闸管整流器的调节-起动器		电铃	
星-三角起动器		由内置变压器供电的指示灯	
		蜂鸣器	

附录 B 国家标准常见基本文字符号和辅助文字符号

设备和装置类别	名称	英文名称	单字母符号	双字母符号
组件部件	天线放大器	Antenna amplifier	A	AA
	控制屏	Control pan		AC
	高压开关柜	High voltage switch gear		AH
	仪表柜、模拟信号板、稳压器、信号箱	Instrument cubicle, Mopboard, Stabilizer, Signalbox		AS
从非电量到电量或相反	扬声器、送话器、测速发电机	Loudspeaker, Microphone, Techgenerator	B	BR
电容器	电容器、电力电容器	Capacitor, Powercapacitor	C	CP
其他元件	发热器件	Heating device	E	EH
	空气调节器	Ventilator		EV
	其他未规定的器件			
保护器件	避雷器	Arrester	F	FA
	熔断器	Fuse		FU
	限压保护器件	Voltage threshold protective device		FV
	报警熔断器	Warning fuse		FW
发电机及电源	蓄电池	Storage battery	G	GB
	柴油发电机	Diesel generator		GD
	稳压装置	Constant voltages equipment		GV
	不间断电源设备	Uninterrupted power source		GU
信号器件	声响指示器	Acoustic indicator	H	HA
	电铃	Electrical bell		HB
	蜂鸣器	Buzzer		Hz
接触器、继电器	瞬时接触继电器	Relay	K	KA
	电流继电器	Curren trelay		KC
	热继电器	Thermo relay		KH
	接触器	Contactor		KM
	时间继电器	Time relay		KT
电感器、电抗器	励磁线圈	Excitation coil	L	LE
	消弧线圈	Petersen coil		LP
电动机	直流电动机	D. C. motor	M	MD
	同步电动机	Synchronous motor		MS
测量设备、实验设备	电流表	Ammeter	P	PA
	功率因数表	Power factor meter		PF
	温度计	Thermometer		PH
	电压表	Voltmeter		PV
	功率表	Watt meter		PW

（续）

设备和装置类别	名称	英文名称	单字母符号	双字母符号
电力电路的开关	断路器	Circuit breaker	Q	QF
	刀开关	Knife switch		QK
	负荷开关	Load switch		QL
	隔离开关	Disconnect or		QS
电阻器	电位器	Potentiometer	R	RP
	分流器	Shunt		RS
	热敏电阻器	Thermostat sensitive resistance		RT
	压敏电阻器	Voltage sensitive resistance		RV
控制电路的开关选择器	控制开关	Control switch	S	SA
	按钮	Switch button		SB
	主令开关	Master switch		SM
	压力传感器	Pressure sensor		SP
	温度传感器	Temperature sensor		ST
	温感探测器	Temperature detector		ST
变压器	变压器	Transformer	T	
	电流互感器	Current transformer		TA
	控制电路电源用变压器	Transformer for control circuit supply		TC
	电力变压器	Power transformer		TM
调制器、变换器	整流器	Rectifier	U	
	解调器	Demodulator		UD
	调制器	Modulator		UM
	逆变器	Inverter		UV
电真空器件、半导体器件	二极管	Diode	V	VD
	控制电路用电源的整流器	Rectifier for control circuit supply		VC
	晶闸管	Thyristor		VR
	晶体管	Transistor		VT
传输通道、波导、天线	导线、电缆	Conductor、Cable	W	
	母线	Control bus		WC
	抛物天线	Parabolic aerial		WP
	滑触线	Trolley wire		WT
端子、插头、插座	输出口	Quilt	X	XA
	分支器	Tee-unit		XC
	插座	Socket		XS
	串接单元	Series unit		XU

（续）

设备和装置类别	名称	英文名称	单字母符号	双字母符号
电器操作的机械装置	气阀	Pneumatic valve	Y	
	电磁铁	Electromagnet		YA
	电动阀	Motor operated valve		YM
	电动执行器	Solenoid actuator		YS
	电磁阀	Electromagnetically operated valve		YV
终端设备、混合变压器、滤波器、均衡器	网络	Network	Z	
	定向耦合器	Directional coupler		ZD
	均衡器	Equalizer		ZQ
	分配器	Splitter		ZS

【说明】：电气设备、装置和电器元件的种类名称用基本文字符号表示，而辅助文字符号是用以表示电气设备、装置和元器件显示的功能、状态和特征，通常由英文单词的前1、2位字母构成，也可以采用缩略语和约定俗成的习惯用法构成，一般不超过3位字母。例如，表示"启动"采用"START"的前两位字母"ST"作为辅助文字符号；而表示停止"STOP"的辅助文字符号必须再用一个字母"P"称"STP"。

辅助文字符号也可以放在种类的单字母符号后边组成双字母符号，此时，辅助文字符号一般采用表示功能、状态和特征的英文单词的第一个字母，如"GS"表示同步发电机，"YB"表示制动电磁铁。

某些辅助文字符号本身具有独立、确切的意义，也可单独使用，如"N"表示交流电源中性线，"DC"表示直流电，"AC"表示交流电，"AUT"为自动，"ON"为开启，"OFF"为关闭等。

附录 C 部分电气设备外壳防护等级的最低要求

安装位置举例	安装位置的状况	按防护等级的设计	配电板控制装置、电动机起动器	电动机	灯具	电热器	附具（如开关、接线盒）
干燥的居住处所或干燥的控制室	仅有接触带电部件的危险	IP20					
控制室（驾驶台）	有滴液和（或）中等机械损伤危险	IP20					
滑铁板以上的机炉舱							IP44
舵机舱							IP44
制冷机室							IP44
应急发电机室							IP44
一般储藏室							
配餐室							IP44
供应室							

（续）

安装位置举例	安装位置的状况	按防护等级的设计	配电板控制装置、电动机起动器	电动机	灯具	电热器	附具（如开关、接线盒）
盆浴室和淋浴室						IP44	IP55
滑铁板以下的机炉舱				IP44		IP44	IP55
闭式燃油分离室	增加了滴液和（或）机械损伤危险	IP34	IP44	IP44		IP44	IP55
闭式滑油分离室			IP44	IP44		IP44	IP55
压载泵室			IP44		IP34		IP55
冷藏室			IP44		IP34		IP55
厨房和洗衣机室			IP44		IP34		
双层底中的轴隧或管道	有液体喷射危险，有粉尘，有严重的机械损伤，有腐蚀性烟雾	IP55					IP56
一般货舱		IP55					
露天甲板	有大量液体的危险	IP56			IP55		

参 考 文 献

[1]　林洪贵. 船舶电站 ［M］. 西安：西安交通大学出版社，2015.

[2]　吴志良. 船舶电力系统 ［M］. 大连：大连海事大学出版社，2021.

[3]　马昭胜. 船舶电机与拖动 ［M］. 北京：机械工业出版社，2021.

[4]　马昭胜. 船舶辅助机械控制系统 ［M］. 北京：机械工业出版社，2022.

[5]　张春来，王海燕，孙立新. 船舶电气及其自动化 ［M］. 大连：大连海事大学出版社，2021.

[6]　林叶春. 船舶电气及其自动化 ［M］. 大连：大连海事大学出版社，2020.

[7]　吴志良. 船舶电站 ［M］. 大连：大连海事大学出版社，2012.

[8]　杨国豪. 船舶电站控制装置及动态模拟系统 ［M］. 大连：大连海事大学出版社，1999.

[9]　王文义. 船舶电站 ［M］. 哈尔滨：哈尔滨工程大学出版社，2006.

[10]　吴志良. 船舶电站 ［M］. 大连：大连海事大学出版社，2012.

[11]　姜锦范. 船舶电站及自动化 ［M］. 大连：大连海事大学出版社，2005.

[12]　吴志良. 船舶电站及其自动化系统 ［M］. 大连：大连海事大学出版社，2010.

[13]　孟宪尧，孟松，韩新洁. 船舶电站设计原理和规范 ［M］. 大连：大连海事大学出版社，2009.

[14]　黄伦坤，朱正鹏，刘宗德. 船舶电站及其自动化装置 ［M］. 北京：人民交通出版社，1994.

[15]　王焕文. 船舶电力系统及自动装置 ［M］. 北京：科学出版社，2004.

[16]　阮礽忠. 船舶电气设备维修指南 ［M］. 北京：人民交通出版社，2000.

[17]　史际昌. 船舶电气设备及系统 ［M］. 大连：大连海事大学出版社，1999.

[18]　郑华耀. 船舶电气设备及系统 ［M］. 上海：上海海事大学出版社，2005.

[19]　陆详润，刘风梧. 船舶电气实用指南 ［M］. 大连：大连海事大学出版社，1993.

[20]　刘宗德，陈定先. 船舶电力系统及自动装置 ［M］. 北京：科学技术文献出版社，1992.

[21]　阮礽忠. 船舶电机与电力拖动 ［M］. 大连：大连海事大学出版社，2012.

[22]　马昭胜. 船舶电气设备维护与修理 ［M］. 北京：机械工业出版社，2020.

[23]　林叶锦. 轮机自动化 ［M］. 大连：大连海事大学出版社，2019.

[24]　王春芳，叶伟强. 轮机自动化 ［M］. 大连：大连海事大学出版社，2011.

[25]　邱赤东，高兴斌，安亮，等. 船舶机舱自动化 ［M］. 大连：大连海事大学出版社，2020.

[26]　文元全，刘彦星，苏博宇. 船舶电气 ［M］. 北京：人民交通出版社，2002.

[27]　马昭胜. 轮机自动化 ［M］. 大连：大连海事大学出版社，2017.

[28]　施亿生，谢绍惠. 船舶电站 ［M］. 北京：国防工业出版社，1981.

[29]　吴忠林. 船舶交流电力系统的短路电流 ［M］. 北京：国防工业出版社，1983.